HARNISCHE, HELME & SCHILDE

in den Dauerausstellungen der Dresdner Rüstkammer

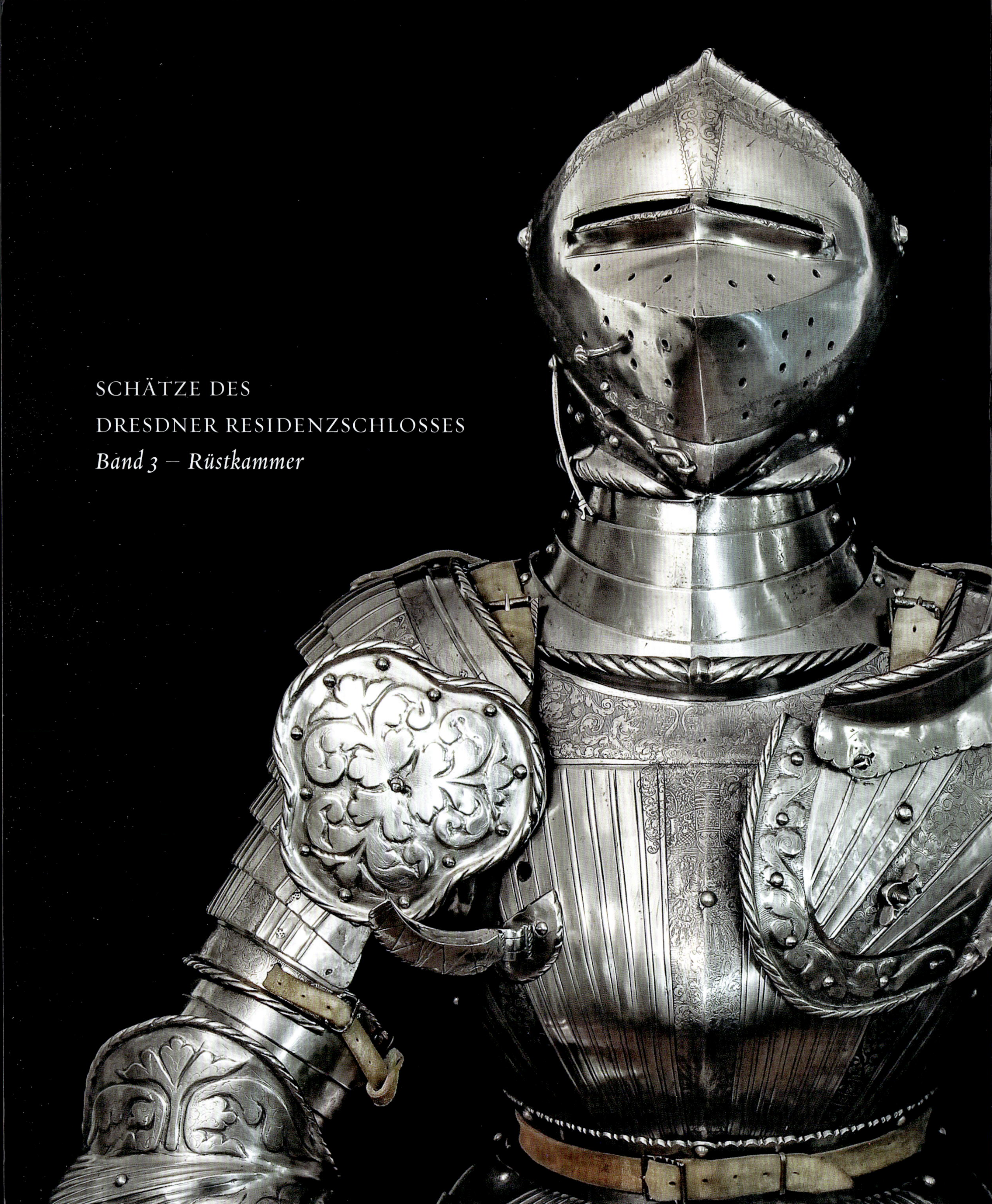

SCHÄTZE DES
DRESDNER RESIDENZSCHLOSSES
Band 3 – Rüstkammer

STAATLICHE KUNSTSAMMLUNGEN DRESDEN

Holger Schuckelt

HARNISCHE, HELME & SCHILDE

IN DEN DAUERAUSSTELLUNGEN DER DRESDNER RÜSTKAMMER

Staatliche
Kunstsammlungen
Dresden

VERLAG DER BUCHHANDLUNG WALTHER KÖNIG, KÖLN

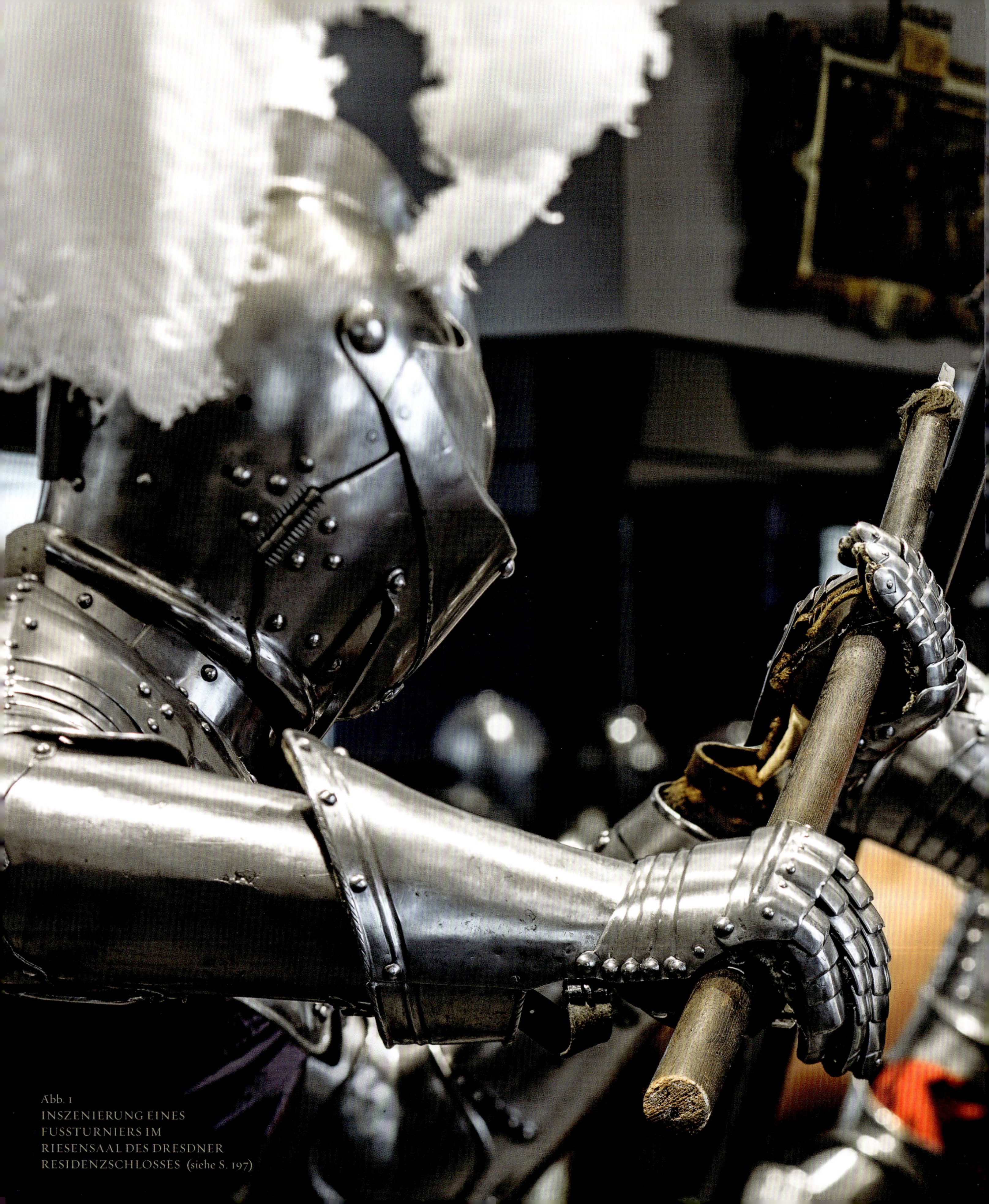

Abb. 1
INSZENIERUNG EINES
FUSSTURNIERS IM
RIESENSAAL DES DRESDNER
RESIDENZSCHLOSSES (siehe S. 197)

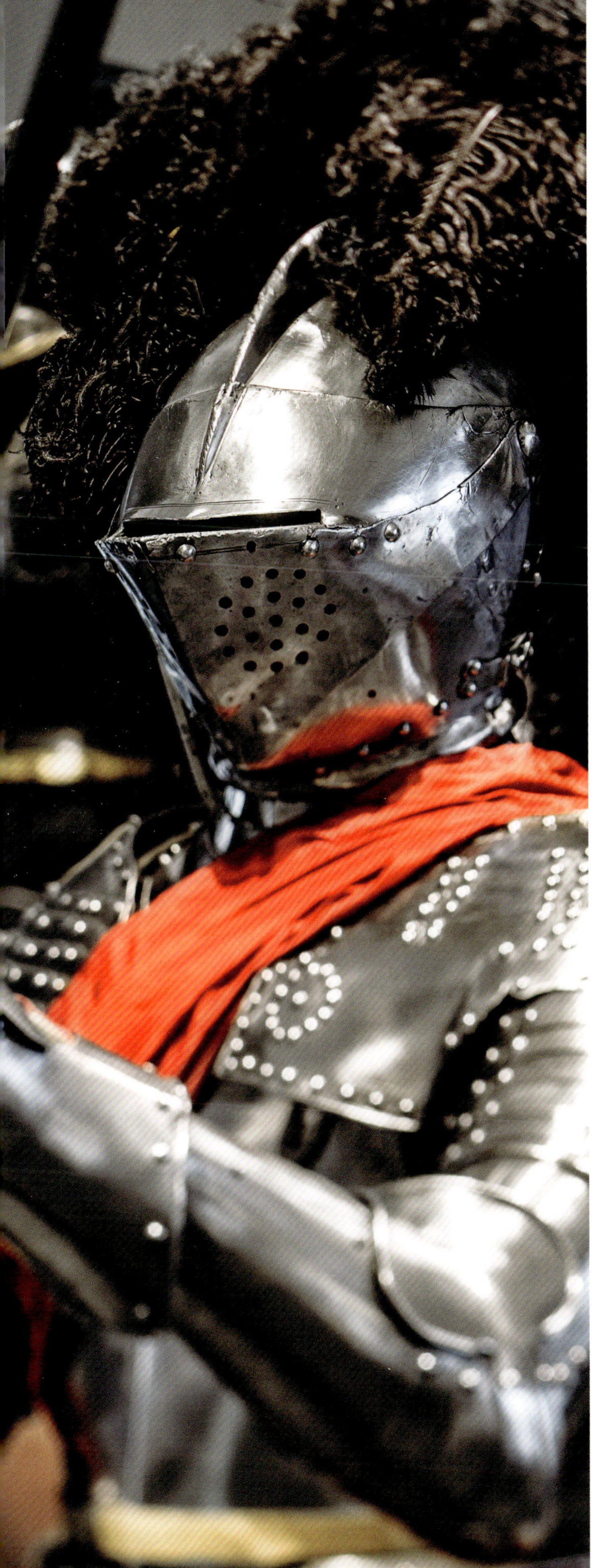

Inhaltsverzeichnis

Vorwort

Die Rüstkammer der Staatlichen Kunstsammlungen Dresden gehört mit der Hofjagd- und Rüstkammer des Kunsthistorischen Museums in Wien und der Real Armeria in Madrid zu den drei bedeutendsten fürstlichen Rüstkammern Europas. Diese drei höfischen Sammlungen ergänzen sich zudem auf besondere Art. Haben sich in Wien mit den Harnischen Kaiser Maximilians I. besonders frühe Zeugnisse des Turnierwesens erhalten und werden diese dort durch die aus Schloss Ambras bei Innsbruck transferierte „Heldenrüstkammer" Erzherzog Ferdinands von Tirol mit ihrer einzigartigen, aus habsburgischer Sicht geleiteten Memorialfunktion ergänzt, so stehen in der Real Armeria zu Madrid die Harnische und Prunkwaffen Kaiser Karls V. und seines Sohnes König Philipps II. von Spanien im Mittelpunkt der Ausstellung. Die Rüstkammer in Dresden rundet zeitlich diesen Exkurs durch die Harnischgeschichte vom späten 15. bis zum 17. Jahrhundert ab. Sie ist aber keine kaiserliche oder königliche Rüstkammer, sondern die eine der mächtigsten Kurfürstendynastien des Heiligen Römischen Reiches deutscher Nation, die zudem lange Zeit die lutherische Fraktion im Reich anführte. Die Würde und das zeremonielle Amt des sächsischen Kurfürsten als Reichs-Erzmarschall, vor allem aber der konfessionelle Wettbewerb mit den katholischen Kaisern brachte eine reich gefüllte Waffensammlung hervor, die sich in wesentlichen Teilen bis heute erhalten hat. Diese Rüstkammer erobert nun seit 2010 das Dresdner Residenzschloss. Nach der Türckischen Cammer mit ihren osmanischen oder von diesen faszinierten, im christlichen Europa entstandenen Prunk- und Kriegswaffen wurde 2013 der Riesensaal eröffnet, dessen großer Bestand an Harnischen sowohl für die verschiedenen Formen des Turniers, als auch zur höfischen Selbstdarstellung und für den Krieg hergestellt wurde. 2017 folgte im ersten Geschoss des Ostflügels der „Renaissanceflügel" der Rüstkammer mit Harnischen und Waffen, die den Weg der albertinischen Linie der Wettiner zur Kurfürstenmacht wieder sichtbar werden lassen. Ab 2019 wird das Paradeappartement zu bewundern sein, in dem neben einer genauen Rekonstruktion der Prunkräume die Rüstkammer auch die königliche Garderobe und die für die Selbstdarstellung Augusts des Starken und seines Sohnes Augusts III. geschaffenen Insignien königlicher Majestät präsentieren wird. Bis 2023 sollen die gesamten Ausstellungsflächen im Dresdner Residenzschloss fertiggestellt werden.

Dieses von Holger Schuckelt mit großer Kennerschaft und über Jahrzehnte gesteigertem Wissen geschriebene Buch widmet sich in einer Auswahl den Harnischen, Helmen und Schilden, die im Dresdner Residenzschloss und auf Schloss Hartenfels in Torgau bereits zu sehen sind, oder in Zukunft dort präsentiert werden. Es ist ganz bewusst kein Ausstellungsführer

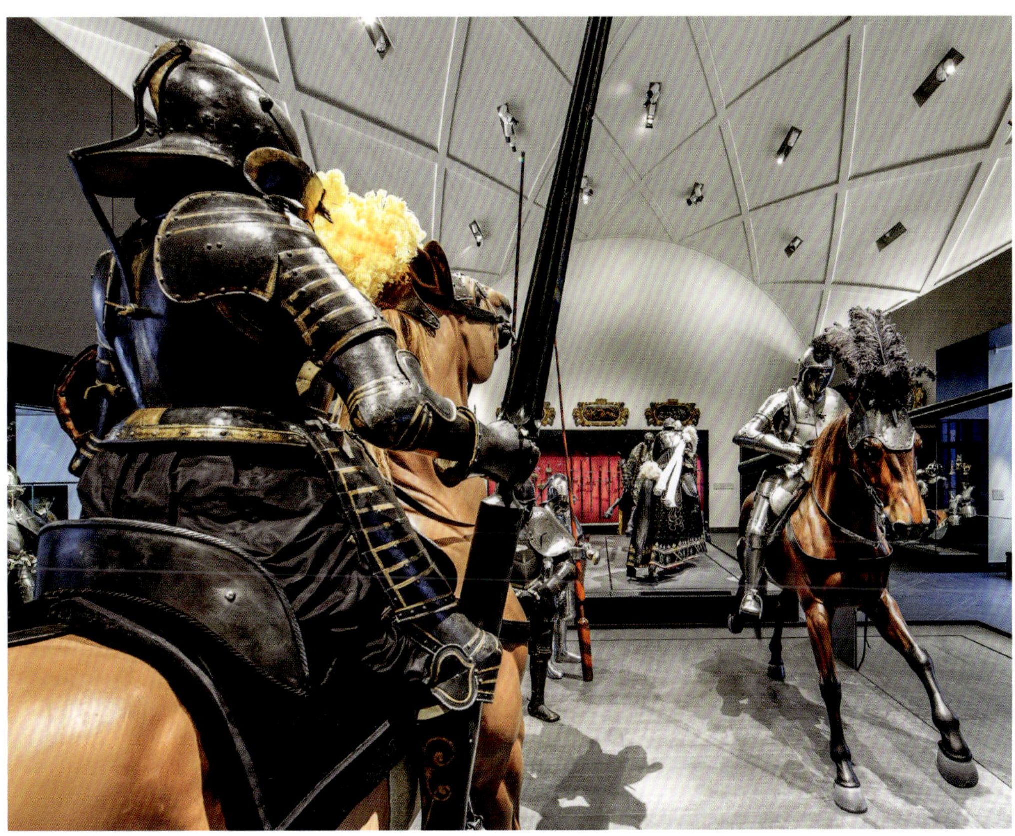

Abb. 2
INSZENIERUNGEN EINES PALLIENSTECHENS IM RIESENSAAL
DES DRESDNER RESIDENZSCHLOSSES
(siehe S. 135ff)

oder Bestandskatalog, sondern eine gut durchdachte Auswahl, in der sich die hohe handwerkliche und künstlerische Qualität dieser Objekte, aber auch ihre Vielfalt und ihr Phantasiereichtum verdeutlichen.

In der gleichen Reihe wurden mit dem von Holger Schuckelt und Sabine Wilde verfassten Buch *Triumph und Begehr*, einer Monografie über die Prunkharnische von Eliseus Libaerts, und dem von Jutta Charlotte von Bloh und Sabine Schneider herausgegebenen *Paradetextilien Augusts des Starken 1697 und 1719* im Jahre 2014 zwei große „Schätze des Dresdner Residenzschlosses" vorgestellt. Ich kann dem Verlag der Buchhandlung Walther König und vor allem ihrem Verleger nur ganz herzlich danken, dass er das Team der Rüstkammer und insbesondere Holger Schuckelt darin bestärkt hat, diesen Teil unserer umfangreichen und vielseitigen Museumssammlung als Buch zu veröffentlichen. Mein Dank gilt vor allem aber Holger Schuckelt und allen an der Produktion dieses Buches beteiligten Personen, die es möglich gemacht haben, dass nun die ausgewählten Harnische, Helme und Schilde der Dresdner Rüstkammer in ihrer optischen Schönheit, funktionalen Besonderheit und kulturellen Bedeutung noch besser erkennbar werden.

Prof. Dr. Dirk Syndram
Direktor des Grünen Gewölbes und der Rüstkammer

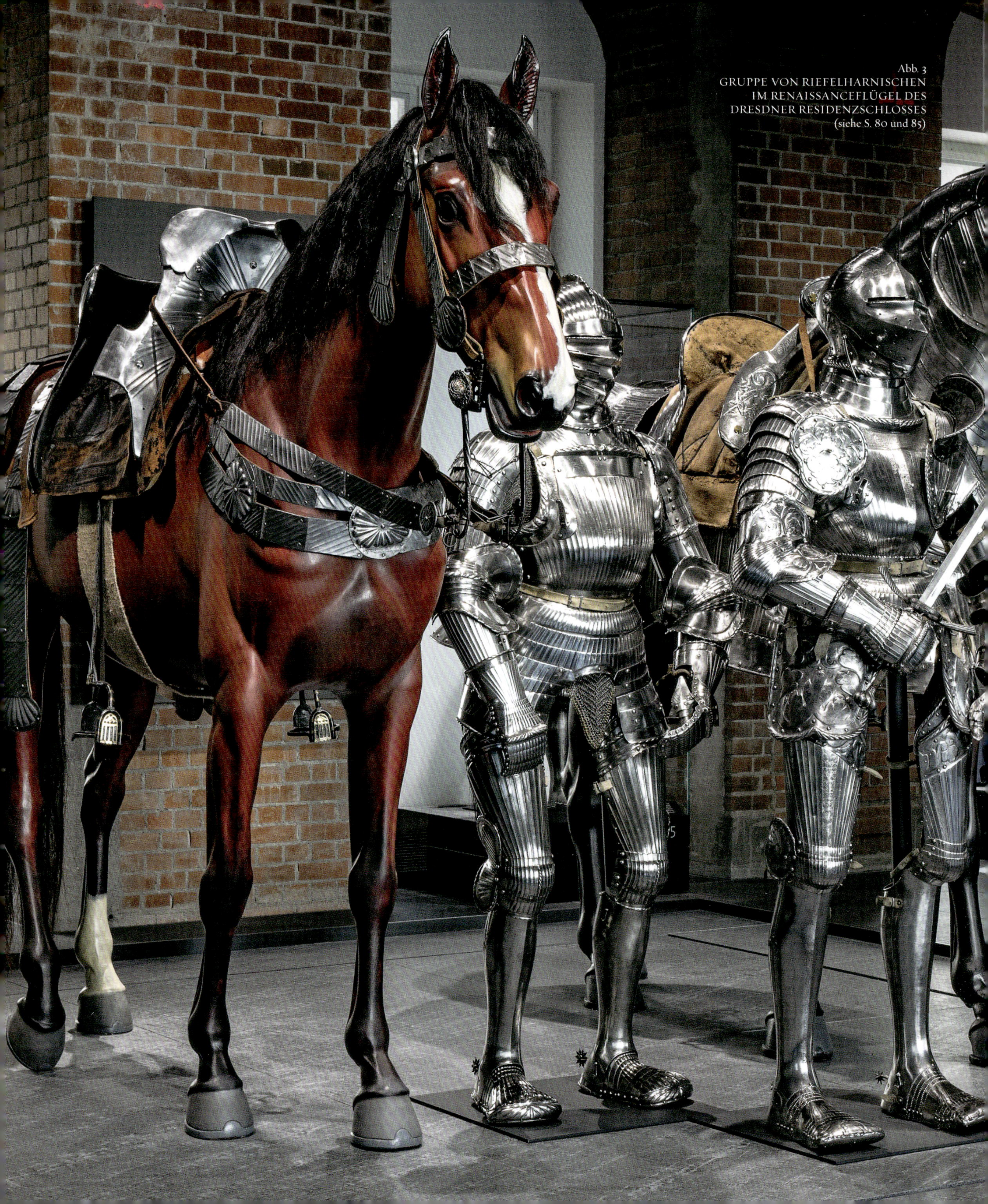

Abb. 3
GRUPPE VON RIEFELHARNISCHEN IM RENAISSANCEFLÜGEL DES DRESDNER RESIDENZSCHLOSSES
(siehe S. 80 und 85)

Danksagung

Seit nunmehr acht Jahren eröffnet die Dresdner Rüstkammer im Residenzschloss eine Ausstellung nach der anderen, in denen teils reich verzierte Harnische, Helme und Schilde zu den Hauptattraktionen zählen. Währenddessen wurden bisher nur wenige dieser Stücke in Ausstellungskatalogen oder Artikeln publiziert. Eine Ausnahme bildete die Monografie zu den Prunkharnischen des Königs Erik XIV. von Schweden, die 2014 als erster Band dieser Reihe erschienen ist. Lange haben die Besucher des Riesensaals und auch der anderen Ausstellungen auf eine Publikation der dort zu sehenden Exponate warten müssen. Hiermit soll nun ein Beitrag zur Schließung dieser Lücke geleistet werden.

Das Vorhaben, dieses Buchprojekt in relativ kurzer Zeit umzusetzen, konnte nur mit Hilfe Vieler gelingen. Mein Dank gebührt zunächst Barbara Schlesinger aus der Buchhandlung Walther König im Dresdner Residenzschloss, ohne deren aufmunternde Worte das Ganze wohl nicht so bald in Fahrt gekommen wäre. Danken möchte ich aber auch Walther König, der sofort an diesem Buch interessiert war und es in der vor vier Jahren begonnenen Reihe *Schätze des Dresdner Residenzschlosses* unterbrachte. Sabine Pflitsch und Hanna Schmandin machten eine großartige Arbeit bei der gestalterischen bzw. verlagsmäßigen Umsetzung dieses Buches, und große Hilfe erhielt ich natürlich auch vom Direktor und von den Mitarbeitern der Dresdner Rüstkammer, die diese Publikation in vielfältiger Weise mit Rat und Tat unterstützten – allen vielen Dank dafür. Dankenswerterweise standen dem Buch hervorragende Fotografen, mehrere hilfsbereite Institutionen sowie Matthias Witthuhn von impressed media zur Seite, die für attraktive Bildvorlagen und Grundrisse sorgten. Überaus dankbar bin ich aber auch den Kollegen und Freunden aus anderen Museen, die seit Jahren im wissenschaftlichen Gedankenaustausch mit mir stehen. Wie bei vorangegangenen Projekten war es mir in den zurückliegenden Monaten immer eine große Hilfe, den Kopf für aktuelle Herausforderungen frei zu bekommen, wofür ich Alina nicht genug danken kann. Und schließlich möchte ich auch meiner Frau Geraldine von ganzem Herzen danken, die viel Geduld mit mir hatte und mich bei der Realisierung dieses Buches wieder tatkräftig unterstützte.

Holger Schuckelt
Dresden, August 2018

Einleitung

Blank polierte oder reich verzierte Harnische waren nicht nur auf dem Schlachtfeld, beim Turnier oder im höfischen Zeremoniell von Bedeutung. Auch in Museen standen sie von jeher im Mittelpunkt des Interesses. Das martialische Erscheinungsbild, ihre technische wie künstlerische Perfektion und nicht zuletzt die Idealvorstellungen vom heldenhaften Ritter in glänzender Rüstung auf seinem edlen Ross machten sie zu musealen Attraktionen. Dies war und ist auch in der Dresdner Rüstkammer so, und einige Harnische gehören zu den größten Schätzen der Sammlung überhaupt.

Dennoch bekamen sie nicht immer die ihnen gebührende Aufmerksamkeit. Über Jahrhunderte sah man sie fast ausschließlich als reine Gebrauchs- oder Dekorationsstücke, ohne sich näher mit ihnen auseinanderzusetzen. Auch schon in der historischen Waffensammlung der Herzöge und späteren Kurfürsten von Sachsen bildeten Harnische das gestalterische Rückgrat. Doch statt diese systematisch zu archivieren und museal zu bewahren, dienten sie lange Zeit ausschließlich dem repräsentativen Gebrauch und man verlor das Interesse an ihnen, sobald deren praktische Nutzung außer Mode gekommen war. Im Ergebnis dessen gingen viele Harnische über die Jahrhunderte durch Verkäufe, Zweckentfremdung oder schlichtweg durch Unachtsamkeit verloren bzw. man beraubte sie durch häufige Umarbeitungen oder auch nur aus Desinteresse an ihrer Geschichte oder Bedeutung ihrer wahren Identität. Insbesondere im späten 18. und frühen 19. Jahrhundert wurden Harnische in den Museen zu Requisiten des Personenkults bzw. der Mythenbildung, wodurch überliefertes Wissen verloren ging. Bei Bedarf erfand man neue, unbewiesene Geschichten, auf deren Grundlage Pseudowissen entstand. So installierte man beispielsweise 1783 in der Türckischen Cammer eine Figurine des polnischen Königs Jan III. Sobieski, an der nicht ein Stück tatsächlich etwas mit der geehrten Person zu tun hatte. Unter anderem verwendete man hierfür auch den Schuppenpanzer, den August der Starke 1719 in die Sammlung hatte geben lassen (S. 204). Ein anderes Beispiel dafür, wie Museumsstücke fiktiv und ohne verlässliche Belege mit einer historisch interessanten Persönlichkeit in Verbindung gebracht wurden, ist ein Feldharnisch aus dem Besitz des Kurfürsten Johann Georg I. von Sachsen (S. 192f), den man seit 1834 offenbar grundlos König Gustav II. Adolf von Schweden zuschrieb.[1] In einigen

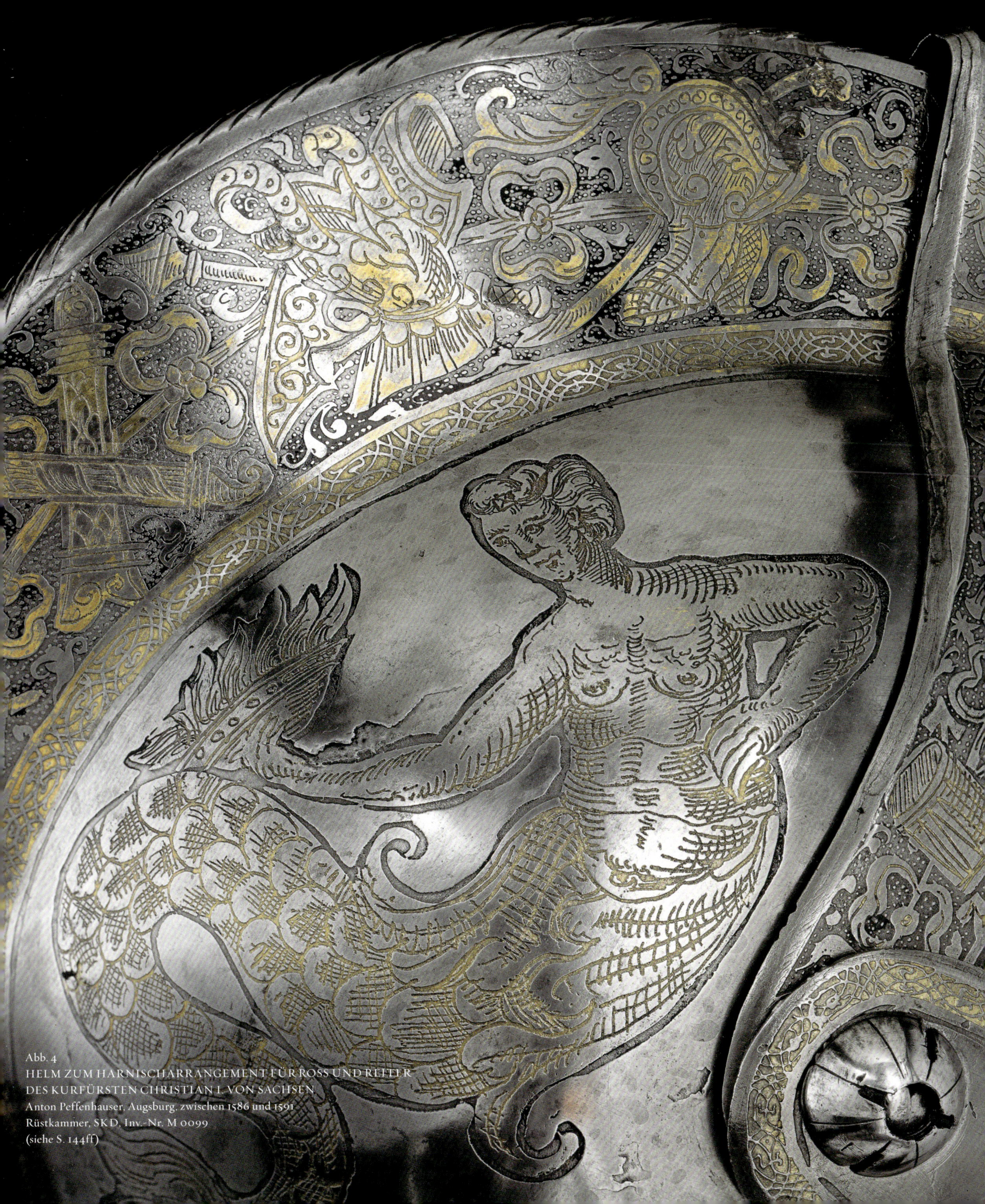

Abb. 4
HELM ZUM HARNISCHARRANGEMENT FÜR ROSS UND REITER
DES KURFÜRSTEN CHRISTIAN I. VON SACHSEN
Anton Peffenhauser, Augsburg, zwischen 1586 und 1591
Rüstkammer, SKD, Inv.-Nr. M 0099
(siehe S. 144ff)

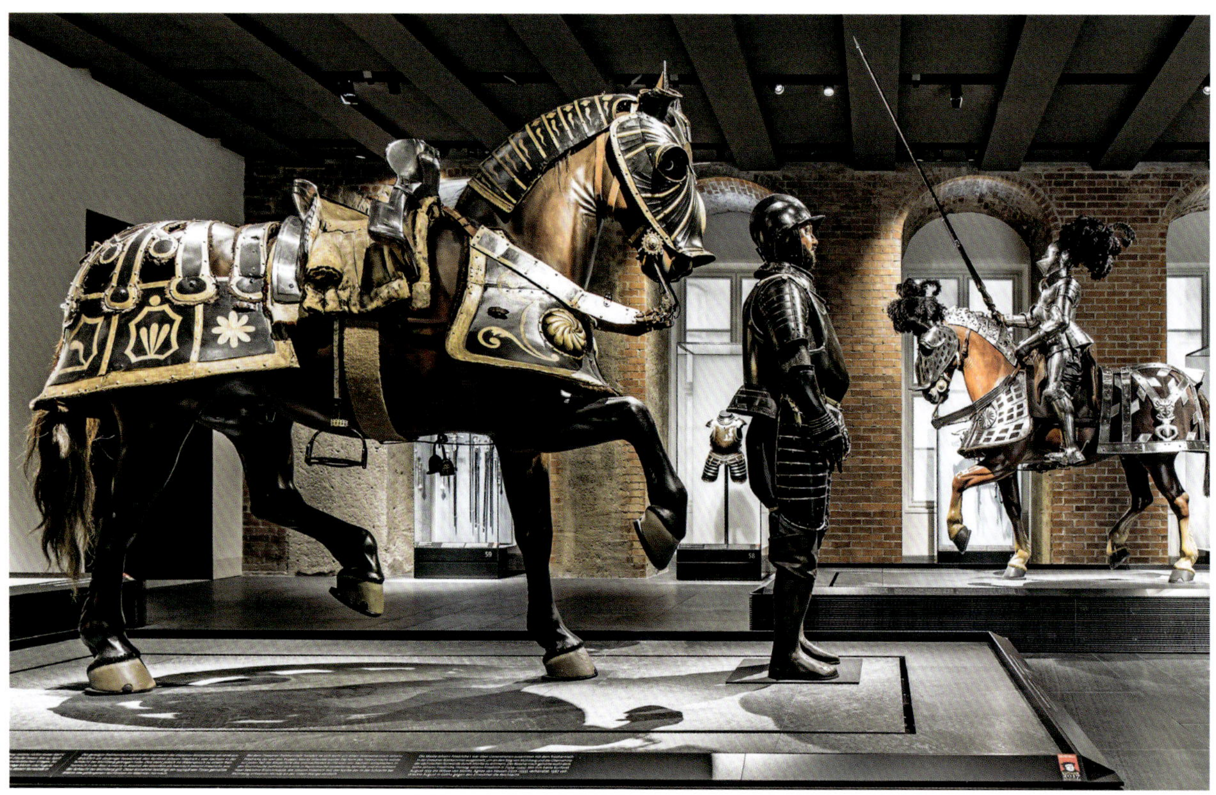

Abb. 5
BLICK IN DEN RENAISSANCEFLÜGEL DES
DRESDNER RESIDENZSCHLOSSES

Fällen spuken derartige Anekdoten bis in die heutige Zeit durch populäre Publikationen und selbst durch die Fachliteratur. Aufgrund der unzureichenden wissenschaftlichen Bearbeitung der Harnische in früheren Zeiten blieben in älteren Publikationen Zuordnungen teils vollkommen spekulativ und manchmal wurden vorhandene Marken einfach ignoriert oder falsch interpretiert. Die Folge war, dass die Kenntnisse über den Harnischbestand der Dresdner Rüstkammer lange teils sehr oberflächlich und begrenzt blieben. Erst durch die fortschreitende Entwicklung der historischen Waffenkunde und einen „modernen", von wissenschaftlichen Gesichtspunkten geleiteten Umgang mit dem Sammlungsbestand vollzog sich in den letzten Jahrzehnten ein Wandel, durch den diese Relikte einer längst vergangenen Zeit als handwerkliche Meisterwerke und bedeutende Zeitzeugen Ansehen erlangten.

In den zurückliegenden Jahren eröffnete die Dresdner Rüstkammer mehrere Dauerausstellungen, in denen neben diversen anderen Sammlungsteilen auch das Gros des Bestandes an europäischen Harnischen, Harnischteilen, Helmen und Schilden präsentiert wird. Den Anfang machte 2010 die „Türckische Cammer" (I.) im 2. Obergeschoss des Dresdner Residenzschlosses (Bärengartenflügel), in der sich hauptsächlich die osmanischen und orientalisierenden Bestände befinden. Gezeigt werden aber auch zwei Kürasse von Kurfürst Johann Georg III. von Sachsen (S. 200) und seinem Sohn, Kurfürst Friedrich August I. von Sachsen (genannt August der Starke – S. 203), die diese in ihren Türkenfeldzügen trugen, sowie ein farbig bemalter Rundschild, der wohl zur Ausstattung der Leibtrabanten des Salzburger Fürstbischofs Wolf Dietrich von Reitenau gehörte (S. 181). Nach der Schließung der langjährigen Dauerausstellung der Rüstkammer in der Osthalle des Dresdner Zwingers eröffnete 2013 der Riesensaal (II.), ebenfalls im 2. Obergeschoss des Residenzschlosses (Ostflügel). Hier sind neben diversen Turnierharnischen auch Ross-, Prunk- und Feldharnische sowie einzelne Helme und Schilde aus der Zeit zwischen dem späten 15. und der Mitte des 17. Jahrhunderts zu sehen. Im April 2017 folgte dann die Ausstellung „Auf dem Weg zur Kurfürstenmacht" (III.) im 1. Obergeschoss des Residenzschlosses (Ostflügel), in der in erster Linie Feldharnische der Reformationszeit, italienische Helm-Schild-Garnituren aus der 2. Hälfte des 16. Jahrhunderts und im Eingangsraum Helme der Trabantenleibgarden der sächsischen Kurfürsten zu bewundern sind. Noch im selben Jahr eröffnete im teilrekonstruierten „Rotseidenen Zimmer" des Georgenbaus der „Silberwaffensaal" (IV.), in dem sich neben zwei Paradeharnischen aus massivem Silber samt den dazugehörigen halben Rossstirnen (S. 162f) auch ein reich verzierter Panzerkragen (S. 165) und sechs kupfervergoldete Rossstirnen (S. 178f) befinden. Und nur wenige Monate später wurde auf Schloss Hartenfels in Torgau eine weitere Dauerausstellung der Dresdner Rüstkammer mit dem Titel *Torgau. Residenz der Renaissance und Reformation* (V.) für die Öffentlichkeit zugänglich, die zwei Feldharnische (S. 88 und 184) und einen Morion der kurfürstlichen Leibtrabanten (S. 157) enthält. Zusätzlich zu den bereits eröffneten Räumen der Rüstkammer sind bis zur Fertigstellung des Dresdner Residenzschlosses weitere Dauerausstellungen (VI. und VII.) geplant, in denen ebenfalls mehrere Harnische ausgestellt sein werden.

Während die Exponate der Türckischen Cammer vollständig in einem Katalog[2] und auch in einer Auswahl von „Meisterwerken"[3] publiziert wurden, war dies für die folgenden Ausstellungen bislang nicht möglich. Einzige Ausnahmen sind die Ausstellung in Torgau, zu der ein kleines Begleitheft[4] erschien, welches auch die drei für dieses Buch relevanten Stücke der Rüstkammer beinhaltet, sowie die bereits erwähnte Monografie über die Prunkharnische des Königs Erik XIV. von Schweden, deren Dekor auf Eliseus Libaerts in Antwerpen zurück geht (S. 119–125).[5] Gründe für das Fehlen von Begleitpublikationen gab es verschiedene. Der gravierendste war aber wohl die schnelle Folge von Eröffnungen teils sehr umfangreicher Ausstellungen, wozu – neben den bereits genannten – auch noch weitere Präsentationen gehörten, wie beispielsweise *Weltsicht und Wissen um 1600* (2016) im Georgenbau und die *Kurfürstliche Garderobe* (2017) im 1. Obergeschoss des Residenzschlosses (Nordflügel).

Die Idee, den Bestand an Harnischen, Helmen und Schilden der Dresdner Rüstkammer zu publizieren, existierte schon länger. Doch musste sich das geraume Zeit auf kleinere Artikel zu einzelnen Stücken beschränken, da zeitliche Engpässe umfangreichere Projekte oder eine systematische Erforschung häufig nicht zuließen. Erst in der jüngeren Vergangenheit änderte sich die Situation. Endlich wurden auch die Harnische genauer betrachtet und immer mehr Wissen trat an die Stelle alter Spekulationen. Dieser Umstand ist nicht nur der verstärkten Erforschung der Harnische innerhalb der Rüstkammer zu verdanken, sondern auch der Tatsache, dass Experten anderer Sammlungen sich für die Dresdner Bestände interessierten.[6] In einigen Fällen wurden die Angaben älterer Publikationen bestätigt, in anderen Fällen aber auch korrigiert. Dennoch gibt es weiterhin

Stücke, zu denen bislang keine neueren Forschungen durchgeführt werden konnten und bei denen der heutige Wissensstand über den früherer Generationen nicht hinausgeht. War genau das lange Zeit der Grund dafür, dass keine neuere Publikation über die Harnische der Dresdner Rüstkammer in Angriff genommen wurde, so erschien es nun eher sinnvoll, diesen Tatbestand zu akzeptieren und unser heutiges Wissen über die ausgestellten Harnische, Helme und Schilde öffentlich zugänglich zu machen.

Aus all diesen Überlegungen heraus entstand dieses Buch, mit dessen Hilfe die Besucher des Dresdner Residenzschlosses und von Schloss Hartenfels in Torgau den dauerhaft ausgestellten Bestand an Harnischen, Harnischteilen, Helmen und Schilden der Dresdner Rüstkammer aus der Zeit vom späten 14. bis zum frühen 18. Jahrhundert detaillierter kennenlernen können. Sowohl der geplante Umfang dieses Buches als auch Qualität und Bedeutung von einzelnen Objekten machten es erforderlich bzw. sinnvoll, im Katalogteil nicht alle ausgestellten Stücke zu berücksichtigen und stattdessen eine Auswahl zu treffen. Dies betrifft z.B. einige der in größerer Zahl und in erster Linie nur illustrativ ausgestellten schlichten Brechscheiben und Rossstirnen sowie einige Stücke, die offenbar im 19. Jahrhundert massiv überarbeitet wurden bzw. deren Alter und Authentizität insgesamt fraglich sind. Auf der anderen Seite wurden aber auch acht Harnische aufgenommen, die zum Zeitpunkt des Erscheinens dieses Buches noch nicht ausgestellt waren. Sie werden in den geplanten Ausstellungen der kommenden Jahre zu sehen sein. Da sie aus sammlungsgeschichtlicher Sicht von großer Bedeutung sind und es sich in einigen Fällen um ausgesprochen interessante bzw. prächtige Stücke handelt, sollte in dieser Publikation nicht auf sie verzichtet werden.

Letztendlich werden im vorliegenden Buch über 140 Harnische, Helme, Schilde und Garnituren besprochen. Sie sind in einem Katalogteil – teils in Gruppen zusammengefasst – chronologisch nach ihrer Entstehungszeit angeordnet. Römische Zahlen geben an, in welchen Ausstellungsräumen der Rüstkammer die einzelnen Stücke zu sehen sind. Die anschließenden Zahlen verweisen auf die Standorte innerhalb der Räume, wobei vorhandene Nummerierungen beibehalten wurden. In Räumen ohne sichtbare Vitrinennummerierung beginnt die Zählung mit den Vitrinen bzw. Podesten in der Raummitte von vorn nach hinten. Es folgen die Vitrinen an den Wänden im Uhrzeigersinn, beginnend jeweils links vom Haupteingang des Raumes oder der Raumsektion. Vitrinen mit klarer inhaltlicher Trennung werden nach Scheiben bzw. Türen gezählt, während solche mit einem durchgehenden Thema, deren Scheibentrennung nur aus statischen Gründen erfolgte, als eine Vitrine gezählt werden. In beigefügten Grundrissen auf den Innenklappen des Einbands kann man den genauen Standort der Vitrinen und Podeste ersehen.

Natürlich ist es in diesem Buch nicht möglich, bei jedem einzelnen Stück bis ins kleinste Detail zu gehen. Vielmehr erhält der Leser die jeweiligen Basisinformationen zu Material, Technik und Größe. Außerdem gibt es knappe Beschreibungen und kurz gefasste Informationen zur Provenienz der Stücke. Für ausführlichere Informationen sollte man auf andere, bereits existierende Publikationen zurückgreifen oder sich bis zum Erscheinen zukünftiger Veröffentlichungen gedulden. So wird beispielsweise in den kommenden Jahren ein umfangreicher Band zu den Arbeiten des Augsburger Plattners Anton Peffenhauser publiziert. Empfehlenswert sind aber auch einige weiterführende Artikel zu relevanten Stücken der Dresdner Rüstkammer.[7]

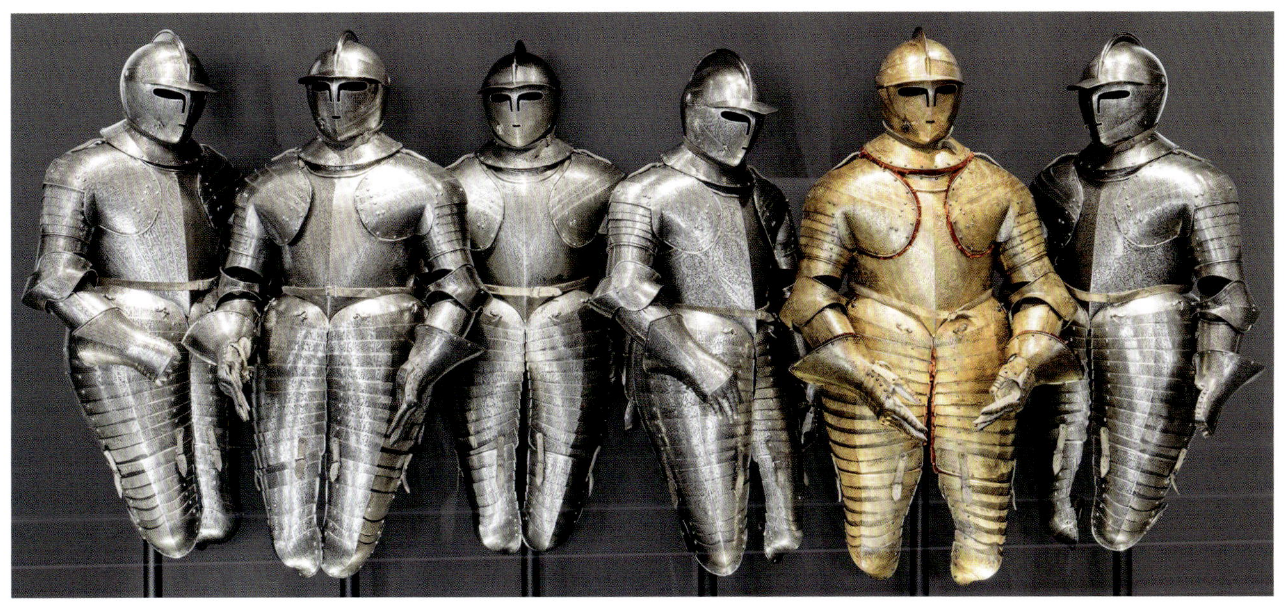

Abb. 6
FUSSTURNIERHARNISCHE DES KURFÜRSTEN JOHANN GEORG I. VON SACHSEN
Christian Müller, Dresden, 1612
Rüstkammer, SKD, Inv.-Nr. M 0065–0070 (siehe S. 185)

Dem Katalogteil vorangestellt sind ein Beitrag zur Sammlungsgeschichte der Dresdner Rüstkammer unter besonderer Berücksichtigung der in diesem Buch vorgestellten Bestände an Defensivwaffen und ein Aufsatz über die Entwicklung des Plattenharnischs sowie der Helme und Schilde in Europa. Ursprünglich war die Dresdner Rüstkammer nicht im Sinn einer chronologischen Abfolge oder zur Darstellung der Entwicklungsgeschichte historischer Waffen konzipiert worden. Diesbezügliche, aus heutiger Sicht eher fragliche Versuche wurden der Sammlung erst im 19. Jahrhundert aufgezwungen. Dennoch erschien es sinnvoll, den Katalogteil chronologisch anzuordnen und zuvor die Entstehung des Plattenharnischs zu erläutern. Obwohl der harnischrelevante Altbestand der Dresdner Rüstkammer erst mit der Zeit um 1500 einsetzt, wird auch der Entwicklungsweg bis dahin anhand von bildlichen Darstellungen und originalen Beispielen anderer Sammlungen kurz skizziert. Die Geschichte der Rüstkammer wurde gezielt aus der Sicht der Defensivwaffen unter die Lupe genommen. Dies ist – entgegen den bisherigen Veröffentlichungen zur allgemeinen Sammlungsgeschichte[8] – ein Novum.

1 Quandt 1834, S. 139f.
2 Schuckelt 2010a.
3 Schuckelt 2010b.
4 Torgau 2018.
5 Schuckelt/Wilde 2014.
6 So weilten beispielsweise in den letzten Jahren Karen Watts (Curator Emeritus der Royal Armouries in Leeds und Professorin der Ecole du Louvre in Paris), Pierre Terjanian (Leiter des Departments of Arms and Armor im Metropolitan Museum of Art in New York) und Stefan Krause (geschäftsführender Sammlungsdirektor der Hofjagd- und Rüstkammer in Wien) in Dresden, um Stücke der Rüstkammer im Detail zu untersuchen.
7 Siehe u.a. Schuckelt 2004, Terjanian 2014, Schuckelt 2014, Krause 2015, Schuckelt 2017 und Krause 2017.
8 U. a. Bäumel 2004.

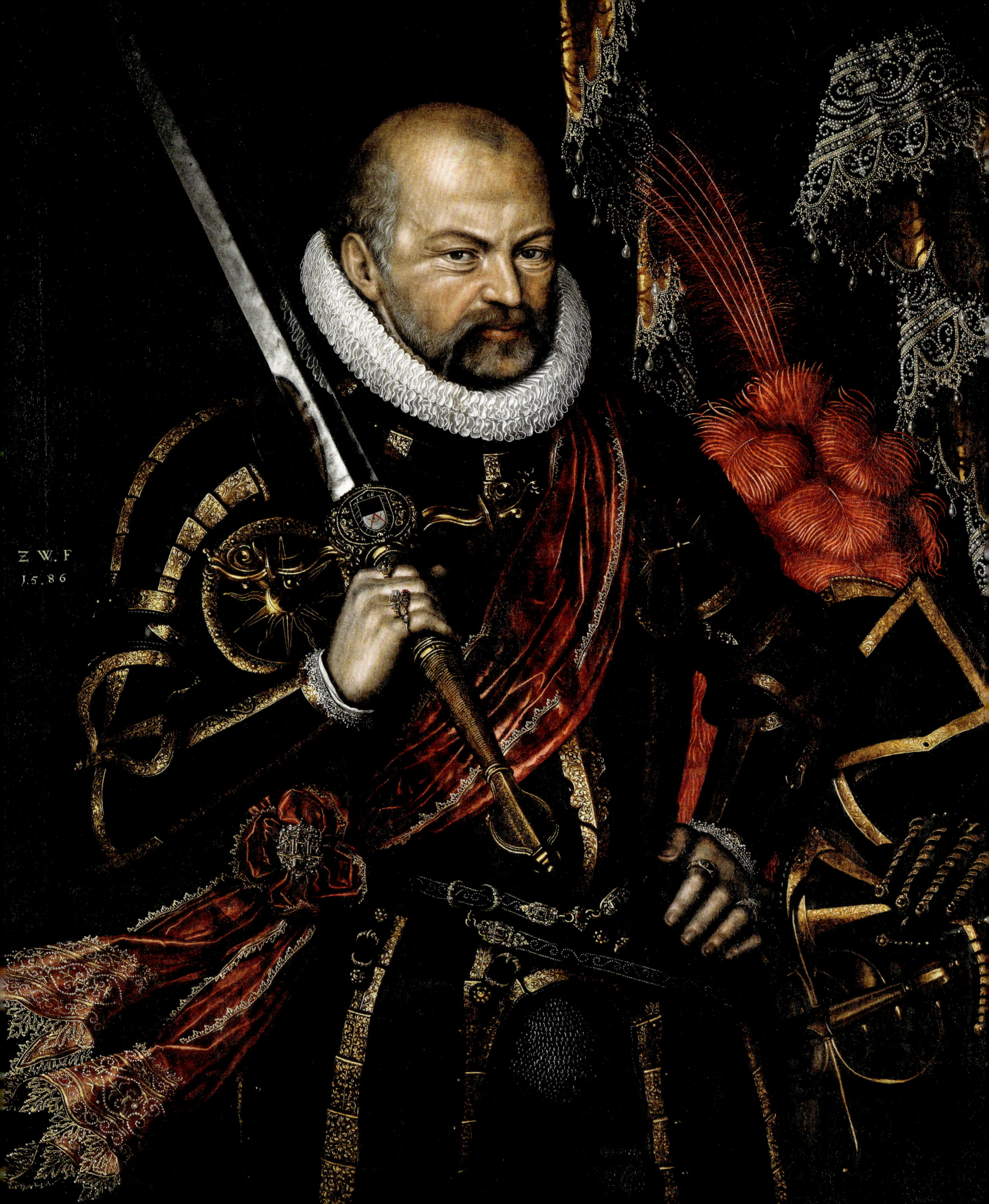
Z W. F
J.5.86

DIE GESCHICHTE DER DRESDNER RÜSTKAMMER

Ein genaues Gründungsjahr der Dresdner Rüstkammer, der ursprünglich herzoglichen, dann kurfürstlichen und letztlich königlichen Waffensammlung, ist nicht überliefert. Ihre Wurzeln reichen aber wohl mindestens bis in das späte 15. Jahrhundert zurück. Spätestens mit der Leipziger Teilung 1485, durch die Albrecht der Beherzte ein selbstständiges Herzogtum erhielt und Dresden zu seiner Hauptresidenz wählte, ist von der Existenz einer herzoglichen Rüstkammer in Dresden auszugehen. Schon unter dessen Sohn, Georg dem Bärtigen, kam es zu einem kontinuierlichen Zuwachs der Bestände der Rüstkammer (S. 75). Georg hatte 1500 die Nachfolge seines Vaters angetreten, der während des Friesischen Feldzuges in Emden verstorben war. Als entschiedener Gegner der Lehren Martin Luthers war Georg ein Mitbegründer des Dessauer Bundes und gehörte im Mai 1525 bei Frankenhausen zu den Siegern über die aufständischen Bauern Thomas Müntzers. Für einen militärisch aktiven Herrscher gehörte eine Rüstkammer zu den unbedingten Notwendigkeiten, nicht nur im rein kriegerischen, sondern auch im repräsentativen Sinn. Eine der Aufgaben der Waffensammlung Georgs des Bärtigen bestand beispielsweise darin, ranghohe Persönlichkeiten im Rahmen des höfischen Zeremoniells darin zu empfangen. So besuchte am 19. Mai 1538 König Ferdinand I. von Böhmen, Kroatien und Ungarn[1] die herzoglich-sächsische Harnischkammer im Dresdner Residenzschloss, die sich zu diesem Zeitpunkt im Erdgeschoss des Hausmannsturmes befand.[2]

Abb. 7
KURFÜRST AUGUST VON SACHSEN
Zacharias Wehme, Dresden, 1586
Rüstkammer, SKD, Inv.-Nr. H 0208

Als Georg der Bärtige am 17. April 1539 starb, fiel die Regierung an seinen jüngeren Bruder, Heinrich den Frommen, der unverzüglich die Reformation in Sachsen einführte. Die herzogliche Waffensammlung entwickelte sich fortan zu einer eigenständigen Verwaltungseinheit, an deren Spitze als Rüst- und Harnischmeister von 1539 bis zu seinem Tod 1561 der

Bau- und Forstmeister Hans von Dehn-Rothfelser stand. Bereits nach nur zwei Jahren an der Macht starb auch Heinrich, an dessen Stelle nun Herzog Moritz das albertinische Sachsen regierte. Als Sohn eines protestantischen Fürsten, aber am Hof seines katholischen Onkels erzogen, vollzog Moritz zeit seines Lebens eine Gratwanderung. So kämpfte er zeitweise an der Seite des katholischen Kaiserhauses gegen die Protestanten. Dann wiederum wandte er sich gegen den Kaiser und stärkte damit die Reformation. 1547 siegte er bei Mühlberg im Bündnis mit Kaiser Karl V. über die Truppen des Schmalkaldischen Bundes (S. 93 und 97). Kurfürst Johann Friedrich I. von Sachsen, Moritz' Vetter, geriet in Gefangenschaft und der Kaiser verlieh an dessen Stelle Moritz die sächsische Kurwürde.

Statt Torgau wurde Dresden kurfürstliche Hauptresidenz und Moritz begann, das Dresdner Schloss zu einem eindrucksvollen Repräsentationsbau zu erweitern. Zwischen 1548 und 1556 verlor die einst mächtige Burg zunehmend ihren Befestigungscharakter und wich einer neuartigen Vierflügelanlage als herrschaftlicher Residenz. Der spätgotische Bau wurde in seiner Grundfläche auf das Doppelte erweitert. Im Rahmen dieser Umbaumaßnahmen entstanden unter anderem der komplette Westflügel des Schlosses, die drei Wendelsteine im Großen Schlosshof und als Festsaal im Ostflügel der Riesensaal. Aber auch der östliche Südflügel sowie Teile des bereits um 1400 errichteten Hausmannsturms wurden umgebaut und die Schlossfassaden mit Sgraffitodekorationen italienischer Meister verziert. Durch all diese Baumaßnahmen erhielt der Große Schlosshof seine heutige, repräsentative Form. Die unmittelbare Verbindung zum Erdgeschoss des Hausmannsturms und somit zur kurfürstlichen Harnischkammer war eine ideale Voraussetzung dafür, ihn auch als Austragungsort für Turniere zu verwenden.

Moritz blieb nicht viel Zeit zum Ausbau seines Herrschaftsgebietes und seiner Residenz. Nur sechs Jahre nach seinem Regierungsantritt als Kurfürst von Sachsen starb er am 11. Juli 1553 an den Folgen einer Verwundung aus der Schlacht von Sievershausen. Nachfolger wurde sein jüngerer Bruder August (S. 16, Abb. 7), in dessen 33-jähriger Regierungszeit das Kurfürstentum Sachsen erblühte. August ließ die Bauarbeiten am Dresdner Residenzschloss fortsetzen. Er selbst war ein begeisterter Turnierer, der zwischen 1543 und 1566 anlässlich von Taufen, Hochzeiten oder Fastnachtsfeierlichkeiten an 55 Rennen persönlich teilnahm (S. 100ff). Mit der Inventarisierung der Bestände der Rüstkammer leitete August die museale Ära der kurfürstlichen Kollektionen ein. Das älteste erhaltene Inventar stammt von 1561 und enthält Turnierausrüstungen, die noch der im gleichen Jahr verstorbene Hans von Dehn-Rothfelser verwaltet hatte.[3]

Dem seit 1945 verschollenen Gesamtinventar von 1567 war zu entnehmen, dass sich die kurfürstliche Rüstkammer schon zu dieser Zeit massiv ausgebreitet hatte. Sie beschränkte sich nicht mehr nur auf das Erdgeschoss des Hausmannsturms und hatte bereits eine repräsentative Aufstellung mit Harnischen auf geschnitzten Holzpferden erhalten.[4] Ein noch heute existierendes Teilinventar von 1568 beschreibt die Bestände der „Neuen Harnisch- und Rüstkammer".[5] In der „Untern gemeinen Rüst Cammer" befanden sich 25 Rennzeuge samt Zubehör. „Daneben unten In des Churfürsten zue Sachssen, Unsers gnedigsten Herrn Rüst Cammer" wurden drei Rennzeuge samt Zubehör aus dem persönlichen Besitz des Kurfürsten August von Sachsen verwahrt. Und in der „Harnisch Cammer oben unter dem Dache" lagerten schließlich diverse Stechzeuge, davon einige bemalt, samt Zubehör und „Ein Hauffen alter Stangenn" bzw. Turnierlanzen.

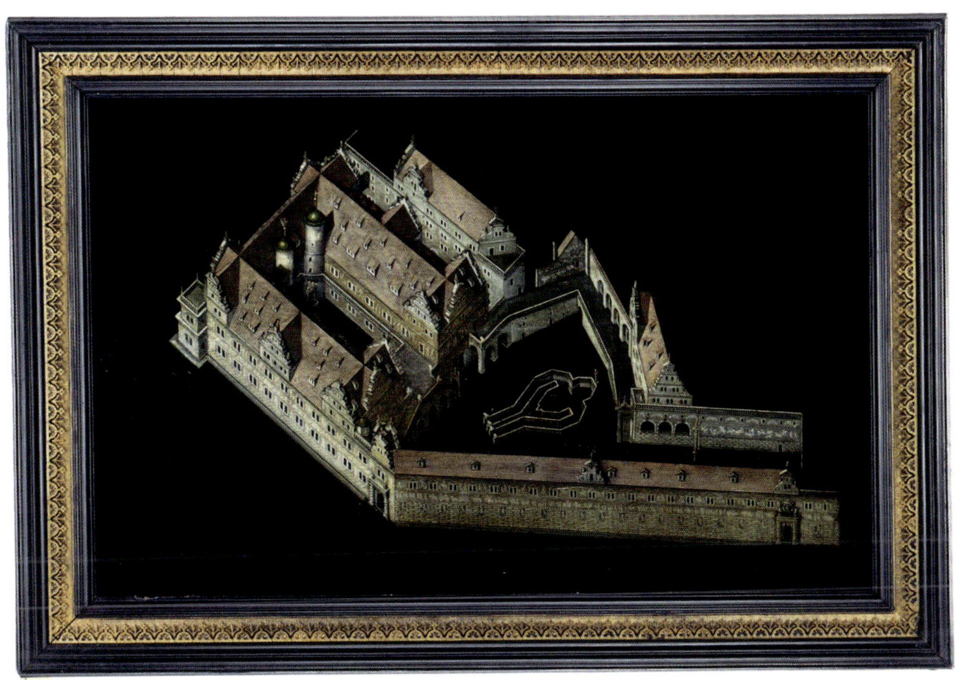

Abb. 8
DER „NEUE STALL“ ZU DRESDEN
Andreas Vogel, Dresden, 1623, Rüstkammer, SKD, Inv.-Nr. H 0235

Offenbar waren in der Rüstkammer bereits mehrere Plattner, Rüstmeister und Rüstknechte sowie ein Büchsen- und ein Schützenmeister fest angestellt. Außerdem arbeiteten in ihr aber auch diverse freischaffende Handwerker. Eine Auflistung sämtlicher Ausgaben der Rüstkammer „Bei Herzogk Christians zu Sachsen Kleinen Regierung“ aus den Jahren 1583 bis 1585 umfasst insgesamt über 6246 Reichstaler für diese drei Jahre.[6] In dieser Summe enthalten sind unter anderem mehrere Ankäufe von Waffen und Rüstungsteilen, so 1584 zwei Turnierharnische zum Fußturnier und zum Pallienstechen von Peter von Speyer d. J. für 144 Reichstaler und 15 Groschen sowie 24 einfache Reiterharnische samt Zubehör von Wolf Peppighorn für insgesamt 160 Reichstaler und 6 Groschen. Angekauft wurden aber auch Werkzeuge für die angestellten Waffenschmiede und hölzerne Pferde zur Präsentation der Harnische. Außerdem finden sich Belege für die Ausbesserung vorhandener Bestände und auch für Zahlungen an Personen, die bei Arbeiten innerhalb der Rüstkammer behilflich waren. So erhielt ein „Beutlern Moritz Ingren Vor einen par Küriß Handschuhe mitt schwarzen borkenen leder zu füttern“[7] 15 Groschen. Drei Reichstaler und einen Groschen zahlte man „Dem Ticher Paul [...] von den Tafeln In der Rüst Cammer schwarz anzustreichen, Und [...], das Er 13 tage lang In der Harnisch Cammer die Rüstungen aufhengen helffen“[8].

Die nur fünf Jahre dauernde Regierungszeit Kurfürst Christians I. von Sachsen war für die Geschichte der Dresdner Rüstkammer äußerst wichtig. Diese war mittlerweile zu einer stattlichen Einrichtung herangewachsen und die umfangreichen Ankäufe Christians vermehrten deren Bestände massiv (u. a. S. 134ff und 142ff). Da auch das Festwesen am Dresdner Hof immer größere Bedeutung erlangte, wurde eine neuerliche Erweiterung des Schlossareals erforderlich.

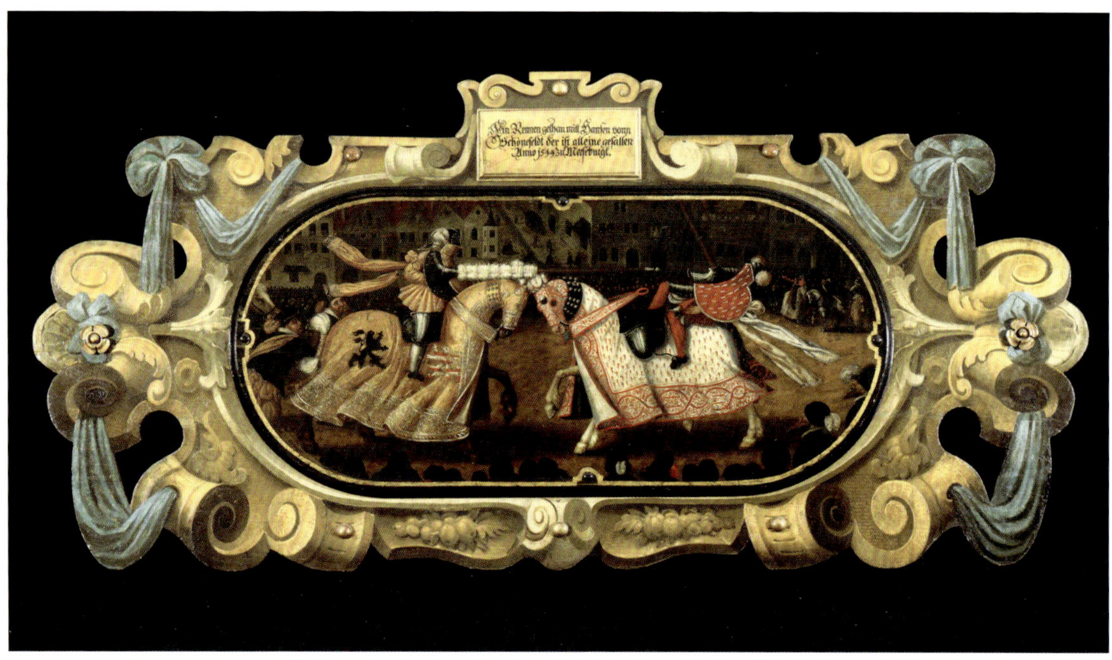

Abb. 9
ANZOGENRENNEN DES KURFÜRSTEN AUGUST 1544 IN MERSEBURG
Heinrich Göding, Dresden, zwischen 1586 und 1590
Rüstkammer, SKD, Inv.-Nr. H 0252

Am 5. Juni 1586 legte Christian den Grundstein für den „Neuen Stall“, ein repräsentatives Gebäude, welches im Erdgeschoss die kurfürstlichen Pferde beherbergen sollte, während die Obergeschosse als neues und deutlich vergrößertes Domizil für die Rüstkammer geplant waren (Abb. 8). Der Bau stand unter der Leitung des Stallmeisters Nicol von Miltitz und des Zeug- und Baumeisters Paul Buchner. 1588 war das Stallgebäude fertiggestellt. Im Erdgeschoss mit seinem Säulengang befanden sich Stellplätze für 128 Pferde. Das 1. Obergeschoss war dreigeteilt: der Flügel am Jüdenhof beherbergte die kurfürstlichen Gemächer, der Flügel am Neumarkt diente der Schlittenkammer und der Flügel zur Schössergasse nahm die Pallienkammer auf. Die übrigen Bestände der Rüstkammer befanden sich in den darüberliegenden Geschossen. Im „Langen Gang“, der das Stallgebäude mit Georgenbau und Residenzschloss verbindet, ließ Christian von Heinrich Göding eine Galerie mit historisierenden Ahnenbildern des Hauses Wettin und mit 29 Darstellungen von Turnieren seines Vaters einrichten (Abb. 9). Georgenbau, „Langer Gang“ und Stallgebäude rahmen den Stallhof ein, der als Turnierplatz diente. Über eine Rampe konnten die Turnierteilnehmer aus der Pallienkammer bzw. dem „Rüststüblein auf dem Altan“ heraus und hinunter auf den Hof reiten, wo zur Pflege und Tränke der Tiere eigens eine Pferdeschwemme gebaut worden war.[9]

Der Umzug der Rüstkammer aus dem Schloss in das Stallgebäude war 1591 abgeschlossen und wurde durch das nicht erhaltene „Hauptinventarium über bemelten Kurfürstl. Sächs. Neuen Stall samt derselben zugehörigen Rüstkammer, welches anno [15]91 erstlich vollzogen und aufgerichtet worden ist“[10] dokumentiert. Teilinventare von 1591, das 1595 geschriebene Inventar über die Ab- und Zugänge der Rüstkammer im Vergleich zu 1591 und schließlich das älteste erhaltene Gesamtinventar von 1606 machen es möglich, die Einrichtung des „Neuen Stalls" nachzuvollziehen. Insgesamt gab es 28 „Kammern" mit teils mehreren Räumen. Jedoch ist nicht in jedem Fall bekannt, wo genau sich die einzelnen Kammern befanden.

Die für die Harnische, Helme und Schilde relevanten Räume können wenigstens zum Teil lokalisiert werden. So befand sich die von Peter von Speyer d. J.[11] verwaltete Pallienkammer, in der Feld-, Prunk- und zahlreiche Turnierharnische teils mit Waffen und auf Holzpferden (Abb. 10) aufgebaut waren, im 1. Obergeschoss des westlichen Flügels des Stallgebäudes. Die Schlittenkammer im östlichen Flügel wurde auch „Schwarze Reiter Kammer" genannt. In ihr lagerten ebenfalls diverse Feld- und Turnierharnische, aber auch zahlreiche Waffen, Sättel und Reitzeuge, die Ausrüstung von 15 „ungarischen Hofleuten", 15 „schwarzen deutschen Reitern" und 100 Leibtrabanten (S. 156f) sowie verschiedene Schlitten. In den Dachgeschossen waren der „Harnischboden" (auch „Finsterer Gang" genannt) mit zu dieser Zeit schon aus der Mode gekommenen Renn- und Stechzeugen sowie die mehrräumige „Alte Harnischkammer" untergebracht. Von letzterer lassen sich anhand des Inventars von 1595 zwei Räume genauer lokalisieren. So heißt es auf Blatt 13 „In der Andern Harnisch Cammer kegen dem Stallhoffe zue [...] " und auf Blatt 17 „In der Dritten Harnisch Cammer kegen den Jüdenhoffe zu [...]" Während sich in Ersterer neben mehreren Turnier- und Feldharnischen des Kurfürsten August von Sachsen auch einige „alte" Harnische, ein angeblich türkischer Harnisch (wohl eine süddeutsche, orientalisierende Arbeit) sowie Turnierschwerter und -spieße befanden, waren – abgesehen von diversen Harnischen – in der dritten Kammer

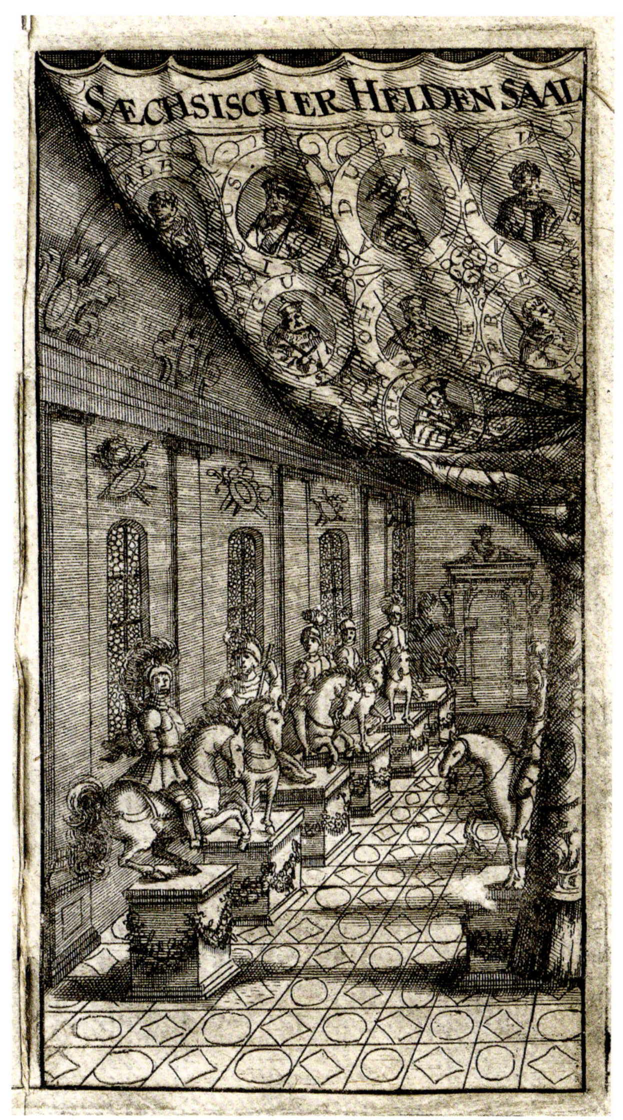

Abb. 10
SÄCHSISCHER HELDENSAAL
Sigmund von Birken,
„Chur- und Fürstlicher Saechsischer Helden Saal",
Dresden 1677, Frontispiz,
Sächsische Landesbibliothek Dresden,
Staats- und Universitätsbibliothek, Sign. H. Sax. A 455

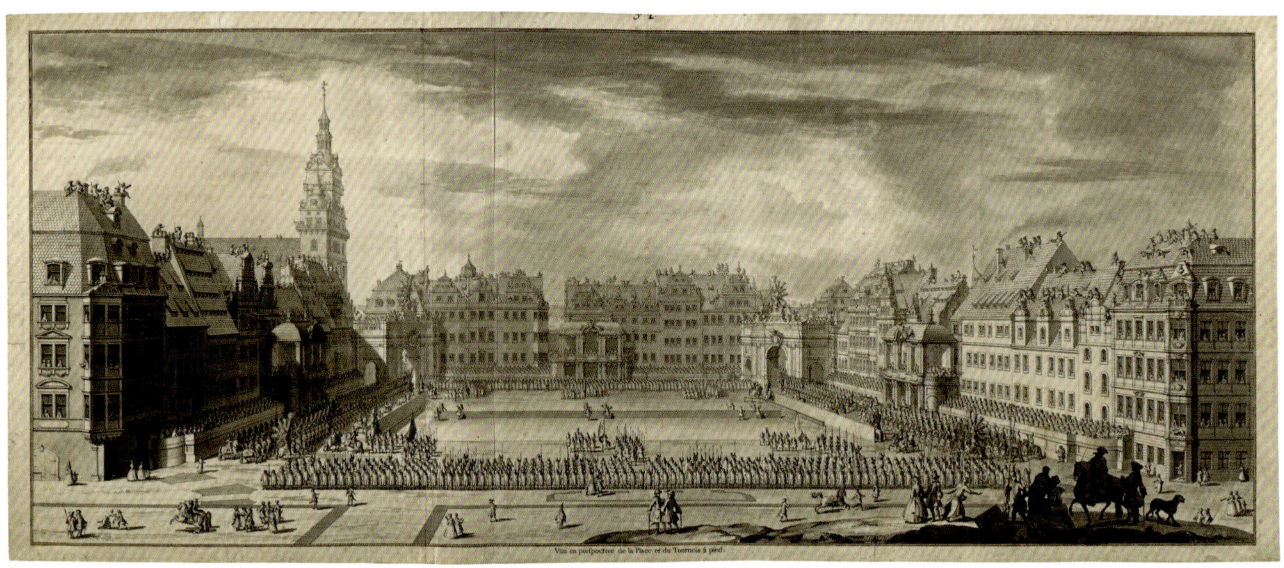

Abb. 11
TURNIER AM 12. SEPTEMBER 1719 AUF DEM DRESDNER ALTMARKT
Benedikt Reynard oder Carl Heinrich Jacob Fehling, vor oder um 1728
Kupferstich-Kabinett, SKD, Inv.-Nr. C 5695 (Ca 200, Bl. 44)

unterschiedliche Helme, Schilde, Sättel, Panzerkragen, vielfältige Waffentypen, Röcke, Jagdhörner und Plattnerwerkzeuge untergebracht. Außerdem werden auf Blatt 62 auch noch diverse Sturmhauben „In der Althann Stubenn kegen dem Naumarckt zu [...]“ erwähnt. Etwas kurios ist der Verwahrungsort der reich verzierten, meist aus Italien stammenden Helme und Schilde, die im Gesamtinventar von 1606 auf S. 909 zusammen mit orientalischen Exemplaren den Beginn der „Ungerischen Cammer“[12] bilden (u. a. S. 114). Insgesamt zeichnet sich von der Unterbringung der einzelnen Harnischarten, der Einzelteile und Waffen ein ziemlich verwirrendes Bild ab. Offenbar gab es damals noch keine klare Gliederung, beispielsweise dergestalt, dass Turnierharnische in einer Kammer und Feldharnische in einer anderen Kammer untergebracht worden wären. Stattdessen wirkt die Unterbringung aus heutiger Sicht eher zufällig und nicht einer konsequent verfolgten Systematik geschuldet.

Die folgenden reichlich 100 Jahre hielten eine Vielzahl einschneidender Ereignisse parat, ohne dass sich aber an der Gliederung und Einrichtung der Dresdner Rüstkammer etwas änderte. Im Verlauf des Dreißigjährigen Krieges wurde Sachsen zu einem der Hauptkampfschauplätze und hatte massiv unter den Folgen zu leiden. Nach 1648 musste sich das Land von Zerstörung, Verelendung und tausendfachem Tod erst langsam erholen. Doch bereits 15 Jahre später zogen erneut sächsische Soldaten ins Feld. Ausgelöst durch die osmanische Belagerung Wiens sowie die Entsatzschlacht am 12. September 1683 wurde Südosteuropa für längere Zeit zum Kriegsschauplatz. Während Kurfürst Johann Georg III. von Sachsen vor Wien noch den linken Flügel des Entsatzheeres kommandiert hatte (S. 200), kämpfte er ab 1689 mit seinen Truppen im Westen gegen Frankreich, wurde wenig später zum Oberkommandierenden der Reichsarmee und starb am 22. September 1691 in Tübingen. Nur vier Jahre danach wurde seinem zweitgeborenen Sohn, Kurfürst Friedrich August I. von Sachsen (genannt August der Starke), der Oberbefehl über das kaiserliche Heer in Ungarn übertragen (S. 203). Und schließlich brach im Jahr 1700 auch noch der Große Nordische Krieg aus, der Sachsen und Polen, wo August der Starke seit 1697 als August II. König war, bis 1721 in Atem hielt. Obwohl all diese Feldzüge und Kriege sowohl unermessliches menschliches Leid verursachten als auch Unmengen an Geld und Ressourcen verschlangen, gingen das höfische Leben in Dresden und die Sammelleidenschaft der Kurfürsten weiter. Zahlreiche Inventare wurden in dieser Zeit neu geschrieben und dokumentieren umfangreiche Zugänge, aber auch Verluste. So erhielt beispielsweise Kurfürst Johann Georg I. von Sachsen 1622 von seiner Gemahlin eine komplette Prunkharnischgarnitur für Ross und Reiter als Weihnachtsgeschenk (S. 188f), mehrere Feldharnische gelangten nach ihrer Verwendung während des Dreißigjährigen Krieges in die Rüstkammer (u. a. S. 186f) und vier vergoldete Fußturnierharnische bestellte Kurprinz Johann Georg (II.) 1650 anlässlich der Doppelhochzeit seiner Brüder, der Herzöge Christian von Sachsen-Merseburg und Moritz von Sachsen-Zeitz mit den Schwestern Sophie Hedwig und Christiane von Schleswig-Holstein-Sonderburg-Glücksburg (S. 196). Sammlungsabgänge hatten ganz unterschiedliche Gründe, beispielsweise Geschenke des Kurfürstenhauses an andere Adlige oder aber die praktische Verwendung im Krieg oder beim Turnier. So ist u. a. überliefert, dass „Anno 1642, im April undt Maio, [...] 24. Turnirschwertter von der Jungen Herschafft, im Fußturnir Exercitio, zerschlagen undt zerbrochen worden“[13] sind.

Überhaupt spielten Turniere am Dresdner Hof auch weiterhin eine wichtige Rolle. Eine Vielzahl an Ereignissen – Geburtstage, Taufen, fürstliche Zusammenkünfte oder auch Fastnachtsfeierlichkeiten – gaben Anlass dafür, Turniere zu veranstalten, bei denen Harnische und Waffen der Rüstkammer zum Einsatz kamen. 1614 zur Taufe des dritten Sohns des Kurfürsten Johann Georg I. von Sachsen, Herzog August von Sachsen-Weißenfels, wurde im Stallhof am Dresdner Residenzschloss ein Ringrennen mit Türken- und Mohrenaufzug abgehalten. Fußturniere gab es unter den Kurfürsten Christian II., Johann Georg I. und Johann Georg II. von Sachsen in großer Zahl, beispielsweise anlässlich der bereits erwähnten Doppelhochzeit von 1650 oder am 11. November 1679 im Rahmen der Feierlichkeiten zum Frieden von Nijmegen. Bis in das zweite Jahrzehnt des 18. Jahrhunderts blieb die funktionale Einheit aus Stallgebäude und Stallhof erhalten. Während in ersterem die Pferde und die repräsentative, aber auch im Alltag benötigte Waffensammlung der Kurfürsten von Sachsen untergebracht waren, wurden auf dem Stallhof Turniere abgehalten, und die Pferdeschwemme diente der Pflege der kurfürstlichen Pferde. In den Jahren zwischen 1716 und 1720 wurden teils in Vorbereitung und teils im Ergebnis der Hochzeit des Sohns Augusts des Starken mehrere neue Inventare (u. a. die Inventare der Alten Harnischkammer und der Pallienkammer von 1720) verfasst, die die gleiche grundsätzliche Struktur der Rüstkammer wie 1606 erkennen lassen.

Die Hochzeit des Kurprinzen Friedrich August (II.) von Sachsen mit Erzherzogin Maria Josepha von Österreich, der Tochter des verstorbenen Kaisers Joseph I., wurde am 20. August 1719 in Wien vollzogen und fast den gesamten September hindurch in Dresden gefeiert. Auf den Elbwiesen vor den Toren der Stadt wurde das Brautpaar am 2. September durch August den Starken mit orientalischer Pracht empfangen und auch in den folgenden vier Wochen spielte das Türkenmotiv eine beachtliche Rolle.[14] Bestimmt wurden die Feierlichkeiten aber von den sieben Festen

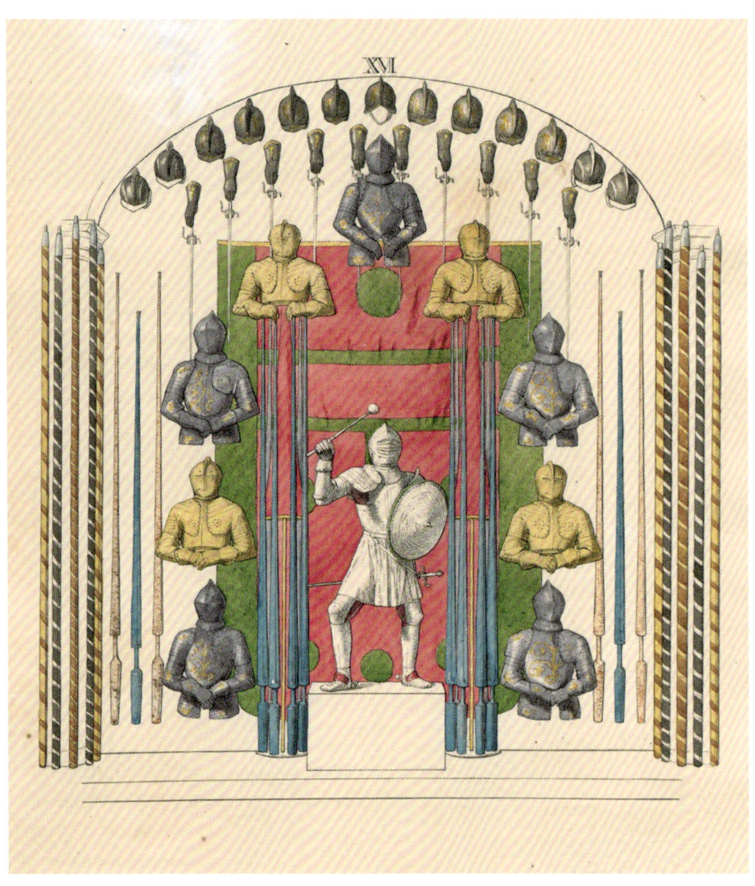

Abb. 12
WANDAUFRISS DER XVI. BOGENNISCHE DES TURNIERSAALES IM EHEMALIGEN KÖNIGLICHEN HISTORISCHEN MUSEUM
Unbekannt nach Joseph Thürmer und Johann Gottlob von Quandt, Dresden, 1836/77, Rüstkammer, SKD, Inv.-Nr. T 215/40

zu Ehren von Apoll, Mars, Jupiter, Diana, Merkur, Venus und Saturn, die an unterschiedlichen Stellen, meist am Rande oder außerhalb Dresdens, stattfanden. Einer der Höhepunkte der Feierlichkeiten waren ein Pallienstechen und ein Fußturnier anlässlich des Marsfestes. August der Starke hatte für dieses Fest zu Ehren seines Vaters den 36. Jahrestag des triumphalen Sieges christlicher Truppen über die osmanische Belagerungsarmee vor Wien gewählt. Am 12. September 1683 waren 10.000 sächsische Soldaten unter dem Kommando des Kurfürsten Johann Georg III. von Sachsen an der Befreiung der kaiserlichen Residenzstadt beteiligt gewesen, wo sie einen wesentlich Anteil am Sieg des christlichen Heeres hatten.[15] Die Turniere am 12. September 1719 wurden auf dem Dresdner Altmarkt ausgetragen. Mitten auf dem Platz hatte man für das Fußturnier eine Fläche mit Brettern gedielt und mit einer Schranke versehen. Seitlich angrenzend wurden für das Pallienstechen zwei Bahnen hergerichtet, indem man das Steinpflaster herausriss, die Flächen mit Sand aufschüttete und mit je einer Bretterwand (Pallia) versah (Abb. 11).

Die Turnierteilnehmer waren in vier Quadrillen unterteilt und unterschiedlich gefärbt gekleidet.[16] Zwei Quadrillen trugen blanke und die anderen beiden schwarze Harnische aus den Beständen der kurfürstlichen Rüstkammer. Mehrere Inventare wurden eigens aus diesem Anlass verfasst, aber auch Randnotizen in älteren Inventaren beziehen sich auf dieses Ereignis. So wurden in den Inventaren *Paillen-Rennen und Fuß-Tournier so den 12. Septembr: 1719. zu Dreßden auf dem Alten Marckt gehalten worden* und *Beschreibung des Von Sr: Königl: Majt: in Pohlen und ChurFürstl: Durchl: zu Sachßen am 12. Septembris Anno 1719 auff dem Alten Marckte alhier gehaltenen Baillen-Rennens und Fuß-Tourniers* sowohl Vorbereitungen und Verlauf des Aufzugs als auch die Ergebnisse des eigentlichen Turniers sowie die abschließende Preisvergabe ausführlich abgehandelt. Detailliert beschrieben wurden dabei allerdings nur die Kleidung und die Federbüsche der Teilnehmer, während man die verwendeten Waffen und Harnische nur kurz erwähnte. Diesbezügliche Informationen finden sich aber im Inventar der Pallienkammer von 1720, welches gleich auf den ersten Seiten mit einer genauen Beschreibung von acht „Gantzen Rüstungen mit Pferde-Harnischen, so die Ecuijers oder Waffenträger, bey dem am 12. Septembr Ao. 1719. gehaltenen Baillen Rennen geführet“[17] beginnt.

Leider hatte die Verwendung des Harnischbestandes der Dresdner Rüstkammer bei diesem Turnier nachhaltige Auswirkungen auf unser heutiges Wissen zu den einzelnen Stücken. Da die Harnische umsortiert, teils in Gruppen zusammengefasst und farblich verändert wurden, lassen sich die detaillierten Informationen aus älteren Inventaren nicht immer auf den heutigen Bestand übertragen. Insbesondere Angaben zur Provenienz einzelner Harnische gingen dadurch in manchen Fällen verloren. Mindestens genauso schwerwiegend für die Zukunft der Sammlung waren die Umgruppierungen größerer Harnischgarnituren. Dies betraf in erster Linie diejenigen, aus deren Teilen im Stallgebäude Harnische auf einem Pferd sitzend aufgebaut waren, während die dazugehörigen Wechselstücke dahinter an den Rückwänden hingen. Nach der Verwendung beim Turnier von 1719 wurden diese Garnituren auseinandergerissen, indem man die Harnische an einem Ort neu installierte, während die Wechselstücke in großen Gruppen nach Typen sortiert in anderen Räumen verwahrt wurden. In den später verfassten Inventaren finden sich folglich die Harnische von den Wechselstücken getrennt. Mit der Zeit ging das Wissen über die Zusammengehörigkeit dieser Stücke weitestgehend verloren, was vor allem im 19. Jahrhundert gravierende Folgen haben sollte.

Die Hochzeitsfeierlichkeiten von 1719 bildeten einen letzten großen Höhepunkt für die „alte“ Rüstkammer. Nur drei Jahre danach erlebte die Sammlung einen massiven Einschnitt. Am 7. August 1722 befahl August der Starke seinem Oberstallmeister Johann Gottlieb von Thielau, das Stallgebäude zu räumen, da es zukünftig für andere Zwecke benötigt würde.[18] Durch die Erlangung der polnischen Krone und letztendlich auch durch die Festigung der Macht im Ergebnis des Großen Nordischen Krieges waren die Repräsentationsbedürfnisse Augusts des Starken gestiegen. Eine Folge davon war die vollkommene Neuordnung der kurfürstlichen Sammlungen. Das Stallgebäude wurde aus diesem Grund bis 1731 umgebaut, vorrübergehend als Gästequartier und Lokalität für Feste genutzt, um schließlich die Gemäldegalerie aufzunehmen. Neues Domizil der Rüstkammer wurden die Räume der Geheimen Kriegskanzlei unmittelbar neben dem Stallgebäude in der Schössergasse 15 und 16 sowie der angrenzenden Sporergasse 6. Thielau hatte versucht, den Umzug der Rüstkammer zu verhindern, konnte August den Starken aber nicht umstimmen. Es gelang ihm lediglich, ein wenig Zeit für eine Revision der Bestände vor der Räumung zu erlangen. Die *Specifiction Derer auff Ihro Königl. Mayt.*

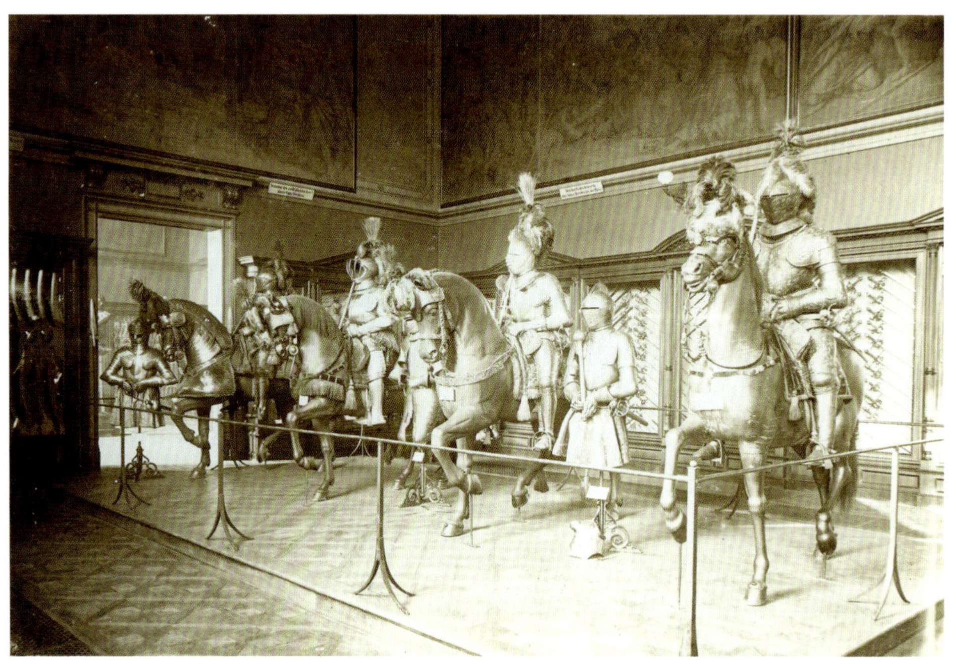

Abb. 13
DER PRUNKWAFFENSAAL IM DRESDNER JOHANNEUM
zwischen 1890 und 1917

Rüst-Cammer befindlichen Cammern, wie solche bey künfftiger Ausräumung rangiret und untergebracht werden können[19] listet den Inhalt aller Kammern im Stallgebäude auf und benennt die vorgesehenen Räume in der Geheimen Kriegskanzlei. Dem Einsatz Johann Gottlieb von Thielaus, der noch während des Umzugs Anfang 1723 starb, ist es zu verdanken, dass es offenbar gelang, die einzelnen Sammlungskomplexe der Rüstkammer weitestgehend geschlossen in die neuen Räumlichkeiten zu überführen, ohne dabei die grundlegende Ordnung zu zerstören. In der Folgezeit stand den Beständen der Rüstkammer jedoch weniger Platz zur Verfügung. Modernere und noch verwendbare Waffen wurden daher in das Zeughaus[20] umgelagert.

Die öffentlich zugänglichen Bereiche der „neuen" Rüstkammer nahmen die Obergeschosse der drei genannten Häuser ein und deren Dachgeschosse wurden als Depot genutzt. Laut einem Grundriss aus dem Jahr 1771[21] befanden sich die für die Harnische wichtigsten Kammern (die Alte Harnischkammer, die Pallienkammer und die Kammer für das Scharfrennen) durchweg im 1. Obergeschoss der Gebäude. Etwa 110 Jahre blieb die Rüstkammer in den Räumen der Geheimen Kriegskanzlei, ohne dass sich an der Aufstellung der Sammlungsbestände grundlegend etwas änderte. Offenbar hatte man aber von administrativer Seite her das Interesse an der Rüstkammer verloren. So gab es anscheinend keinerlei Investitionen mehr und der Zustand der Räumlichkeiten ließ bald zu wünschen übrig. Mit ein Grund dafür dürfte gewesen sein, dass die Rüstkammer innerhalb der kurfürstlichen bzw. königlichen Sammlungen eine Sonderstellung einnahm. Anders als beispielsweise die Gemäldegalerie wurde die Rüstkammer nicht vordergründig als museale Institution angesehen und unterstand auch nicht dem Oberkammerherrn. Stattdessen behielt sie den

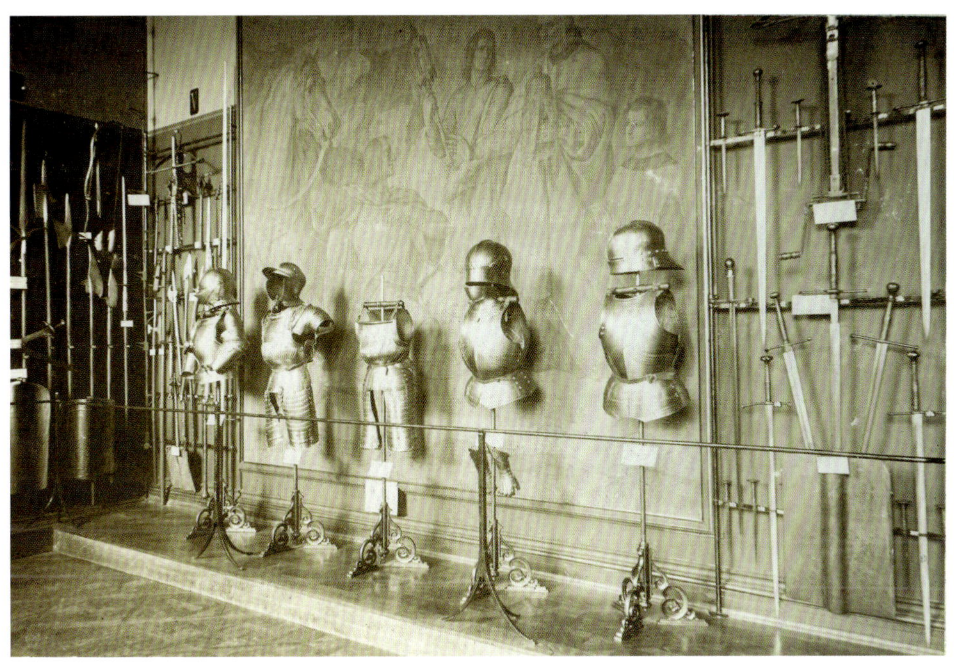

Abb. 14
DER SAAL MITTELALTERLICHER WAFFEN IM DRESDNER JOHANNEUM
vor 1907

Charakter eines „Magazins" und wurde vom Oberstallmeister verwaltet. Bei den Besuchern war sie jedoch sehr populär, was unter anderem auch daran gelegen haben dürfte, dass sie vergleichsweise einfach zugänglich war.[22]

Gravierende Veränderungen erlebte die Rüstkammer nach 1831. In Folge von Unruhen wurde Sachsen zur konstitutionellen Monarchie, bekam eine neue Verfassung und die königlichen Sammlungen gingen in Hausfideikommissbesitz über, wodurch sie fortan unter staatlicher Verwaltung standen. Im darauffolgenden Jahr erhielt der Kunstgelehrte, Sammler und Mäzen Johann Gottlob von Quandt, der von 1828 bis 1833 Vorstand des Sächsischen Kunstvereins war, den Auftrag, aus der Rüstkammer und dem Restbestand der aufgelösten Kunstkammer in den westlichen Galerien und Pavillons des Zwingers (vom Französischen Pavillon, über die beiden Bogengalerien und die westliche Langgalerie bis zum Kronentor) das Königliche Historische Museum[23] einzurichten. Grundlegendes Gestaltungsprinzip dieser von Quandt selbst als „geschichtliches Sittengemälde"[24] bezeichneten Ausstellung waren trophäenartige Waffenarrangements, die in einer zeitgenössischen Blattfolge teils kolorierter Zeichnungen festgehalten wurden (Abb. 12).[25] 1834 veröffentlichte Quandt mit seinen *Andeutungen für Beschauer des historischen Museums* den ersten wirklichen Katalog der Rüstkammer. Gemäß dieser Publikation und der zwischen 1836 und 1839 verfassten Inventare gliederte sich die Ausstellung in ein Eingangszimmer mit Bildnissen, Glasgemälden, Möbeln u. ä., einen Saal mit Jagd- und Gartenutensilien, drei Galerien (I. Galerie/Turniersaal, II. Galerie/Schlachtensaal und III. Galerie/Paradesaal) mit diversen Harnischen und Waffen, ein Pistolenzimmer, einen Saal und Durchgangszimmer mit Sätteln und Kostümen, ein Kabinett mit orientalischen

Waffen sowie ein Zimmer mit exotischen Gegenständen. Ein Jahr nach dem Erscheinen des Kataloges von Johann Gottlob von Quandt ernannte man Gustav Büttner zum Sammlungsinspektor und 1850 wurde er der erste Direktor der Rüstkammer.

Der Zwinger beheimatete die Rüstkammer nur für etwa 45 Jahre. Mehrere zeitgenössische Publikationen[26] zeigen, dass die Ausstellung mit ihren neun Abteilungen in den Zwingerräumen während dieser Zeit nahezu unverändert blieb. Doch schon bald warf ein neuerlicher Wandel seine ersten Schatten voraus. Nach dem 1855 vollzogenen Umzug der Gemäldegalerie in die neu erbaute Sempergalerie am Zwinger blieb das ehemalige Stallgebäude zunächst über mehrere Jahre ungenutzt. 1872 beschloss König Johann I. von Sachsen dann aber die Rückkehr der kursächsischen Waffensammlung in das einst eigens für sie geschaffene Gebäude. 1877 waren die Arbeiten an dem zu Ehren des inzwischen verstorbenen Königs fortan als Johanneum bezeichneten Baus abgeschlossen und die Rüstkammer zog ein weiteres Mal um (Abb. 13). Auch wenn die Gliederung der Sammlung im Großen und Ganzen konstant blieb, gab es einige doch teils umfangreichere Veränderungen. Auf der einen Seite stand der Rüstkammer nunmehr wieder eine größere Ausstellungsfläche zur Verfügung und zu den schon im Zwinger dargestellten Themen gesellten sich der Neue Waffensaal, die Modell- und die Kunstkammer. Zusammen mit dem Vorsaal, in dem sich zunächst nur zwei Kartons von Julius Schnorr von Carolsfeld zu den Fresken des Königlichen Residenzschlosses von München befanden, begann der Rundgang durch die Rüstkammer im Johanneum mit der Kunstkammer[27] und einem Raum mit Beständen aus der 1859 aufgelösten Modellkammer. Während die folgenden Räume weitestgehend der Gliederung der Zwingerausstellung entsprachen, befand sich am Ende des Rundgangs der sogenannte Neue Waffensaal, in dem u. a. auch Beutewaffen aus dem Deutsch-Französischen Krieg von 1870/71 zu sehen waren. Andererseits hatte Albert Erbstein, der neue Direktor der Sammlungen im Johanneum, die alte Ausstellungsgestaltung kritisiert. Er war der Meinung, dass durch die in erster Linie rein dekorative Anordnung der Objekte im Zwinger „eine Verwirrung in den Beständen der grossartigen Sammlung eingetreten war und der historische Hintergrund, der ursprünglich allen in der Sammlung vorhandenen Stücken eigen war, bei vielen Gegenständen entweder bereits verschwunden war oder zu verschwinden drohte. Vieles war verwechselt, vieles war den Gegenständen angedichtet worden, vieles war aber auch ganz in Vergessenheit geraten."[28]

Die wohl gravierendste Änderung aus sammlungsgeschichtlicher Sicht sollte aber erst noch folgen. Im Zuge des Historismus und der einhergehenden Verklärung des Mittelalters gingen in der 2. Hälfte und insbesondere gegen Ende des 19. Jahrhunderts zahlreiche Museen mit Waffensammlungen dazu über, Entwicklungsreihen von Waffentypen zu präsentieren. Max von Ehrenthal schrieb dementsprechend in seinem neuen Sammlungsführer, dass „[...] das Bestreben zu erkennen sein [dürfte], innerhalb des gegebenen Rahmens die Entwicklung des Waffenwesens im ganzen sowohl, als auch in den einzelnen Waffenarten in belehrender Weise vorzuführen."[29] Noch im Juni 1892 hatte Ehrenthal eine lediglich geringfügig veränderte zweite Auflage der *Beschreibung des Königlichen Historischen Museums* von Albert Erbstein herausgegeben. In einem Exemplar der Handbibliothek der Rüstkammer finden sich handschriftliche Einträge – u. a. auch bezüglich eines Saals mittelalterlicher Waffen anstelle des Vorsaals – und bereits im darauffolgenden Jahr veröffentlichte Ehrenthal einen

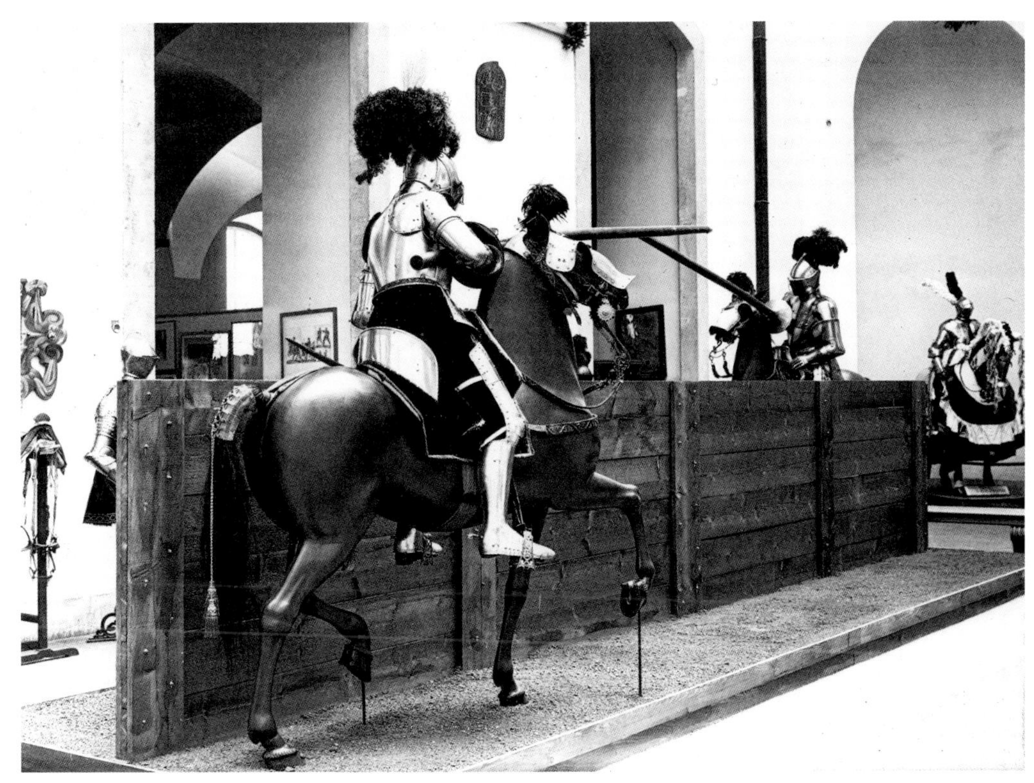

Abb. 15
PALLIENSTECHEN IN DER TURNIERAUSSTELLUNG VON 1936
im Lichthof des Dresdner Johanneums

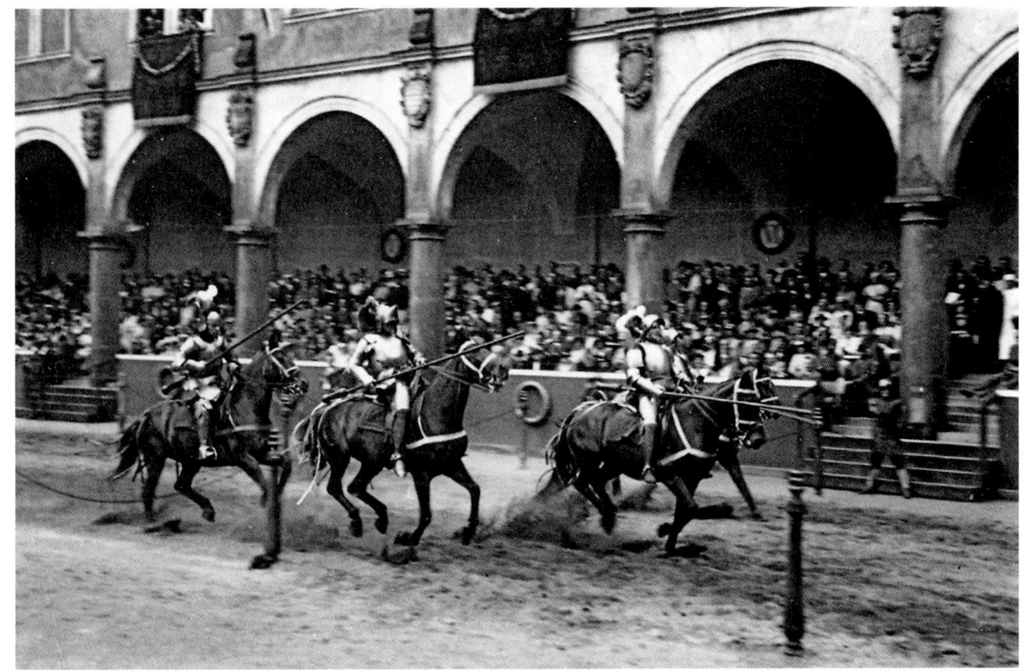

Abb. 16
TURNIERAUFFÜHRUNG IM DRESDNER STALLHOF 1936

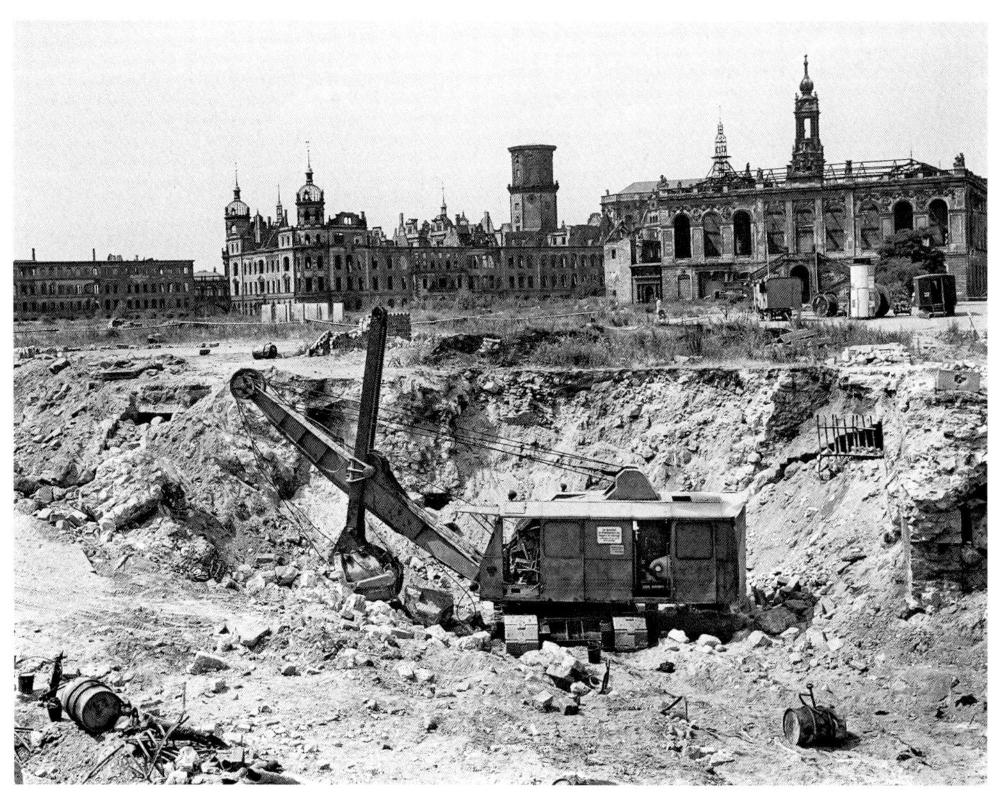

Abb. 17
RUINEN VON RESIDENZSCHLOSS, STALLGEBÄUDE (JOHANNEUM) UND TASCHENBERGPALAIS 1959

Nachtrag zur Beschreibung des Königl. Historischen Museums zu Dresden" mit der detaillierten Beschreibung des inzwischen neu eingerichteten Saals. Voraussetzung dafür war gewesen, dass man Bestandslücken in der aus der Sammelleidenschaft der Kurfürsten von Sachsen entstandenen Rüstkammer durch Ankäufe zu schließen versuchte. Da im Altbestand der Rüstkammer nur wenige Stücke der Zeit vor 1500 existierten, gab es insbesondere für den von Ehrenthal geschaffenen Ausstellungsbereich einen großen Bedarf an Neuanschaffungen. Gezielt wurden vermeintlich mittelalterliche und auch gotische Harnische sowie Waffen angekauft oder getauscht. Bedauerlicherweise wurden in diesem Zusammenhang einige bedeutende Sammlungsstücke abgegeben, während die Neuzugänge nur selten dem Niveau des Altbestandes der Rüstkammer entsprachen. Auf diesem Weg gelangten beispielsweise mehrere erstklassige Harnische des Augsburger Plattners Anton Peffenhauser nach St. Petersburg, Berlin (heute Warschau) und Nürnberg (S. 166f). Außerdem verkaufte man aber auch zahlreiche Wechselstücke von Harnischgarnituren, deren Zusammengehörigkeit in Folge des Turniers von 1719 in Vergessenheit geraten war. Dafür gekauft bzw. eingetauscht wurden u.a. zwei Riefelharnische lediglich durchschnittlicher Qualität aus Paris und Nürnberg (S. 84).

Einen besonders zu erwähnenden Ankauf tätigte man am 17. Februar 1893, als 84 Stücke aus der Sammlung des Industriellen Richard Zschille erworben wurden. Zschille hatte seine Villa in Großenhain

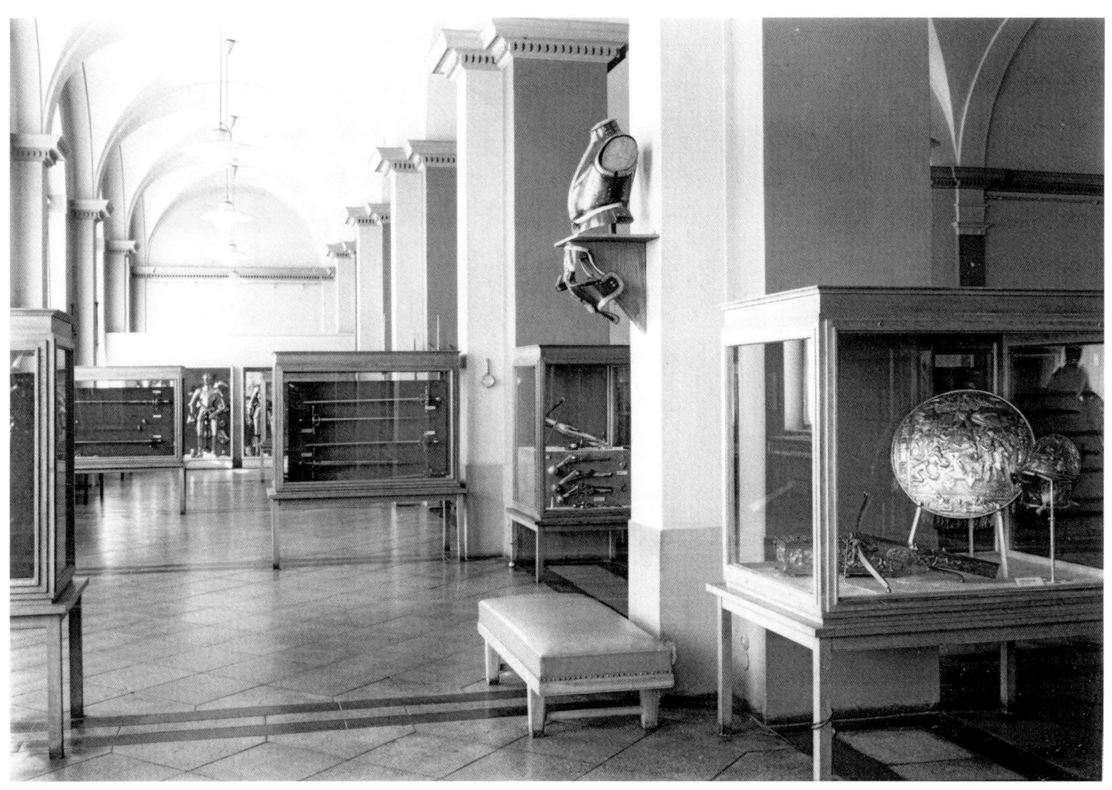

Abb. 18
AUSSTELLUNG DER RÜSTKAMMER IN DER OSTHALLE DES DRESDNER ZWINGERS ZWISCHEN 1958 UND 1988

vollkommen zum Museum umfunktioniert, sodass sich Wohnungseinrichtung und Sammlung kaum voneinander trennen ließen und fließend ineinander übergingen. Architekturelemente gehörten ebenso zu seiner umfangreichen Sammlung wie Möbel, Gemälde, Wandteppiche, Glasmalereien, Majolika, Porzellan, Skulpturen und Waffen.[30] Bei Letzteren waren ihm komplette Harnischfiguren besonders wichtig, weshalb er unvollständige Harnische ergänzen ließ oder auch komplette Nachbildungen kaufte. Aus seiner Sammlung gelangten 1893 neben diversen Waffen auch zehn Harnische, 15 Helme, drei Schilde, zwei Paar Handschuhe und zwei Panzerkragen in die Dresdner Rüstkammer (Abb. S. 51 rechts, 55, 65, 74 und 76), von denen aber nur wenige Teile wirklich alt sind. Trotzdem bildeten diese teils umstrittenen Ankäufe aus der Sammlung Zschille zusammen mit hochkarätigen Altbeständen der Rüstkammer das Rückgrat des Saals mittelalterlicher Waffen im Johanneum (Abb. 14). Heute werden davon nur noch wenige Ausnahmen – mit entsprechenden Kommentaren – öffentlich präsentiert.

In den folgenden Jahrzehnten erlebte die Ausstellung der Rüstkammer mehrere gestalterische und konzeptionelle Änderungen. Einen umfangreichen, wenn auch nur vorübergehenden Wandel erfuhr das Johanneum 1936. Sowohl der 350. Jahrestag der Grundsteinlegung für das Stallgebäude durch Kurfürst Christian I. von Sachsen als auch die Austragung der Olympischen Sommerspiele in Berlin bildeten den Hintergrund für die „Deutsche Turnierschau“ der

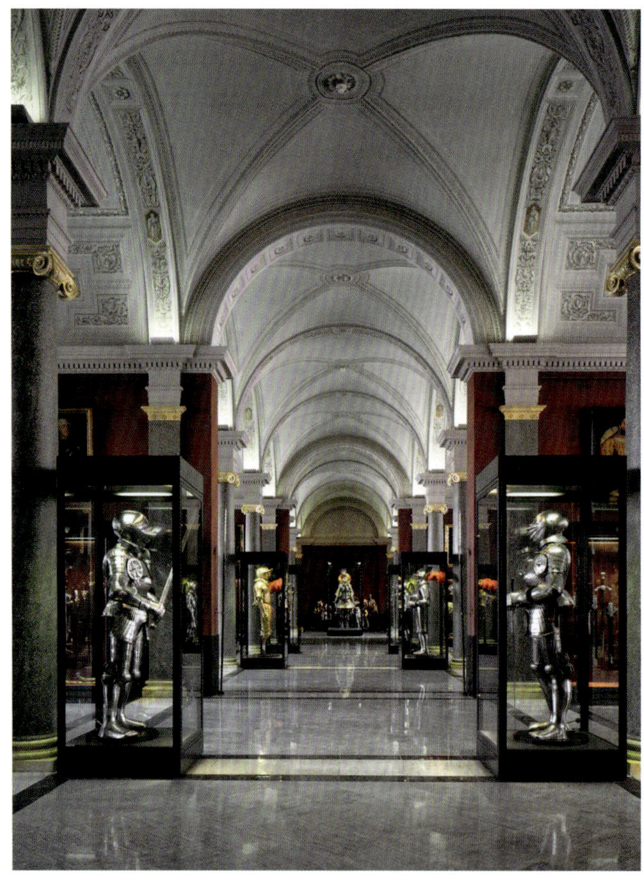

Abb. 19
AUSSTELLUNG DER RÜSTKAMMER IN DER OSTHALLE DES DRESDNER ZWINGERS
zwischen 1992 und 2012

Rüstkammer. Das seit 1927 im Lichthof des Johanneums gezeigte osmanische Dreimastzelt[31] wurde zeitweilig abgebaut, um Platz für diese groß angelegte Ausstellung mit Leihgaben aus Wien, Berlin, München und Nürnberg zu schaffen. Kernstück dieser am 28. Mai 1936 vom Sammlungsdirektor Erich Haenel feierlich eröffneten Präsentation waren zwei lebensgroße Turnierszenen, die ein Rennen und ein Palliensteehen darstellten (Abb. 15). In Verbindung mit der Ausstellung wurden von Juni bis September imposante Turnierspiele im Stallhof veranstaltet, an denen etwa 200 Wettkämpfer der Wehrmacht, der SA, der berittenen Schutzpolizei und Dresdner Fechtvereine sowie 50 Pferde teilnahmen (Abb. 16). Aus heutiger Sicht unverständlicherweise waren diese mit originalen Harnischen, Waffen und Reitzeugen der Dresdner Rüstkammer ausgerüstet, was zu diversen Schäden an den Stücken führte.

Am 30. August 1939, also noch vor Ausbruch des Zweiten Weltkriegs, wurde das Johanneum für etwa vier Monate geschlossen und teilweise beräumt.[32] Insbesondere das große osmanische Dreimastzelt, das nach der Turnierausstellung von 1936 wieder im Lichthof des Johanneums aufgebaut worden war, und die kostbarsten Exponate sämtlicher Abteilungen wurden ausgelagert und schon zu diesem frühen Zeitpunkt in Sicherheit gebracht. Anschließend wurde das Johanneum noch einmal geöffnet, um am 16. Januar 1942 endgültig geschlossen zu werden. Die Ausstellungsräume wurden zur Dokumentation fotografiert, die Objekte mit Standortbezeichnungen versehen und schließlich in ca. 500 Kisten verpackt. Als Auslagerungsorte für die Bestände der Rüstkammer dienten die Festung Königstein, die Schlösser Naunhof, Weesenstein, Pfaffroda und Wachau sowie die Albrechtsburg in Meißen, wo der überwiegende Teil der Sammlung auch das Ende des Krieges erlebte. Das Johanneum war bei der Bombardierung Dresdens am 13. Februar 1945 stark beschädigt worden (Abb. 17). Der obere Teil des Gebäudes war ausgebrannt und einige aus Platzgründen darin verbliebene Stücke (darunter auch mehrere Kutschen) wurden zerstört oder schwer beschädigt. Nach Kriegsende wurden die ausgelagerten Bestände der Dresdner Rüstkammer von der sowjetischen Trophäenkommission geborgen und in die Sowjetunion abtransportiert.

Die Zukunft der Rüstkammer war zunächst äußerst ungewiss und an eine mögliche Rückgabe der Sammlungsbestände dachte man noch lange nicht. Letztendlich befanden sich die Stücke der Dresdner Rüstkammer 13 Jahre in Leningrad (St. Petersburg) und Moskau. Erst Anfang Juli 1958 veröffentlichte die Sowjetregierung den Beschluss, dass alle in den Wirren des Zweiten Weltkriegs von der Roten Armee vor der Vernichtung geretteten und bis zu diesem Zeitpunkt noch in der Sowjetunion verwahrten deutschen Kunstschätze (insgesamt mehr als 1,5 Millionen Stücke) dem deutschen Volk zurückgegeben werden sollten. In der Eremitage in St. Petersburg und im Puschkin-Museum in Moskau wurden kurze Zeit später zum Abschied 2.500 Kunstwerke ausgestellt, die sich in gerade einmal vier Wochen mehr als eine Million interessierte Besucher ansahen. Am 8. September 1958 fand bei einem Staatsakt die offizielle Übergabe in Moskau statt.[33] Erste Transporte rollten bereits wenige Tage später und schon Anfang November eröffneten in Berlin und Dresden unter dem Titel *Der Menschheit bewahrt* zwei Ausstellungen mit heimgekehrten Kunstwerken. Während das Gros der Dresdner Stücke zunächst in Berlin[34] präsentiert wurde, zeigte man in der Osthalle des Semperbaus am Dresdner Zwinger anfänglich nur eine kleine Auswahl (von der Rüstkammer lediglich fünf Kostüme). Am 8. Mai 1959 zog diese Ausstellung, nun auch mit den zuvor in Berlin gezeigten Exponaten, in die Räume des Albertinums um.

Vor den Mitarbeitern der Staatlichen Kunstsammlungen Dresden lagen damals gigantische Aufgaben. Allein in der Rüstkammer mussten innerhalb weniger Monate mehr als 13.000 Objekte ausgepackt, überprüft, inventarisiert und später auch fotografiert werden. Die anfänglich für die Ausstellung *Der Menschheit bewahrt* genutzte Osthalle am Zwinger wurde bereits 1959 für die neukonzipierte Dauerausstellung des Museums, die am 10. Oktober eröffnete, umfunktioniert. Zusätzlich zu dem eigentlichen Raum mit der Dauerausstellung erhielt die Rüstkammer 1961 den östlich anschließenden Eckraum für Sonderausstellungen, der in den folgenden Jahrzehnten sowohl für eine vorübergehende Präsentation zum Thema Turnier als auch als Restaurierungswerkstatt genutzt und zuletzt wieder als Turniersaal eingerichtet wurde. Die von Johannes Schöbel, dem ersten Direktor der Rüstkammer nach Kriegsende, konzipierte Ausstellung blieb mit gelegentlichen Änderungen im Wesentlichen bis 1988 bestehen (Abb. 18).

Aus technischen Gründen musste die Ausstellung im Herbst 1988 geschlossen werden. Innerhalb von vier Jahren erfolgte die aufwendige Rekonstruktion des Semperbaus, wodurch die Osthalle ihre

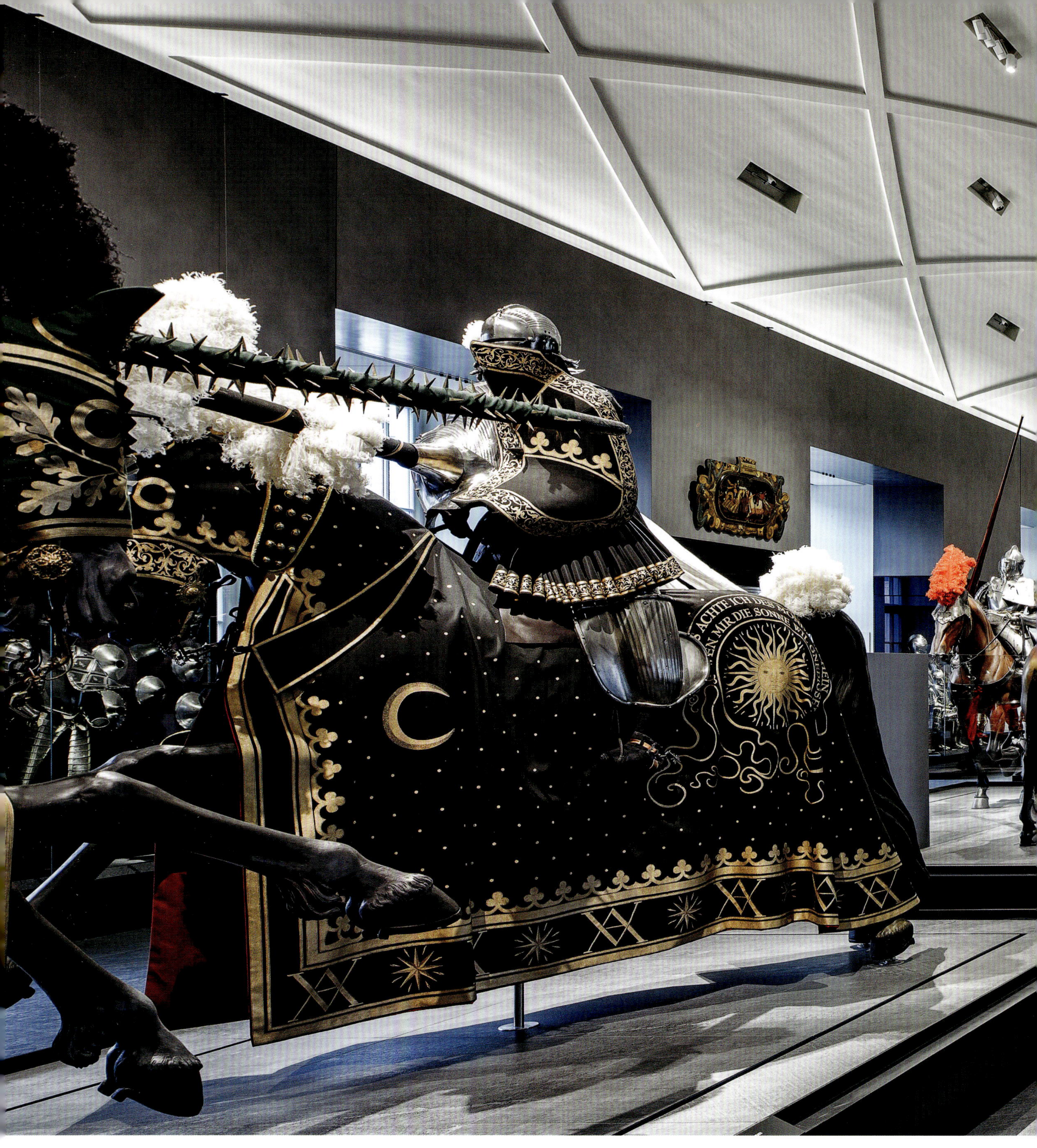

Abb. 20
AUSSTELLUNG DER RÜSTKAMMER
IM RIESENSAAL DES DRESDNER RESIDENZSCHLOSSES
nach 2013

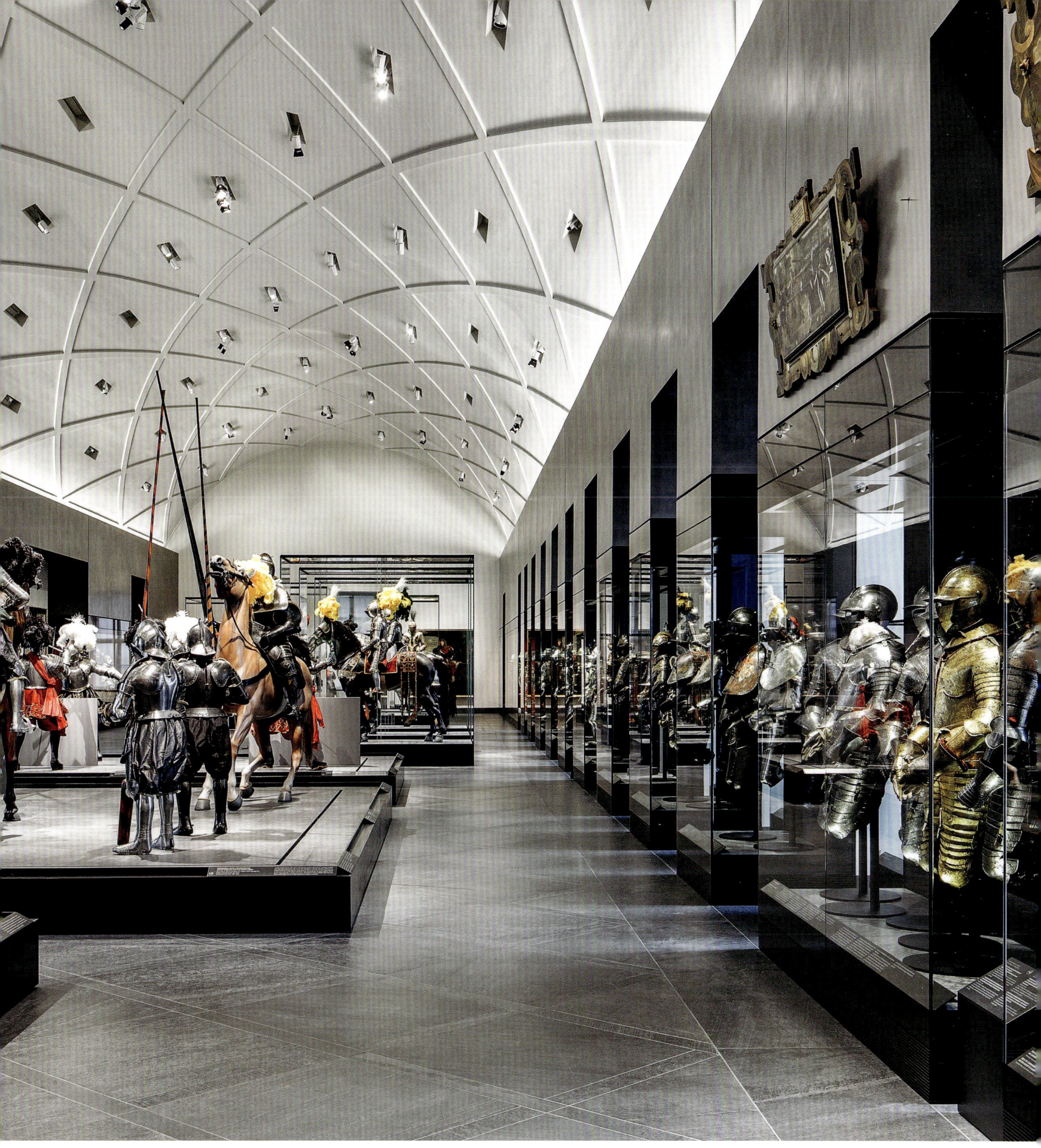

ursprüngliche, von Gottfried Semper stammende Ausmalung zurückerhielt. 1992 fand in Verbindung mit der Rückbenennung des Historischen Museums die feierliche Wiedereröffnung der Ausstellung der Rüstkammer statt. Für weitere 20 Jahre blieb der Zwinger deren Heimstätte (Abb. 19). In neuen Vitrinen konnte zur damaligen Zeit etwa ein Zehntel des Gesamtbestandes gezeigt werden. Allerdings waren einige Teilbestände (beispielsweise die Zelte, Fahnen und Kostüme) in der neuen Ausstellung gar nicht vertreten. Optisch dominant waren hingegen die Harnische, von denen mehrere die Mittelachse der Osthalle flankierten und zu dem vom Antwerpener Goldschmied Eliseus Libaerts verzierten Hauptwerk der gesamten Ausstellung, dem sogenannten Herkulesharnisch des Königs Erik XIV. von Schweden (S. 32, Abb. 19 und S. 119ff), führten. Neben weiteren Prunk- und Feldharnischen waren im an die Osthalle anschließenden Eckraum erneut Turnierharnische und -waffen ausgestellt.

Das Dresdner Residenzschloss war am 13. Februar 1945 während der Luftangriffe auf Dresden bis auf die Grundmauern niedergebrannt. Obwohl an einen Wiederaufbau vorerst nicht zu denken war, wurde der schwer beschädigte Hausmannsturm bereits 1946 gesichert und sein Stumpf notdürftig abgedeckt. Der eigentliche Wiederaufbau begann aber erst 1985 und wurde nach der deutschen Wiedervereinigung intensiviert. 1991 erhielt der Hausmannsturm seine Spitze zurück. Es folgten die schrittweise Fertigstellung der Schlosshülle und auch die allmähliche Nutzung der Räume für museale Zwecke. Mit der Eröffnung der Türckischen Cammer im Frühjahr 2010 vollzog die Dresdner Rüstkammer ihren ersten Schritt zurück an ihren Ursprungsort und ein fast 500-jähriger Kreis begann sich zu schließen. Die Ausstellung in der Osthalle des Semperbaus am Zwinger blieb allerdings noch für weitere zwei Jahre geöffnet. Erst die Vorbereitungen im Zusammenhang mit der fortschreitenden Einrichtung des Dresdner Residenzschlosses machten es erforderlich, dass die Rüstkammer den Zwinger endgültig verließ. Seitdem öffneten mehrere Dauerausstellungen der Rüstkammer in unterschiedlichen Räumen des Schlosses. Im Februar 2013 wurde der Riesensaal (Abb. 20) für die Öffentlichkeit zugänglich, in dem neben Turnierharnischen und -waffen auch prachtvolle Arbeiten zahlreicher europäischer Plattner und Waffenschmiede sowie – zum ersten Mal seit dem Bestehen der Dresdner Rüstkammer – sämtliche Werke des Augsburger Plattners Anton Peffenhauser an einem Ort vereint zu sehen sind. Es folgten im Frühjahr 2016 mit *Weltsicht und Wissen um 1600* eine Ausstellung, in der an die Kunstkammer erinnert wird, im April 2017 die Dauerausstellungen *Auf dem Weg zur Kurfürstenmacht* und *Kurfürstliche Garderobe* und im September desselben Jahres der *Silberwaffensaal* im Georgenbau. Doch auch damit ist die Sammlungsgeschichte der Dresdner Rüstkammer noch nicht zu Ende geschrieben. Weitere Dauerausstellungen sind bereits in Planung. 2019 werden im Westflügel des Residenzschlosses die Paradegemächer Augusts des Starken ihre Tore öffnen, in denen u. a. dessen Krönungsfigurine ausgestellt wird. Im Jahr darauf folgt eine Neuinterpretation der ehemals königlichen Gewehrgalerie im „Langen Gang" zwischen Schloss und Johanneum und voraussichtlich bis 2021 sollen im Nordflügel des Dresdner Residenzschlosses zwei Räume zum Thema Festwesen am Dresdner Hof zugänglich werden. In mehreren dieser Ausstellungen können die Besucher europäische Harnische, Helme und Schilde bewundern. Auf diesen Teilbestand konzentriert sich das vorliegende Buch, welches als Leitfaden durch die Dauerausstellungen der Dresdner Rüstkammer gedacht ist.

1 Erzherzog Ferdinand war seit 1521 Herrscher in den habsburgischen Erblanden. 1526 bzw. 1527 wurde er zum König von Böhmen, Kroatien und Ungarn und 1531 zum römisch-deutschen König gewählt. Nach dem Tod seines Bruders, Kaiser Karls V., wurde er von 1558 bis 1564 als Ferdinand I. Kaiser des Heiligen Römischen Reichs deutscher Nation.

2 Bäumel 2004, S. 9.

3 Hauptstaatsarchiv Dresden (HStAD), 10009 (Kunstkammer, Sammlungen, Galerien) Nr. 106, Inventarium der Rüst- und Harnisch Cammer d. a. 1561, Bl. 1–6.

4 Schlüsse auf den Inhalt des Inventars von 1567 sind nur anhand von älteren Publikationen zu ziehen. Im Gesamtinventar von 1606 sind bereits mehr als 60 aus Holz geschnitzte und farbig bemalte Pferde verzeichnet, die sowohl der Präsentation von Harnischen als auch von Reitzeugen dienten.

5 HStAD, 10009 (Kunstkammer, Sammlungen, Galerien) Nr. 106, Inuentarium uber des Churfürsten tzu Saxenn Newe Harnisch unnd RüstCammer. 1568, fol. 8–11.

6 HStAD, 10009 (Kunstkammer, Sammlungen, Galerien) Nr. nicht belegt, RüstCammer Rechnunge Bei Herzogk Christians zu Sachsen Kleinen Regierung Anno 1583, 84 unnd 85 beschlossenn Durch Christoff Kohlreutern geheimen Cammerdienern; Herzog Christian (I.) war ein Sohn des Kurfürsten August von Sachsen und folgte seinem Vater 1586 in der Regierung. In den Jahren zuvor führte er bereits einen eigenen Haushalt und war – quasi als Mitregent – in die Regierungsgeschäfte seines Vaters eingebunden. Entsprechend hatte er auch eigene Ausgaben, auf die sich die aufgeführten Rechnungen beziehen.

7 Ebenda, S. 56.

8 Ebenda, S. 49.

9 Der „Neue Stall“ ist das heutige Johanneum, in dem sich das Dresdner Verkehrsmuseum befindet. Stallhof und Pferdeschwemme sind ebenfalls erhalten.

10 Lieber 1979, S. 24.

11 Der Plattner Peter von Speyer d. J. ersuchte bereits am 20. Januar 1581 Kurfürst August von Sachsen, ihn an Stelle seines verstorbenen Vaters, Wolf von Speyer, als Hofplattner in Dresden anzustellen. Siehe hierzu HStAD, 11269, Hauptzeughaus, Loc. 14600/8, Verschiedene Nachrichten über das Zeughaus und Festung Dresden aus der Zeit des Kurfürsten August 1560 folg., Bl. 93; In den Rüstkammerrechnungen von 1583–1585 (vgl. Anmerkung 6) taucht er mehrfach auf. Sowohl von seinem Vater als auch von ihm haben sich in der Dresdner Rüstkammer mehrere Harnische erhalten (siehe S. 121, 156 und 163).

12 Wohl schon ab 1615, spätestens aber seit 1674 wurde die Ungarische Kammer „Türckische Cammer“ genannt.

13 HStAD, 10009 (Kunstkammer, Sammlungen, Galerien) Nr. 110, Inventar der Harnischkammer von ca. 1617, inkl. Belege zur Rüstkammer von 1610 bis 1672, Bl. 144.

14 Siehe hierzu Schuckelt 2010a, S. 245f.

15 Ebenda, S. 166ff.

16 Siehe hierzu Schuckelt/Wilde 2014, S. 164f.

17 HStAD, 10009 (Kunstkammer, Sammlungen, Galerien) Nr. 117, Inventar der Pallienkammer von 1720, fol. 2–13, Nr. 1–8.

18 HStAD, 10026 (Geheimes Kabinett), Loc. 911/9, Acta die Ausräumung der Rüst- und anderer Cammern auf dem großen Reißigen Stalle ingl. Verlegung des Ober-Stall-Meisters von Thielau Wohnung betr. ao. 1722 sq.

19 Ebenda, fol. 16ff.

20 Das Dresdner Zeughaus wurde zwischen 1559 und 1563 als Arsenal für die kursächsische Armee errichtet. Nach einem neuerlichen Umbau zwischen 1884 und 1887 erhielt das Gebäude zu Ehren König Alberts von Sachsen den Namen Albertinum.

21 Abbildungen der Grundrisse mit Raumlegenden siehe Heres 1991, S. 93.

22 Um die Rüstkammer zu besuchen, musste man sich offenbar nur bei dem im Haus wohnenden Rüstkammerschreiber melden. Siehe Heres 1991, S. 95.

23 Die Bezeichnung „Historisches Museum“ war seit dieser Zeit bis zur Wiedereröffnung der Dauerausstellung des Museums in der Osthalle des Semperbaus im Jahr 1992 gültig. Damals wurde die Sammlung in Rüstkammer zurückbenannt. Um Verwirrungen zu vermeiden, wird die Sammlung unabhängig von den behandelten Zeitabschnitten auch im Folgenden als Rüstkammer bezeichnet.

24 Quandt 1834, S. XIII.

25 Diese Zeichnungen entstanden spätestens 1875 im Hinblick auf die bevorstehende Auflösung der Ausstellung im Zwinger. Siehe Rüfenacht 2010, S. 114ff.

26 Frenzel 1850, Rahnfeld 1856 und Dresden o. J.

27 Hier befanden sich hauptsächlich Gegenstände und Möbel aus der alten, 1832 aufgelösten Kunstkammer sowie aus den kurfürstlichen Gemächern.

28 Erbstein 1889, S. III.

29 Vorwort zur 1. Auflage, in: Ehrenthal 1899, S. III.

30 Siehe hierzu: Großenhain 2006.

31 Schuckelt 2010a, S. 313, Kat.-Nr. 315.

32 Bereits am 28. August 1939 kamen aus dem Ministerium für Wissenschaft, Erziehung und Volksbildung in Berlin Anweisungen zur Vorbereitung des vorsorglichen Schutzes von Kulturgütern und Kunstwerken. Die teilweise Beräumung des Johanneums begann bereits zwei Tage später. Siehe hierzu Nagel 2015.

33 Während die Museumsbestände, die hauptsächlich in der Eremitage in St. Petersburg, aber in Teilen auch in Moskau lagerten, offenbar vollständig wieder zurückgegeben wurden, hielt man entgegen dem Beschluss vom Juli 1958 zahlreiche Stücke – insbesondere der Berliner Sammlungen – in Moskau zurück, die sich zum Teil noch heute dort befinden.

34 Die Bestände der Rüstkammer und des Grünen Gewölbes wurden direkt nach Dresden transportiert und waren nicht Teil dieser Ausstellung.

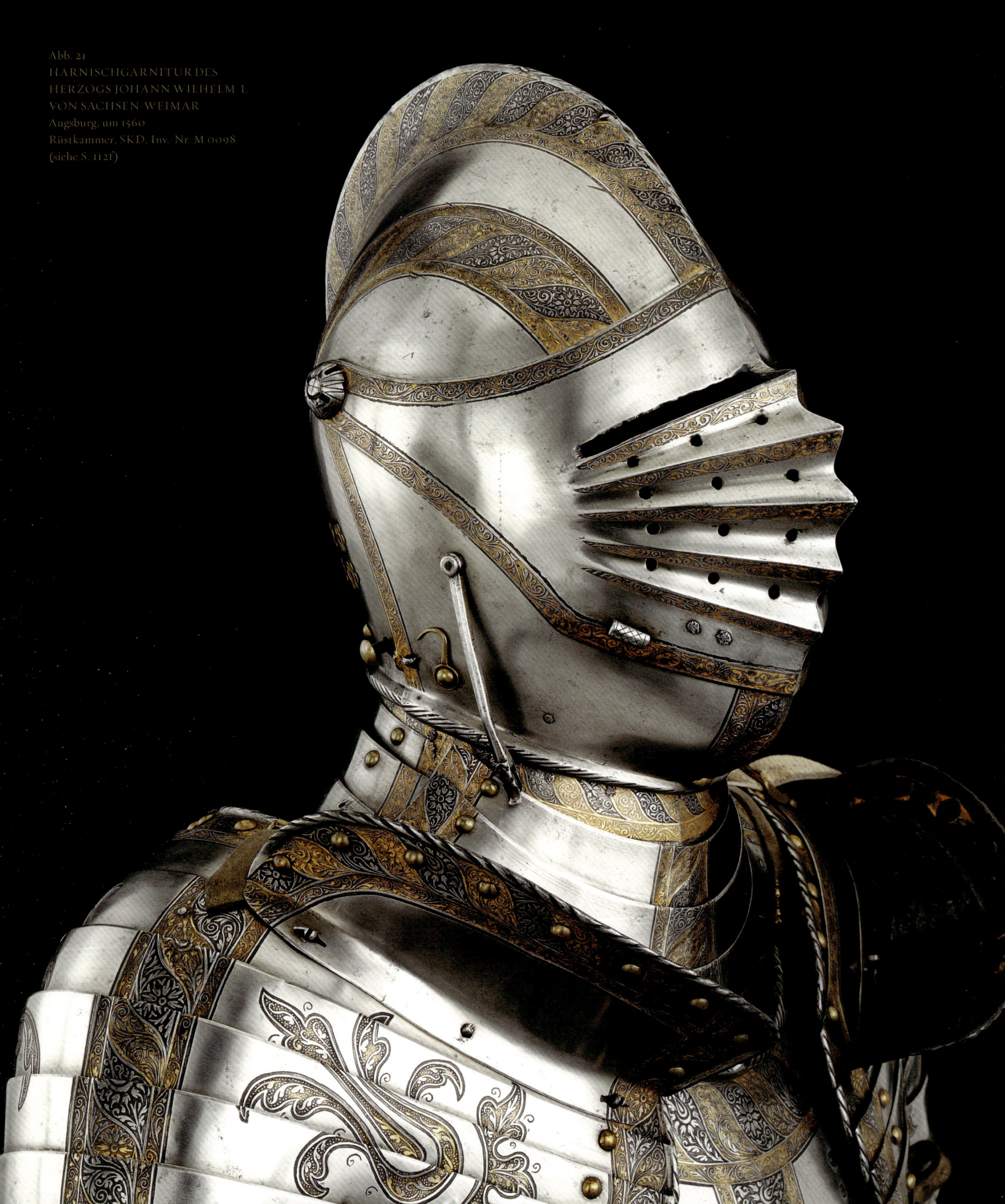

Abb. 21
HARNISCHGARNITUR DES HERZOGS JOHANN WILHELM I. VON SACHSEN-WEIMAR
Augsburg, um 1560
Rüstkammer, SKD, Inv.-Nr. M 0098
(siehe S. 112f)

DIE ENTWICKLUNG VON PLATTENHARNISCH, HELM UND SCHILD IN EUROPA

Der europäische Plattenharnisch, so wie wir ihn heute aus Museen kennen, war typisch für das Spätmittelalter und die frühe Neuzeit. Erste Vorläufer stammen allerdings schon aus dem Altertum. Kombiniert mit Helmen und Schilden überwogen hierbei zunächst leichte und einfach herzustellende Varianten des Körperschutzes.[1] Verbreitet waren unter anderem vor der Brust hängende Pektorale oder aus diversen Materialien gefertigte Schuppenpanzer. Doch auch aus größeren Metallplatten getriebene Rüstungen, die der militärischen Elite vorbehalten waren, tauchten verhältnismäßig früh auf. Ein eindrucksvolles Beispiel dafür ist der in der mykenischen Nekropole von Dendra gefundene, bronzene Glockenpanzer aus dem 14. Jahrhundert v. Chr., der im Archäologischen Museum Nafplio verwahrt wird. Dieser besteht aus zwei großen Platten für Brust und Rücken, einem Rock aus insgesamt sechs größeren Platten, einem mehrteiligen Schutz für die Schultern und einem bis zu Mund oder Nase reichenden Stehkragen. Dazu trug der Streitwagenkämpfer, für den dieser Panzer wohl gemacht wurde, einen Eberzahnhelm und vermutlich auch Arm- und Beinschienen.

Mit zunehmenden Erfahrungen in der Metallverarbeitung und unter stärkerer Berücksichtigung der Anatomie des menschlichen Körpers entwickelte sich aus dem Glockenpanzer im archaischen Griechenland (ca. 700 bis 500 v. Chr.) der Muskelpanzer, der zusammen mit Helm, großem Rundschild sowie Arm- und Beinschienen zur typischen Ausrüstung der schweren griechischen Infanterie – den Hopliten – wurde. Der Muskelpanzer besteht aus Brust- und Rückenplatte mit plastisch geformten anatomischen Details des menschlichen Oberkörpers. Im antiken Rom wurde er mit Elementen des Klappenpanzers kombiniert sowie häufig mit mythologischen Darstellungen verziert. Während die römischen Legionäre und auch die Auxiliartruppen (inklusive der schwer gepanzerten Kataphrakten[2]) mit Ringpanzerhemden[3] (lorica hamata), Schuppenpanzern (lorica squamata) oder Schienenpanzern (lorica segmentata) ausgerüstet waren, trugen Kaiser und Generäle den Muskelpanzer, zu dessen teils prächtigem Brustdekor fast immer ein zentrales Medusenhaupt gehörte (Abb. 22).

In nachrömischer Zeit änderte sich das Aussehen der Heere in West- und Mitteleuropa deutlich, obwohl viele Elemente des Körperschutzes der Antike übernommen wurden. Aus einer Allianz mehrerer germanischer Stammesverbände entstand nach dem Untergang des Weströmischen Reiches das Fränkische Reich. Die Dynastien der Merowinger (5. Jh.–751) und der Karolinger (751–987), unter denen das Frankenreich zur Großmacht aufstieg, beherrschten weite Teile West-, Mittel- und Südeuropas. Gemäß dem germanischen Kriegsrecht waren bis zur Heeresreform Kaiser Karls des Großen alle Freien zum Kriegsdienst verpflichtet und hatten ihre eigene Ausrüstung zu stellen. Durch diese Reform wurde die Größe des Besitzes für die Mobilmachung maßgebend, wodurch man die Bauern zusehends vom Dienst an der Waffe befreite. Mit der schwer gepanzerten Reiterei, die sich aus den vermögendsten Schichten des Reiches rekrutierte, wuchs die Bedeutung der militärischen Elite. In all diesen Jahrhunderten seit dem Fall des Weströmischen Reiches war das Ringpanzerhemd zusammen mit Spangenhelm und Schild die bevorzugte Form des Körperschutzes. Die Verwendung von Lamellen- und Schuppenharnischen beschränkte sich nunmehr nahezu ausschließlich auf Osteuropa. Im Westen kamen diese nur vereinzelt zum Einsatz. Wohl aufgrund der engen Handelskontakte zu Russland und dem Vorderen Orient finden sich Lamellenharnische aber auch in Skandinavien, wo man unterschiedliche Varianten seit der Wikingerzeit bis zur 2. Hälfte des 14. Jahrhunderts verwendete. Der gebräuchlichste Helm der Spätantike und des frühen Mittelalters war der aus einem Stirnreif mit davon aufsteigenden Spangen, dazwischenliegenden Blechsegmenten, Wangenklappen und Nackenschirm bestehende Spangenhelm. Dieser gelangte wohl zunächst von den Sarmaten zu den Römern, durch die er sich über ganz Europa verbreitete.[4]

Anhaltende Einfälle der Magyaren in Mitteleuropa (881–955) und die Kreuzzüge ins Heilige Land (ab 1096) führten dazu, dass der berittene Kriegerstand, aus dem später der niedere Adel und das Rittertum entstanden, erneut an Bedeutung gewann. Dessen Ausrüstung hatte sich seit der Heeresreform Karls des Großen bis zum 11. Jahrhundert kaum verändert. Die Ringpanzerhemden mit meist ellbogenlangen Ärmeln reichten etwa bis zu den Knien. Schlitze vorn und hinten machten sie auch für Reiter geeignet. Die so entstandenen breiten Schöße wurden um die Schenkel gewickelt und festgezurrt. Eine separate Beinpanzerung war zu dieser Zeit offenbar noch selten. So tragen auf dem Teppich von Bayeux, der die normannische Eroberung Englands im Jahr 1066 zeigt, nur Herzog Wilhelm der Eroberer und sein Bannerträger Beinlinge aus Panzergeflecht.[5] Unter den Panzerhemden trug man meist ein Steppwams, da das Ringpanzergeflecht allein vor der Wucht von Hieb- und Stichwaffen nur unzureichend schützte.

Im Verlauf der Kreuzzüge kam es zu einer elitären Abgrenzung des Rittertums. Kaiser Friedrich I. Barbarossa erließ mehrere Verordnungen, die es Söhnen aus niederen Schichten der Gesellschaft unmöglich

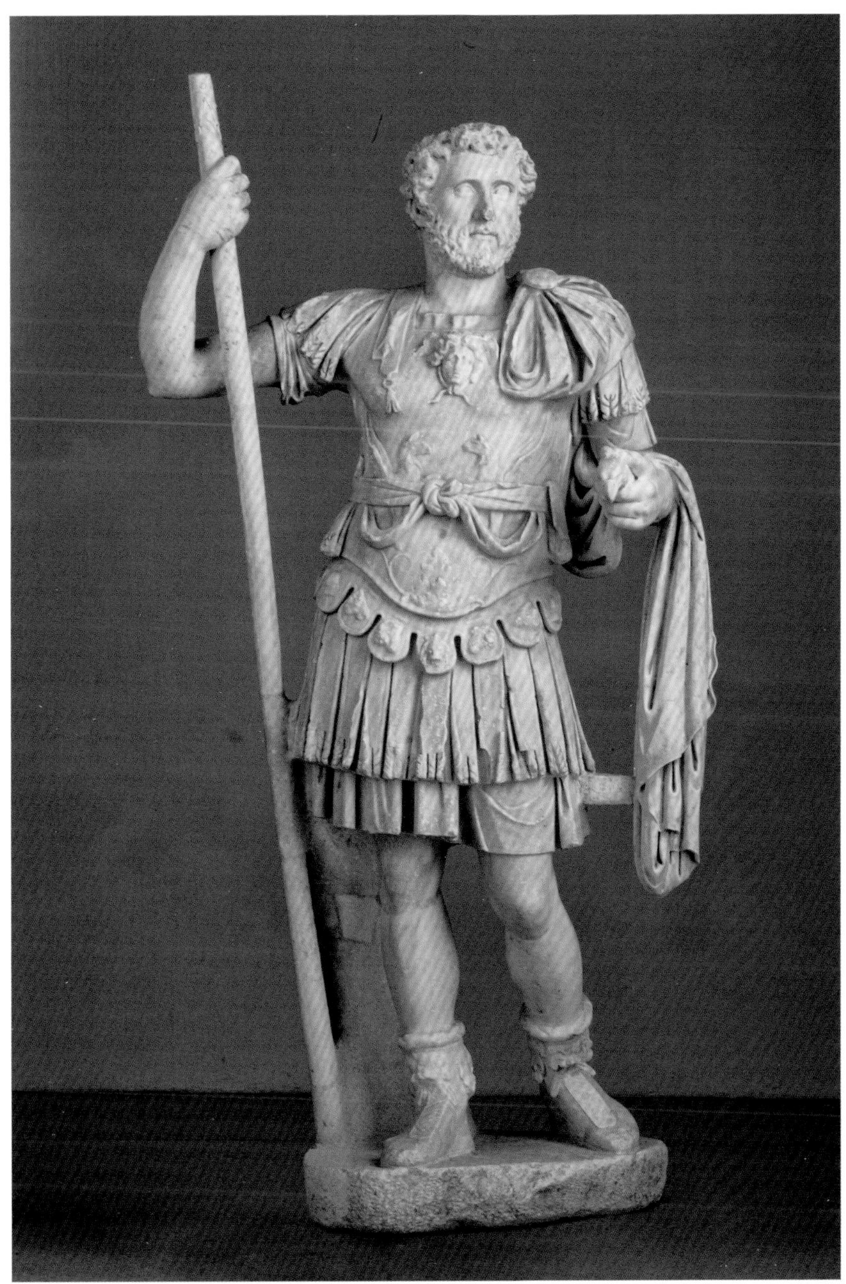

Abb. 22
STATUE DES ANTONINUS PIUS
IM MUSKELPANZER
150–160 n. Chr.
Skulpturensammlung, SKD, Inv.-Nr. Hm 383

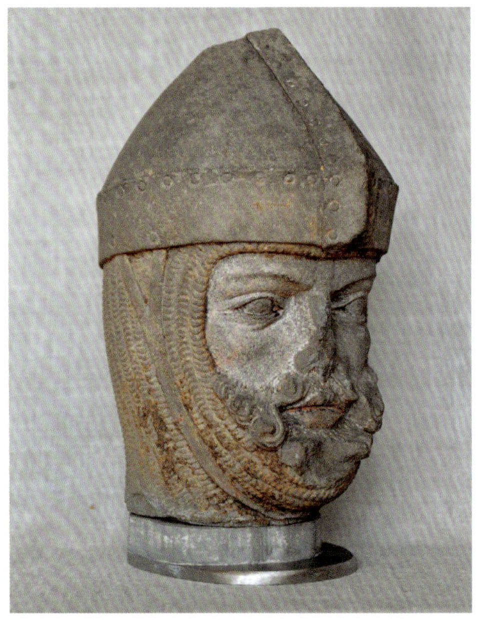

Abb. 23
KOPF EINES RITTERS MIT RINGPANZERKAPUZE UND NASALHELM (Naseneisen abgebrochen)
um 1230–1240
Historisches Museum Bamberg, Inv.-Nr. HVB 291a

machten, in den Ritterstand aufzusteigen. Äußerlich unterschied sich der Ritter der Kreuzzugszeit kaum von der schwer gepanzerten Reiterei vorangegangener Jahrhunderte. Die ritterlichen Schutzwaffen des 11. bis 13. Jahrhunderts bestanden aus einer gepolsterten Haube, einer Ringpanzerkapuze, einem darüber getragenen Nasalhelm (Abb. 23) mit angeschmiedetem Naseneisen (bzw. später einem Topfhelm), einem Ringpanzerhemd sowie einem meist spitzovalen Schild.[6] Die Ärmel der Ringpanzerhemden wurden im 12. Jahrhundert so verlängert, dass sie sogar Fäustlinge besaßen. Nun schützte das Ringpanzerhemd den Ritter vom Kopf, über den Oberkörper inklusive den Armen und Händen bis zu den Beinen. Gegen Ende des 12. Jahrhunderts wurde es üblich, über dem Panzerhemd einen textilen Waffenrock zu tragen, der anfangs noch knöchellang war, dann aber immer kürzer wurde und in der 1. Hälfte des 14. Jahrhunderts nur noch bis zur Mitte der Oberschenkel reichte.

Aufgrund der Erfahrungen aus den Kreuzzügen und des verstärkten Einsatzes von Fernwaffen (Armbrust und Langbogen in Europa bzw. Reflexbogen im Vorderen Orient), gegen die das Ringpanzerhemd nicht mehr ausreichend Schutz bot, ging man im späten 12. Jahrhundert allmählich dazu über, die Panzerung einzelner Körperteile mit Platten aus gehärtetem Leder oder aus Metall zu verstärken. Den Anfang machten scheibenförmige Platten an den Ellenbogen und über die Beinlinge aus Ringpanzergeflecht

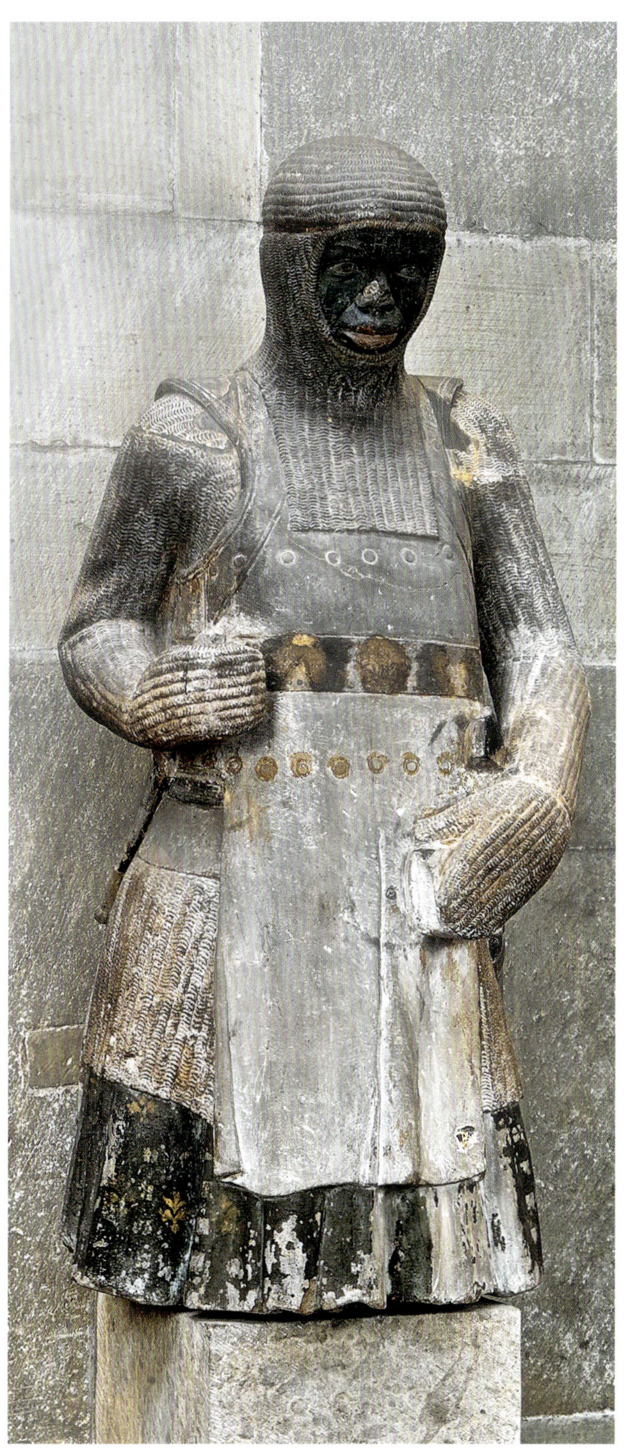

geschnallte Kniekacheln. Im Einklang damit wurden die Schilde kürzer, die nun nicht mehr bis zu den Knien reichten. Ohne Zweifel vollzog sich wenig später eine ähnliche Entwicklung auch am Oberkörper, was anhand der existierenden Darstellungen aus dieser Zeit aber nur schwer nachvollziehbar ist, da alle fraglichen Körperpartien unter dem Waffenrock verborgen sind. Entsprechend ist es kaum möglich, die Entstehung der ersten Plattenverstärkungen des Oberkörpers genau zu rekonstruieren. Auf jeden Fall begann man spätestens in der 2. Hälfte des 13. Jahrhunderts damit, den Waffenrock selbst auf der Innenseite mit rechteckigen Platten zu hinterfüttern, wodurch sich der Plattenrock herausbildete. Eines der frühesten Beispiele findet sich an der Plastik des geharnischten heiligen Mauritius im Magdeburger Dom, der üblicherweise in die Zeit um oder kurz nach 1250 datiert wird (Abb. 24). Der heilige Mauritius trägt ein Ringpanzerhemd mit Handschuhen und Kapuze sowie einen ärmellosen Waffenrock darüber, der wie ein Poncho geschnitten ist und bis über die Knie reicht. Die Seiten sind unter den Armen derart verlängert, dass sie sich in der Mitte des Rückens treffen und dort verschnürt sind. Auf der Oberfläche sind Nietköpfe zu sehen, was darauf hinweist, dass der dargestellte Waffenrock innen mit Metallplatten verstärkt war, die auf der Vorderseite wohl vom Bauch bis zum Hals reichten.

Der Plattenrock blieb bis weit ins 14. Jahrhundert die gebräuchlichste Form des Körperschutzes in Europa. Einen ausgezeichneten Überblick der unterschiedlichen Varianten verdanken wir den 1905 bzw. 1928 ausgegrabenen Massengräbern von der Schlacht bei

Abb. 24
STATUE DES HEILIGEN MAURITIUS
IM MAGDEBURGER DOM
um oder kurz nach 1250

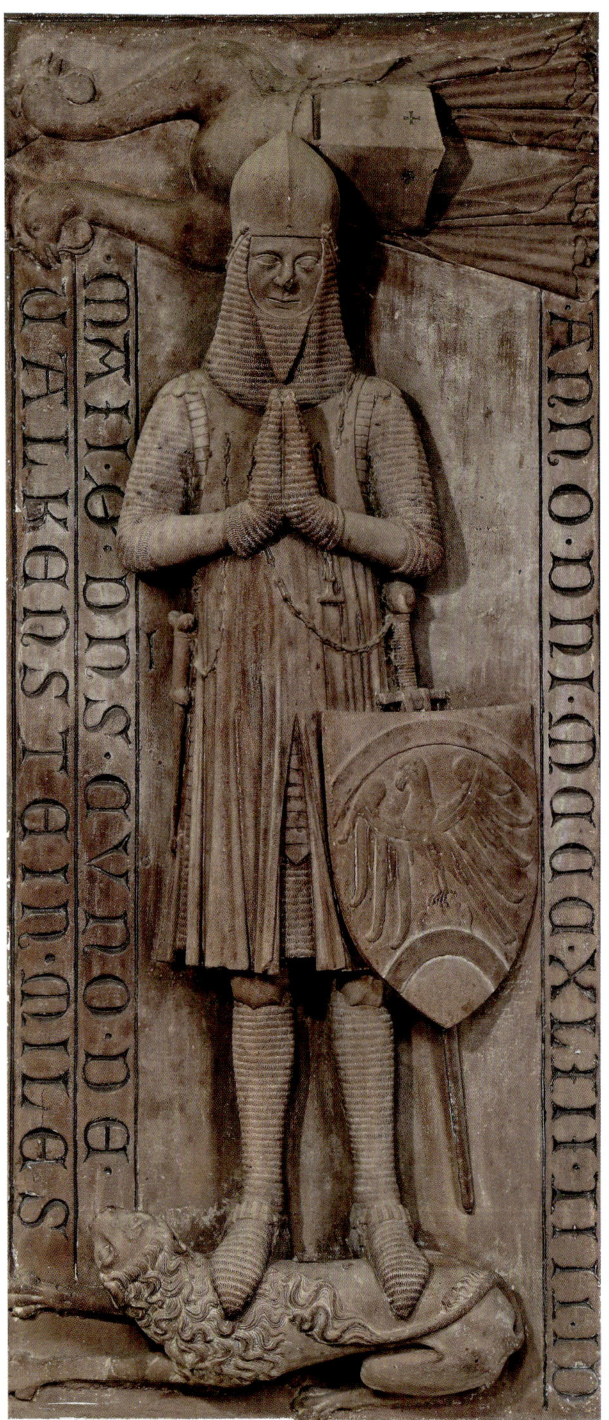

Visby (27. Juli 1361) an der Westküste der Ostseeinsel Gotland.[7] Die Mehrzahl der Gefallenen war nur mit Ringpanzerhemden und -hauben[8] ausgerüstet. Es fanden sich aber auch 25 Plattenröcke unterschiedlicher Konstruktion. Während einige aus zahlreichen kleinen Eisenplatten bestanden, verwendete man für andere Exemplare wenige große Platten. Diese beiden unterschiedlichen Entwicklungen sind typisch für den Übergang vom Ringpanzerhemd zum Plattenharnisch. Die kleineren Platten ermöglichten es, den Panzer zu taillieren und damit stärker dem menschlichen Körper anzupassen, woraus später die Brigantine (siehe S. 130f) entstand. Die Varianten des Plattenrocks mit den größeren Platten entwickelten sich in eine vollkommen andere Richtung. Ab 1340 begann man damit, die Brust bis maximal zum Zwerchfell mit einer durchgehenden Eisenplatte zu bedecken, während Bauch und Rücken durch mehrere Reihen breiter Schienen geschützt waren. An der größeren Brustplatte waren häufig sogenannte Mamelieres mit Waffenketten befestigt, was auf vielen Darstellungen des 14. Jahrhunderts das einzige ist, was man vom Plattenrock sieht (Abb. 25). Genau dieser Entwicklungsstufe gehört der Sensationsfund von der Burgruine Hirschstein bei Irsham in Niederbayern an, der seit 2007 im Bayerischen Armeemuseum in Ingolstadt verwahrt wird (Abb. 26).[9] Später verzichtete man auf die unteren Schienen des Plattenrocks und verlängerte die Brust bis zur Taille, was einen wesentlichen Schritt hin zum Plattenharnisch darstellte.

Eine Art Übergangsform scheint die Brust des Ulrich IV. von Matsch in der Rüstkammer der Freiherren und späteren Grafen Trapp auf der Churburg in

Abb. 25
GRABPLATTE DES 1343 VERSTORBENEN
KUNO VON FALKENSTEIN
Pfarrkirche St. Gallus in Kirchzarten

Südtirol darzustellen. Sie ist Teil eines Kompositharnischs, dessen einzelne Elemente aus Mailand und eventuell auch aus Deutschland stammen und zwischen 1360 und 1370 entstanden.[10] In Anlehnung an die aus mehreren Einzelplatten bestehenden Plattenröcke hatte man um 1360 diese aus fünf rechteckigen, senkrecht angeordneten, fest miteinander vernieteten Teilen bestehende Brust geschaffen, die in ihrer Form bereits den späteren, aus einem Stück getriebenen Brüsten entspricht. Die wohl älteste erhaltene dieser neuartigen, massiven Harnischbrüste wurde zwischen 1390 und 1410 gefertigt und befindet sich heute im Bayerischen Nationalmuseum in München.[11] Die eigentliche Brustplatte ist aus einem Stück und stark gewölbt. Sie besitzt sechs geschobene Bauchreifen, Löcher zur Befestigung eines Rüsthakens, lederne Schulterbänder und ist mit rotem Seidensamt überzogen (Abb. 27).

Parallel zur Entwicklung des Plattenrocks fand auch eine Verbesserung des Schutzes der Gliedmaßen und des Halses statt, wodurch sich das Erscheinungsbild des europäischen Ritters im Verlauf des 14. Jahrhunderts gravierend änderte und alle wesentlichen Körperteile durch Eisenplatten geschützt waren. So hatte man bereits um 1300 eine frühe Form des Bartes zum Schutz des Halses entwickelt und man begann Beinschienen zu tragen, die zunächst nur die Schienbeine, doch dann bald auch die Waden bedeckten. Wenig später entstanden die sogenannten Diechlinge zum Schutz der Oberschenkel. Auf bildlichen Darstellungen aus der Zeit nach 1340 wurden diese mit Nietköpfen dargestellt, was darauf hindeutet, dass sie noch aus kleineren, mit Stoff oder Leder überzogenen Eisenplatten bestanden. Die großen, das ganze Knie umschließenden Kniebuckel wurden zu dieser Zeit durch eine kleinere, mit den Diechlingen fest vernietete Form verdrängt, an deren Außenseite sich

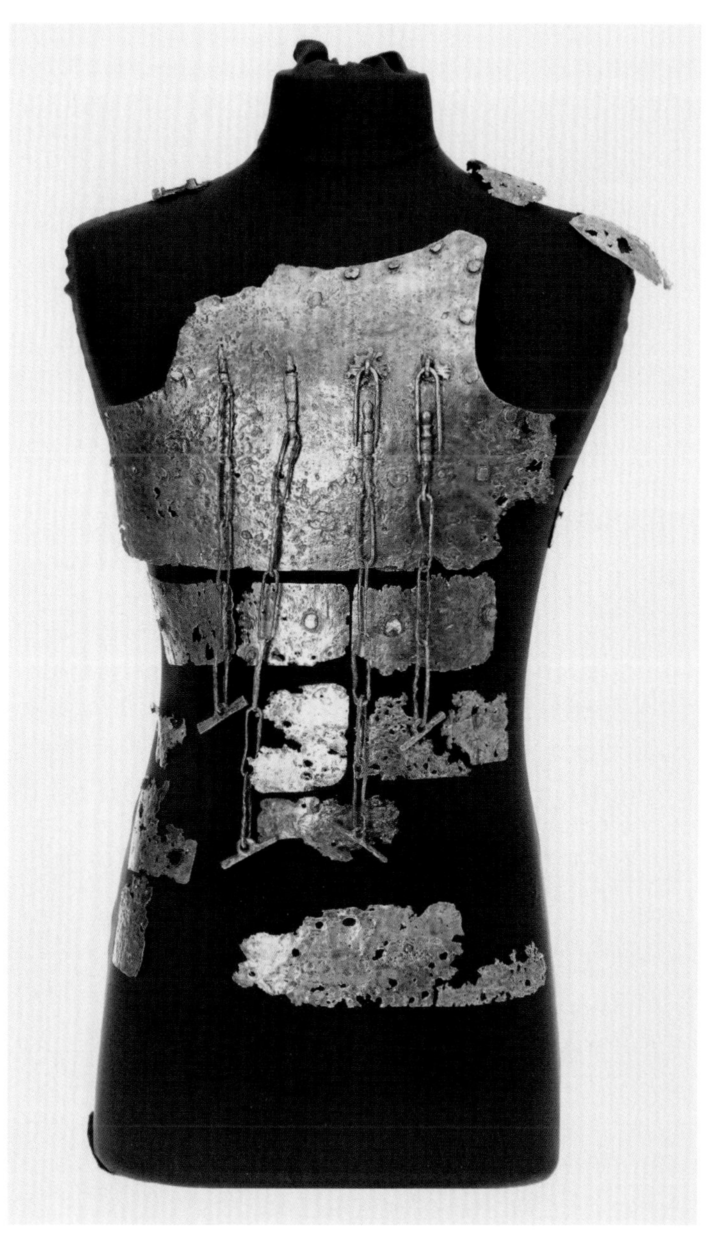

Abb. 26
PLATTENROCK
deutsch, um 1350
Bayerisches Armeemuseum, Ingolstadt, Inv.-Nr. 162-2007

eine Verlängerung in Rund- oder Fächerform befand. Gleichzeitig führte man bei den Armzeugen eine Konstruktion ein, die mit wenigen Verbesserungen auch in den folgenden Jahrhunderten Bestand haben sollte. Diese „modernen" Armzeuge bestanden aus geschobenen Schultern, an denen die meist zweiteiligen Oberarmröhren befestigt waren. Die ähnlich gestalteten Unterarmröhren wurden durch geschobene Ellbogenkacheln mit den Oberarmröhren verbunden. An den Ellbogenkacheln saßen seitlich runde, später eher herzförmige Scheiben (die sogenannten Muscheln) und vor den Achseln hingen runde Schwebescheiben. Die vom Oberarm bis zum Handgelenk fest miteinander verbundene Armkonstruktion bezeichnete man als „italienisch"[12] – im Gegensatz zur dreiteiligen „deutschen" Variante, bei der Oberarmröhre, Ellbogenkachel und Unterarmröhre als separate Teile am Ärmel des Ringpanzerhemdes festgebunden wurden. Ebenfalls um die Mitte des 14. Jahrhunderts wurden die bis dahin gebräuchlichen Handschuhe aus kleinen Metallplatten durch eine sanduhrförmige Variante aus großen Platten ersetzt. In einigen Fällen waren die Diechlinge, die Beinschienen und auch die Unterarmröhren mit langen, wohl metallenen Streifen verstärkt, was bis um 1380 vorkam (Abb. 28). Und schließlich begann man etwa zu dieser Zeit damit, auch die Diechlinge aus einer großen Metallplatte zu fertigen.

In all diesen Jahren erfuhr der Schutz des Kopfes ähnlich große Veränderungen. Zu Beginn des 13. Jahrhunderts wurde das Naseneisen des Nasalhelms immer breiter, bis daraus an der Unterkante der Helmglocke ein starres Visier mit Augen- und Atemlöchern entstand, welches das Gesicht bis zum Kinn schützte. Gleichzeitig wurde die Helmglocke oben flacher, so dass darauf Helmziere zur Identifizierung des Trägers befestigt werden konnten, und es wurde eine

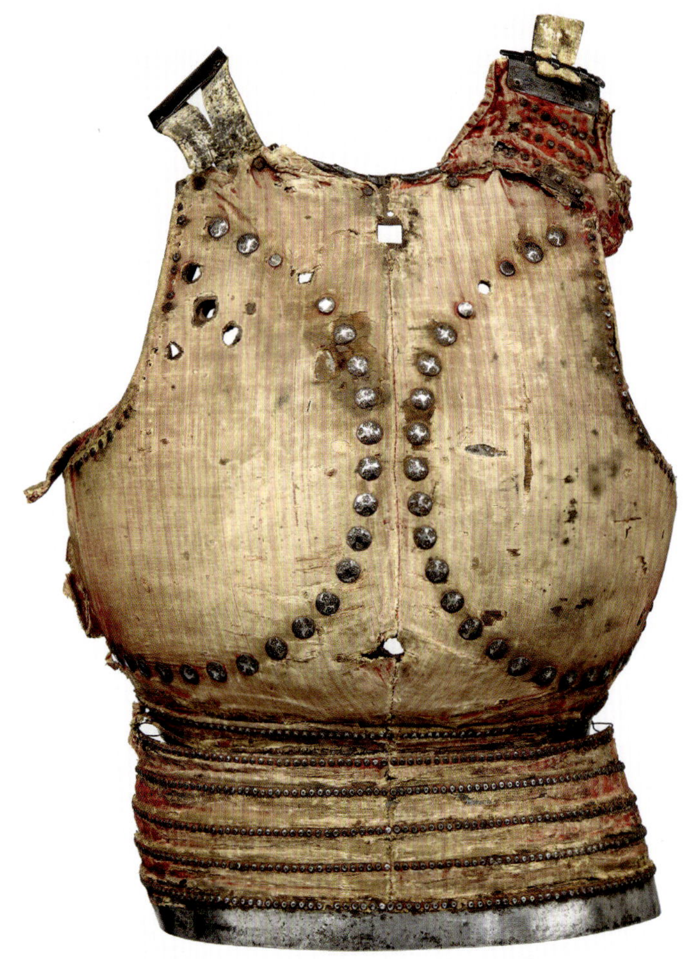

Abb. 27
HARNISCHBRUST
Mailand, 1390–1410
Bayerisches Nationalmuseum München, Inv.-Nr. W 195

Nackenplatte hinzugefügt. Durch diese Maßnahmen entstand der Topfhelm (Abb. 28 und 29), der den Kopf des Ritters nun ringsum schützte. Im Vergleich zu den aus einem Stück getriebenen Nasalhelmen war der Topfhelm technisch gesehen jedoch ein Rückschritt, da er in der Regel aus fünf miteinander vernieteten Platten (Scheitel-, Stirn-, Visier- und zwei Hinterkopfplatten) bestand. Zunächst reichte der Topfhelm nur etwa bis zum Kinn und an seinem unteren Rand hing Ringpanzergeflecht zum Schutz des Halses. In den folgenden Jahrzehnten wurden die unteren Platten so weit verlängert, dass sie schließlich in der 1. Hälfte des 14. Jahrhunderts auf den Schultern aufsaßen und sich der oben stärker gewölbte Kübelhelm herausbildete. Darunter trug man eine Beckenhaube mit flacher, rundlicher Helmglocke und Ringpanzergeflecht am unteren Rand (vgl. Abb. 25). Häufig verwendete man die leichtere Beckenhaube aber auch ohne Topf- bzw. Kübelhelm, was dazu führte, dass sich deren Glocke zum besseren Schutz vor Schlägen von oben wieder zuspitzte und sich die Seitenwände verlängerten, womit die Beckenhaube den ganzen Kopf umschloss (vgl. Abb. 28). Zum Schutz des Gesichts kamen zunächst an der Stirn angehängte Nasale und dann Klappvisiere mit weit vorspringender Spitze auf, wodurch die Hundsgugel (Abb. 30) entstand. Diese wurde in der 2. Hälfte bzw. gegen Ende des 14. Jahrhunderts massiv weiterentwickelt, indem man das aufschlächtige Visier an der Helmseite mit Drehbolzen befestigte und das Ringpanzergeflecht an ihrer Unterkante durch Eisenplatten ersetzte. Eine weitere Helmform des Hoch- und Spätmittelalters war der Eisenhut, den es vermutlich bereits im 11. Jahrhundert in Byzanz gab. Seit dem späten 13. Jahrhundert wurde der Eisenhut entweder aus einem Stück (S. 74) oder aus wenigen großen, miteinander vernieteten Platten hergestellt. Er blieb auch in den folgenden Jahrhunderten vor allem bei der Infanterie sehr beliebt. Zusammen mit Setzschilden (S. 63 und 71ff) und Ringpanzerhemden oder Brigantinen bot er insbesondere Bogen- und Armbrustschützen den notwendigen Schutz in offener Feldschlacht oder bei Belagerungen.

Ende des 14. Jahrhunderts schlossen sich die über dem Ringpanzerhemd getragenen Eisenplatten zusehends. Bereits als König Henry V. von England im Verlauf des Hundertjährigen Krieges in Frankreich landete und in der Schlacht von Azincourt am 25. Oktober 1415 das Heer des Königs Charles VI. von Frankreich vernichtend schlug, war das Ringpanzergeflecht vollständig mit Eisenplatten bedeckt oder ganz von diesen verdrängt worden. Der europäische Plattenharnisch war somit in seinem technischen Grundaufbau vollendet (Abb. 31). Diese Errungenschaft wird traditionell Mailänder Plattnern und dort vor allem der Missaglia-Familie zugesprochen, während man sich nördlich der Alpen – insbesondere in Süddeutschland – an den aus Mailand kommenden Neuerungen orientierte. Die Tatsache, dass man sich in der älteren Literatur hauptsächlich auf Italien und Deutschland konzentrierte, basiert in erster Linie darauf, dass die wenigen erhaltenen Originale dieser Zeit meist aus Italien und Deutschland stammen. Jüngere Forschungen, wie beispielsweise die Arbeit von Tobias Capwell über den englischen Harnisch zwischen 1400 und 1450[13], zeichnen jedoch ein stärker von lokalen Besonderheiten geprägtes Bild.

Für den ältesten nahezu komplett erhaltenen Harnisch hielt man lange eine Mailänder Arbeit auf der Churburg aus der Zeit um 1400 bis 1410.[14] Obwohl man von diesem Harnisch, der einem der Grafen von Matsch gehörte, inzwischen weiß, dass auch er aus unterschiedlich alten Teilen zusammengestellt

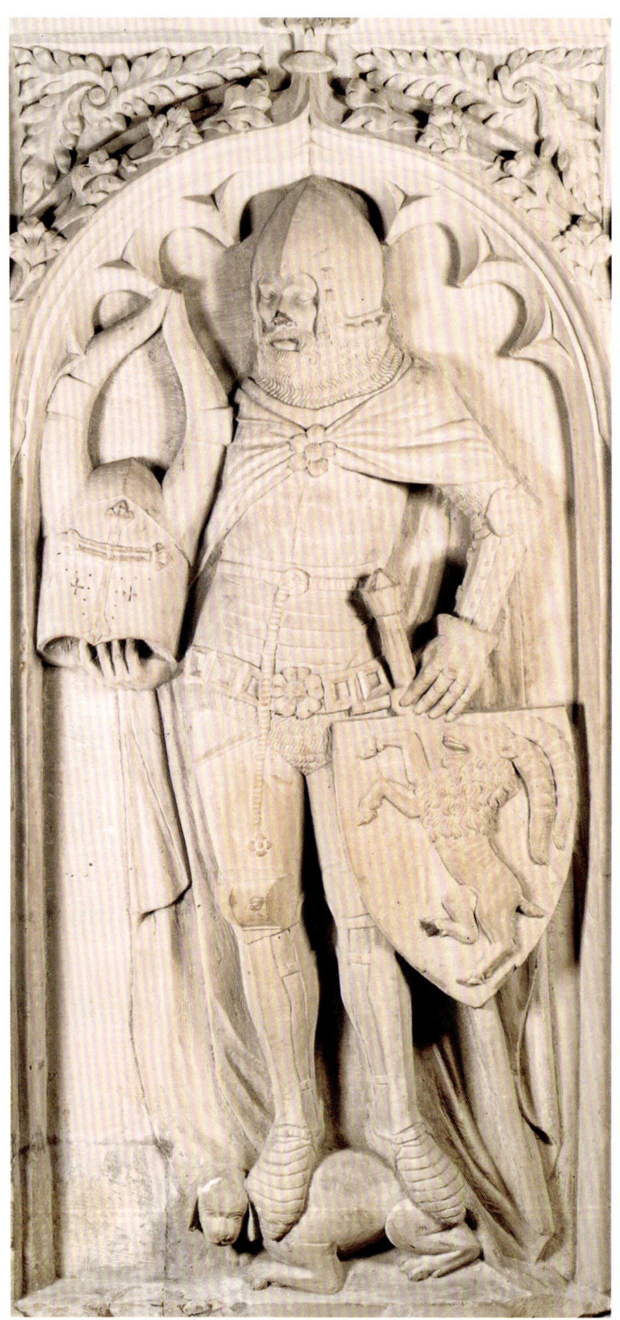

Abb. 28
GRABPLATTE DES 1379 VERSTORBENEN BURCHARD VON STEINBERG
Roemer- und Pelizaeus-Museum Hildesheim, Inv.-Nr. G 159

wurde, vermittelt er doch ein ziemlich genaues Bild eines Ritters kurz nach 1400. Der Harnisch besteht aus einer gewölbten, zweiteiligen Schiftbrust mit drei Bauchreifen und einer V-förmigen Brechleiste am oberen Rand, einem ebenfalls zweiteiligen Schiftrücken mit ehemals drei Gesäßreifen (von denen zwei fehlen), den typischen Armzeugen dieser Zeit mit dachrinnenförmigen Oberarmplatten, Ellbogenkacheln, zweiteiligen Unterarmröhren und sanduhrförmigen Handschuhen sowie Beinzeugen aus Diechlingen mit seitlicher Verlängerung, Kniebuckeln und zweiteiligen Beinröhren. Schuhe hat es dazu offenbar nie gegeben. Die zusammen mit diesem Harnisch ausgestellten Schultern und der Helm wurden erst später hinzugefügt. Bei Letzterem handelt es sich um eine frühe Form des Armet (vgl. Abb. 32), an den vorn ein Visier angesteckt werden konnte, worauf später noch im Detail eingegangen wird.

Die Entwicklung des Harnischs in der 1. Hälfte des 15. Jahrhunderts ist relativ schnell erzählt, da sich alle wesentlichen Teile bereits herausgebildet hatten und eigentlich nur noch weiterentwickelt wurden. Während die Brust anfangs nahezu unverändert blieb, erlebte der Rücken eine rasante Entwicklung. Zunächst verwendete man zum Schutz der Körperseiten und des Rückens weiterhin die kleinteilige Konstruktion des Plattenrocks. Um 1410 wurden die seitlich an der Brust befestigten Platten aber derart vergrößert, dass sie sich in der Rückenmitte trafen und dort verschnürt wurden. Wenig später entwickelte sich daraus eine durchgehende Rückenplatte, die zunächst aus drei Teilen zusammengenietet war. Während dieser Jahre verwendete man bereits komplette Arm- und Beinzeuge. Die kleinen Schulterplatten waren mit den Armröhren verbunden und etwa ab 1410 fügte man runde Schwebescheiben sowie gleich geformte Seitenplatten an den Ellenbogen und den

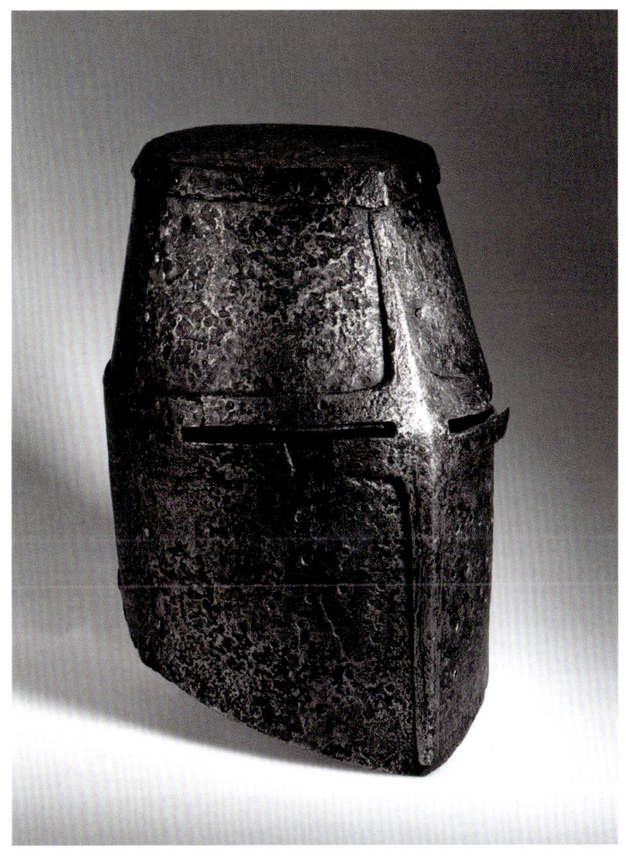

Abb. 29
TOPFHELM
2. Hälfte des 13. Jahrhunderts
Deutsches Historisches Museum, Berlin, Inv.-Nr. W 1003

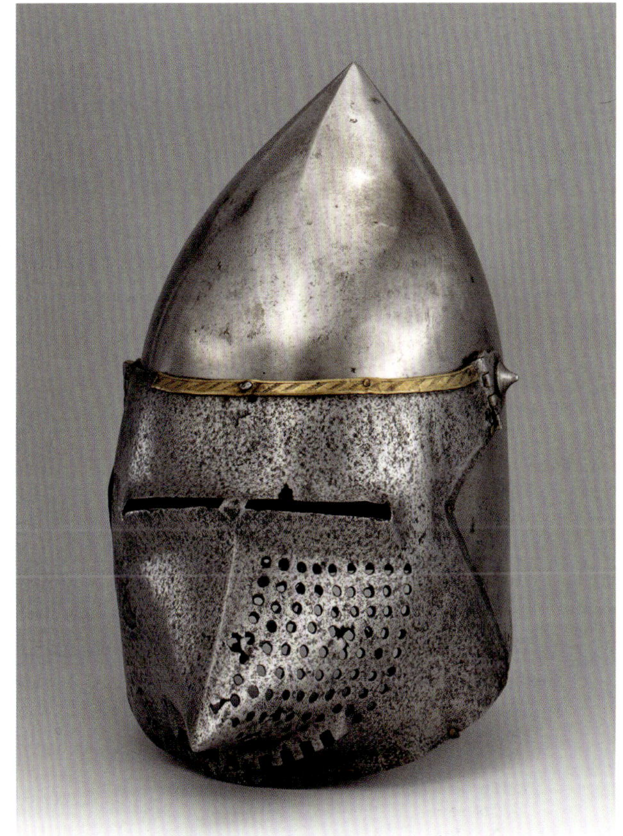

Abb. 30
HUNDSGUGEL
norditalienisch, um 1390
Deutsches Historisches Museum, Berlin, Inv.-Nr. W 1013

Knien hinzu. Rund zwanzig Jahre später wurden die Hauptplatten der Schultern derart verlängert, dass daraus Hinterflüge entstanden. Spätestens zu dieser Zeit wurde das Magenblech der Brust vergrößert und es bildete sich die zweiteilige, mit Schnallen und Riemen verbundene Schiftbrust heraus. Auch für den Rücken übernahm man diese Form. Parallel dazu wurden die Bauchreifen allmählich länger, bis sich um 1420 in der Mitte des untersten Geschübes ein Bogen herausbildete. Als dieser größer wurde, entwickelten sich aus den beiden nunmehr getrennten Geschüben kleine Beintaschen. Während die Bauchreifen in der Mitte des 15. Jahrhunderts wieder kürzer wurden, vergrößerten sich die Beintaschen und nahmen schließlich eine nahezu dreieckige Form an, die bis in das frühe 16. Jahrhundert gebräuchlich blieb (Abb. 34). Die Hinterflüge wurden im Verlauf des 15. Jahrhunderts immer größer, bis sie sich auf dem Rücken wie ein Flügelpaar überlappten, und ab 1440 wurden auch asymmetrische Vorderflüge verwendet. Während diese Änderungen allgemein gebräuchlich waren, gab es im deutschsprachigen Raum einige Besonderheiten. Bis zur Mitte des 15. Jahrhunderts verwendete man in diesen Gebieten hauptsächlich die sogenannte Kastenbrust, bei der die oberen beiden Drittel der Brustplatte in einer Schräge leicht nach vorn gezogen waren und sich das untere Drittel hin zum Bauch bog. Mit der Zeit ließ die Wölbung

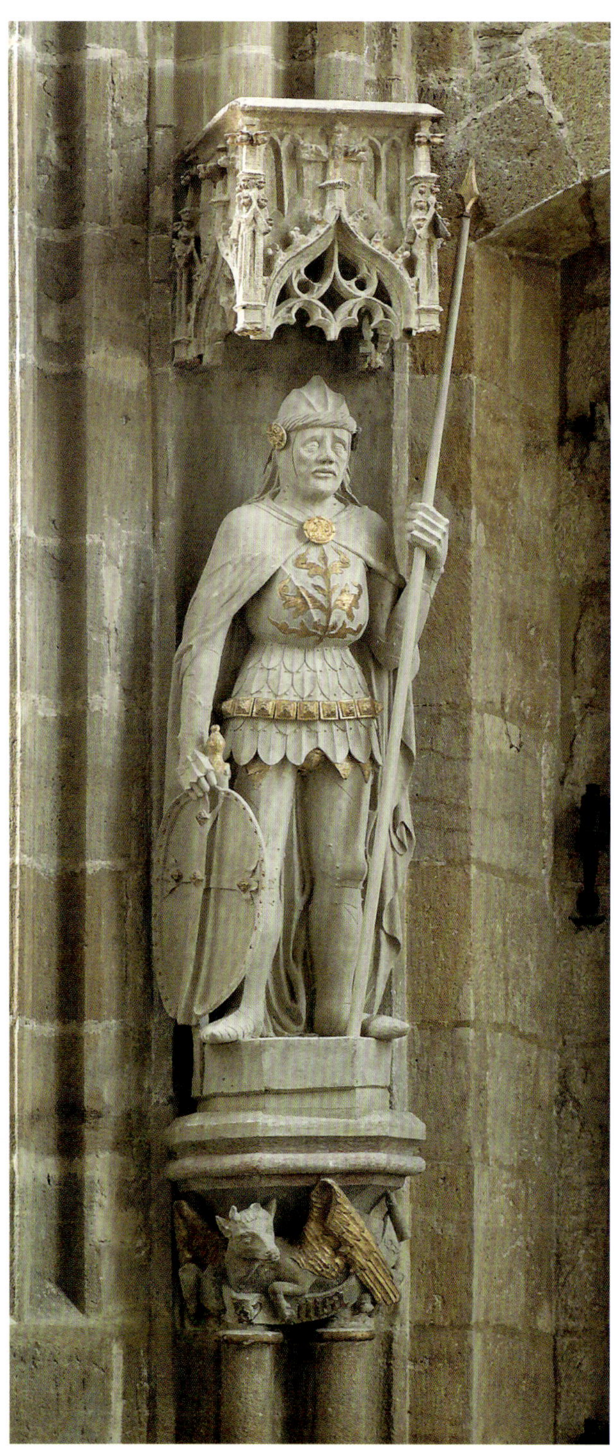

der Kastenbrust allmählich nach, die Harnischbrüste wurden allgemein flacher und bekamen einen Mittelgrat (Abb. 31). Schließlich wurde die Kastenbrust durch die auch in Italien übliche, zweiteilige Schiftbrust abgelöst, bei der Ober- und Unterbrust beweglich miteinander vernietet sind.

Mitte des 15. Jahrhunderts erreichten die Arbeiten der süddeutschen Plattner das Niveau ihrer italienischen Vorbilder, sodass Mailand mit Landshut, Innsbruck, Nürnberg und vor allem Augsburg starke Konkurrenz erwuchs. In den folgenden Jahrzehnten begannen die beiden wichtigsten Zentren der Harnischproduktion, unterschiedliche Wege zu gehen. Während die Harnische in Mailand zu dieser Zeit weiterhin eine wuchtige, runde, der frühen italienischen Renaissance verpflichtete Form hatten, erhielten die Arbeiten süddeutscher Plattner ein schlankes Aussehen mit Spitzen und scharfen, spitzbogigen Kanten (Abb. 34). Vor allem die langgezogenen Schnabelschuhe, die Schulter-, Ellbogen- und Brustplatten mit ihren gezackten Rändern sowie die über die Flächen verteilten lichtbrechenden Grate waren durch die gotische Architektur beeinflusst. Eine besondere Betonung erfuhr die Taille. Bauch- und Gesäßreifen wurden kürzer und wie in Italien wurden einteilige, spitze Beintaschen sehr beliebt. Parallel dazu vergrößerte sich das einst schmale Magenblech und wurde zur Unterbrust, die schließlich etwa die Hälfte der geschifteten Brust ausmachte und mit einer hochgezogenen Spitze optisch aufgewertet wurde. Der Höhepunkt des gotischen Stils wurde um 1480 erreicht, doch hielten sich seine charakteristischen Merkmale bis um die Jahrhundertwende.

Abb. 31
STATUE DES HEILIGEN MAURITIUS
IM MEISSNER DOM
1. Hälfte des 15. Jahrhunderts

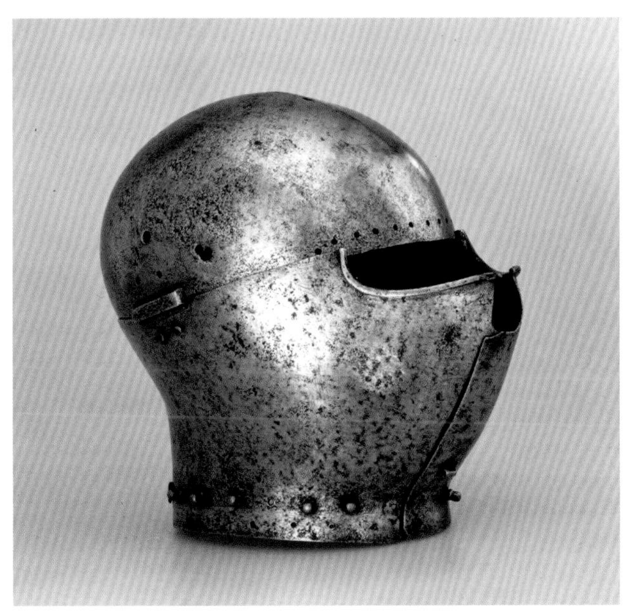

Abb. 32
ARMET, norditalienisch, um 1450
Deutsches Historisches Museum, Berlin, Inv.-Nr. W 1015

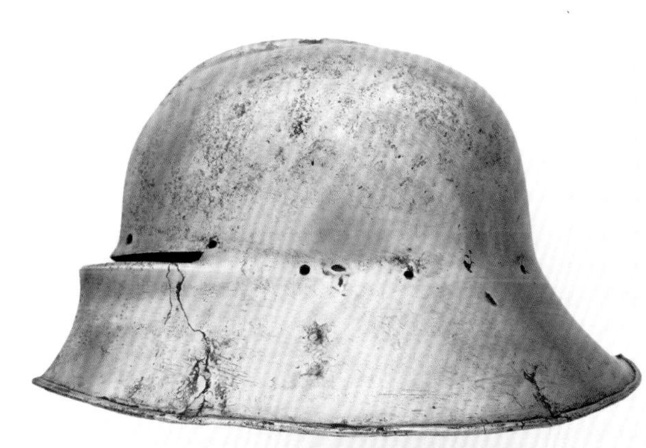

Abb. 33
SCHALLER, deutsch, um 1470-1480
Rüstkammer, SKD, Inv.-Nr. M 0001 (Vitrine III.19)

Gravierende Veränderungen sah das 15. Jahrhundert auch bezüglich der Helmmode. Beckenhaube und Hundsgugel wurden allmählich durch neue Helmformen verdrängt. Diese Entwicklung hatte bereits kurz nach 1400 begonnen. Zu dieser Zeit fiel die Helmglocke in der Regel noch mehr oder weniger senkrecht bis zu den Schultern, wodurch die Helme problemlos über den Kopf gestülpt werden konnten. Wenig später begann man damit, die Helme stärker der Kopfform anzupassen. Die Helmglocken wölbten sich am Nacken nach innen und auch die Visiere wurden bis zur Mitte des 15. Jahrhunderts an der Unterkante weiter zum Hals gezogen. In Folge dieser Entwicklungen wurde insbesondere der Hals besser geschützt, allerdings passte der geschlossene Helm nun nicht mehr über den Kopf. Die früheste Lösung für dieses Problem war der Armet (Abb. 32). Dieser besteht aus einer enganliegenden Helmglocke, die hinten in einen schmalen Nackenstreifen übergeht. Seitlich an der Glocke sind mittels Scharnieren zwei große Backenstücke angehängt, die vorn verschlossen gleichzeitig auch das Kinnreff bilden, über dessen Oberkante das aufschlächtige, in Drehbolzen gelagerte Visier gleitet. Zum Schutz von Hals und Kinn trug man zusammen mit dem Armet in der Regel einen mit Lederriemen befestigten Bart, zu dessen Sicherung wohl die gelegentlich auf den Nackenstreifen des Armets zu findenden Stielscheiben dienten.

Während die Kavallerie den Armet bis ins 16. Jahrhundert verwendete, wurde der aus einem Stück getriebene Eisenhut im 15. Jahrhundert zum

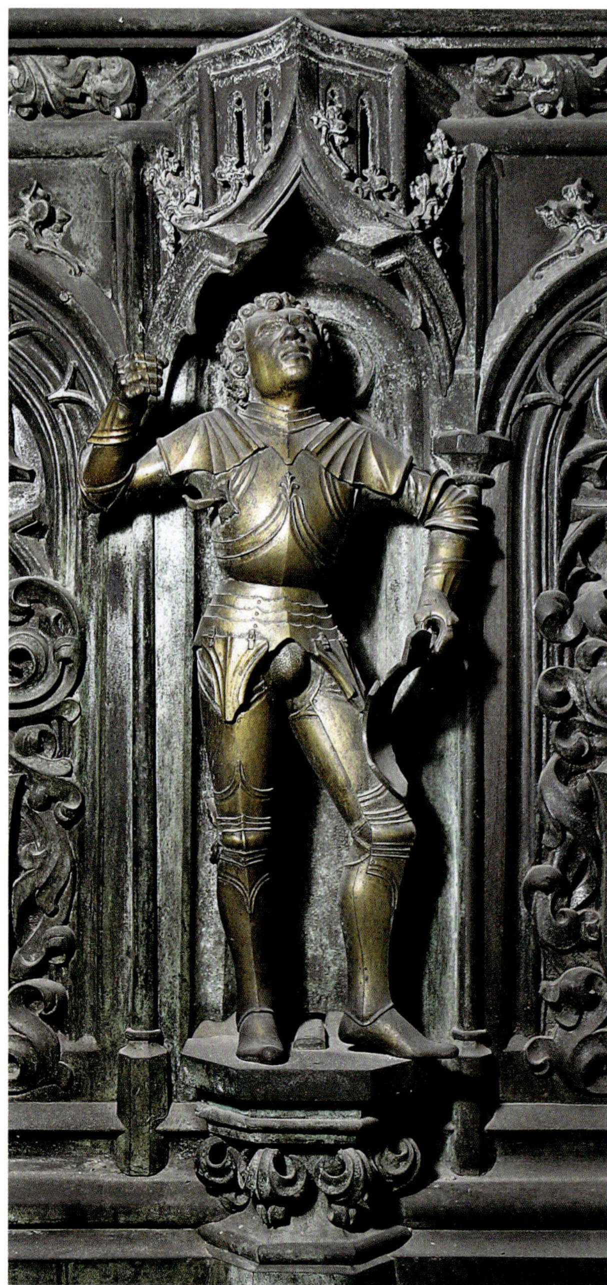

Abb. 34
STATUE DES HEILIGEN MAURITIUS AN DER TUMBA DES ERZBISCHOFS ERNST VON SACHSEN IM MAGDEBURGER DOM
1495

charakteristischen Helm der Infanterie, besonders von Bogen- bzw. Armbrustschützen. In der 1. Hälfte des 15. Jahrhunderts war die Kalotte entweder zylinderförmig mit flacher Oberseite oder nahezu glockenförmig mit einer kleinen Spitze. In den 1440er Jahren entwickelte sich die Form mit leichtem Kiel (S. 74). Die mehr oder weniger stark nach unten gebogene Krempe wurde manchmal mit ovalen Augenausschnitten an der Unterkante oder aber mit einem Sehschlitz innerhalb der Fläche versehen.

Im Verlauf des 15. Jahrhunderts bildete sich durch eine Kreuzung der Eigenschaften von Beckenhaube, Hundsgugel und Eisenhut die Schaller heraus. Zunächst entwickelten sich aus der Beckenhaube zwei Grundformen der italienischen Schaller, die sich hauptsächlich durch ihre Gesichtsöffnungen unterschieden. Während die eine, die mit ihrer T-förmigen Gesichtsöffnung dem Korinthischen Helm der Antike ähnelt, um 1470 wieder außer Mode kam, hielt sich die Form mit dem geraden Gesichtsausschnitt bis zum Ende des 15. Jahrhunderts und wurde dann mit einem aufschlächtigen Visier versehen. Eine weitere Variante dieses Helms wurde an den Seiten flacher, erhielt hinten einen Nackenschutz und auf der Stirn eine Verstärkungsplatte. Eine ähnliche Form der Schaller war im deutschsprachigen Raum vor 1460 beliebt. Helme mit offenem Gesicht oder mit beweglichem Visier und mit mittellangem Nackenschutz wurden für den Export nach Deutschland beispielsweise in Burgund und in Norditalien gefertigt. Parallel dazu entwickelte sich die deutsche Variante des Eisenhutes mit Sehschlitz, wozu man – wie bei der Schaller – einen an der Brust befestigten Bart trug. Aus diesem Helm entstand um 1470 die für den deutschsprachigen Raum typische Schaller. Diese war gewöhnlich größer und tiefer als die italienischen und westeuropäischen Formen, hatte einen längeren, nach unten gezogenen und ab 1480 häufig geschobenen

Nackenschutz. Die beiden am weitesten verbreiteten Typen haben entweder ein aufschlächtiges Halbvisier, dessen Oberkante und die Unterkante der Helmglocke den Sehschlitz bilden, oder aber sie bestehen aus einem Stück mit dem Sehschlitz in der Mitte (Abb. 33).

Im letzten Jahrzehnt des 15. Jahrhunderts kamen weitere wichtige Neuerungen auf. Während dieser Zeit wurden beispielsweise bewegliche Armeinsätze üblich und die inzwischen geschobenen Beintaschen wurden häufig fest mit den mittlerweile recht kurzen Bauchreifen verbunden (S. 78). Die gegrateten und in der Regel zweiteiligen Harnischbrüste wurden durch eine eher rundliche Form ohne Mittelgrat verdrängt, was wohl aus Italien und über Innsbruck in die süddeutschen Plattnerzentren kam. Überhaupt spielte Innsbruck in der Harnischentwicklung eine wichtige Mittlerrolle. Eine besondere Form des Harnischrückens, die zwischen 1490 und 1510 verwendet wurde und bei der es sich offenbar um eine Innsbrucker Spezialität handelte, besteht aus einer großen zentralen Platte, die nach unten schmal zuläuft und an der zwei kleinere Seitenplatten angenietet sind (S. 78). Die wohl bedeutendste Errungenschaft dieser Zeit war die Entwicklung des seitlich zu öffnenden Harnischkragens, der in seiner gebräuchlichen Form aus zwei oberen Hauptplatten und mehreren nach unten gerichteten Geschüben besteht. Die Wulst, die den oberen Abschluss des Kragens bildet, diente seit dem Ende des 15. Jahrhunderts der Fixierung des geschlossenen Helms, dessen Hohlkehle an der Unterkante in der Kragenwulst umlief und somit eine feste Verbindung zwischen Kragen und Helm bildete, die dennoch eine Drehbewegung und durch die Kragengeschübe ein Heben und Senken des Kopfes zuließ. In seltenen Fällen wurde der Kragen dekorativ über dem Harnisch getragen. Meist saß er aber unter Brust und Rücken direkt auf den Schultern des Trägers, wodurch sich das Gewicht des Harnischs besser verteilte. Und schließlich wurde es ab etwa 1500 üblich, die Harnischschultern mit Riemen und Schnallen am Kragen zu befestigen. Durch all diese Eigenschaften wurde der Kragen zum zentralen und für die Funktionalität unverzichtbaren Element des Harnischs.

Der Übergang vom 15. zum 16. Jahrhundert erlebte große gesellschaftliche Veränderungen mit weitreichenden Auswirkungen auch auf das Plattnerhandwerk. Durch die Steigerung der Effizienz der Feuerwaffen und die zunehmende Bedeutung einer schlagkräftigen Infanterie, insbesondere der professionellen Landsknechtshaufen, verloren die Ritter ihre frühere Dominanz auf dem Schlachtfeld. Dennoch erlebte das Plattnerhandwerk eine neue Blütezeit. Durch die Italienischen Kriege[15] und weitere militärische Konflikte entstand ein großer Bedarf an Feldharnischen für Infanterie und Leichte Kavallerie, ohne dass aber die Nachfrage an qualitativ guten Harnischen für den Adel merklich zurückging. Erstmals wurden spezielle Harnischformen auch für die einfachen Soldaten entwickelt. So entstanden die sogenannten Landsknechtsharnische, bei denen es sich in der Regel um Halbharnische, bestehend aus einem offenen Helm, Kragen, Brust, Rücken, Beintaschen und Armzeugen mit Handschuhen, handelte. Die in mehreren Sammlungen erhaltenen Originale sind oft von schlechter Qualität und aus Fragmenten unterschiedlicher Harnische zusammengesetzt (Abb. 35). Häufig verwendeten die Landsknechte in der 1. Hälfte des 16. Jahrhunderts auch Ringpanzerkragen, sogenannte Bischofsmäntel, die sie allein oder über dem Harnisch trugen. Exemplare mit reich verzierten Schließen sowie aufgesetzten Zierbeschlägen waren auch beim Adel sehr beliebt (S. 139 und 165). Parallel zu diesen Infanterieharnischen entstanden spezielle Harnische für die Leichte Kavallerie, mit bis zu den Knien reichenden Beinzeugen, geschlossenen oder auch offenen Helmen und Brüsten, die meist keinen Rüsthaken besaßen.

Kurz nach der Jahrhundertwende entstand durch die Verschmelzung der Stile aus Italien und dem deutschsprachigen Raum eine völlig neue Formensprache. Um 1510 entwickelten süddeutsche Plattner den Riefelharnisch, der nach Kaiser Maximilian I. oft auch als Maximiliansharnisch bezeichnet wurde (S. 82ff). Auffallendstes Merkmal dieses neuen Harnischtyps war die Kombination von gerundeter, italienischer Form mit der hauptsächlich im deutschsprachigen Raum üblichen Riefelung, die sich nahezu über die gesamte Oberfläche zog. Die einzige Ausnahme bildeten die durchgängig glatt belassenen Stiefel, was möglicherweise die Mode der eng anliegenden Strümpfe nachahmen sollte. Bei späteren Riefelharnischen wurden die Flächen mit Riefelungen häufig durch Streifen aus getriebenen Schuppen unterteilt (S. 90f). Charakteristisch war auch das Verschwinden des schlanken Erscheinungsbildes gotischer Harnische, insbesondere der spitzen, langgezogenen Schnabelschuhe, an deren Stelle sogenannte Kuh- oder Ochsenmäuler traten, die eine sehr breite Form annahmen (S. 82). Die Riefelung war jedoch nur eine sehr kurzlebige Modeerscheinung, die aufgrund des handwerklichen und somit auch finanziellen Aufwands sowie der steigenden Effektivität der Feuerwaffen nach lediglich etwa zwanzig Jahren wieder in Vergessenheit geriet.

Ein ähnliches Schicksal erlitten auch die zur gleichen Zeit aufkommenden und bald durch die spanische Mode verdrängten Kostümharnische mit ihren charakteristischen Puffärmeln, der Imitation der geschlitzten Kleidung dieser Zeit und den Visieren in Form von menschlichen Gesichtern bzw. von Tier- oder Vogelmasken.[16] Diese teils grotesk wirkenden Plattnerarbeiten sind typische Beispiele für den bereits begonnenen Niedergang des Harnischs, der in dieser Form nur noch für Paraden und höfische Festlichkeiten, aber nicht mehr für den Krieg oder das Turnier[17] geeignet war. Im Verlauf des 16. Jahrhunderts setzte sich die Mode des Paradeharnischs fort. Anstelle der Kostümharnische traten nun jedoch antikisierende Prunkharnische, deren Oberfläche mit getriebenen sowie gold- und silbertauschierten antiken Darstellungen reich verziert wurden. Die Dresdner Rüstkammer besitzt mit dem sogenannten Herkulesharnisch, den sich König Erik XIV. von Schweden zwischen 1563 und 1565 vom Antwerpener Goldschmied Eliseus Libaerts prachtvoll verzieren ließ, die wohl bedeutendste Harnischgarnitur mit Szenen aus der antiken Mythologie (S. 119ff). In einigen Fällen imitierten derartige Harnische antike Rüstungen sogar komplett. Beste Beispiele sind der Römische Harnisch von Bartolomeo Campi aus Pesaro für Guidobaldo II. della Rovere, Herzog von Urbino von 1546[18] und die zwischen 1545 und 1550 in Mailand für Erzherzog Ferdinand II. von Tirol gefertigte Garnitur für Ross und Reiter.[19]

Es kamen damals aber auch einige Neuerungen auf, die für längere Zeit Bestand haben sollten. So wurden beispielsweise kräftige, geschnürte Wülste an der Oberkante der Harnischbrust immer beliebter und ab 1520 allgemein üblich. Etwa zur gleichen Zeit entstand die Idee, mit Hilfe von Wechselstücken ganze Harnischgarnituren zu bilden, die in unterschiedlicher Kombination einzelner Teile verschiedenen Verwendungszwecken dienten.[20] Zu den ältesten erhaltenen Wechselstücken zählen die des Harnischs, den Kolman Helmschmid zusammen mit dem Ätzmaler Daniel Hopfer zwischen 1505 und 1510 für Andreas Graf Sonnenberg in Augsburg schuf.[21] Das

System der Wechselstücke hielt sich in ganz Europa bis zum frühen 17. Jahrhundert. Insbesondere in der Mitte und in der 2. Hälfte des 16. Jahrhunderts entstanden mehrere große Garnituren. Die wohl spektakulärste ist die sogenannte Adlergarnitur von Jörg Seusenhofer und Hans Perckhammer für Erzherzog Ferdinand von Tirol aus dem Jahr 1547, aus deren 87 Einzelteilen sich insgesamt zwölf verschiedene Feld- und Turnierharnische für den Gebrauch zu Ross und zu Fuß zusammenstellen ließen.[22]

Während des 16. Jahrhunderts erfuhren einzelne Harnischteile gravierende Änderungen ihrer Form. So ging die bis dahin gebräuchliche Kugelform der Brust um 1530 verloren, wodurch diese flacher wurde und einen Mittelgrat erhielt. Dieser wurde mit der Zeit im unteren Drittel immer weiter vorgetrieben, sodass die sogenannte Tapulbrust mit ihrer typischen, schiffsbugförmigen Austreibung des Mittelgrates entstand. In den folgenden Jahrzehnten verschob sich diese Austreibung weiter nach unten, wuchs zu einer immer auffälligeren Wölbung und erreichte im Einklang mit der zeitgenössischen spanischen Mode schließlich die für das letzte Viertel des 16. Jahrhunderts charakteristische Gansbauchform (u.a. S. 148f). Offenbar blieb aber im deutschsprachigen Raum parallel zur Gansbauchbrust auch die mehr oder weniger gleichmäßig gewölbte, flache Brust früherer Zeit bis zum Ende des 16. Jahrhunderts gebräuchlich (u.a. S. 140f). Ebenfalls um 1530 kamen Brust und Rücken auf, die durchgängig aus Geschüben bestanden, weshalb die damit ausstaffierten Harnische als „Krebse" bezeichnet werden (S. 180). Und etwa zur gleichen Zeit entstand der Achselkragen, bei dem die geschobenen Schultern fest mit dem Kragen verbunden sind (u.a. S. 93). Da die Herstellung des Achselkragens vergleichsweise weniger kostspielig war, findet sich dieser häufig an einfachen

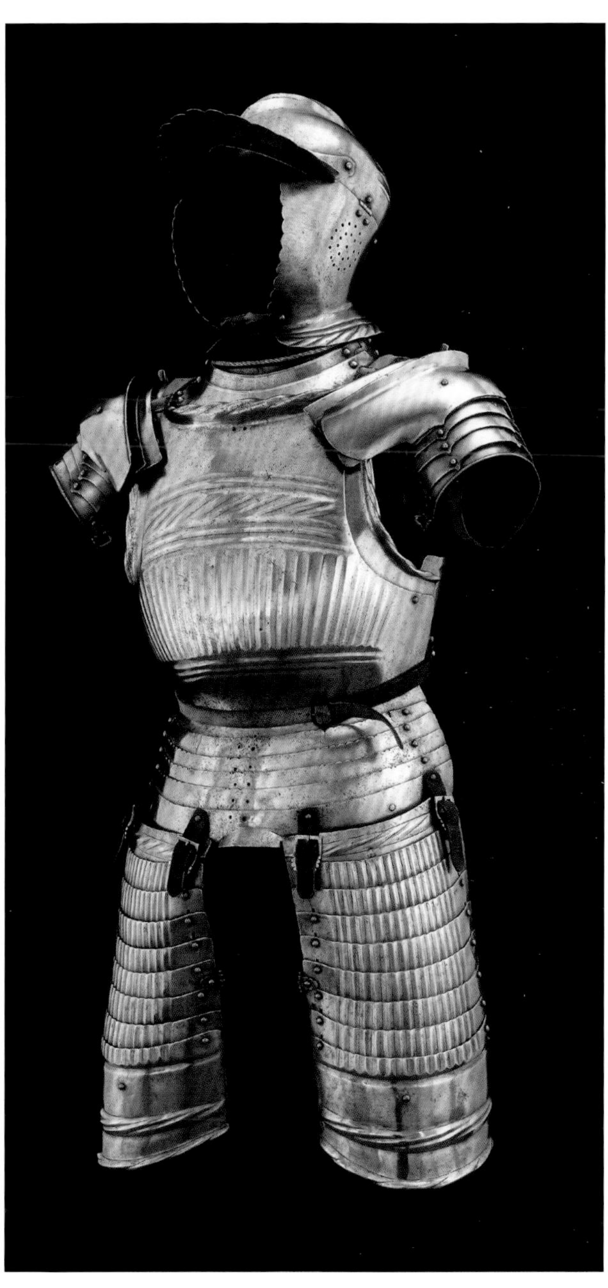

Abb. 35
LANDSKNECHTSHARNISCH
süddeutsch, um 1520; im 19. Jahrhundert überarbeitet und ergänzt
Rüstkammer, SKD, Inv.-Nr. M 0010
(Vitrine III. 35)

Harnischen. Die Beintaschen wurden während des gesamten 16. Jahrhunderts in ganz unterschiedlicher Form verwendet. Die meist geschobenen, weitestgehend rechteckigen Beintaschen wurden in den 1560er Jahren immer breiter, um die kurzen Pluderhosen zu bedecken, die darunter getragen wurden. Im Zusammenhang mit Infanterieharnischen wurden zu Beginn des 16. Jahrhunderts meist lange, bis knapp über die Knie reichende Beintaschen getragen (Abb. 35). Im Unterschied dazu wurden nach 1530 Knieschöße (d.h. lange Beintaschen mit Kniebuckeln) gebräuchlich, die aus zwei oder gar drei Teilen mit jeweils mehreren Geschüben bestanden. Diese konnten mit oder auch ohne Beinröhren getragen werden. Die Harnischschuhe, die zur Zeit der Riefelharnische die typische Kuhmaulform angenommen hatten, wurden ab 1530 zusehends schmaler, bis sie etwa Mitte des 16. Jahrhunderts eine längliche Form mit rundlichem Zehenabschluss bekamen.

Die Helme des 16. Jahrhunderts lassen sich – vereinfacht gesehen – in vier Grundtypen (Armet, Geschlossener Helm, Sturmhaube und Morion) unterteilen, von denen es zahlreiche Varianten gab. Anfangs hatten die Helme keine oder nur ganz flache und eher breite Kämme, die aber schon bald eine kielartige Form annahmen. Nach etwa 1530 wurden die Kämme immer größer, bis sie zwischen 1560 und 1590 ihre volle Höhe erreichten und weit nach hinten gezogen waren. Erst gegen Ende des 16. Jahrhunderts wurden die Kämme schließlich wieder flacher.

Kurz nach 1500 fing man nördlich der Alpen erneut damit an, Armets herzustellen (was in Italien offenbar durchgängig der Fall gewesen war). Es bildete sich die für den deutschsprachigen Raum typische Form heraus, die sich dadurch unterscheidet, dass die Wangenklappen mit Scharnieren weiter hinten im Bereich des Nackens und nicht wie bei den italienischen Armets oben an der Helmglocke befestigt sind. Nach der Einführung des Harnischkragens mit einer Wulst als oberen Abschluss nahmen der Armet und der Geschlossene Helm eine ähnliche Entwicklung. Beide Helmformen besaßen nun am unteren Rand eine Hohlkehle, mit der sie eine verlässliche und dennoch drehbare Verbindung mit dem Kragen eingingen. Der Geschlossene Helm, der seine Bezeichnung zur Unterscheidung vom Armet erhielt, bildete sich in der Zeit um 1500 aus einer Form der Schaller mit einem daran befestigten Visier. Hauptsächlich unterscheiden sich Armet und Geschlossener Helm darin, dass der Armet zwei vorn am Kinn verschlossene Wangenklappen besitzt, während der Geschlossene Helm mit aufschlächtigem Kinnreff und Visier ausgestattet ist. Bei den Geschlossenen Helmen gibt es zwei verschiedene Varianten: den sogenannten Burgunderhelm, der wie zuvor beschrieben im Kragen umgeht, und den um 1525 entstandenen Mantelhelm, der mit Hals- und Nackengeschüben und bei Bedarf mit einem Vorschnallbart die ursprüngliche Form des Armets ersetzte. Die Visiere beider Helmarten waren anfangs spitz nach vorn getrieben. In den ersten Jahrzehnten des 16. Jahrhunderts wurde das sogenannte Affenvisier beliebt, das an das Gesicht eines Pavians oder eines Mandrills erinnert (S. 79). Bereits um 1520 kam in Italien die zweiteilige Visierform auf, die ab 1540 überall in Europa gebräuchlich wurde. Diese bestand aus dem eigentlichen Visier mit Atemlöchern und manchmal einem Helmfenster auf der rechten Seite sowie dem darüber gelegenen und separat aufklappbaren Stirnstulp mit den Sehschlitzen (S. 119ff). Ab etwa 1570 reduzierte sich der Abstand der Vorderkante des Visiers, die dann enger an das Gesicht heranrückte und nahezu senkrecht wurde, was typisch für das 17. Jahrhundert sein sollte (S. 170f).

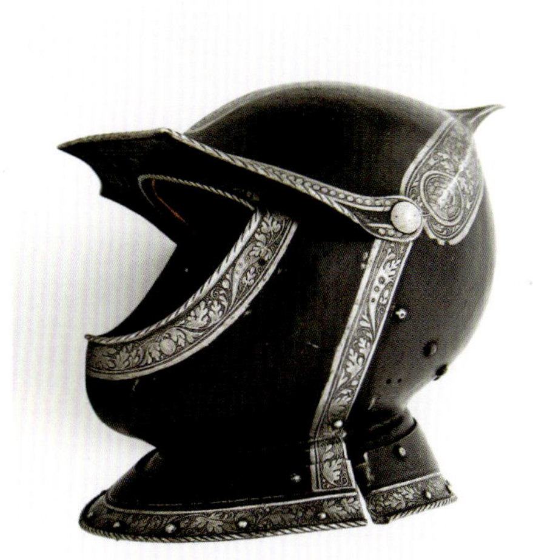

Tafel 1a

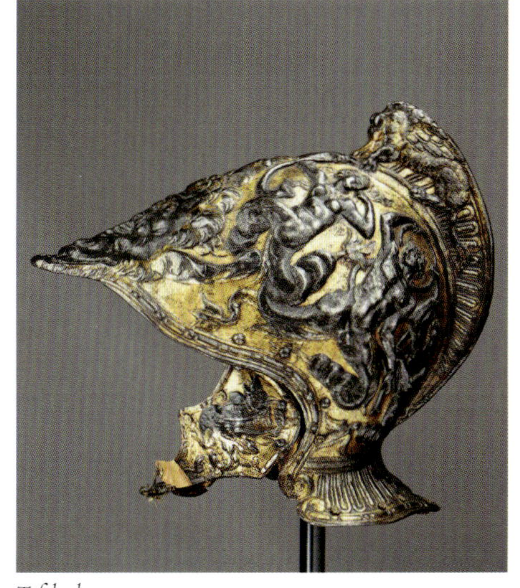

Tafel 1b

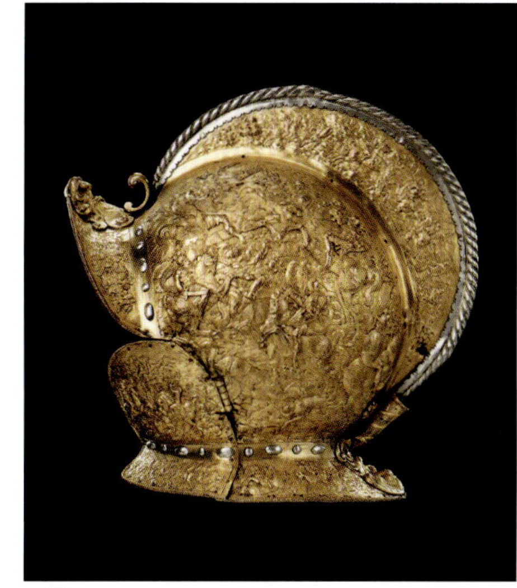

Tafel 1c

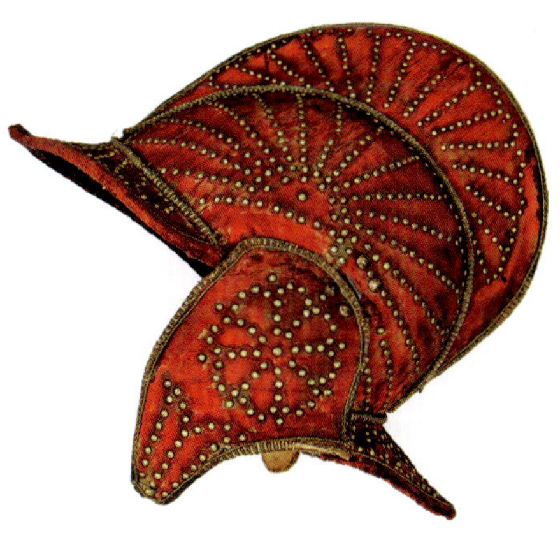

Tafel 1d

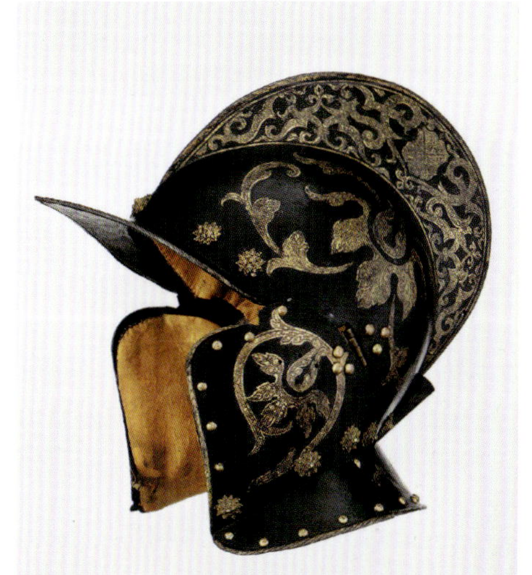

Tafel 1e

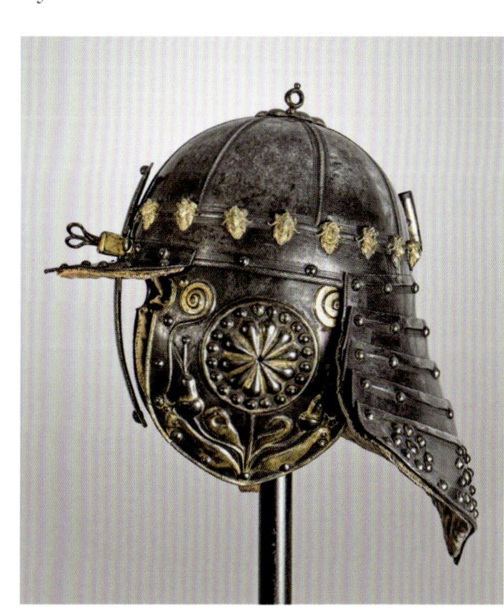

Tafel 1f

Tafel 1

a. GESCHLOSSENE STURMHAUBE, Peter von Speyer d.Ä., Annaberg, 1546, Rüstkammer, SKD, Inv.-Nr. M 0097 (siehe S. 97)

b. STURMHAUBE, Mailand, um 1560-1565, Rüstkammer, SKD, Inv.-Nr. N 0109 (siehe S. 114)

c. STURMHAUBE, Augsburg, vor 1589, Rüstkammer, SKD, Inv.-Nr. N 0141 (siehe S. 160)

d. STURMHAUBE, italienisch, vor 1567, Rüstkammer, SKD, Inv.-Nr. M 0153 (siehe S. 130f)

e. STURMHAUBE, Augsburg, Ende des 16. Jahrhunderts, Rüstkammer, SKD, Inv.-Nr. N 0120 (siehe S. 175)

f. ZISCHÄGGE, wohl J. Jöringk oder Ch. Müller, Dresden, um 1640, Rüstkammer, SKD, Inv.-Nr. M 0116 (siehe S. 192f)

g. STURMHAUBE, Augsburg, 1599, Rüstkammer, SKD, Inv.-Nr. M 0101, (siehe S. 172f)

h. STURMHAUBE, Martin Oham, Nürnberg, 1588, Rüstkammer, SKD, Inv.-Nr. N 0144 (siehe S. 156)

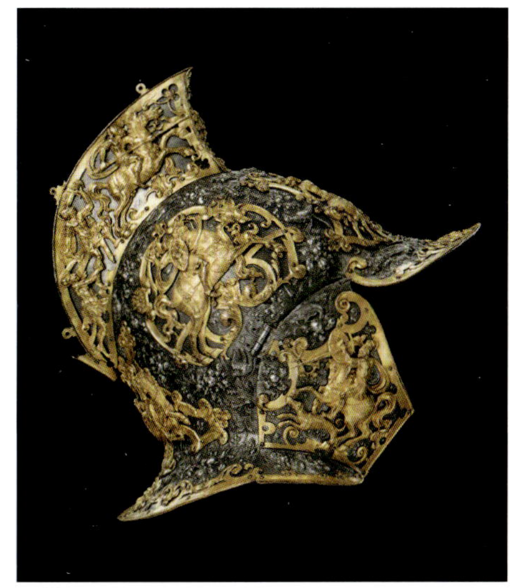

Tafel 1g

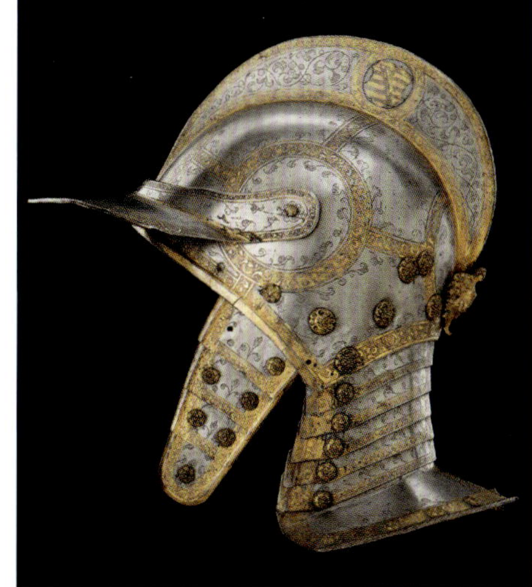

Tafel 1h

Zum bevorzugten Helm der Leichten Kavallerie aber auch der Infanterie avancierte die Sturmhaube (Tafel 1), die sich Anfang des 16. Jahrhunderts aus der Schaller entwickelt hatte. Die frühesten Formen bestanden aus einer stark gewölbten, mehr oder weniger halbkugligen und etwa bis zu den Ohren reichenden Helmglocke, einem mehrfach geschobenen Nackenschutz und einem Schirm, der fest mit der Glocke verbunden oder aber aufschlächtig sein konnte. Der Nackenschutz zog sich seitlich soweit um den Kopf, dass es keine, oder nur sehr kleine Wangenklappen gab. Doch bereits im zweiten Jahrzehnt des 16. Jahrhunderts kamen große Wangenklappen auf, was solange Bestand haben sollte wie die Sturmhauben selbst. Gegen Ende des Jahrhunderts wurden bei einigen Sturmhauben die Wangenklappen so groß, dass sie das Gesicht komplett bedeckten und nur die Augen, manchmal auch Nase und Mund, frei ließen. Häufig wurden Sturmhauben auch in Verbindung mit einem Bart oder mit einem sogenannten Ungarischen Visier verwendet. Letzteres bestand aus mehreren, abschlächtigen Geschüben, die einzeln gesenkt bzw. verriegelt werden konnten. Etwa in der Mitte des 16. Jahrhunderts erhielt die Sturmhaube durch osmanischen Einfluss ein bewegliches Naseneisen, welches im Laufe der Zeit unterschiedlichste Formen annahm. Dies reichte von einfachen schmalen Stangen bis zu diversen flächigeren Formen mit unterschiedlichen Durchbrechungen, die teils das gesamte Gesicht bedeckten (S. 186f). Ausgelöst durch die anhaltenden militärischen Konflikte in Ungarn und die europaweit verbreitete Türkenmode begann man zu dieser Zeit auch damit, osmanische Sturmhauben nachzuahmen, wodurch die sogenannte Zischägge (benannt nach dem osmanisch-türkischen „chichak") entstand (Tafel 1f). Vor allem süddeutsche Plattner gingen so weit, dass sie sich nicht nur von osmanischen Helmformen, sondern auch von deren reichem Dekor beeinflussen ließen.

Aus dem Eisenhut entwickelte sich der aus einer stark gewölbten Helmglocke mit nach unten geneigter Krempe bestehende Morion (Tafel 2). Die Krempe war anfangs eher schmal, wurde dann aber breiter und wölbte sich sichelförmig, sodass sie vorn und hinten jeweils in einer hochgezogen Spitze auslief. Aus frühen Formen mit niedrigem Kamm entwickelte sich in der Mitte des 16. Jahrhunderts der klassische Morion mit hohem und bis zur Krempe reichenden Kamm. In der Regel besitzt der Morion schmale, mit überlappenden Eisenplatten besetzte Wangenklappen, an deren Enden sich Lederschlaufen oder Kinnriemen zum Verschließen befinden. Wie der Eisenhut war der Morion in erster Linie ein Helm der Infanterie und wurde auch von zahlreichen Leibgarden verwendet (Tafel 2f). Selbst die Päpstliche Schweizergarde im Vatikan trägt ihn noch heute zu bestimmten Anlässen. Eine Variante des Morions ist der Birnhelm (Cabasset), dessen Glocke eher spitz zuläuft und der statt einem Kamm eine kleine, nach hinten gerichtete Scheitelspitze besitzt (Tafel 2d–e).

Bereits in der 2. Hälfte des 16. Jahrhunderts setzte der zunehmende Verfall des Plattnerhandwerks ein. In den süddeutschen Plattnerzentren ging die Zahl der überlieferten Meister unaufhörlich zurück und die noch tätigen kämpften oft um ihr Überleben. Hintergrund dafür war der steigende Konkurrenzkampf in Folge der Tatsache, dass Harnische allmählich außer Mode kamen. Qualitativ hochwertige Harnische konnte und wollte sich nur der Hochadel leisten. Für einen relativ kleinen Kreis potenzieller Auftraggeber entstanden jedoch weiterhin aufwendige und damit auch teure Parade- sowie Turnierharnische. Eine besondere Rolle spielte in diesem Zusammenhang der Dresdner Hof, wo selbst in der 2. Hälfte des 17. Jahrhunderts noch prachtvolle Plattnererzeugnisse in Auftrag gegeben wurden. Ein

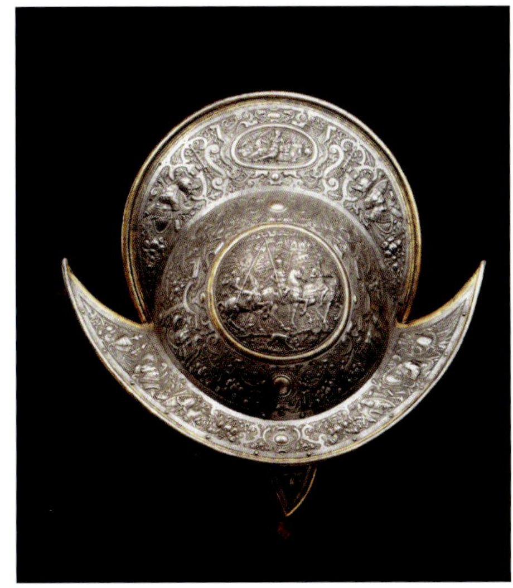

Tafel 2a

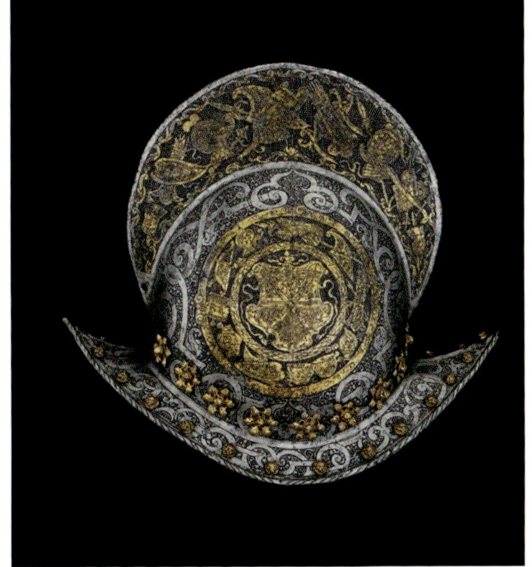

Tafel 2b

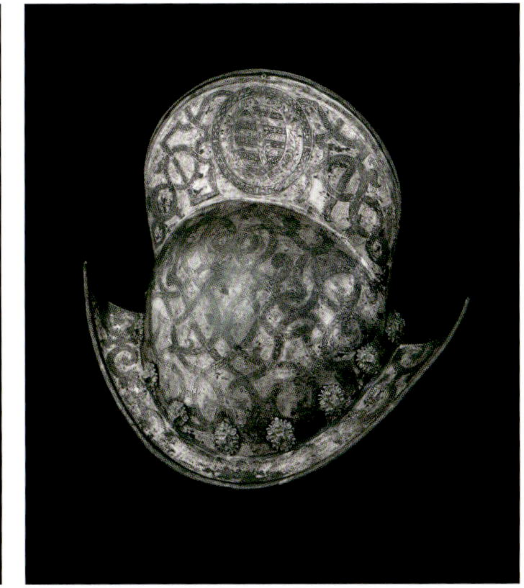

Tafel 2c

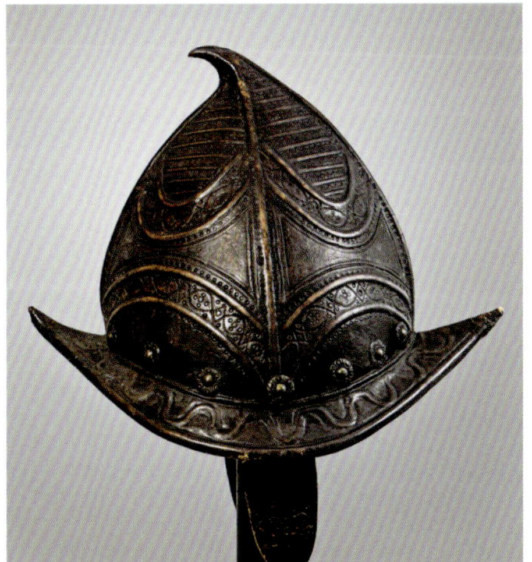

Tafel 2d

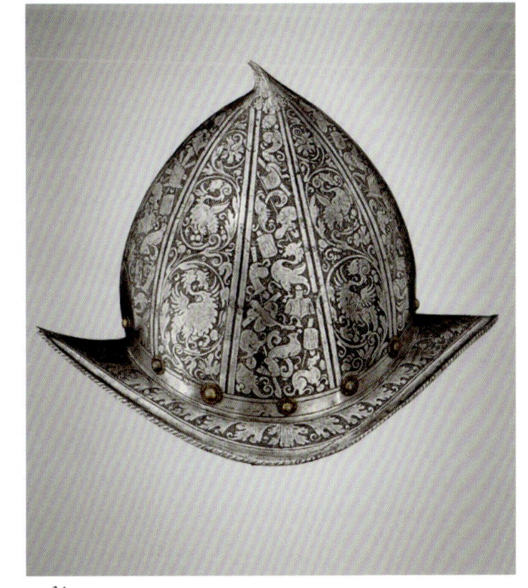

Tafel 2e

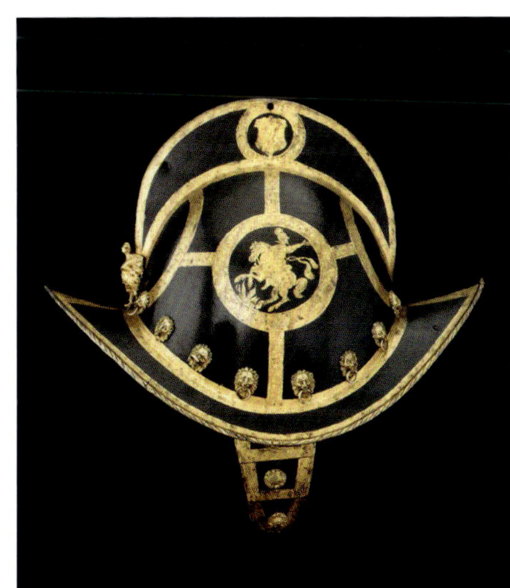

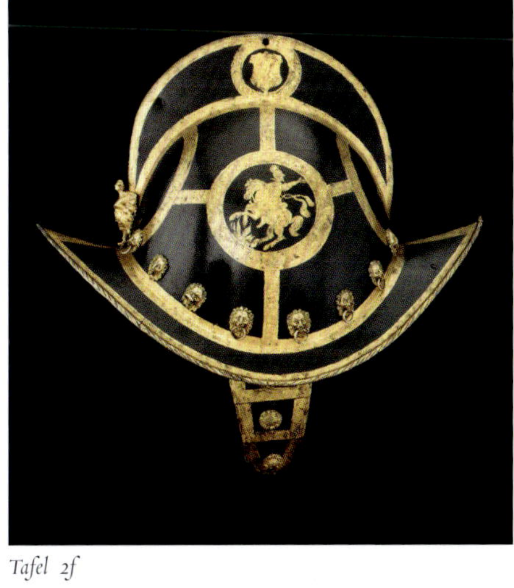

Tafel 2f

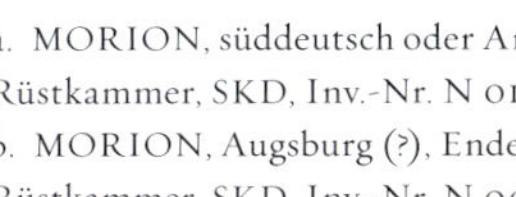

Tafel 2
a. MORION, süddeutsch oder Antwerpen, vor 1589, Rüstkammer, SKD, Inv.-Nr. N 0147 (siehe S. 158)
b. MORION, Augsburg (?), Ende des 16. Jahrhunderts, Rüstkammer, SKD, Inv.-Nr. N 0011 (siehe S. 176)
c. MORION, Nürnberg, Ende des 16. Jahrhunderts, Rüstkammer, SKD, Inv.-Nr. N 0114 (siehe S. 174)
d. BIRNHELM, italienisch, um 1580, Rüstkammer, SKD, Inv.-Nr. M 0155 (siehe S. 130f)
e. BIRNHELM, italienisch, um 1580, Rüstkammer, SKD, Inv.-Nr. N 0003 (Vitrine III.73)
f. MORION, Nürnberg, wohl 1588, Rüstkammer, SKD, Inv.-Nr. N 0111 (siehe S. 157)
g. SCHÜTZENHAUBE, Mailand, um 1570, Rüstkammer, SKD, Inv.-Nr. N 0140 (siehe S. 133)
h. SCHÜTZENHAUBE, süddeutsch, um 1590, Rüstkammer, SKD, Inv.-Nr. N 0135 (siehe S. 161)

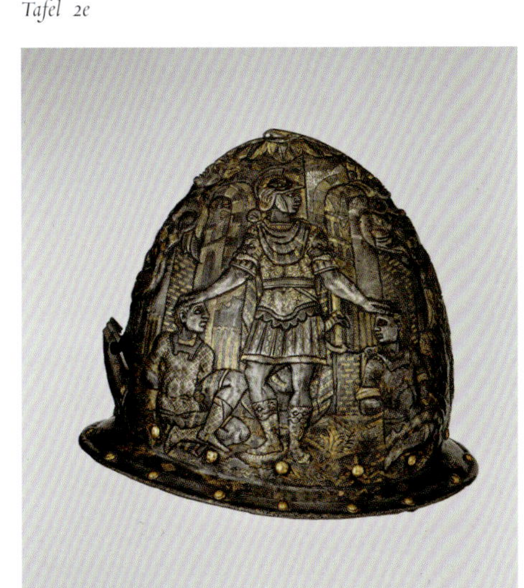

Tafel 2g

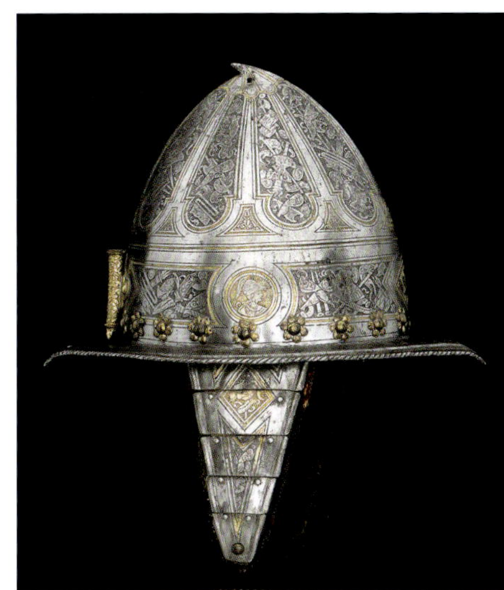

Tafel 2h

herausragendes Beispiel ist der reich verzierte, vergoldete und versilberte Fußturnierharnisch, den Jakob Jöringk und Christian Herold 1666 anlässlich der Hochzeit des Herzogs Johann Georg (III.) von Sachsen schufen (S. 198f). Der Bedarf an Feldharnischen ging im Verlauf des 17. Jahrhunderts aber stark zurück. Im gleichen Maße wie die Feuerwaffen zunehmend verlässlicher und wirkungsvoller wurden, ging man anfangs dazu über, die Feldharnische massiver und damit auch schwerer zu machen. Zunächst konnten Harnische und Helme der gestiegenen Feuerwirkung militärischer Schusswaffen noch standhalten. Mit der Zeit wurden sie dadurch aber so schwer, dass man sie kaum mehr tragen konnte und man dazu überging, erst einzelne Harnischelemente (beispielsweise Arm- und Beinzeuge) und später den Harnisch insgesamt abzulegen. Insbesondere die Helme wurden unerträglich schwer (S. 200). Wenn überhaupt trug man schließlich nur noch eine Brust über einem Lederkoller und gelegentlich noch Rücken und Helm. In dieser Form waren gegen Ende des 17. Jahrhunderts lediglich die Kürassier-Regimenter ausgerüstet, während die Mehrheit der Soldaten europäischer Armeen zu dieser Zeit bereits ungeschützt in die Schlacht zogen.

Doch zurück zum Anfang des 17. Jahrhunderts. Zu dieser Zeit wurden sowohl von der Kavallerie als auch von den Pikenieren nur noch Dreiviertelharnische ohne Stiefel getragen. In der Regel bestanden diese aus Kragen, Brust, Rücken, langen Beintaschen oder Knieschößen und in manchen Fällen auch Armzeugen, sowie – je nach Waffengattung – entweder aus einem geschlossenen Helm oder einer Variante der Sturmhaube. Die wohl bekannteste Form des in der Schlacht getragenen Harnischs war in den ersten Jahrzehnten des 17. Jahrhunderts der sogenannte Pappenheimer, bei dem es sich um die typische Panzerung der schweren Reiterei des Dreißigjährigen Krieges handelt (u.a. S. 190ff). Um etwa 1600 kam der Gansbauch außer Mode, der kurzzeitig durch eine flache Brust mit scharfem, unten in einer Spitze auslaufendem Mittelgrat und hochgezogenen Seitenkanten abgelöst wurde. Aber schon bald wurden Brust und Rücken wieder kürzer und an Letzteren konnten mehrfach geschobene Gesäßreifen angehängt werden. Gleichzeitig ging man dazu über, die Bauchreifen wegzulassen und die langen Beintaschen bzw. Knieschöße direkt an die inzwischen mehr oder weniger gerade Unterkante der Brust zu hängen. Dabei gab es drei unterschiedliche Methoden der Befestigung. Die Knieschöße – wenn sie nicht noch in der alten Art und Weise durch Riemen mit der Brust verbunden waren – wurden meist mittels Gewindestab und Flügelmutter direkt an die Brust geschraubt (S. 191ff), während bei den Gesäßreifen der an einer Seite der Oberkante befindliche Lochschlitz auf einen Stielniet gesteckt und auf der anderen Seite mittels Haken in Position gehalten wurde. Bei der dritten und relativ selten verwendeten Methode sind Knieschöße und Gesäßreifen seitlich miteinander verbunden, werden gürtelartig umgelegt und vorn verschlossen, wodurch sie lose auf den unteren, leicht vorstehenden Rändern von Brust und Rücken hängen. Durch den Verzicht auf Schultern und Armzeuge verlor auch der Kragen, der über einhundert Jahre lang eines der konstruktiv wichtigsten Elemente des Harnischs darstellte, seine Bedeutung, sodass er nach 1630 teils ganz weggelassen wurde. Insbesondere der am Ende des 17. Jahrhunderts verwendete Feldkürass bestand oft nur noch aus Brust und Rücken sowie einer unter dem Filzhut getragenen schweren Eisenkappe (S. 203).

Geschlossene Helme – meist in Form des Mantelhelms – trug man noch bis zur Mitte des 17. Jahrhunderts. Speziell bei der schweren Kavallerie des

Dreißigjährigen Krieges kamen sie noch einmal im größeren Umfang zum Einsatz. Generell wurden aber Helme mit offenem Gesichtsfeld bevorzugt – beispielsweise die Kürassierhelme mit Gittervisier und andere Formen der Sturmhaube, was bereits im Zusammenhang mit dem Aufkommen der Sturmhauben im frühen 16. Jahrhundert thematisiert wurde. Insbesondere während des Englischen Bürgerkrieges (1642–1649) gab es einige Sonderformen der Sturmhaube, so beispielsweise einen komplett aus Stahl getriebenen Helm in Hutform mit beweglichem Naseneisen („steel hat") und eine Sturmhaube mit geschobenem Nackenschutz, Wangenklappen und einem mit dem Schirm verbundenen, aufschlächtigen Gittervisier („lobster-tailed English pot"). Eine vor allem in Italien beliebte Form des Kürassierhelms war der sogenannte Totenkopf- oder Savoyardenhelm mit Öffnungen für Augen, Nase und Mund, der aber auch vom späteren Dresdner Hofplattner Christian Müller für eine Serie von Fußturnierharnischen aufgegriffen wurde (S. 185).

In der 2. Hälfte des 17. Jahrhunderts kam es in Polen zu einer ungewöhnlichen Entwicklung. In einer Zeit, in der anderenorts weitestgehend oder ganz auf Körperpanzerung verzichtet wurde, kamen in Polen sowohl Harnische als auch Helme in Gebrauch, die komplett aus Hunderten oder gar Tausenden Schuppen bestanden. Hintergrund für dieses Phänomen war die als Sarmatismus bezeichnete Kultur des polnischen Adels, der seine Herkunft auf das mit den Skythen verwandte antike Volk der Sarmaten zurückführte. In mehreren osteuropäischen Sammlungen und auch in der Dresdner Rüstkammer haben sich sowohl östlich als auch westlich anmutende Schuppenpanzer des polnischen Adels aus dem späten 17. und dem frühen 18. Jahrhundert erhalten (S. 204).

Die grobe Entwicklung des Schildes in Europa lässt sich an dieser Stelle vergleichsweise einfach darstellen. Je ausgereifter und sicherer der Plattenharnisch und die mit ihm getragenen Helmformen wurden, umso geringer war der Bedarf an Schilden in der Schlacht. Zum Einsatz kamen Schilde schließlich fast nur noch im Zusammenhang mit repräsentativen Aufgaben und beim Turnier. Dennoch lassen sich alle drei Grundformen des Schildes, die auch bei den Römern bekannt waren, mit diversen Varianten bis in die Frühe Neuzeit verfolgen. Der von der römischen Kavallerie verwendete Rundschild hielt sich mit nur wenigen Änderungen bis ins 17. Jahrhundert und war speziell in der 2. Hälfte des 16. Jahrhunderts in Form italienischer Prunkschilde in ganz Europa sehr beliebt (Tafel 3b). In kleinerer Form verwendete man ihn auch als Faustschild beim Zweikampf (Tafel 3d). Die Ovalschilde der Römer finden sich nahezu unverändert bis in karolingische Zeit und erscheinen gelegentlich auch noch später (Abb. 31). Aus ihnen entwickelte sich der spitzovale oder auch mandelförmige „Normannenschild", der im 11. Jahrhundert als der dominierende Schildtyp Europas angesehen werden kann. Diese Schilde, die den Ritter anfangs von Kopf bis Fuß schützen sollten, wurden zunehmend kleiner und gingen Ende des 12. Jahrhunderts in den Dreieckschild über, der nur noch den Oberkörper zu decken hatte und in gleicher Form sowohl auf dem Schlachtfeld als auch beim Turnier Verwendung fand. Über die Jahrhunderte wandelte sich aber auch der Dreieckschild sowohl in seiner Form als auch in seiner Größe, die immer mehr abnahm. Am Anfang dieser Entwicklung stand die große Dreiecksform mit spitzwinkligen Oberecken. Im 13. Jahrhundert folgte der bereits kleiner gewordene Dreieckschild mit stumpfwinkligen Oberecken und stark gebauchten Seiten, der nach der um 1300 in Zürich entstandenen, mittelhochdeutschen Manessischen Liederhandschrift[23] als Manesse-Form bezeichnet wird. Den Abschluss bildeten schließlich die späten Dreieckschilde mit nahezu rechtwinkligen Oberecken und im oberen Bereich parallelen Seitenkanten des 14. Jahrhunderts (Abb. 25 und 28). In der 2. Hälfte des 14. Jahrhunderts verschwanden die Reiterschilde dann nahezu vollständig vom Schlachtfeld. Dem rechteckigen Schild der römischen Legionäre (scutum) lag eine ähnliche Idee zugrunde wie den Setzschilden (Pavesen) des späten Mittelalters, die es in unterschiedlichen Größen gab. Während die größte (S. 71) und die mittlere Form (S. 72f) von der Infanterie verwendet wurden, indem Schützen hinter ihnen Deckung fanden, handelte es sich bei den kleineren Handpavesen (Tafel 3c) um Reiterschilde, die noch in der 2. Hälfte des 15. Jahrhunderts zum Einsatz kamen. Aus ihnen und in Vermischung mit Oval- und Dreieckschild entwickelten sich später unterschiedlich gestaltete Formen der Tartschen für das Turnier (Tafel 3e).

Der Körperschutz spielte aber nicht nur beim Menschen eine Rolle. Bereits in der Antike gab es schwere Panzerreiter, deren Pferde ebenfalls Harnische trugen.[24] Die Römer setzten in Folge der Auseinandersetzungen mit den Parthern und Sarmaten spätestens seit Kaiser Hadrian Kataphrakten ein, die dadurch auch in Mittel- und Westeuropa kurzzeitigen Ruhm erlangten. Nach dem Untergang des Weströmischen Reiches gerieten gepanzerte Pferde dort aber wieder in Vergessenheit, während in Byzanz diese Tradition ungebrochen fortgesetzt wurde. Trotz vereinzelter Belege für die Verwendung von Rossharnischen kam es in Europa erst durch das Vordringen der Mongolen und durch die Kreuzzüge wieder zu einer intensiveren Wiederbelebung der Pferdepanzerung.[25] Die älteste bekannte Darstellung eines europäischen Ritters auf einem gepanzerten Pferd stammt aus dem frühen 13. Jahrhundert und befand sich auf einem 1834 zerstörten Wandbild der „Painted Chamber" im Palace of Westminster (heute Houses of Parliament in London).[26] Das Reittier war darauf mit einem Rossharnisch aus Ringpanzer dargestellt, der den gesamten Körper einschließlich Kopf und Hals bedeckte. Gelegentlich verwendete man zu dieser Zeit auch schon schmale Rossstirnen. Bis in die Mitte des 14. Jahrhunderts scheint sich an dieser Form des Rossharnischs nicht viel geändert zu haben. Erst dann tauchten über dem Ringpanzer getragene Verstärkungsplatten aus gehärtetem Leder oder Eisen auf. Ein massiver Rosskopf aus dem späten 14. oder frühen 15. Jahrhundert hatte sich auf Warwick Castle erhalten und befindet sich heute im Tower of London.[27] Schnell kamen immer mehr Verstärkungsplatten zum Einsatz, bis man schließlich auf den darunter getragen Ringpanzer ganz verzichtete und der aus Rossstirn oder -kopf, offenem oder geschlossenem Kanz, Fürbug, Flankenblechen und Gelieger bestehende, vollständige Plattenharnisch für das Pferd entstand. Das vermutlich älteste erhaltene Exemplar, eine Mailänder Arbeit aus der Zeit um 1450, befindet sich im ehemaligen Wiener Bürgerlichen Zeughaus, das heute zu den Museen der Stadt Wien (Wien Museum) gehört.[28] Bis zum Ende des 16. Jahrhunderts erlebte der Rossharnisch in mehr oder weniger unveränderter Form seine letzte Blüte in Europa und kam schließlich in der Zeit um 1600 wieder aus der Mode. Die Dresdner Rüstkammer besitzt vor allem prunkvoll verzierte Rossharnische des 16. Jahrhunderts. Das jüngste Beispiel, die Arbeit eines Augsburger Plattners aus dem Jahr 1622 (S. 188f), entstand in einer Zeit, wo der Rossharnisch auf dem Schlachtfeld längst keine Rolle mehr spielte und nur gelegentlich noch repräsentativen Zwecken diente.

Die Anforderungen an einen Harnisch für den Feldgebrauch waren äußerst komplex. In der Schlacht musste sich der Ritter schnell bewegen, unter

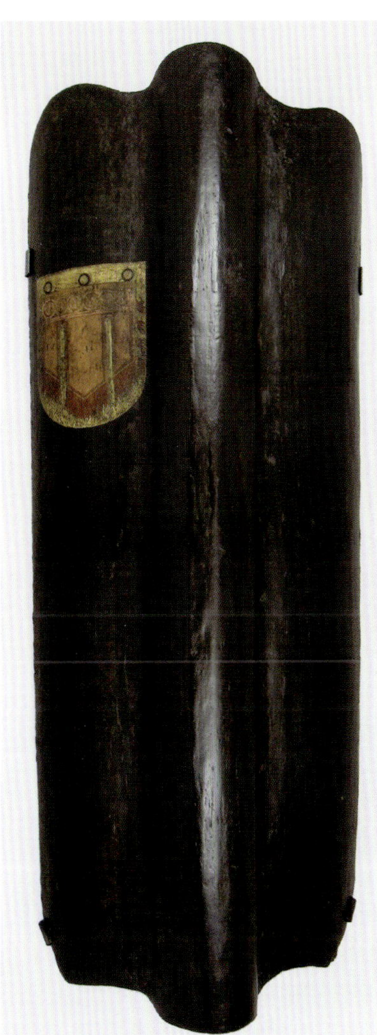

Tafel 3a

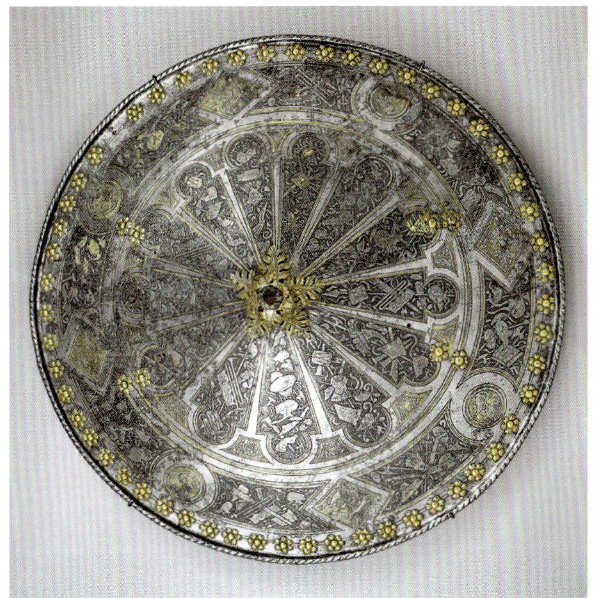

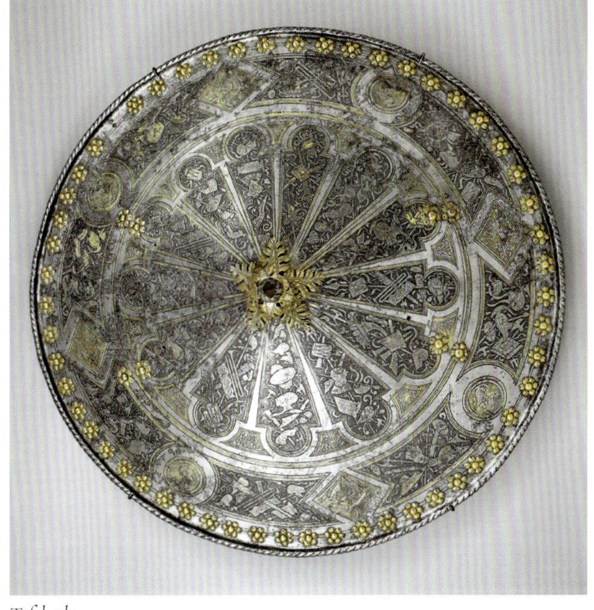

Tafel 3b

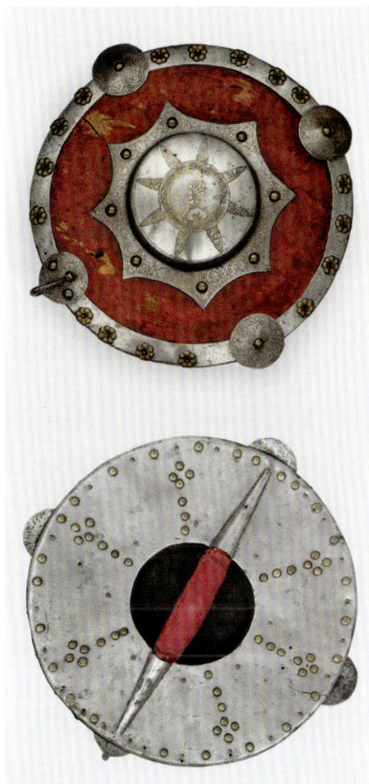

Tafel 3d

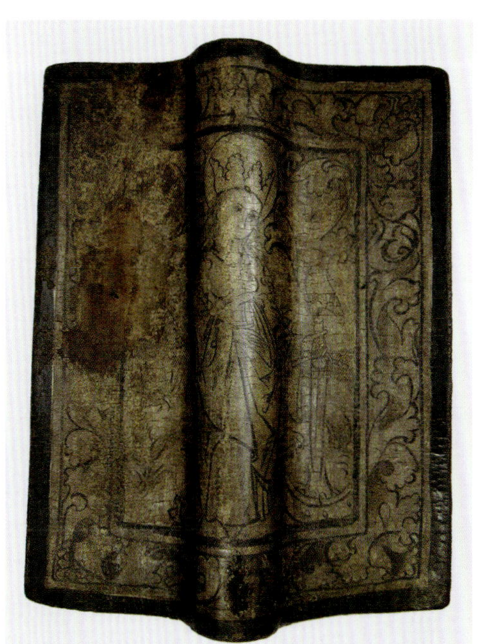

Tafel 3c

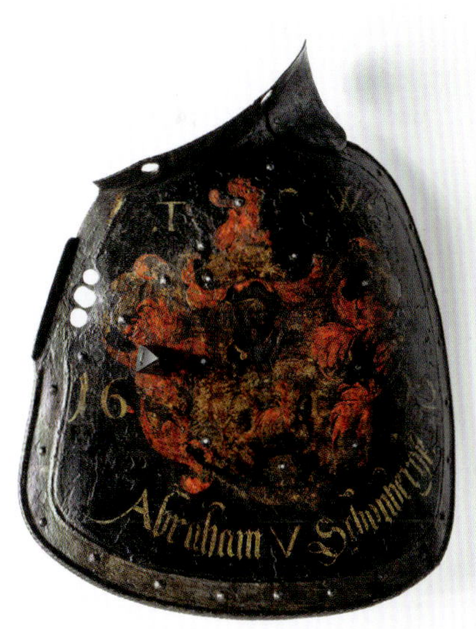

Tafel 3e

Tafel 3
a. PAVESE, deutsch, 2. Hälfte des 15. Jahrhunderts, Rüstkammer, SKD, Inv.-Nr. N 0009 (Vitrine III.18)
b. RUNDSCHILD, süddeutsch, um 1590, Rüstkammer, SKD, Inv.-Nr. N 0137 (siehe S. 161)
c. HANDPAVESE, deutsch, 2. Hälfte des 15. Jahrhunderts, Rüstkammer, SKD, Inv.-Nr. N 0031 (Vitrine III.15)
d. FAUSTSCHILD, italienisch, 1. Hälfte des 16. Jahrhunderts, Rüstkammer, SKD, Inv.-Nr. N 0005 (Vitrine III.86)
e. TURNIER-TARTSCHE, sächsisch, letztes Drittel des 16. Jahrhunderts, Rüstkammer, SKD, Inv.-Nr. M 0060 (siehe S. 135ff)

Umständen hatte er für lange Zeit zu kämpfen und seine Defensivwaffen sollten ihn vor allen nur denkbaren Gefahren bewahren. Beweglichkeit, Seh- und Atemvermögen waren dabei genauso wichtig wie der Schutz. Entsprechend mussten Feldharnische vergleichsweise leicht, flexibel sowie vielseitig verwendbar und dennoch so sicher wie möglich sein. Je nachdem, welche Anforderungen vorzugsweise in den Fokus gestellt wurden, gelangte man zu unterschiedlichen Ergebnissen, was von extrem leichten, aber wenig Schutz bietenden bis zu schweren, gut schützenden, aber recht unbequemen Feldharnischen reichte. Als Übung für den Ernstfall bildete sich im Europa des späten 11. Jahrhunderts das Turnier heraus. Vorbilder für derartige Ertüchtigungen gab es bereits in der Antike, wo Schauwettkämpfe der römischen Kavallerie beispielsweise im Reitertraktat des Arrian überliefert sind.[29] Bei den ritterlichen Turnieren des Mittelalters standen am Anfang Scheingefechte geschlossener Reiterverbände, die den Ernstfall des Krieges simulieren sollten, im Mittelpunkt. Hierfür verwendete man die gleiche Ausrüstung wie im Krieg. Die daraus resultierenden, häufig tödlichen Unfälle führten dazu, dass Turniere mehrfach – allerdings ergebnislos – verboten wurden und man schließlich bemüht war, die Turniere zu entschärfen. Neben immer präziseren Regeln, nach denen gekämpft wurde und deren Einhaltung man überwachte und Verstöße bestrafte, waren es spezielle Turnierharnische und -waffen, mit deren Hilfe man das Turnier ungefährlicher machen wollte.

Die ältesten bekannten turnierrelevanten Spezialanfertigungen an Harnischen und Waffen wurden 1252 für das Turnier von Walden Abbey bzw. 1278 für das königliche Turnier von Windsor Castle angefertigt. Während bei Ersterem die Lanzenspitzen zu Ringen geschmiedet waren, kamen beim Zweiten Harnische und Helme aus gehärtetem Leder zum Einsatz, die offenbar ausreichend Schutz gegen Waffen aus Fischbein (Walbarte) boten. Zunehmend rückte aber das Bedürfnis nach bestmöglichem Schutz in den Vordergrund, weshalb man statt Leder in der Folgezeit Eisen oder Stahl bevorzugte. Turnierharnische, die man ja nur kurze Zeit tragen musste, wurden konsequenterweise deutlich schwerer als Feldharnische. Dies lag u. a. an den immer beliebter werdenden Verstärkungsplatten, die häufig extra für das Turnier entwickelt wurden. Immer weiter entfernte sich das Turnier von seiner ursprünglichen Funktion als Training für den Krieg. Stattdessen entwickelte es sich zu einem höfischen, prestigeträchtigen Sport mit eigenen Regeln und einer zunehmend großen Zahl turnierspezifischer Ausrüstungsteile. Seit dem frühen 14. Jahrhundert finden sich auf Turnierdarstellungen kriegstaugliche Helme mit Verstärkungen, ohne dass man deren Konstruktion im Detail erkennen kann. Zur gleichen Zeit begann man, Lanzen mit in drei oder mehr stumpfen Enden auslaufenden Spitzen (sogenannte Krönlein), auf der Lanze steckende Brechscheiben zum Schutz der rechten Hand und frühe Formen des Vorschnallbartes zum Schutz von Hals und Kinn zu verwenden. Erste Darstellungen von Rüsthaken, mit deren Hilfe die Lanze fest unter den Arm geklemmt werden konnte, stammen aus der Zeit um 1350. Und etwa um 1420 wurde in Italien als weitere Schutzmaßnahme die Holzbarriere (Pallia) zwischen den Turnierenden eingeführt, deren Gebrauch sich von dort aus schnell über ganz Europa verbreitete. Eine Ausnahme bildete der deutschsprachige Raum, wo die Pallia erst im frühen 16. Jahrhundert üblich wurde.

Mit der Zeit entwickelten sich zahlreiche verschiedene Turnierarten. In Anlehnung an die Massenturniere des 12. und 13. Jahrhunderts wurden weiterhin sogenannte Freiturniere praktiziert, bei denen Gruppen von Kämpfern auf einer großen Fläche mit Lanze und Schwert gegeneinander antraten. Hierfür trug man einen mehr oder weniger normalen Feldharnisch mit verschiedenen Wechsel- bzw. Verstärkungsstücken. Ebenfalls in Gruppen aber auch als Zweikampf wurde hoch zu Ross das sogenannte Kolbenturnier ausgetragen, bei dem es darum ging, mit stumpfen Schwertern oder Kolben die Helmzier des Gegners vom Kopf zu schlagen. Hierfür entwickelte sich um 1400 der nahezu kugelförmige, lederbezogene Kolbenturnierhelm mit seinem charakteristischen Gittervisier.[30] Die Zurschaustellung der militärischen Fähigkeiten von berittenen Einzelkämpfern rückte zunehmend in den Vordergrund. Dabei unterschied man zwei Grundarten des Turniers: das Gestech und das Rennen, von denen es insgesamt etwa zwanzig Varianten gab.

Zunächst wurde der Begriff Gestech für alle Turnierarten verwendet, die mit stumpfen Lanzen samt Krönlein ausgetragen wurden. Im späten 14. Jahrhundert kam dann das „Hohezeuggestech" auf, bei dem es darum ging, die eigene Lanze am Gegner zu zersplittern. Auffälligstes Merkmal dieser bereits Mitte des 15. Jahrhunderts wieder außer Mode gekommenen und von Kaiser Maximilian I. kurzzeitig wiederbelebten Turnierart war der stark erhöhte Sattel, in dem man stand.[31] Vorn war dieser mit einer großen Holzkonstruktion versehen, die den Reiter von den Füßen bis zur Hüfte schützte. Im Unterschied dazu verwendete man beim normalen Deutschen Gestech einen Sattel von herkömmlicher Höhe und ab etwa 1480 ersetzte ein Stechsack[32] die Holzkonstruktion des Sattels vom „Hohezeuggestech". Der Reiter trug zunächst seinen gewöhnlichen Feldharnisch, allerdings ohne Beinzeug, da die Beine vom Sattel bzw. vom Stechsack gedeckt waren, und einen kleinen hölzernen Stechschild, der vor der linken Körperseite hing. Im späten 14. Jahrhundert entstand aus dem

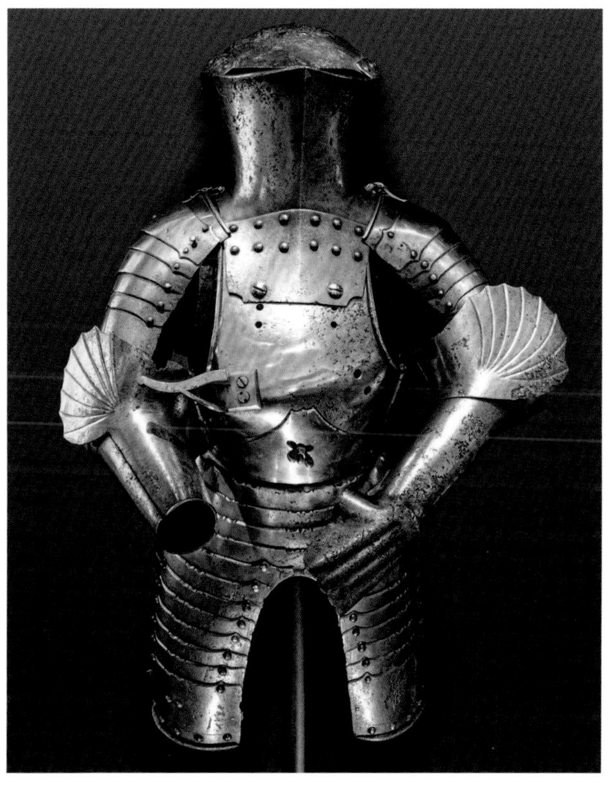

Abb. 36
STECHZEUG
deutsch, um 1480-1490; im 19. Jahrhundert überarbeitet und ergänzt
Rüstkammer, SKD, Inv.-Nr. M 0002 (Vitrine II.1)

Topf- bzw. Kübelhelm der auf Brust und Rücken verschnallte, froschmaulförmige Stechhelm. Mit wenigen Veränderungen blieb dieser bis zum Anfang des 16. Jahrhunderts in Gebrauch (Abb. 36). Während man auf der rechten Seite eine Armröhre ohne eisernen Handschuh trug, entwickelte sich im 15. Jahrhundert in Flandern und im deutschsprachigen Raum aus versteiften Eisenhandschuhen der durchgängig aus einer Platte bestehende Stecharm für die linke Zügelhand.

Beim deutlich gefährlicheren Rennen verwendete man eine Lanze mit scharfer Spitze. Hauptziel war es, den Gegner vom Pferd zu stoßen. Es gab aber auch diverse Unterarten des Rennens mit anderen Zielen (beispielsweise das Bund- und das Geschifttartschenrennen, bei denen ein Federmechanismus am Bruststück die Renntartsche freisetzte und über den Kopf katapultierte, sobald man diese mit der Lanze traf). Harnische für das Rennen sind erstmals 1436 in einem Inventar des Herzogs Friedrich IV. von Tirol belegt, auch wenn deren Aussehen unklar bleibt. Spätestens ab 1480 gab es spezielle Rennzeuge, von denen sich in verschiedenen Sammlungen einige Originale erhalten haben (S. 75). Diese besitzen keine Armzeuge. Die Brust und der linke Arm samt Hand wurden von einer hölzernen, mit Leder bezogenen und partiell mit Eisen verstärkten Renntartsche bedeckt, die mit einer zentralen Schraube auf der Brust und mit einem Gewindebolzen sowie Flügelmutter am Rennbart verschraubt war. Ein auf der Lanze steckender, eiserner Brechschild schützte den rechten Arm und die Hand. Das Magenblech, die geschobenen Bauchreifen und die meist einteiligen Schöße reichen bei manchen dieser Rennzeuge fast bis zu den Knien und auf dem Kopf trug man einen sogenannten Rennhut in der Form einer einteiligen Schaller mit verstärktem Stirnstulp und Sehschlitz. Zum Schutz der Knie und der Schenkel hingen am Sattel Streiftartschen (sogenannte Dilgen), die anfangs aus bemaltem Holz oder gehärtetem Leder waren, später aber aus Eisen getrieben wurden. Kurfürst August von Sachsen war einer der letzten Reichsfürsten, die das Rennen noch pflegten. Allein für die Zeit zwischen 1543 und 1566 sind 55 Rennen belegt, an denen er persönlich teilnahm. In den historischen Inventaren der Dresdner Rüstkammer sind zahlreiche Rennzeuge aus dem Besitz von Kurfürst August aufgeführt, von denen sich zwei bis heute erhalten haben (S. 100ff). 1589 ließ Kurfürst Christian I. von Sachsen für die Ausstattung des Langen Ganges zwischen Residenzschloss und Stallgebäude 29 der Rennen seines Vaters durch Heinrich Göding auf Turnierbildern verewigen (S. 20).

Deutsches Gestech und Rennen wurden ab etwa 1530 allmählich vom Plankengestech (auch Welsches Gestech oder Pallienstechen) abgelöst, das seinen Ursprung in Italien hatte. Dazu trug man einen mehr oder weniger normalen Feldharnisch, der aber – abhängig von der jeweiligen Form des Stechens – mit unterschiedlichen Verstärkungsplatten versehen wurde. So gab es eine italienische Variante, bei der man eine Schulter- und eine große Armschiftung trug, während bei der deutschen Variante eine Stechtartsche und eine kleine Armschiftung zum Einsatz kamen. An Helmen verwendete man entweder einen modifizierten, im Kragen umgehenden Burgunderhelm oder aber den sogenannten Neuen Welschen Stechhelm, der hauptsächlich an Augsburger Harnischen bis in die 1590er Jahre zu finden ist. Dieser besteht aus einer Helmglocke, einem Stirnstulp mit tiefliegendem Sehschlitz und einem ganzen Stechbart mit rechtsseitigem Fenster und wird mit der Brust und dem im Nacken verlängerten Rücken fest verschraubt (S. 152f). Eine sächsische Besonderheit im letzten Viertel des 16. Jahrhunderts war die Verwendung einer sehr späten Form der Schaller, die unterhalb des Sehschlitzes mittels Gewindebolzen und Flügelmutter mit dem Bart verschraubt ist. Außerdem verbindet ein Nackenbügel den Helmkamm mit dem Harnischrücken (S. 135ff). Diese nur in Sachsen gebräuchliche Sonderkonstruktion sollte wohl an das bereits außer Mode gekommene Rennen erinnern, weshalb das Plankengestech in Sachsen auch als Pallienrennen bezeichnet wurde.

Neben diesen Turnieren, die auf dem Pferderücken ausgetragen wurden, gab es auch den Fußkampf,

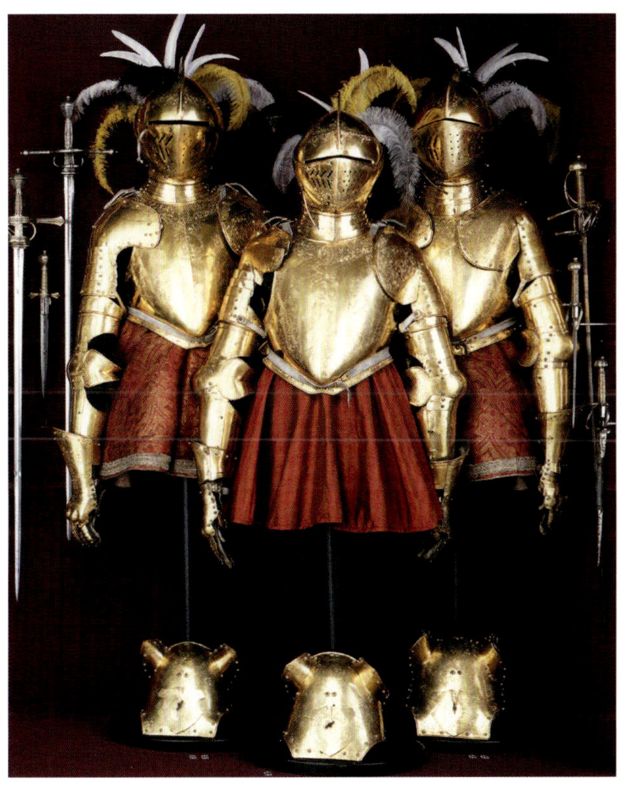

Abb. 37
3 PRUNKHARNISCHE MIT ROSSSTIRNEN, Dresden (?), um 1600
Rüstkammer, SKD, Inv.-Nr. M 0102 - M 0104 (siehe S. 178f)

den später das Fußturnier verdrängte. Beim älteren Fußkampf traten die Kontrahenten mit Spießen, Schwertern, Dolchen, Langäxten und Streithämmern gegeneinander an, wofür man anfangs den gewöhnlichen Feldharnisch mit daran befestigter Großer Beckenhaube verwendete. Gegen Ende des 15. Jahrhunderts hatten sich zwei Spezialformen des Harnischs für den Fußkampf herausgebildet: die ältere mit einem weit abstehenden Tonnen- bzw. Kegelrock aus horizontal geschobenen Folgen[33] und die jüngere, trikotartig anliegende mit geschlossenen Armbeugen, Kniekehlen und Schritt.[34] An die Stelle der Großen Beckenhaube mit ihrem siebartig durchlochten, rundgewölbten Visier traten später Helme mit Faltenvisieren (Abb. 21, S. 38). In der Mitte des 16. Jahrhunderts folgte das Fußturnier, bei dem man nur noch mit Schwertern oder Spießen über eine Barriere hinweg kämpfte. Die hierfür verwendeten Fußturnierharnische entsprachen weitestgehend den Feldharnischen jener Zeit. Es handelt sich entweder um Dreiviertel- oder um Halbharnische mit Knieschößen oder kurzen Beintaschen. Die Brüste besitzen keine Rüsthaken und die Schultern sind meist symmetrisch mit Vorder- und Hinterflügen. Es gibt aber auch Fußturnierharnische mit asymmetrischen Schultern, die nur auf der linken Seite mit Vorderflügen ausgestattet sind. Bei einigen Exemplaren dieser Form wurden an der rechten Brustseite vor dem Armausschnitt sogar Brechränder angenietet (S. 166f). Das Fußturnier wurde in Europa bis weit in das 17. Jahrhundert praktiziert und zumindest in Dresden wurden auch noch lange entsprechende Harnische hergestellt. Zwei der letzten Fußturniere in Sachsen fanden am 11. November 1679 im Rahmen der Feierlichkeiten zum Frieden von Nijmegen und am 12. September 1719 anlässlich der Hochzeit des Kurprinzen Friedrich August (II.) von Sachsen mit der Erzherzogin Maria Josepha von Österreich statt.

Schon im 16. Jahrhundert gab es ergänzend zu den ritterlichen Turnieren diverse Geschicklichkeitsübungen, die fester Bestandteil des höfischen Festwesens waren. Diese Ritterspiele hatten den großen Vorteil, dass sie in einzelnen Durchgängen gegen feste Ziele ausgetragen wurden und somit deutlich weniger Gefahrenpotenzial als die für Leib und Leben riskanten Turniere besaßen. Im Unterschied zu diesen bestand die Aufgabe der Ritterspiele in erster Linie darin, das reiterliche Können und die Beherrschung des Umgangs mit Waffen gefahrlos zur Schau zu stellen. Sehr beliebt waren die aus Italien stammenden Ringrennen oder

Ringelstechen, bei denen man vom Rücken des galoppierenden Pferdes aus nach einem erhöht aufgehängten Ring zu stechen hatte. Eine Sonderform davon waren die Damenringrennen auf von Kavalieren gelenkten Schlitten. Ein anschauliches Bild vom Aussehen eines Platzes zum Ringrennen vermittelt noch heute der Dresdner Stallhof zwischen Residenzschloss, Langem Gang und Johanneum. Hier haben sich zwei 1601 von Martin Hilger[35] in Bronze gegossene, über sechs Meter hohe Ringelstechsäulen erhalten, die reich mit Arabesken, Trophäen und Wappen verziert sind. Ebenfalls sehr verbreitet war das Quintanrennen, dessen Ziel darin bestand, mit Lanze, Degen oder Pistole eine teils drehbare Holzfigur an der richtigen Stelle zu treffen. Daraus entwickelte sich zu Beginn des 17. Jahrhunderts unter dem Einfluss der Türkenkriege das Türkenkopfstechen. Als Zielfiguren dienten hierbei Mohren- oder Türkenköpfe aus Pappmaché, von denen sich zwei Exemplare in der Dresdner Rüstkammer erhalten haben.[36] Alle drei Waffenübungen wurden gern zu einer Art „Rundkurs“ zusammengefasst, was man als Karussell bezeichnete. Die Teilnehmer eines solchen Karussells wurden in Quadrillen unterteilt und von den ranghöchsten Personen angeführt. So übernahm August der Starke beim Karussell am 5. Februar 1701 in Warschau die Rolle des „Mohrenchefs“.[37] Fester Bestandteil der Karussells waren auch figurenreiche Festaufzüge, die sich an den Triumphzügen der Antike orientierten. Diesen Inventionen, die bald schon wichtiger waren als die Ritterspiele selbst, lagen bestimmte Themen zugrunde, die mythologische, religiöse oder auch geschichtliche Hintergründe haben konnten. Für all das benötigte man keine stählernen Harnische oder Helme. Stattdessen trug man nun neben prachtvollen Gewändern auch aus Kupferblech getriebene und vergoldete Inventionsharnische (Abb. 38), -helme und -schilde, die aber nicht mehr Gegenstand dieses Buches sind.[38]

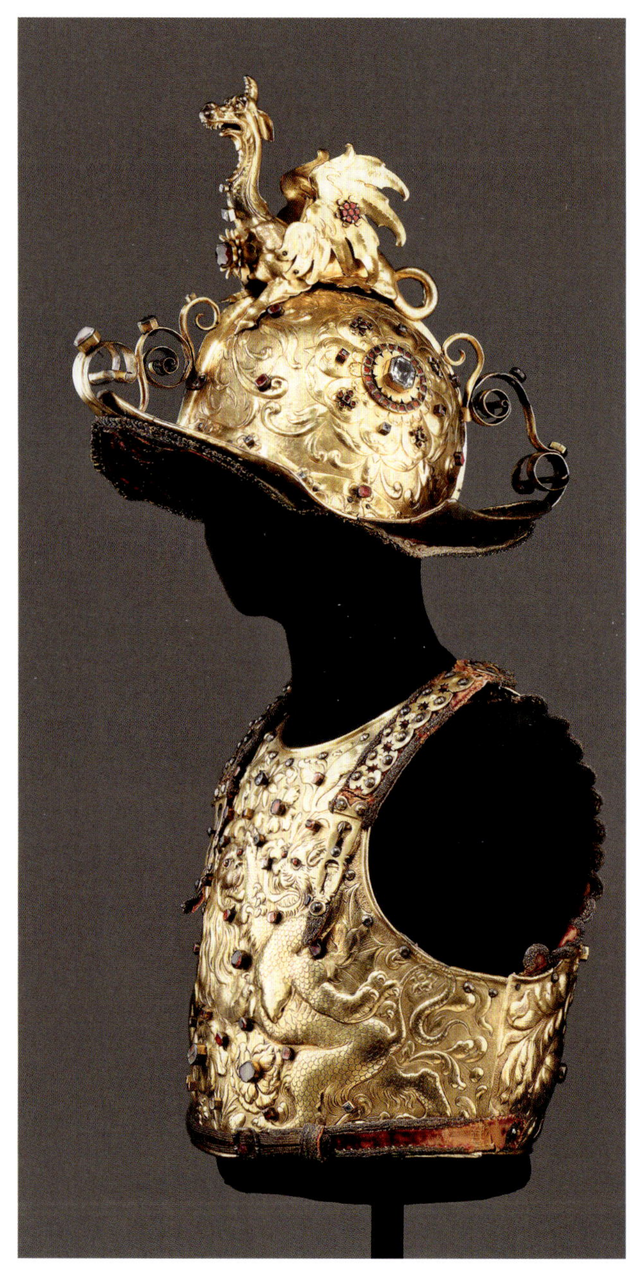

Abb. 38
INVENTIONSHARNISCH DES KURFÜRSTEN
JOHANN GEORG II. VON SACHSEN
sächsisch, um 1660–1670
Rüstkammer, SKD, Inv.-Nr. M 0159

1 Im Folgenden soll darauf verzichtet werden, jede Aussage quellenmäßig zu belegen. Der Inhalt dieses Beitrags basiert im Wesentlichen auf folgenden Büchern: Laking 1920, Gamber 1955a, Blair 1958, Nickel 1974, Scalini/Wackernagel/Eaves 1996, Capwell 2007, Capwell 2015 und Wien 2017. Lediglich besonders hervorzuhebende Quellen oder Objektverweise werden als Fußnoten angefügt.

2 Siehe hierzu Mielczarek 1993, S.73–85; Schuckelt 1994/95, S. 9f und Junkelmann 1996.

3 Ringpanzer wird häufig auch als Kettenpanzer bezeichnet, was jedoch nicht korrekt ist, da diese Art des Körperschutzes nicht aus Ketten konstruiert wurde. Üblicherweise besteht diese Panzerart aus Ringen, von denen jeder durch vier benachbarte Ringe läuft. Daher wird hier konsequent der Begriff Ringpanzer verwendet.

4 Eine Sonderform des Spangenhelms war der Nordische Kammhelm (auch Vendel- oder Brillenhelm genannt), der dem normalen Spangenhelm ähnelt, aber zusätzlich über einen Kamm auf dem Scheitelband und brillenartige Augendächer an der Unterkante des Stirnreifs verfügt. Insgesamt erinnern diese Helme, von denen mehr als 30 Exemplare des 7. bis 10. Jahrhunderts in Skandinavien und in Großbritannien gefunden wurden, sehr an sassanidische Vorbilder. Hervorragende Beispiele stammen aus den Fürstengräbern von Valsgärde und Vendel (Schweden) sowie aus dem Schiffsgrab von Sutton Hoo (England).

5 Siehe hierzu Bouet/Neveux 2018.

6 Diese Schilde werden häufig als Normannenschilde bezeichnet, was auf den Teppich von Bayeux zurückzuführen ist, auf dem die normannische Eroberung Englands im Jahr 1066 dargestellt ist. Schilde dieser Form wurden aber bei Weitem nicht nur von den Normannen verwendet.

7 Siehe hierzu Thordeman 1939 und 1940.

8 Über den Ringpanzerhauben wurden sicher auch Helme getragen, von denen in den Massengräbern aber nicht ein einziges Exemplar gefunden wurde.

9 Bayerisches Armeemuseum Ingolstadt, Inv.-Nr. 162-2007; Schönauer 2014.

10 Trapp 1929, S. 19ff, Nr. 13; Nickel 1974, S. 81; Scalini/Wackernagel/Eaves 1996, S. 38ff und S. 253, Abb. S 13; Der Harnisch wurde in älterer Literatur als zusammengehörig und aus der Zeit um 1380 angesehen.

11 Bayerisches Nationalmuseum München, Inv.-Nr. W 195; Capwell 2015, S. 113.

12 Das ist etwas verwunderlich, da diese Konstruktion in Italien frühestens am Ende des 14. Jahrhunderts gebräuchlich wurde. Siehe hierzu Blair 1958, S. 65.

13 Capwell 2015.

14 Trapp 1929, S. 37ff, Nr. 18 und S. 94, Nr. 57; Blair 1958, S. 89, Abb. 30; Scalini/Wackernagel/Eaves 1996, S. 64ff, Abb. 3.

15 Die „Italienischen Kriege" wurden zwischen 1494 und 1559 hauptsächlich auf italienischem Territorium ausgetragen. Es handelte sich dabei um eine Reihe von Kriegen, an denen alle größeren Staaten Europas, fast alle Staaten Italiens und das Osmanische Reich beteiligt waren. Hauptkonfliktpartner waren das französische Königshaus und die Habsburger.

16 Siehe hierzu Krause 2016.

17 Die Turnierharnische werden separat am Ende dieses Beitrags behandelt.

18 Real Armeria, Patrimonio Nacional, Madrid, Inv.-Nr. A 188; New York 1998, S. 278.

19 Hofjagd- und Rüstkammer des Kunsthistorischen Museums Wien, Inv.-Nr. A 783 und A 784; Wien 1990, S. 36f.

20 Siehe hierzu Pfaffenbichler 2017.

21 Hofjagd- und Rüstkammer des Kunsthistorischen Museums Wien, Inv.-Nr. A 310; Pfaffenbichler 2017, S. 224f.

22 Hofjagd- und Rüstkammer des Kunsthistorischen Museums Wien, Inv.-Nr. A 638; Pfaffenbichler 2017, S. 227ff.

23 Siehe Mittler/Werner 1988.

24 Vgl. Anmerkung 2.

25 Angeblich soll bereits 1066 in der Schlacht von Hastings William Fitz-Osbert auf einem gepanzerten Pferd gekämpft haben. Da diese Bemerkung aber erst 100 Jahre nach der Schlacht niedergeschrieben wurde und auf dem Teppich von Bayeux kein Rossharnisch zu sehen ist, bleibt dies weiterhin ungewiss. Siehe hierzu Laking 1920, S. 147.

26 Abb. siehe Schuckelt 1994/95, S. 14, Abb. 15.

27 Eaves/Richardson 1987.

28 Wien 1977, S. 79, Kat.-Nr. 81.

29 Vgl. sog. Reitertraktat des römischen Politikers, Generals und Historikers Flavius Arrianus in dessen *Kunst der Taktik* aus dem Jahr 136, in: Garbsch 1978, S. 38–42.

30 Vgl. Wien 1976, S. 101, Abb. 38 und Wien 2017, S. 52f, Abb. 10–12; Die Dresdner Rüstkammer besitzt auch einen Kolbenturnierhelm (II.1, Inv.-Nr. N 0162). Hierbei handelt es sich aber wohl um eine Nachbildung aus dem 19. Jahrhundert, weshalb der Helm nicht in diesem Buch enthalten ist.

31 Siehe Wozel 1979, S. 17 und 81, Abb. 1 und S. 93; Wien 2017, S. 31, Abb. 8 und S. 53, Abb. 13.

32 Siehe Wien 2017, S. 102, Abb. 10.

33 Siehe Wien 2017, S. 110, Abb. 1, S. 127. Abb. 15, S. 228, Abb. 7, S. 230, Abb. 8 und S. 235, Abb. 11.

34 Ebenda, S. 138, Abb. 3.

35 Martin Hilger wurde 1538 geboren und war als Stück- und Kunstgießer tätig. Anfangs in Freiberg und Dresden in der Werkstatt seines Vaters und in der kurfürstlichen Gießerei angestellt, ging er 1577 nach Graz, wo er eine große Zahl an Geschützen für die Festungen an der kroatischen Militärgrenze goss. 1588 kehrte er nach Dresden zurück und erhielt erneut eine Anstellung in der kurfürstlichen Gießstätte. Martin Hilger starb am 3. September 1601 in Dresden.

36 Siehe Dresden 1995, S. 256, Kat.-Nr. 315.

37 Ebenda, S. 256, Kat.-Nr. 313.

38 Siehe hierzu Schnitzer/Hölscher 2000.

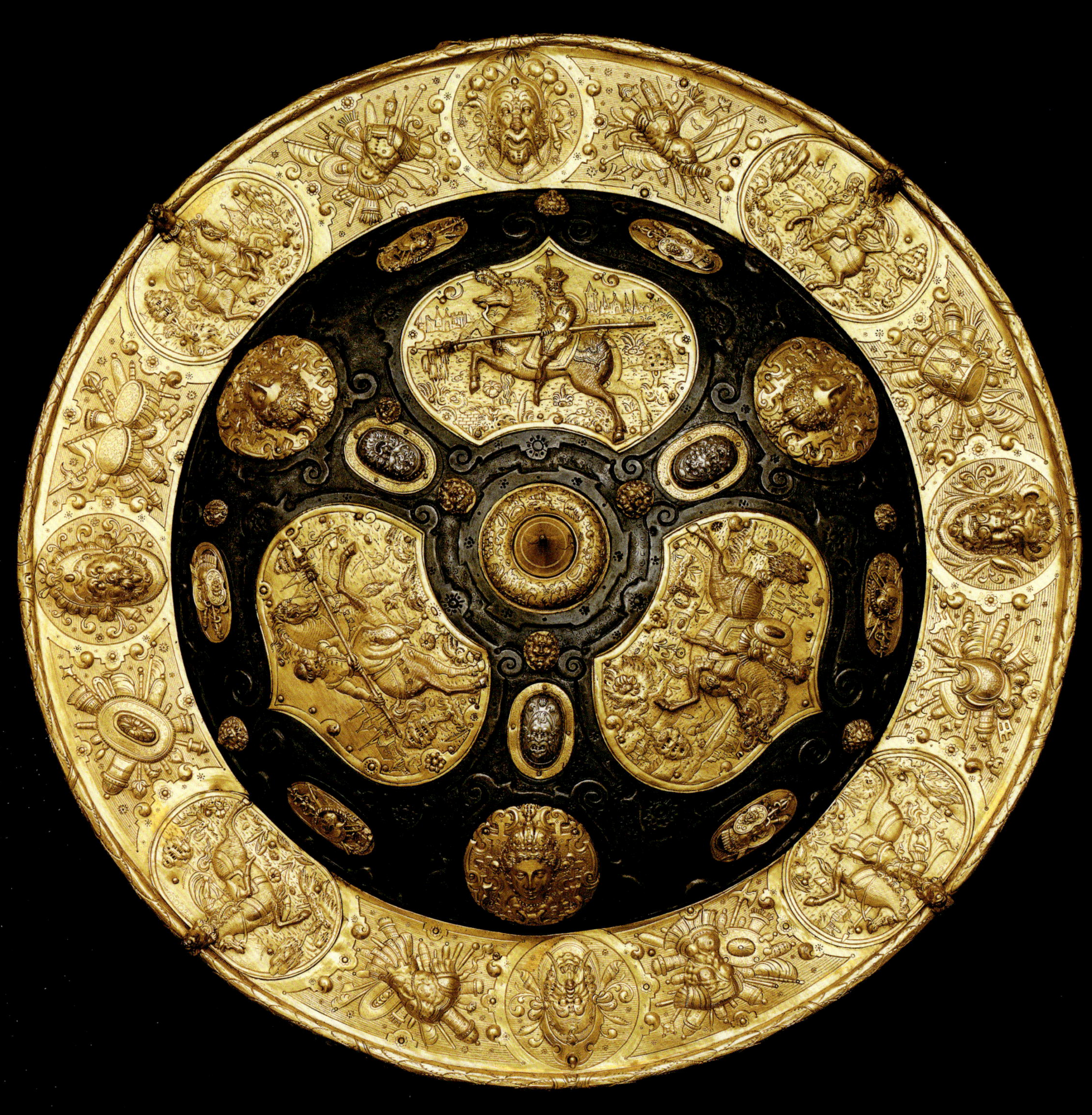

Abb. 39
SCHILD
Augsburg, um 1600
Rüstkammer, SKD, Inv.-Nr. N 0142
(siehe S. 183)

KATALOG

SETZSCHILD (GROSSE PAVESE)

III.16

Erfurt, zwischen 1385 und 1387

Rotbuche mit Pergament kaschiert und bemalt; Lederriemen, Eisenbeschläge

176 x 82 cm; Gewicht 21,59 kg

1918 aus dem Städtischen Museum Erfurt

Rüstkammer, SKD, Inv.-Nr. N 0008

HStAD, 10009, Nr. 280, Kgl. Historisches Museum u. Gewehrgalerie, Zugangsverzeichnis 1885–1943, Bl. 52/53, Nr. 608/4

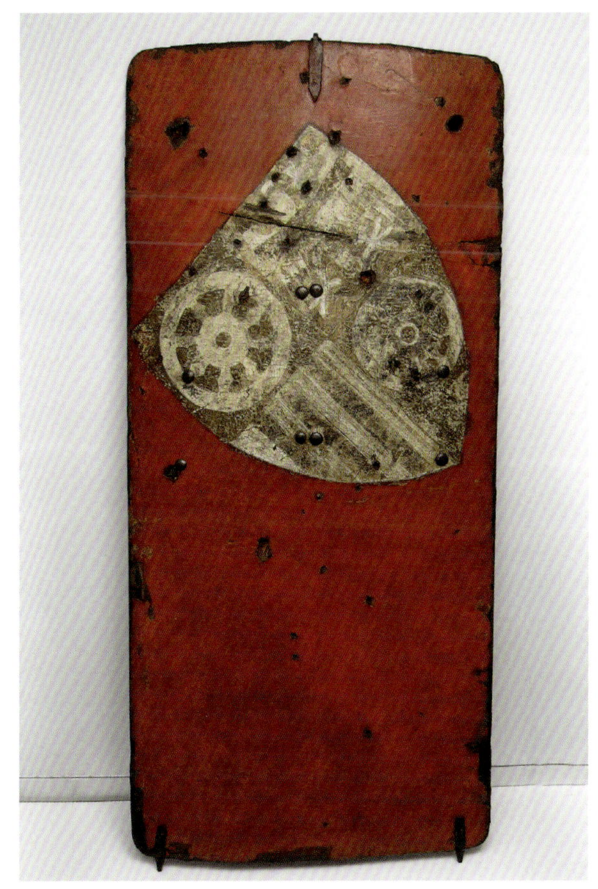

Der mannshohe, rechteckige, leicht gewölbte Setzschild besteht aus Holz (Rotbuche) und ist mit Pergament (offenbar Pferdehaut) bezogen. Auf der einfarbig mit Ocker bemalten Rückseite des Schildes befinden sich ein kompletter und die Reste von zwei weiteren Lederriemen. Oben in der Mitte ist ein Ring zum Aufhängen angebracht und an der Unterkante befinden sich zwei eiserne Spitzen zum Aufstellen des Schildes. In der oberen Hälfte der rot gefärbten Vorderseite befindet sich das vierteilige Erfurter Stadtwappen, bestehend aus dem silbernen Rad der Stadt Erfurt (oben links), dem gekrönten silbernen Adler auf blauem Feld mit vier roten Querstreifen der 1324 angegliederten Grafschaft Vieselbach (oben rechts), den vier Pfählen in silbernem Feld der seit 1352 zu Erfurt gehörenden Herrschaft Kapellendorf (unten links) und dem schwarzen Rad auf silbernem Feld der 1385 übernommenen Herrschaft Vargula (unten rechts). Da das Wappen der 1387 erworbenen Ortschaft Vippach fehlt, kann die Entstehung des Schildes auf die Zeit zwischen 1385 und 1387 eingegrenzt werden.

Die Pavese gehörte ursprünglich zur Bewaffnung der städtischen Bürgerwehr und wurde noch im ausgehenden Mittelalter dekorativ im Erfurter Rathaus aufgehängt. Von ehemals zwanzig belegten Setzschilden des Erfurter Rathauses wurden neun zwischen 1896 und 1937 an andere Sammlungen verkauft oder getauscht. Die übrigen Exemplare befinden sich heute im Angermuseum in Erfurt.

3 PAVESEN

III.13, III.15 und III.17

böhmisch oder deutsch, 2. Hälfte des 15. Jahrhunderts

Holzkerne, teils mit Eisenblech beschlagen, mit Pergament und Leinwand kaschiert und farbig bemalt; teils Reste von Lederriemen, Eisenkrampen und geschmiedete Eisennägel

N 0032: 80,8 x 42,8 cm; Gewicht 3,099 kg
N 0033: 85,4 x 41,7 cm; Gewicht 5,290 kg
N 0034: 86,5 x 49,7 cm; Gewicht 3,539 kg

1839 vom Meißner Stadtrat an die Dresdner Rüstkammer übergeben

Rüstkammer, SKD, Inv.-Nr. N 0032, N 0033 und N 0034

HStAD, 10009, Nr. 79, Inventar des Schlachtensaals (II. Galerie) von 1836–1839, S. 55–59, Nr. 28

Lit.: Ehrenthal 1899, S. 12, A 56, A 58 und S. 22, A 158

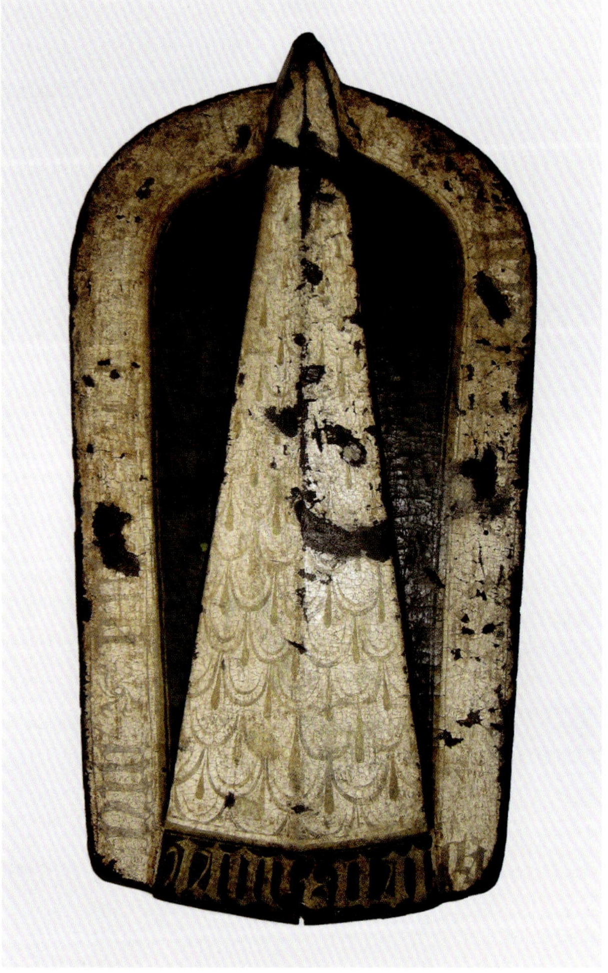

N 0034

Die drei Pavesen böhmischen Typs konnten entweder als kleine Form des Setzschildes oder aber als Reiterschild (v.a. in Osteuropa) verwendet werden. Sie bestehen aus Holz, sind mit Leinwand bezogen und farbig bemalt. Die Pavese mit der figürlichen Malerei ist auf der Vorderseite mit Pergament bezogen, während das Exemplar mit dem bekrönten „W“ auf der Vorderseite mit Eisenblech beschlagen und beidseitig mit Leinwand und Pergament bezogen ist. Alle drei Schilde haben eine längliche Form mit mehr oder weniger abgerundeten Ecken und einen gewölbten, sich nach oben hin verjüngenden Mittelgrat, dessen Spitze nach vorn gekrümmt ist. Die Pavese mit der schlichtesten Bemalung (links) hat eine grünliche, stark nachgedunkelte Grundfläche. Mittelgrat und der überwiegende Teil des Randstreifens sind weißlich. Auf dem Mittelgrat befindet sich ein Schuppenmuster und auf dem Randstreifen eine nicht mehr lesbare Inschrift in gotischer Minuskel, beides in Goldfarbe aufgemalt. Die kleinste der drei Pavesen (Mitte) hat einen umlaufenden Randstreifen mit einem Wellenrankenmuster in Rot und Weiß. Das Innenfeld besitzt ein rotes Schuppenmuster auf schwarzem Grund, worauf der geharnischte heilige Georg mit einem Spieß den Drachen tötet. Der dritte Schild ist farblich zweigeteilt. Auf teils rotbraunem und teils schwarzem Grund befinden sich im umlaufenden Randstreifen rot-gelbe bzw. gelb-schwarze

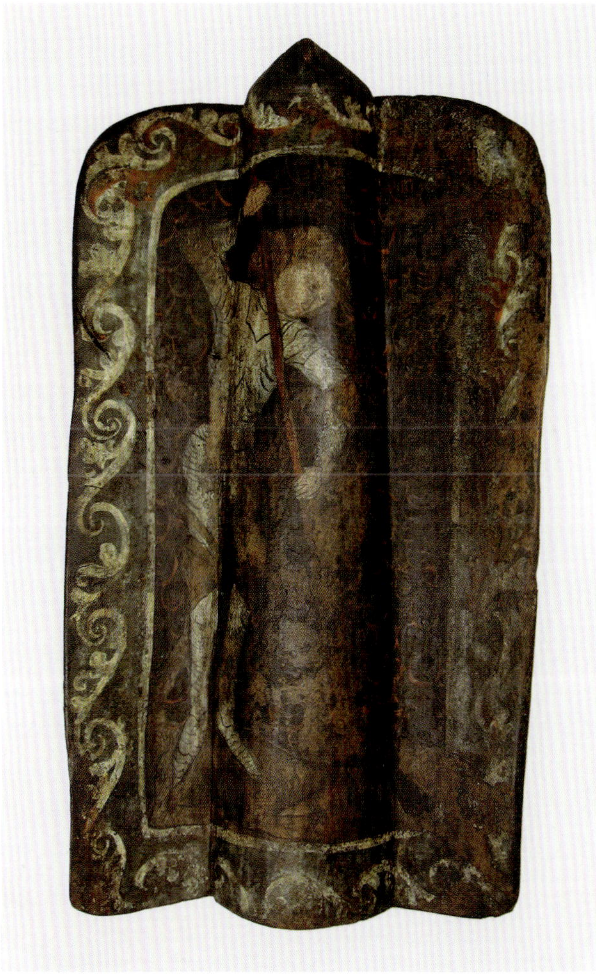

N 0032

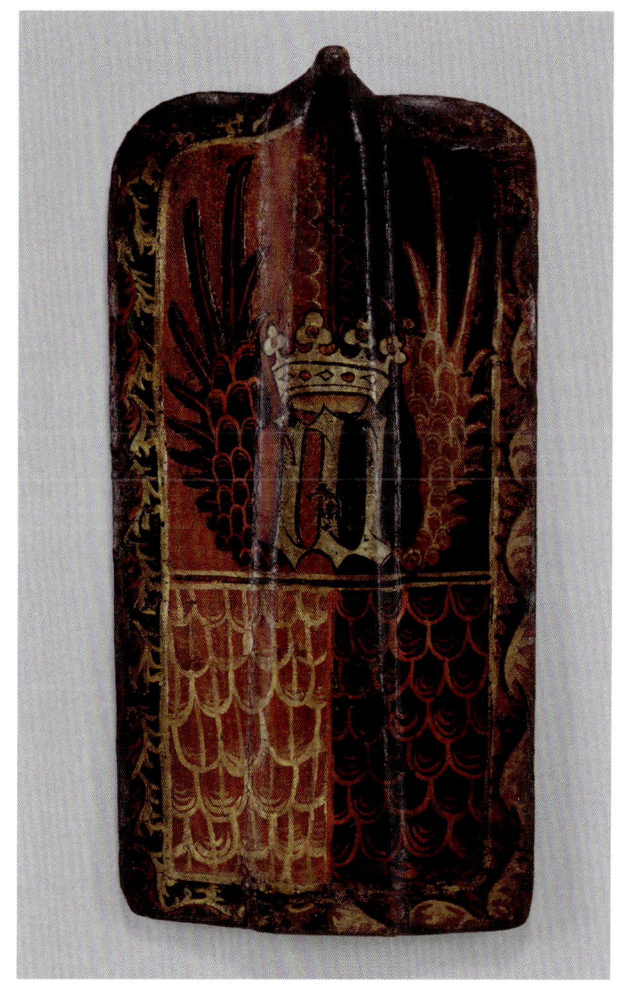

N 0033

Blattranken. Die farblich im Vergleich zum Randstreifen gespiegelt zweigeteilte Mittelfläche besitzt in der unteren Hälfte gelbe Schuppen auf rotem Grund bzw. rote Schuppen auf schwarzem Grund. Der Dekor der oberen Hälfte besteht aus einem weißen bekrönten „W" mit einem rotgeschuppten schwarzen und einem weißgeschuppten roten Flügel. Das bekrönte „W" steht vermutlich für König Vladislav I. von Böhmen und Ungarn (1456–1516, seit 1471 König von Böhmen und seit 1490 König von Ungarn und Kroatien). Es wurde gelegentlich aber auch für ein bekröntes „M" gehalten, womit dann wohl Matthias Corvinus (1443–1490, 1458 bis 1490 König von Ungarn und Kroatien, 1469 bis 1490 Gegenkönig von Böhmen und Eroberer weiter Teile der Habsburgischen Erblande, die er von 1485 bis 1490 von Wien aus beherrschte) gemeint sein dürfte.

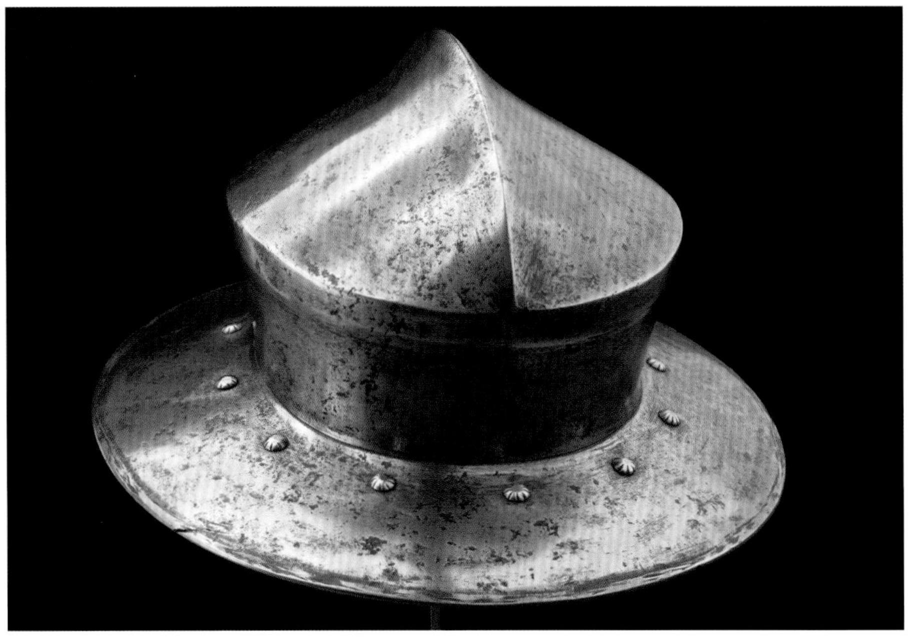

EISENHUT

III.13

Vermutlich Tirol, 2. Hälfte des 15. Jahrhunderts

Eisen geschmiedet und getrieben

Durchmesser in der Länge 35,1 cm; Durchmesser in der Breite 32,6 cm; Höhe 19,8 cm; Gewicht 2,381 kg

auf der Krempe unkenntliche, schildförmige Marke

1893 aus der Sammlung Zschille in Großenhain

Rüstkammer, SKD, Inv.-Nr. N 0023

HStAD, 10009, Nr. 280, Kgl. Historisches Museum u. Gewehrgalerie, Zugangsverzeichnis 1885 u. 1943, Bl. 11/12, Nr. 145/19

Lit.: Forrer o.J., Band 1, S. 2, Nr. 40, Tafel 6 und 45; Ehrenthal 1893, S. 18, Nr. 74; Ehrenthal 1899, S. 16, A 74; Schuckelt 2006a, S. 70, Abb. 14

Der Eisenhut war vom Hochmittelalter bis ins 16. Jahrhundert eine weit verbreitete Helmform der Infanterie. Besonders häufig kam er bei Armbrustschützen zum Einsatz, die darüber hinaus hinter Setzschilden Deckung fanden. Er bot insbesondere Schutz vor von oben gerichteten Angriffen (Reiterattacken, Beschuss von Festungsmauern etc.), ohne Sicht und Atmung des Trägers einzuschränken.

Dieses Exemplar wurde aus einem Stück getrieben und besitzt eine sich nach oben erweiternde Glocke mit schmalem, aber stark aufgewölbtem Grat. Die Krempe ist breit und leicht abfallend. Auf ihr sitzen am Übergang zur Helmglocke zwölf rosettenartig gestaltete Nietköpfe, mit deren Hilfe einst ein Helmfutter befestigt war. Auf der Krempe befindet sich eine eingeschlagene, unkenntliche Marke.

Der Eisenhut stammt aus der Waffensammlung des Großenhainer Industriellen und Sammlers Richard Zschille und wurde 1893 von der Dresdner Rüstkammer käuflich erworben.

TEILE VON ZWEI RENNZEUGEN

II.1

Mathes Deutsch, Landshut, um 1490

Eisen geschmiedet, getrieben und poliert, teils geätzt, gebläut, vergoldet und mit Leder unterfüttert

Gewicht 9,250 kg bzw. 9,980 kg

auf den Bärten und den Brüsten die eingeschlagene Plattnermarke des Mathes Deutsch und die Landshuter Beschau

vermutlich aus dem Besitz der Herzöge Georg des Bärtigen oder Heinrich des Frommen

Rüstkammer, SKD, Inv.-Nr. M 0012.01–.04 und M 0013.01–.04

HStAD, 10009, Nr. 72, Gesamtinventar der Rüstkammer von 1606, S. 249

Lit.: Ehrenthal 1899, S. 33, C 1 u. C 2; Landshut 1975, S. 44, Abb. 8; Wozel 1979, S. 84, Nr. 22

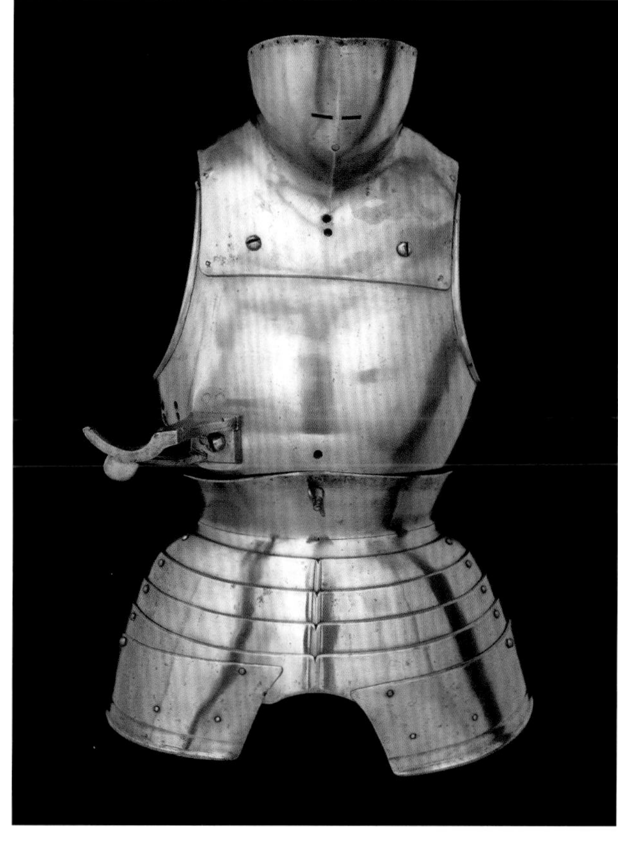

Bei den erhaltenen Teilen dieser Rennzeuge handelt es sich jeweils um eine schwere, rechtsseitig abgekantete Brust mit angeschraubtem, starrem Rüsthaken, Rennbart und Magenblech samt vierfach geschobenen Bauchreifen und kurzen, einteiligen Schößen. Die Magenbleche sind mittels einer Flügelschraube am unteren Teil der Rennbrüste befestigt. Unter dem Magenblech und den Schößen befindet sich eine an der Unterkante der Brust angenietete Verstärkung mit originalem Lederüberzug. Auf dem Magenblech und den Unterkanten der Schöße des einen der beiden Rennzeuge (M 0012) finden sich schmale gebläute Streifen mit stark abgeriebenem Golddekor. Der Bart des gleichen Rennzeugs lässt nahezu wegpolierte Reste von Ätzdekor erkennen. Jeweils auf eckigen Sockeln befinden sich zwei der Vierzehn Nothelfer: rechts der heilige Georg mit dem erhobenen Schwert in der Rechten und mit der Linken den Drachen niederhaltend sowie links der durch das Wasser watende heilige Christophorus mit einem Blumenstab und dem Jesuskind auf der Schulter. In den Sockeln sind die Inschriften „CHRISTOFFER" bzw. „GIORGIVS" nur noch zu erahnen. Brüste und Bärte weisen mehrere Löcher auf, mit deren Hilfe weitere Verstärkungsplatten angeschraubt werden konnten bzw. durch die eine größenmäßige Anpassung der Rennzeuge möglich war. Auf der rechten Seite der beiden Brüste befinden sich je sechs Löcher zur Befestigung der fehlenden Rasthaken. Laut Ehrenthal gehörten diese Rennzeuge angeblich Herzog Georg dem Bärtigen (1471–1539) oder Herzog Heinrich dem Frommen (1473–1541). Ein sehr ähnliches, 1498 gefertigtes Rennzeug von Mathes Deutsch in der Hofjagd- und Rüstkammer in Wien stammt aus dem Besitz des sächsischen Herzogs und späteren Kurfürsten Johann des Beständigen (1468–1532).

TEILE EINES HARNISCHS

III. 23

norditalienisch, um 1500

Eisen geschmiedet, getrieben und geätzt

Gewicht 5,963 kg

1893 aus der Sammlung Zschille Großenhain

Rüstkammer, SKD, Inv.-Nr. M 0008.01–.04

HStAD, 10009, Nr. 280, Kgl. Historisches Museum u. Gewehrgalerie, Zugangsverzeichnis 1885 u. 1943, Bl. 12/13, Nr. 150/24

Lit.: Forrer o.J., Bd. 1, S. 8, Nr. 160/160a, Tafel 62/63; Ehrenthal 1899, S. 20, A117; Theumert 1963, S. 52, Nr. 3; Schuckelt 2006a, S. 65, Abb. 5

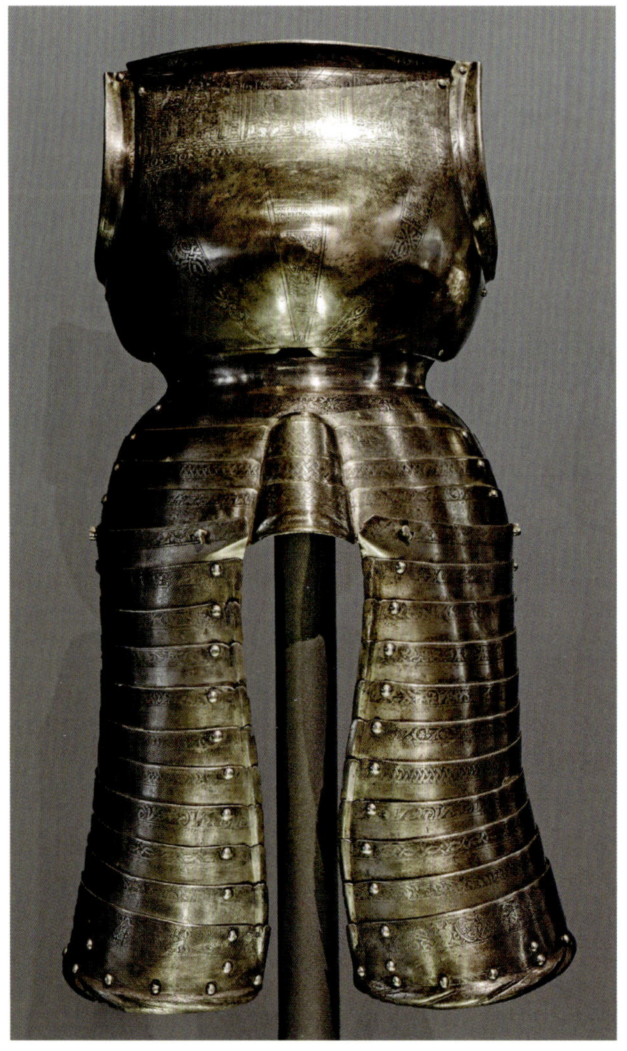

Von diesem reich verzierten Harnisch haben sich die stark gewölbte Kugelbrust mit beweglichen Armeinsätzen, angenietetem Gürtelreifen, vier Bauchreifen (am untersten Bauchreifen vier Federzapfen zur Befestigung der Schöße) und ausgetriebenem Schamteil, der Rücken mit drei Gesäßreifen und durch Scharniere befestigte, gewölbte Hüftplatten sowie die beiden elffach geschobenen Schöße mit grob geschnürten unteren Wülsten erhalten. Brust und Rücken sind im Stil des Ercole dei Fedeli aus Ferrara verziert und zeigen in unterschiedlichen Ätzstreifen christliche Szenen und mythologische Figuren: u.a. die Verkündigungsszene, Johannes den Täufer, den Selbstmord der Lucretia, David mit dem Haupt des Goliath, Herkules, Samson und Judith mit dem Haupt des Holofernes. Auf dem senkrechten Mittelstreifen der Brust befindet sich eine Darstellung des römischen Helden Gaius Mucius Scaevola, der seine Hand in die Flammen eines etruskischen Opferbeckens hält und damit die Freiheit Roms erlangt. Das Schriftfeld darunter beinhaltet die sich darauf beziehenden Verse 40 und 42 einer Erstredaktion es *Trionfo della Fama* (Der Triumph des Ruhmes) von Francesco Petrarca (1304–1374): MVCIO . C[HE] . LA . S/VA . DES[TR]A . ER[AN]T/E . COCE . C[HE] . [NE] . FO/(CO) . [NE] . FERO . A . VIR [TV] . (N)O(CE) (Mucius, der seine sich irrende rechte Hand verbrennt ... Denn weder Feuer noch Eisen können der Tugend schaden). Die Schöße sind mit Flechtbändern und Trophäenstreifen verziert.

Diese Harnischteile gehören zu den qualitativ bedeutendsten Stücken des Ankaufs aus der Sammlung Zschille von 1893.

ROSSSTIRN

III.25

norditalienisch, um 1500

Eisen geschmiedet, getrieben, geätzt, punziert, graviert, feuervergoldet und mit Silber plattiert

Länge 58,0 cm; Breite 29,0 cm; Gewicht 1,251 kg

im Gesamtinventar der Rüstkammer von 1606 erstmals belegt

Rüstkammer, SKD, Inv.-Nr. Y 0300

HStAD, 10009, Nr. 72, Gesamtinventar der Rüstkammer von 1606, S. 292

Lit.: Ehrenthal 1899, S. 22, A 154; Uhlemann 1932-1934, 80-87 Schuckelt 1994/95, S. 18.

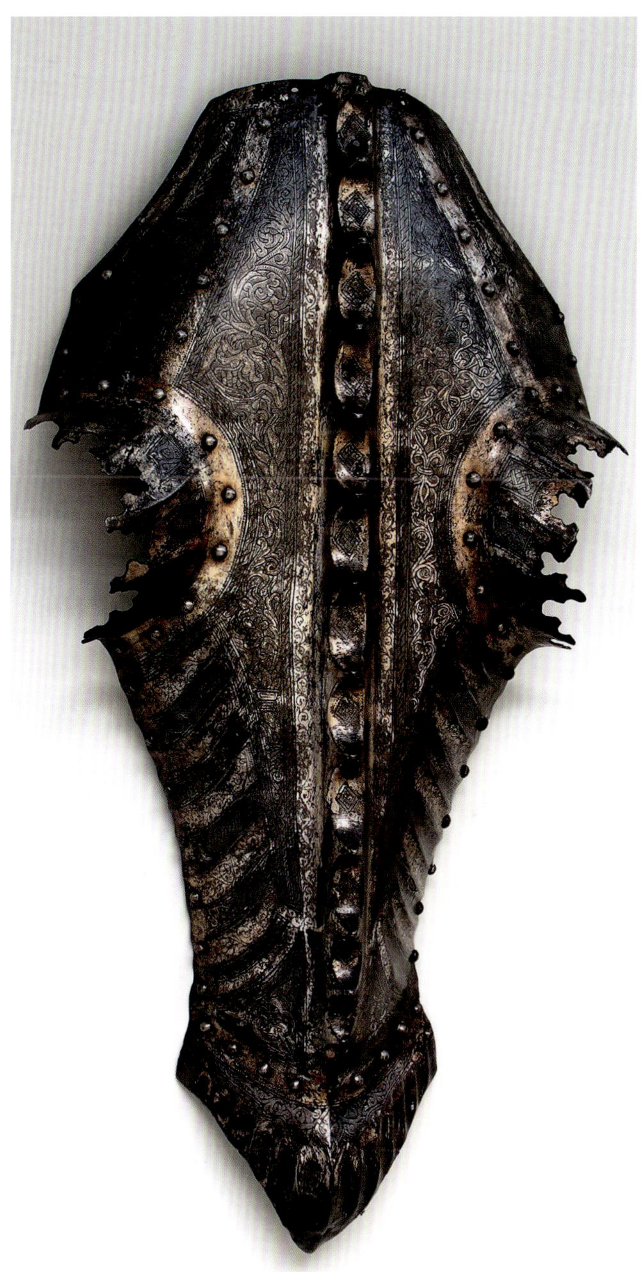

Die äußere Form der aus einem Stück getriebenen Rossstirn erinnert an einen Drachenkopf. Sie besitzt in der Mitte einen breiten Kamm aus einer Folge von 13 Zacken. Der gekehlte Nasenschirm ist weit nach vorn gewölbt und endet in einer nach innen gezogenen Spitze. Die kantigen Augenschirme sind zinnenartig ausgeschnitten. Die Flächen seitlich des Kamms zwischen den Augenschirmen und dem Nasenschirm weisen ebenfalls massive Kehlungen auf. Reste von Feuervergoldung und plattiertem Silber überziehen die gesamte Oberfläche. Während man die Plattnerarbeit früher mit Mailand in Verbindung brachte, erinnert der geätzte, gravierte und punzierte Dekor eher an venezianische Arbeiten, die sowohl der Kunst des Islam wie auch der italienischen Renaissance verpflichtet sind. In einigen Kehlen befinden sich Ornamente, die als arabische Pseudoinschriften interpretiert werden können. Aber auch die Ranken und das Flechtwerk erinnern an orientalische Vorbilder.

Die Rossstirn lässt sich bereits im Gesamtinventar der Rüstkammer von 1606 nachweisen. Angaben zu ihrer Provenienz sind allerdings nicht überliefert.

TEILE EINES ZEREMONIALHARNISCHS

III.27

Süddeutsch (evtl. Innsbruck), um 1510

Eisen geschmiedet, getrieben, geätzt und teils vergoldet

Gewicht 2,784 kg

aus der Rüstkammer der litauischen Fürsten Radziwill und 1926 über London und Wien im Tausch erworben

Rüstkammer, SKD, Inv.-Nr. M 0142.01–.03

HStAD, 10009, Nr. 280, Kgl. Historisches Museum u. Gewehrgalerie, Zugangsverzeichnis 1885–1943, Bl. 61/62, Nr. 655/1

Lit.: Rohde 1931, S. 279–282; Theumert 1963, S. 52, Nr. 2; Schöbel 1973, S. 27, Nr. 1

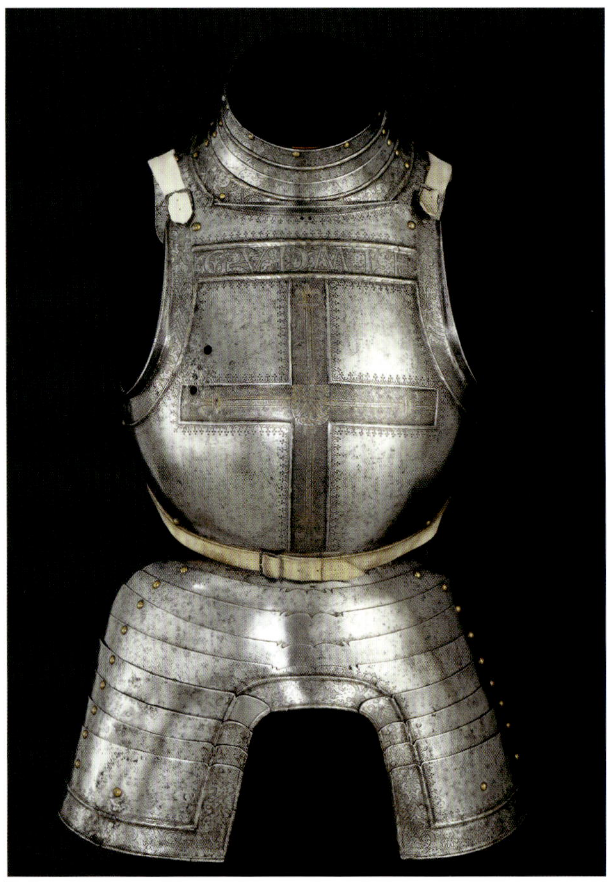

Der Harnisch besteht aus sehr dünnem Eisenblech und setzt sich aus einem vierfach geschobenen Kragen, einer Kugelbrust mit beweglichen Armeinsätzen, angenietetem Gürtelreifen, vier Bauchreifen und vierfach geschobenen Beintaschen sowie einem aus drei Platten vernieteten Rücken mit angenietetem Gürtel- und drei Gesäßreifen zusammen. Offenbar wurden diese Teile zu einer späteren Zeit massiv überarbeitet und teils auch ergänzt. So passen beispielsweise der Gürtel- und die Gesäßreifen in ihrer Breite nicht zum Rücken und wirken beschnitten sowie angestückelt. Die Brust besitzt zwei Löcher für die Anbringung eines Rüsthakens, was bei diesem Zeremonialstück keinen Sinn ergibt, und auch das obere Geschübe der rechten Beintasche ist ergänzt. Der Hauptdekor von Brust und Rücken besteht aus dem Hochmeisterkreuz des Deutschen Ritterordens (das Lilienkreuz auf dem einfachen Ordenskreuz aufliegend, mit dem Adler im Herzschild). Auf der Brust befindet sich darüber ein Querstreifen mit den Buchstaben G V D M T E, deren Bedeutung bis heute umstritten ist. Theumert bot zwei Varianten an: „Gratia Verbumque Domini Manet Tibi Eterne“ (Die Gnade und das Wort des Herrn bleiben Dir ewiglich) und „Generoso Viro Deus Maximum Tutamen Est“ (Dem edlen Mann ist Gott der beste Schutz). Der Inhalt dieser Inschrift könnte auch für die Zuweisung des Harnischs relevant sein. Denn obwohl sicher zu sein scheint, dass es sich bei diesen Harnischteilen um den einzigen erhaltenen Zeremonialharnisch eines Hochmeisters aus der Spätzeit des Deutschen Ritterordens handelt, ist bis heute unklar, wer dessen Besitzer war: Herzog Friedrich von Sachsen (1473–1510, Hochmeister 1496–1510) oder Markgraf Albrecht von Brandenburg-Ansbach (1490–1568, Hochmeister 1511–1525), der das Ordensland säkularisierte und erster Herzog von Preußen wurde.

FELDHARNISCH

III.28

deutsch, 1510–1520

Eisen geschmiedet, getrieben und poliert

Gewicht 26,595 kg

aus dem Besitz Herzog Heinrich des Frommen von Sachsen

Rüstkammer, SKD, Inv.-Nr. M 0108.01–.16

HStAD, 10009, Nr. 72, Gesamtinventar der Rüstkammer von 1606, S. 141

Lit.: Ehrenthal 1899, S. 147, G 29; Haenel 1923, S. 2, Tafel 1; Theumert 1963, S. 51, Nr. 1; Schöbel 1973, S. 30, Nr. 12

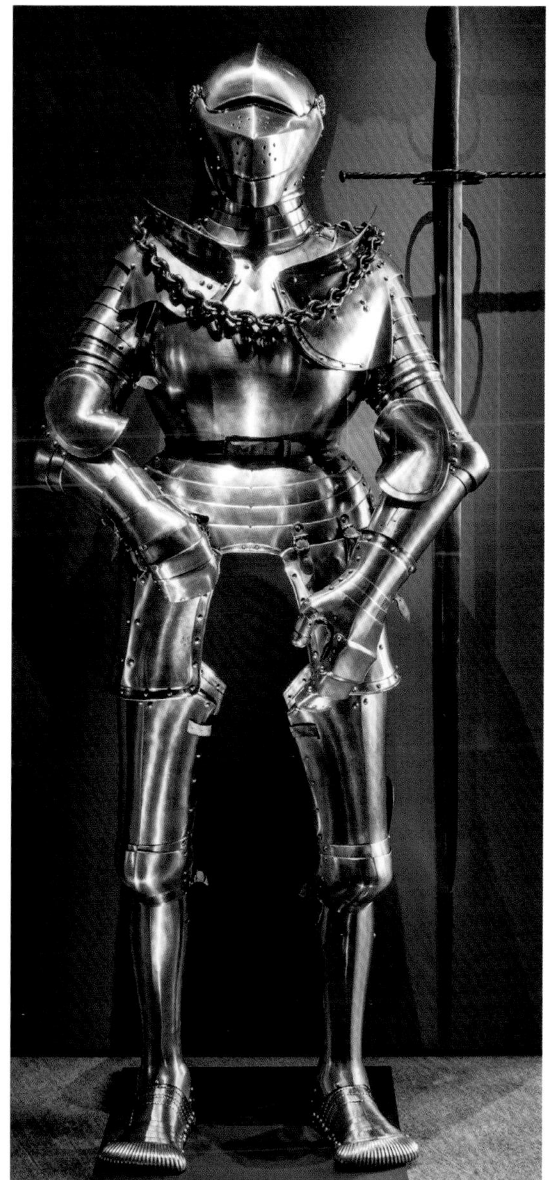

Der blanke Harnisch besteht aus einem im Kragen umgehenden Armet mit Stirnstulp, aufschlächtigem, absteckbarem Visier (sogenanntes Affenvisier) und aufklappbarem, zweiteiligem Kinnreff, einem vierfach geschobenen Kragen, einer Brust mit vier Bauchreifen und zwei Löchern für den fehlenden Rüsthaken, einem Rücken mit angenietetem Gürtelreifen und drei Gesäßreifen, asymmetrischen, siebenfach geschobenen Schultern mit Vorder- und Hinterflügen sowie angenieteten Brechrändern, ganzen Armzeugen mit offenen Muscheln, groben Hentzen mit kurzen Stulpen, vier Handrückengeschüben und dreifach geschobenen Daumen, einteiligen Beintaschen, Ober- und Unterdiechlingen, Kniebuckeln mit Muscheln und Beinröhren mit Kuhmäulern. Einziger Dekor des sonst vollkommen schmucklosen Harnischs sind die Messingrosetten der Visieraufhängung und die Riefelung an den Kuhmäulern.

Dieser Harnisch gehörte Heinrich dem Frommen, Gubernator von Friesland (1499–1505), Herzog von Sachsen (1539–1541) sowie Vater der späteren Kurfürsten Moritz und August von Sachsen. Er ist heute zusammen mit der sogenannten Friesenkette ausgestellt, an der die aufständischen Friesen Heinrich aufhängen wollten. Den Harnisch ließ sich Heinrich erst Jahre nach den Ereignissen von Friesland schlagen. Die Hintergründe für dessen Entstehung sind nicht überliefert.

ROSSHARNISCH

III.P1

italienisch, 1515

Eisen geschmiedet, getrieben, geätzt und poliert

Gewicht 33,6 kg

in den Ätzstreifen zwischen den Riefeln die Initialen M und N, das Wappen der Medici und die Devise SEMPER SVAVE

wohl aus dem Besitz des Giuliano di Lorenzo de' Medici, Herzog von Nemours

Rüstkammer, SKD, Inv.-Nr. L 0367.01–.10

HStAD, 10009, Nr. 72, Gesamtinventar der Rüstkammer von 1606, S. 141

Lit.: Haenel 1923, S. 10, Tafel 5; Schuckelt 1994/95, S. 18

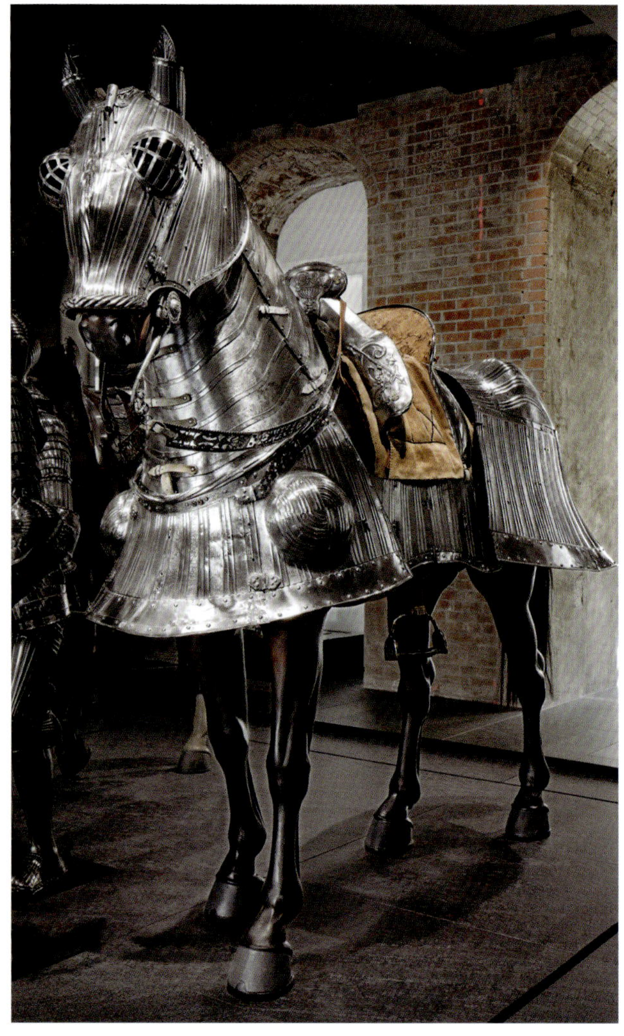

Der geriefelte Harnisch besteht aus einem Rosskopf mit klappbaren Seitenteilen, Scheitelfolge, Augengittern, Ohrenbechern sowie Federhülse, durchbrochenen, dreiteiligen Zügelblechen, einem ganzen, oben einteilig achtfach und unten zweiteilig zehnfach geschobenen Kanz, einem Fürbug aus einzelnen Platten mit Streifbuckeln, Flankenblechen und einem Gelieger aus Kruppteil, Umgang und Schweifröhre. Auf den Ätzstreifen zwischen den Riefeln befinden sich aus Gefäßen aufstrebende Blattranken, das Wappen der Medici, die Initialen M und N sowie die Devise SEMPER SVAVE. Letztere wurde mit Giovanni de' Medici (von 1513 bis 1521 Papst Leo X.) in Verbindung gebracht, während sich das M und das N auf dessen bereits 1516 verstorbenen Bruder, Giuliano di Lorenzo de' Medici, Herzog von Nemours, beziehen dürften. Giuliano war der drittgeborene Sohn von Lorenzo il Magnifico (1449–1492). 1515 wurde er Herzog von Nemours und heiratete Philiberta von Savoyen. Aufgrund der dekorativen Anspielungen sowohl an Giovanni als auch Giuliano wurde der Rossharnisch als Hochzeitsgeschenk des Papstes an seinen jüngeren Bruder interpretiert. Wie er in die Dresdner Rüstkammer gelangte, ist nicht überliefert. Im Gesamtinventar von 1606 ist er erstmals belegt, wo er zusammen mit dem Feldharnisch Heinrichs des Frommen (S. 79) aufgeführt ist.

SCHILD MIT SCHWERTKLINGE

III.83

norditalienisch, 1. Viertel des 16. Jahrhunderts, Klinge Mailand

Holz mit Leder bezogen und bemalt; Klinge und Hülse Eisen geschmiedet; Armriemen Leder, mit Samt bezogen

Schild 67,6 x 32,1 cm; Klingenlänge 63,5 cm; Gesamtgewicht 3,840 kg

1588 von Carlo Theti aus Italien nach Dresden gebracht

Rüstkammer, SKD, Inv.-Nr. N 0070 und XIV 0009

HStAD, 10009, Nr. 72, Gesamtinventar der Rüstkammer von 1606, S. 920

Lit.: Ehrenthal 1899, S. 143, G 1; Lewerken 1989, S. 254, Nr. 111; Marx 2007/2008, S. 62

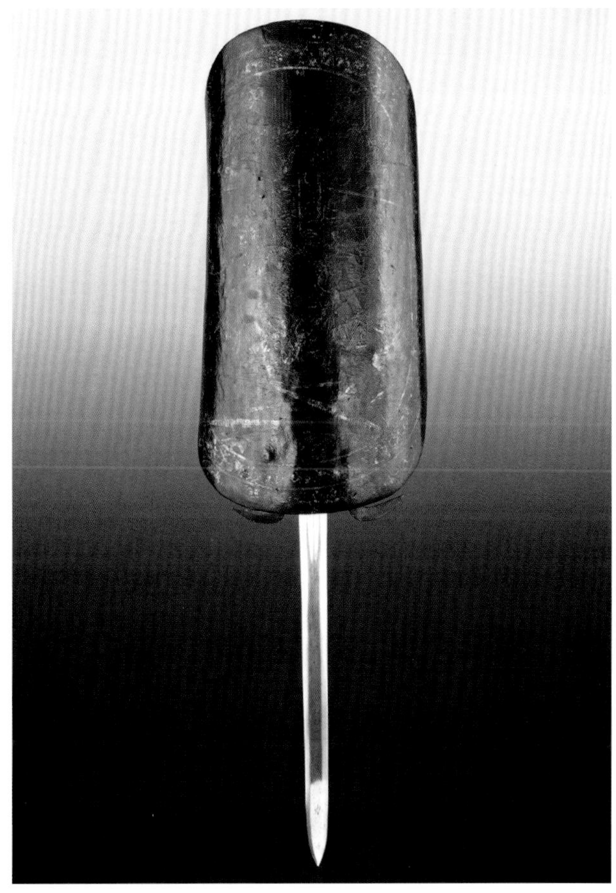

Der hölzerne Schild hat eine länglich-ovale Form und ist stark gewölbt. Die Vorderseite ist mit Leder überzogen und farbig bemalt. Auf der Innenseite befindet sich eine ausfahrbare Klinge. Diese steckt in einer mit Holz ausgekleideten und mit schwarzem Leder bezogenen Eisenhülse mit Arretierungsvorrichtung aus einer kräftigen Flachfeder mit einem abgewinkelten Ring. Darüber befinden sich ein Handgriff und ein Eisenkorb zum Schutz der Hand, die wie die beiden hakenförmigen Klingenbrecher am unteren Ende und der Armriemen in der Mitte auf den Schild genagelt sind. Die gemalte, von Blattranken eingefasste Szene auf der Vorderseite des Schildes ist schlecht erhalten und nur noch schwer zu erkennen. Sie zeigt den Kampf zweier berittener Krieger, die mit Sturmhauben, Schilden und Schwertern ausgerüstet sind. Am Boden liegen zerbrochene Lanzen. Das Geschehen wird von weiteren Kriegern beobachtet. Im Hintergrund befinden sich eine Adlerstandarte und eine Fahne mit den Buchstaben S.P.Q.R. (Senatus Populusque Romanus = Senat und Volk von Rom). Am unteren Rand der Kampfszene sind mehrere flache Bögen zu erkennen, die offenbar eine Brücke darstellen sollen. Möglicherweise handelt es sich um eine idealisierende Darstellung der Schlacht an der Milvischen Brücke, in der am 28. Oktober 312 Konstantin I. seinen Rivalen Maxentius besiegte. Maxentius ertrank im Tiber und Konstantin wurde alleiniger Herrscher im Westen des Römischen Reiches. Trotz des bereits im Jahr 311 proklamierten offiziellen Endes der Christenverfolgung durch das Toleranzedikt des Kaisers Galerius wurde die Schlacht an der Milvischen Brücke später als der eigentliche Beginn der christenfreundlichen Politik Roms angesehen. Da Konstantin seinen Sieg dem Beistand des Gottes der Christen zuschrieb, begünstigte er deren Religion ab 312 immer mehr und bekannte sich spätestens 324 offen zum Christentum.

RIEFELHARNISCH

III.36

Süddeutsch, 1520–1530

Eisen geschmiedet, getrieben, geätzt und poliert

Gewicht 30,420 kg

aus dem Besitz des Fürsten Wolfgang von Anhalt-Köthen

Rüstkammer, SKD, Inv.-Nr. M 0109.01–.17

HStAD, 10009, Nr. 72, Gesamtinventar der Rüstkammer von 1606, S. 162

Lit.: Ehrenthal 1899, S. 148, G 33; Theumert 1963, S. 53, Nr. 5; Schöbel 1973, S. 27, Nr. 3

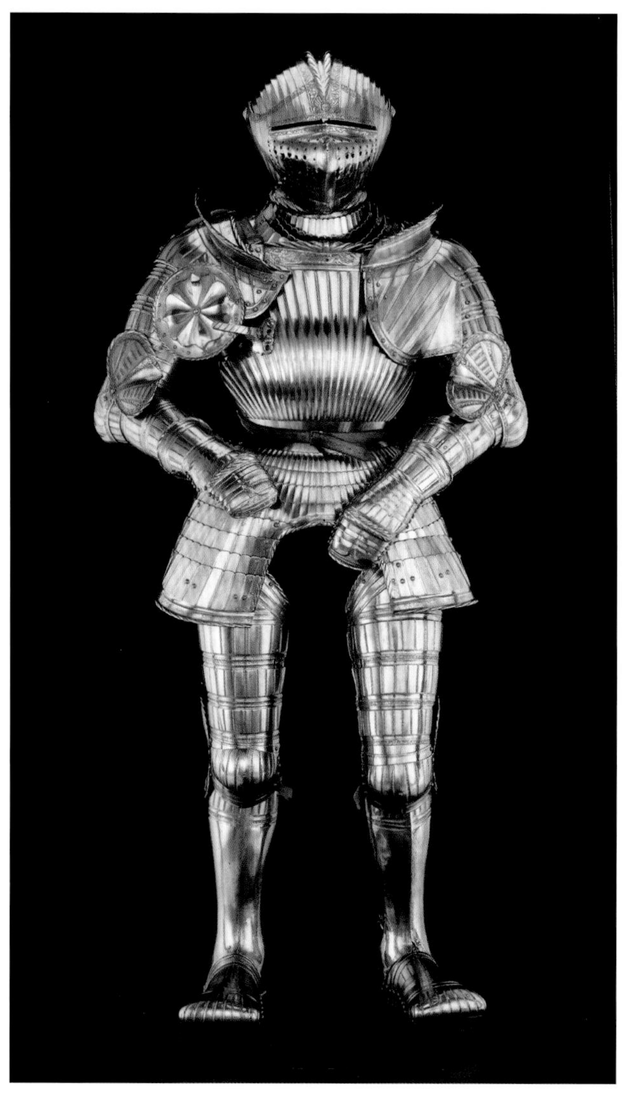

Der Harnisch besteht aus einem im Kragen umgehenden Armet mit flachem, doppeltem Kamm und aufschlächtigem Visier, einem fünffach geschobenen Kragen, einer Kugelbrust mit Rüsthaken, vier Bauchreifen und vierfach geschobenen Schößen, einem Rücken mit vier Gesäßreifen, asymmetrischen, siebenfach geschobenen Schultern mit Vorder- und Hinterflügen, hohen Brechrändern und einer Schwebescheibe auf der rechten Seite, kompletten, geschlossenen Armzeugen mit halben Muscheln, Hentzen, starren Diechlingen mit Kniebuckeln und Beinröhren mit geschobenen Kuhmäulern. Während die Riefelung an den meisten Teilen des Harnischs glatt und gerade ist, ahmt sie an den Armzeugen und an den Diechlingen die geschlitzte Tracht der Zeit nach. Die vertieften Streifen sämtlicher Harnischteile, aber insbesondere Helm, Brust und Armmuscheln sind mit einem eleganten Ätzdekor verziert. Dieser besteht aus gewellten Blattranken, geflügelten, teils mit Pfeil und Bogen bewaffneten Frauengestalten sowie eingestreuten Musikinstrumenten.

Der sowohl in der Plattnerarbeit als auch im Ätzdekor sehr gekonnt gefertigte Riefelharnisch gehörte Fürst Wolfgang von Anhalt-Köthen (1492–1566). Dieser war ein Anhänger Luthers und des Schmalkaldischen Bundes und wurde nach der Schlacht von Mühlberg vom Kaiser geächtet. 1551 ernannte ihn Kurfürst Moritz von Sachsen zum Gouverneur von Magdeburg. Erst im darauffolgenden Jahr wurde er von der Reichsacht befreit. Wie dieser bereits im Gesamtinventar von 1606 belegte Harnisch in die Dresdner Rüstkammer gelangte, ist nicht überliefert.

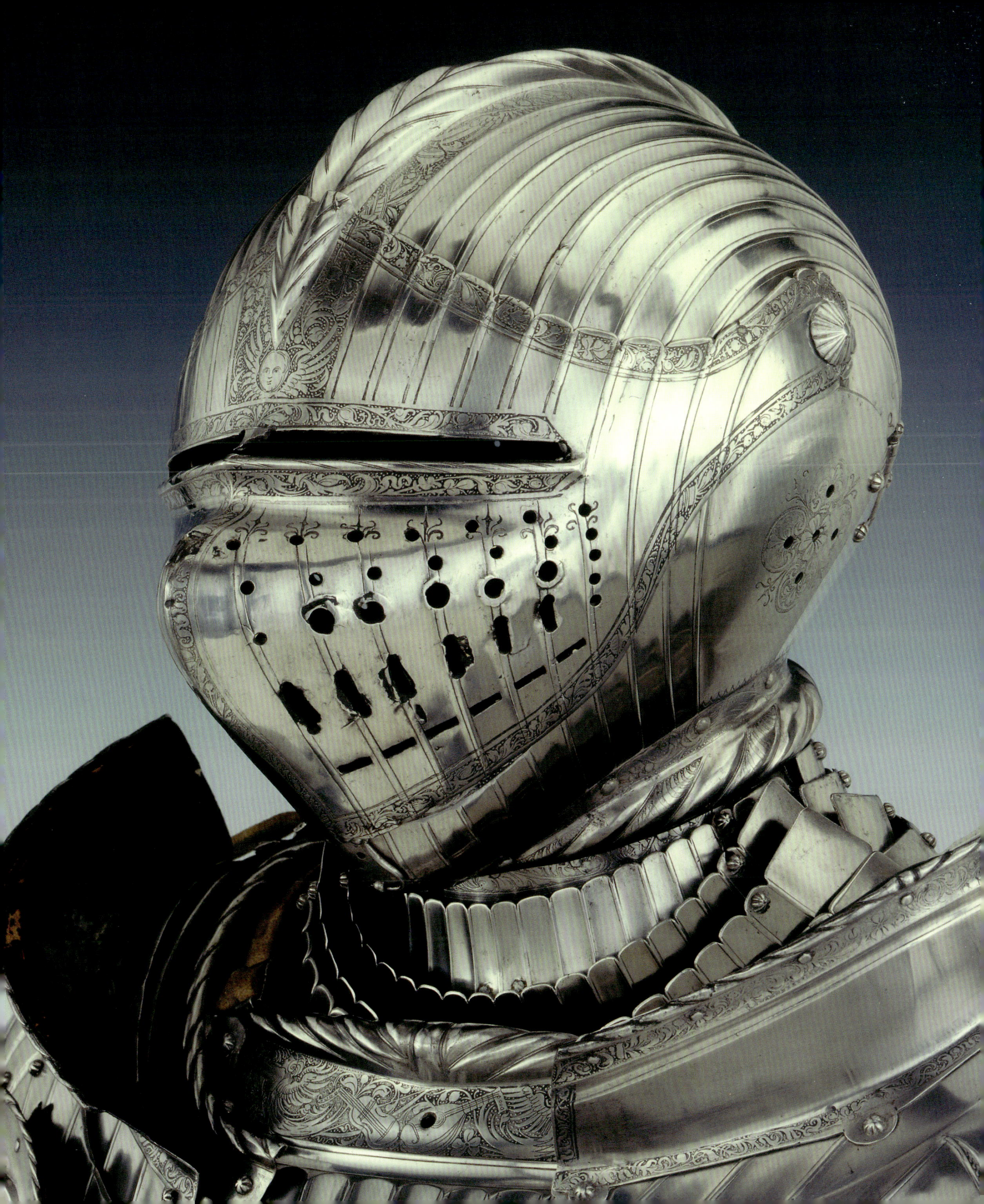

RIEFELHARNISCH

III.P1

Nürnberg, 1. Drittel des 16. Jahrhunderts

Eisen geschmiedet, getrieben und graviert

Gewicht 20,693 kg

auf dem Kinnreff des Helms die Nürnberger Beschau

1921 im Tausch aus dem Germanischen Nationalmuseum in Nürnberg

Rüstkammer, SKD, Inv.-Nr. M 0144.01–.15

HStAD, 10009, Nr. 280, Kgl Historisches Museum u. Gewehrgalerie, Zugangsverzeichnis 1885–1943, Bl. 56/57, Nr. 622/7

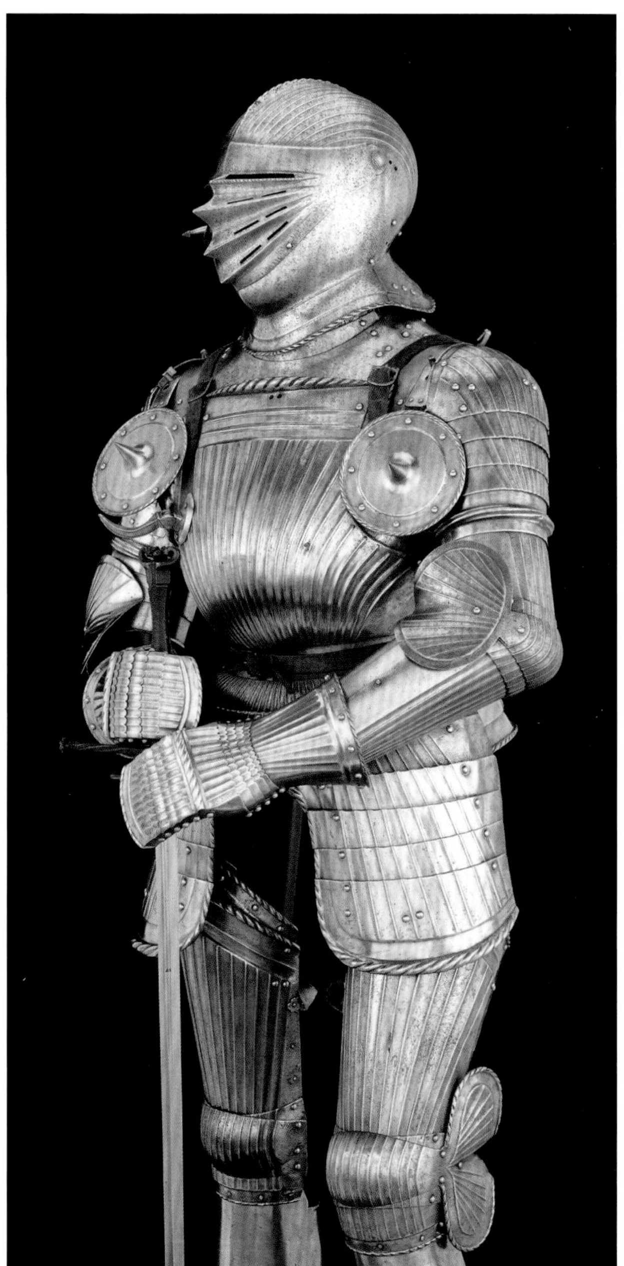

Der schlichte Riefelharnisch mit kräftigen Schnurrändern besteht aus einem Visierhelm mit Kinnreff, Faltenvisier samt Visierstengel und dreifach geschobenem Nackenschutz, einem vierfach geschobenen, kurzen Achselkragen mit zweifach geschobenen Schulterplatten, auf denen sich Federzapfen zur Befestigung der Arme und Splintzapfen zur Befestigung der Schwebescheiben befinden, zwei Schwebescheiben, einer Kugelbrust mit beweglichen Armeinsätzen, angeschraubtem Rüsthaken sowie angenietetem Gürtelreifen und sechsfach geschobenen Schößen, einem Rücken mit drei angenieteten Gesäßreifen, Armzeugen mit halben Muscheln, Hentzen, Beinzeugen aus Ober- und Unterdiechlingen, Kniebuckeln mit Muscheln und zwei Schlussfolgen sowie Stiefeln mit achtfach geschobenen Kuhmäulern.

Der Harnisch, über dessen ursprünglichen Besitzer und frühe Geschichte nichts bekannt ist, gelangte 1921 im Tausch gegen einen der ehemals zwölf gebläuten Fußturnierharnische von Anton Peffenhauser, die 1591 für Kurfürst Christian I. von Sachsen gefertigt wurden und von denen sich heute noch drei im Besitz der Dresdner Rüstkammer befinden (S. 166f), aus dem Germanischen Nationalmuseum in Nürnberg nach Dresden.

FELD- UND TURNIERHARNISCH

III.32

mitteldeutsch (wohl sächsisch), um 1540

Eisen geschmiedet, getrieben, geätzt und poliert

Gewicht 30,170 kg

auf der Brust das herzoglich-sächsische Wappen

aus dem Besitz des jungen Herzogs und späteren Kurfürsten August von Sachsen

Rüstkammer, SKD, Inv.-Nr. M 0096.01–.20

HStAD, 10009, Nr. 72, Gesamtinventar der Rüstkammer von 1606, S. 144f

Lit.: Ehrenthal 1899, S. 53, E 3; Haenel 1923, S. 10, Tafel 5; Theumert 1963, S. 54, Nr. 7; Schöbel 1973, S. 27, Nr. 2; Krause 2017, S. 1–29

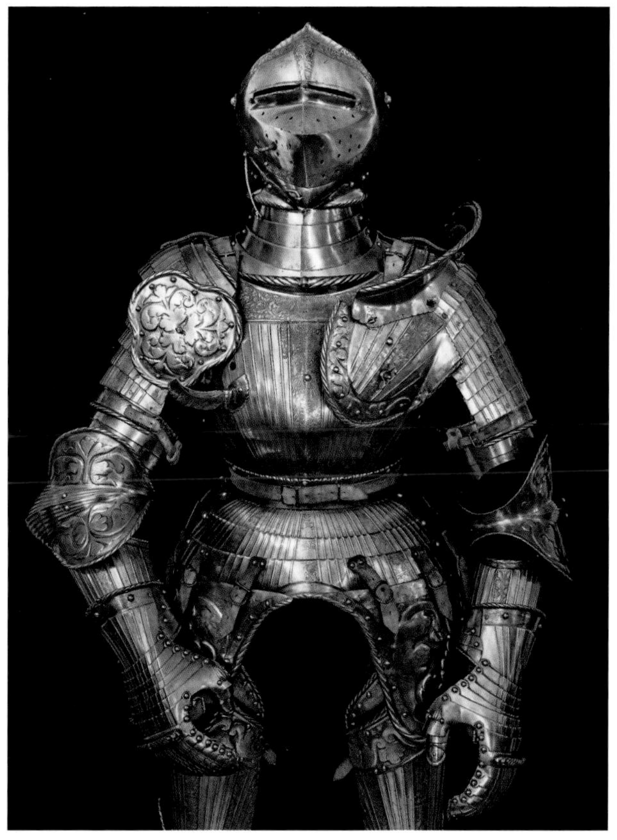

Der Harnisch besteht aus einem im Kragen umgehenden Armet mit aufschlächtigem Visier und Visierstütze, einem vierfach geschobenen Kragen, einer Brust mit Rüsthaken, beweglichen Armeinsätzen, einem angenieteten Gürtel- und drei Bauchreifen, einem seitlich verlängerten Rücken mit angenietetem Gürtel- und zwei Gesäßreifen, asymmetrischen, zehnfach geschobenen Schultern mit aufgesetztem Brechrand auf der linken und einer Schwebescheibe auf der rechten Seite, dreiteiligen Armzeugen mit großen Armkacheln und Hentzen, starren Beintaschen, starren Diechlingen mit Kniebuckeln und Stiefeln mit „Kuhmäulern". Schrauben deuten darauf hin, dass es einst verstärkende Wechselstücke (wenigstens eine Schiftung für die linke Schulter und einen Bart) gegeben haben muss. Dadurch war der Harnisch sowohl für den militärischen Einsatz als auch für das Turnier geeignet.

Nahezu alle Flächen sind geriefelt. Einige Teile (wie Beintaschen und Schwebescheibe) zeigen großflächig in erhabenem Relief gearbeitetes und geätztes Rankenwerk. Der vielfältige Ätzdekor in den breiteren Streifen der Riefelung und in den Randbordüren besteht u.a. aus Blattwerk mit eingestreuten Trophäen, Tieren und Architekturelementen, aber auch aus einzelnen größeren Figuren. Mittig auf der Brust befindet sich das herzoglich-sächsische Wappen, welches von einem Landsknecht in reich geschlitzter Kleidung gestützt wird und oben von zwei Fabelwesen flankiert ist.

Der schwere Reiterharnisch gehörte laut den historischen Inventareintragungen dem noch jungen Herzog und späteren Kurfürsten August von Sachsen. Er stammt wohl aus einer sächsischen Plattnerwerkstatt der Zeit um 1540. Wann und zu welchem Anlass August den Harnisch erhielt, ist nicht überliefert.

Abb. S. 2

FELD- UND ROSSHARNISCH

III.P3

deutsch (evtl. sächsisch), um 1530–1540

Eisen geschmiedet, getrieben und poliert; Helmfutter Leinen, gesteppt; Rossharnisch durchbrochen und mit Samt hinterlegt

Gewicht Mannesharnisch (ohne die einzelne, nicht ausgestellte Hentze) 23,618 kg; Rossharnisch 31,645 kg

aus dem Besitz des späteren Kurfürsten Moritz von Sachsen

Rüstkammer, SKD, Inv.-Nr. M 0111.01–.18 und L 0381.01–.06

HStAD, 10009, Nr. 72, Gesamtinventar der Rüstkammer von 1606, S. 142

Lit.: Erbstein 1889, S. 61; Ehrenthal 1899, S. 150, G 39; Haenel 1923, S. 4, Tafel 2; Schuckelt 1994/95, S. 19; Dresden 2004, S. 196, Kat.-Nr. 300 u. 302

Der schlichte, blank polierte Harnisch besteht aus einem im Kragen umgehenden Armet mit aufschlächtigem Visier, einem vierfach geschobenen Kragen, einer Brust mit beweglichen Armeinsätzen, zwei Löchern für den fehlenden Rüsthaken sowie einem angenieteten Gürtel- und drei Bauchreifen, einem Rücken mit fünf fächerförmig geriefelten Gesäßreifen, asymmetrischen Schultern mit angenieteten Brechrändern, Vorder- und Hinterflügen sowie einer angehängten Schwebescheibe auf der rechten Seite, Armzeugen mit großen Armkacheln, Fingerhandschuhen, dreifach geschobenen Beintaschen, starren Diechlingen mit Kniebuckeln und Stiefeln mit „Kuhmäulern". Unter der gleichen Inventarnummer ist auch eine einzelne Hentze mit der eingeschlagenen Meistermarke von Matthäus Frauenpreis d.Ä. inventarisiert, die aber nicht zum Harnisch gehört. Auch die Zugehörigkeit der heute am Harnisch befindlichen Fingerhandschuhe ist fraglich.

Der Rossharnisch aus ursprünglich wohl nicht zusammengehörigen Teilen besteht aus einem Rosskopf mit Augendächern und Ohrenbechern, einem halben Kanz, einem Fürbug, einem Gelieger und zwei Zügelblechen. Fürbug und Rosskopf setzen sich jeweils aus mehreren Platten zusammen, die gitterartig mit rhombenförmigen Öffnungen durchbrochen sind. Auf beiden befinden sich außerdem runde Scheiben mit getriebenen Rosetten. Mittig auf dem Fürbug ist darüber hinaus eine bärtige Maske mit Reißzähnen eingesetzt. Im Unterschied zu diesen beiden Teilen ist der Kanz mit Ranken und Blüten durchbrochen, während der Gelieger aus einzelnen Streifen zusammengesetzt ist. Auf den Seiten befinden sich stilisierte Gestalten mit löwenartigen Fratzen. Sämtliche Teile sind mit kräftigen Schnurrändern versehen und mit dunkelbraunem Samt hinterlegt. Die Durchbrechungen des Rosskopfes sind vergleichsweise grob gearbeitet und wurden offenbar erst nachträglich ausgeführt.

Feld- und Rossharnisch wurden bereits im Gesamtinventar der Rüstkammer von 1606 zusammen beschrieben. Dort finden sich aber keine Vermerke darüber, woher die Harnische stammen bzw. bei welchem Anlass sie getragen wurden. Sie sind lediglich als Eigentum des Kurfürsten Moritz von Sachsen ausgewiesen. Ehrenthal stellte die Vermutung auf, der Mannesharnisch sei 1548 während des Reichstags in Augsburg in Auftrag gegeben worden, ohne dafür jedoch irgendwelche Quellen anzugeben. Die äußere Form des Harnischs spricht eher für eine frühere Entstehung. Wahrscheinlich hat Moritz sich diesen Harnisch nicht auf den Leib schlagen lassen, sondern kaufte ihn nur. Ob dies eventuell während des Reichstages in Augsburg geschah, ist weiterhin unsicher.

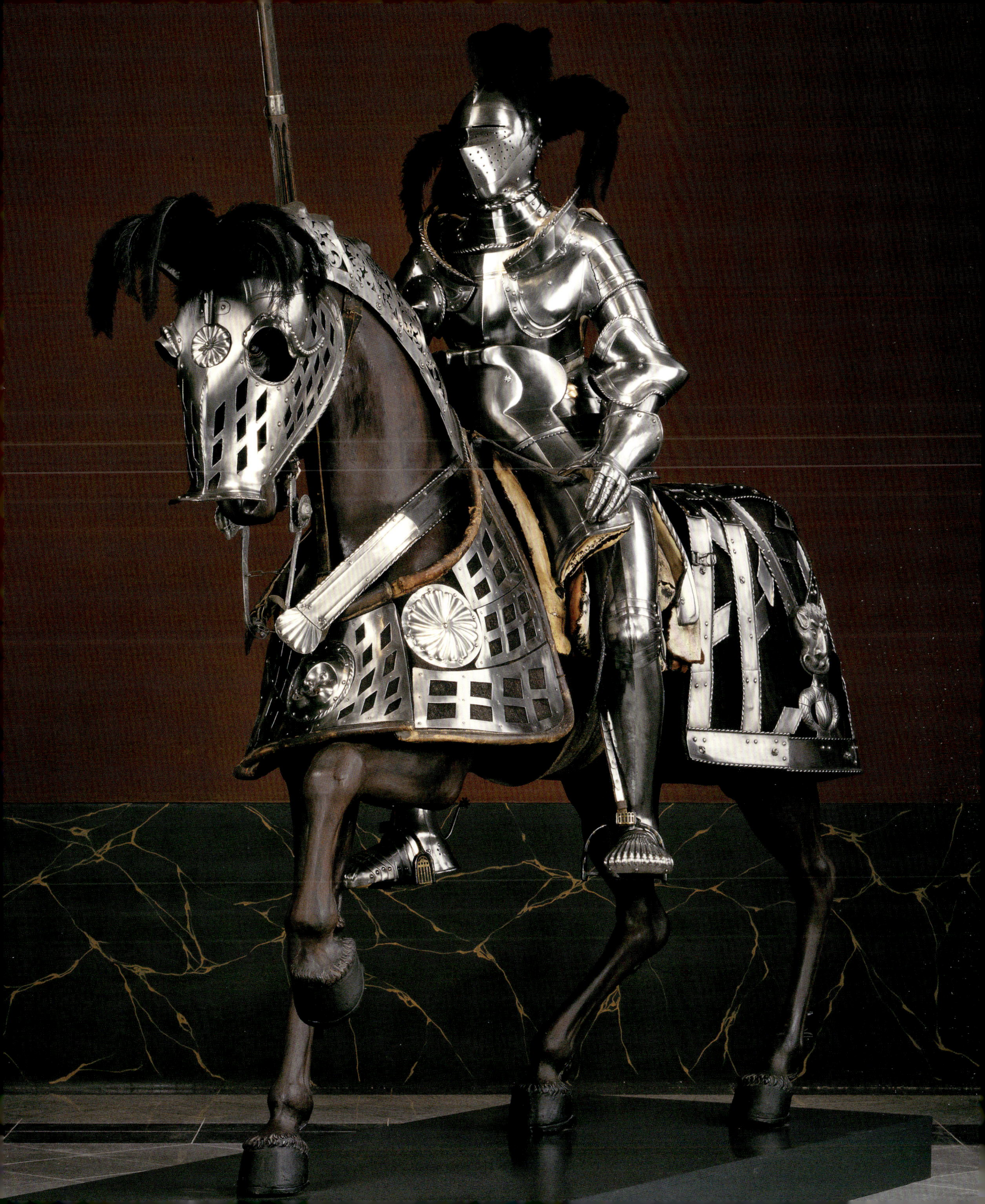

FELDHARNISCH

V.6

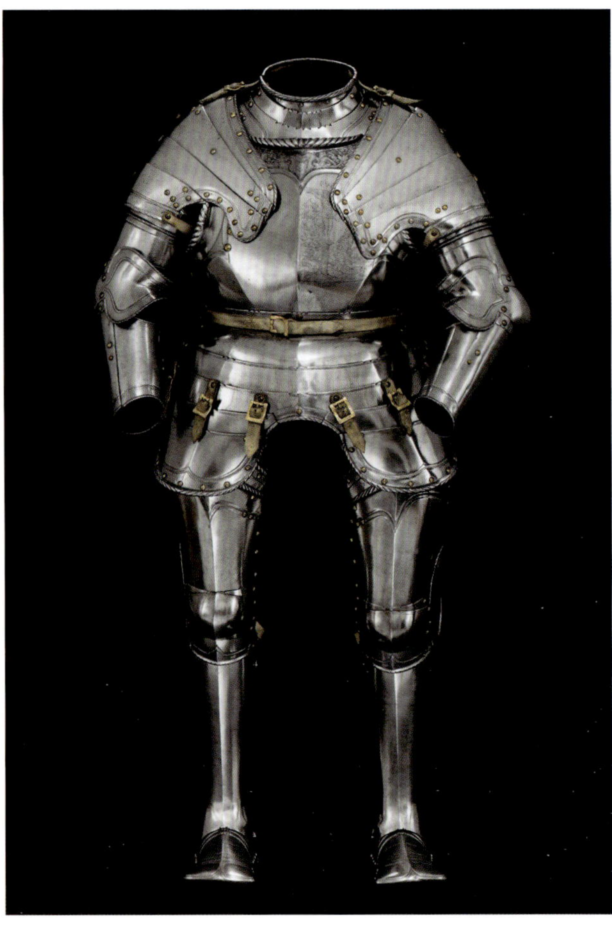

evtl. Sebald von Worms, Nürnberg, 1539

Eisen geschmiedet, getrieben, geätzt, graviert und poliert; Schnallen und Nietköpfe Messing

Gewicht (ohne Helm und Hentzen) 20,552 kg

auf Brust und Rücken die Nürnberger Beschau, punktiertes N und eine eingeschlagene Hand; auf der Brust ein geätztes „F" und die Jahreszahl 1539

seit 1688 im Bestand der Rüstkammer belegt

Rüstkammer, SKD, Inv.-Nr. M 0110.01–.16

HStAD, 10009, Nr. 115, Inventar der Pallienkammer von 1688, S. 143, Nr. 52

Lit.: Boeheim 1895, S. 370; Ehrenthal 1899, S. 149, G 37; Schuckelt 1992, S. 171; Schuckelt 2004, S. 328; Torgau 2018, S. 15

Der blanke Feldharnisch besteht aus einem dreifach geschobenen Kragen, einer Brust mit beweglichen Armeinsätzen, einem Gürtel- und drei Bauchreifen, einem Rücken mit einem Gürtel- und einem Gesäßreifen, asymmetrischen, vierfach geschobenen Schultern mit Vorder- und Hinterflügen, Armzeugen mit ganzen Muscheln, zweifach geschobenen Beintaschen, starren Diechlingen mit Kniebuckeln und Stiefeln mit angedeuteten „Kuhmäulern", Sporen sowie vier Ballen- und vier Ristgeschüben. Mehrere Teile besitzen teils kräftige Schnurränder und die inneren Geschübekanten häufig einen Klammerschnitt. Auf der rechten Brustseite befinden sich zwei verschlossene Löcher für den fehlenden Rüsthaken. Helm und Hentzen wurden 1992 gestohlen.

Der Dekor des Harnischs beschränkt sich auf die Brust. Unterhalb des Halsausschnittes ist ein quer verlaufender, geschwungener Ätzstreifen mit Ranken und dem Wappen der Nürnberger Familie Eberbach angebracht, während sich auf der linken Brustseite eine Kruzifixszene in feiner Strichätzung befindet. Neben- und oberhalb des Wappens geben die ebenfalls geätzte Nürberger Beschau und ein „F" einen Hinweis auf den unbekannten Ätzmaler. Unmittelbar unter dem Wappen befindet sich eine eingeschlagene Hand, die Wendelin Boeheim für die Meistermarke des Nürnberger Plattners Sebald von Worms hielt. Die Kruzifixszene zeigt eine aus Bäumen, Hausdächern, Bergen und Wolken gestaltete Landschaft. In dieser kniet ein Ritter mit zum Gebet gefalteten Händen auf einem Sockel vor dem gekreuzigten Christus. Die Sturmhaube des Ritters liegt neben dem mit der Jahreszahl 1539 versehenen Sockel.

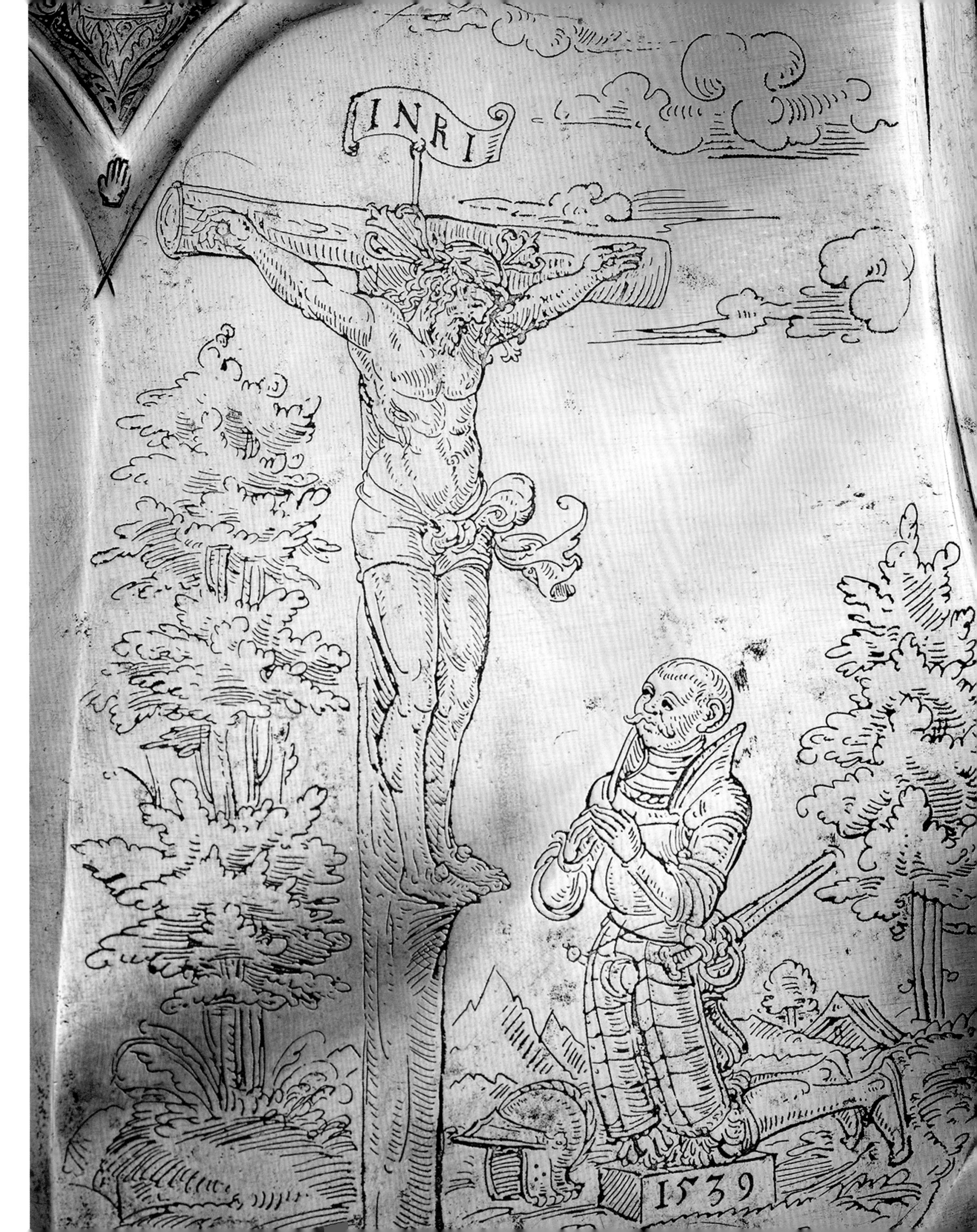
INRI
1539

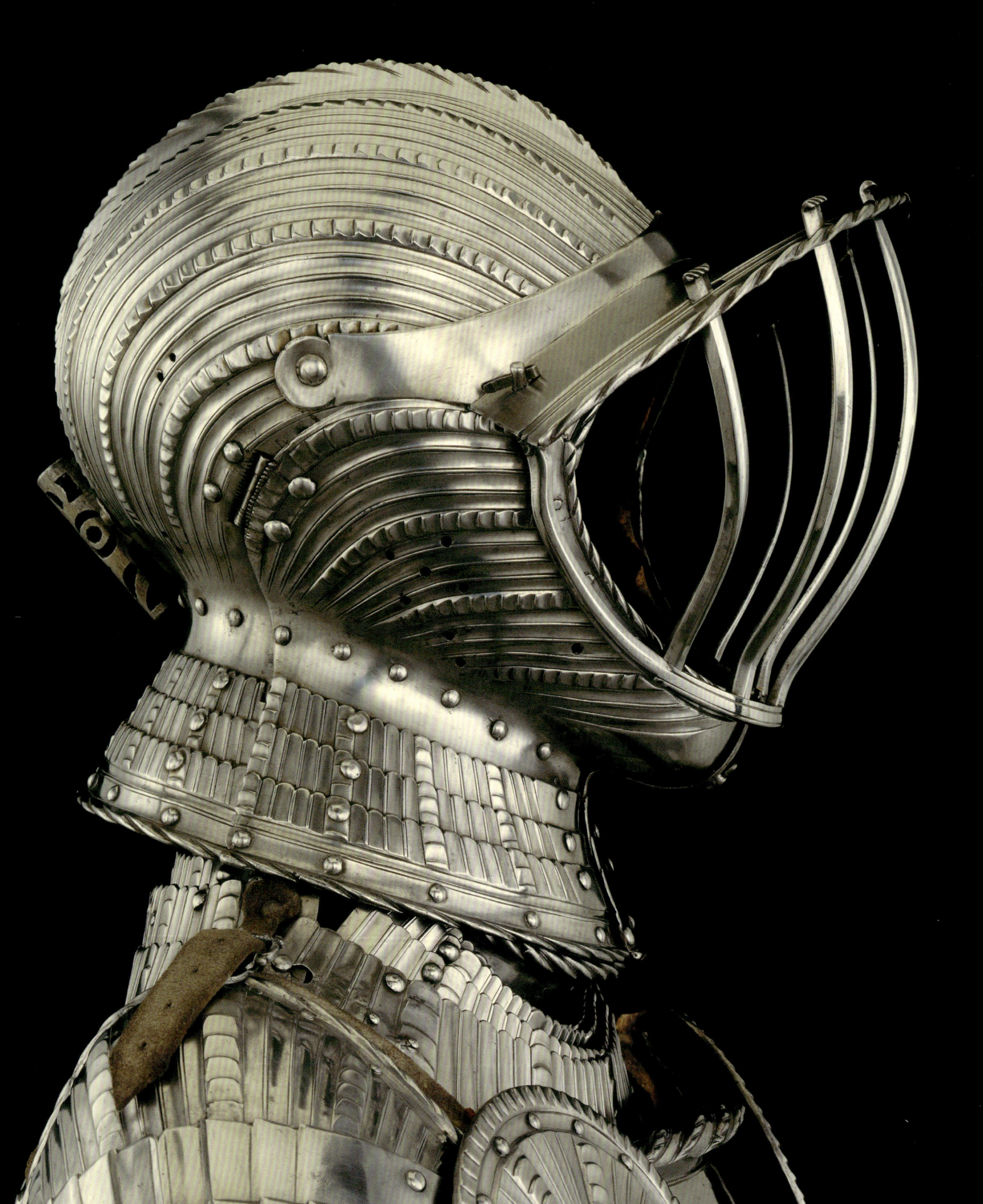

HALBER FELDHARNISCH

III.34

Nürnberg, späte 1. Hälfte bis Mitte des 16. Jahrhunderts

Eisen geschmiedet, getrieben und graviert

Gewicht 20,854 kg

seit 1688 im Bestand der Rüstkammer belegt

Rüstkammer, SKD, Inv.-Nr. M 0095.01–.16

HStAD, 10009, Nr. 115, Inventar der Pallienkammer von 1688, S. 138, Nr. 49

Lit.: Ehrenthal 1899, S. 53, E 2, Haenel 1923, S. 12, Tafel 6; Theumert 1963, S. 53, Nr. 6

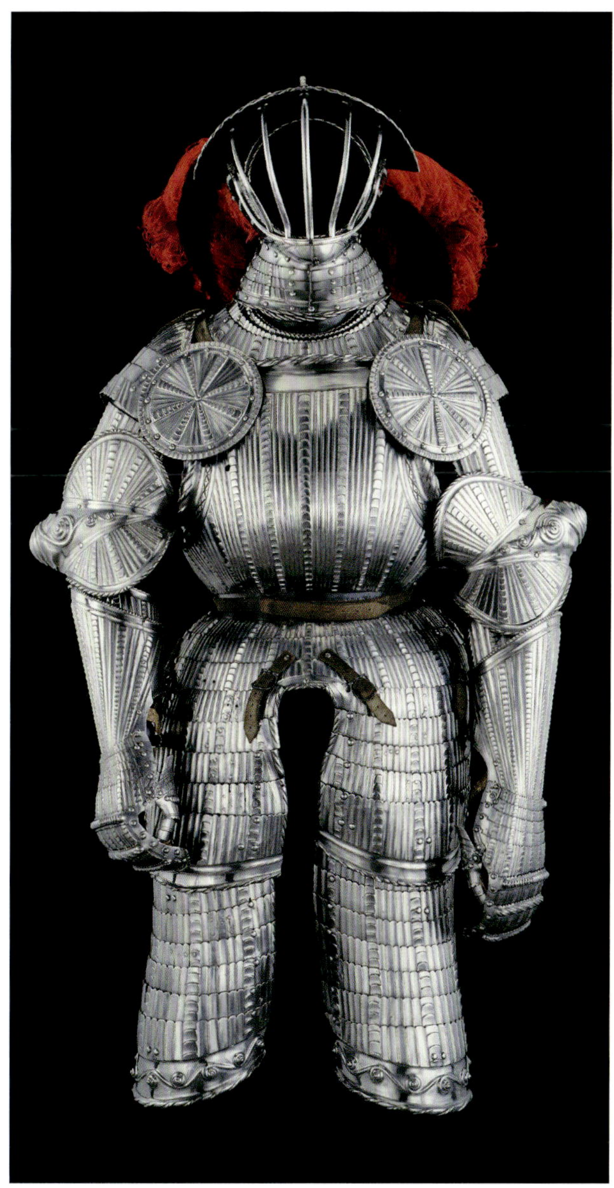

Der leichte, geriefelte Feldharnisch besteht aus einer geschlossenen Sturmhaube mit am Kinn verschlossenen und seitlich aufklappbaren Wangenklappen, drei Hals- und drei Nackenreifen, aufschlächtigem Schirm und kräftigem, durch den Schirm separat nach oben schiebbaren Gittervisier, einem fünffach geschobenen Kragen, einer Kugelbrust mit beweglichen Armeinsätzen und drei Bauchreifen, einem Rücken mit drei Gesäßreifen, kurzen, vierfach geschobenen symmetrischen Achseln, zwei runden, mit Lederbändern angebundenen Schwebescheiben, dreiteiligen Armzeugen mit großen Ellenbogenkacheln, elffach geschobenen Hentzen mit langen Stulpen und zweiteiligen, insgesamt zwölffach geschobenen, langen Schößen. Auf der rechten Brustseite befinden sich drei Löcher für den fehlenden Rüsthaken, die wohl erst nachträglich in die Brustplatte gebohrt wurden.

Der Harnisch greift gestalterisch auf die Riefelharnische maximilianischer Zeit zurück, ohne diesen aber vollkommen zu entsprechen. Elegant wechseln sich Riefelungen und geschuppte Streifen ab. Die großen Ellenbogenkacheln und die unteren Geschübe der langen Schöße sind mit Spiralen sehr auffällig getrieben. Kräftige Schnurränder finden sich an zahlreichen Einzelteilen. Laut Inventar wurde der ungemarkte Harnisch von einem namentlich nicht genannten Nürnberger Plattner als Meisterstück geschlagen.

SCHILD

III.83

italienisch, um 1535–1550

Holz mit Leinwand bezogen und bemalt; Handhaben Leder mit grünem Samt bezogen; Schnallen und Nägel Eisen, vergoldet

Durchmesser 61,6 cm; Gewicht 3,411 kg

Rüstkammer, SKD, Inv.-Nr. N 0071

HStAD, 10009, Nr. 72, Gesamtinventar der Rüstkammer von 1606, S. 915

Lit.: Haenel 1923, S. 74, Tafel 37; Schöbel 1972, S. 48, Nr. 5; Pyhrr 1992, S. 122–125, Fig. 87; Godoy/Leydi 2003, S. 497f, Nr. 96

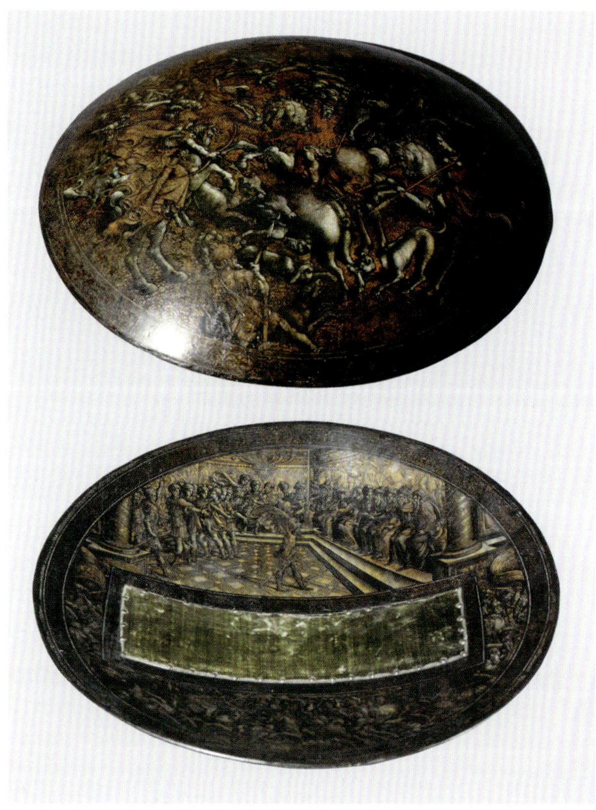

Der runde, leicht gewölbte Schild besteht aus einem mit Leinwand überzogenen Holzkern und ist auf beiden Seiten mit antikisierenden Malereien verziert. Das mittige Armpolster und die ledernen Handhaben (Armriemen und Handgriff) sind mit grünem Samt bezogen. Schnalle und Nagelköpfe sind vergoldet. Der älteste Beleg für diesen Schild stammt aus dem Gesamtinventar von 1606, wo vermerkt ist, dass er sich bereits in der „alten Rüst Cammer“ (vermutlich schon in der Zeit des Kurfürsten August von Sachsen) befunden hat.

Auf der Vorderseite des Schildes befindet sich eine mythologische Jagdszene, bei der es sich wohl um die Jagd auf den Kalydonischen Eber handelt. Meleagros, Sohn des Königs von Kalydon, war einer der Argonauten, die mit Iason das Goldene Vlies erlangten. Als er in die Heimat zurückkehrte, trieb dort der von Artemis entsandte Kalydonische Eber sein Unwesen. Zusammen mit zahlreichen antiken Helden jagte er die Bestie, die zuerst von der amazonenhaften Jägerin Atalante verletzt wurde. Meleagros versetzte dem Eber schließlich den Todesstoß. Auf dem Schild ist neben dem von einem Pfeil getroffenen Eber und mehreren männlichen Jägern auch die barbusige Atalante zu sehen.

Die zweigeteilte Innenseite zeigt in der oberen Hälfte eine Szene, die traditionell als die Kriegserklärung Roms an Karthago angesehen wurde. Vermutlich handelt es sich aber um den Auftritt von Publius Cornelius Scipio Africanus im Senat nach der vernichtenden Niederlage Roms gegen Hannibal in der Schlacht von Cannae im Jahr 216 v. Chr. Als Scipio hörte, dass eine Gruppe von Senatoren aufgrund der hohen Verluste Frieden mit Karthago schließen wollte, stürmte er den Senat und schwor mit vorgehaltenem Schwert, Rom bis in den Tod treu zu dienen und den Kampf fortzusetzen. Seitlich und unterhalb des Armpolsters ist eine wilde Reiterschlacht dargestellt, für die es bisher keine Deutung gibt, die aber möglicherweise den anschließenden, siegreichen Feldzug Roms gegen Karthago darstellen soll.

TRABHARNISCH MIT PANZERÄRMELN

III.P2

deutsch, um 1545

Harnisch Eisen geschmiedet, getrieben und geschwärzt; Panzerärmel Eisen geschmiedet, am Rand Messing

Gewicht Harnisch 27,036 kg (inkl. der nicht ausgestellten Teile); Panzerärmel 3,670 kg

Harnisch wohl aus dem Besitz des Kurfürsten Johann Friedrich von Sachsen und angeblich 1547 in der Schlacht von Mühlberg getragen

Rüstkammer, SKD, Inv.-Nr. M 0112.01–.14 und N 0063

HStAD, 10009, Nr. 72, Gesamtinventar der Rüstkammer von 1606, S. 149

Lit.: Quandt 1834, S. 129; Frenzel 1850, S. 94, Nr. 3; Erbstein 1889, S. 60; Ehrenthal 1899, S. 152, G 60; Dresden 2004, S. 196, Kat.-Nr. 304 und S. 198, Kat.-Nr. 305; Dresden 2011, S. 56f, Kat.-Nr. 9

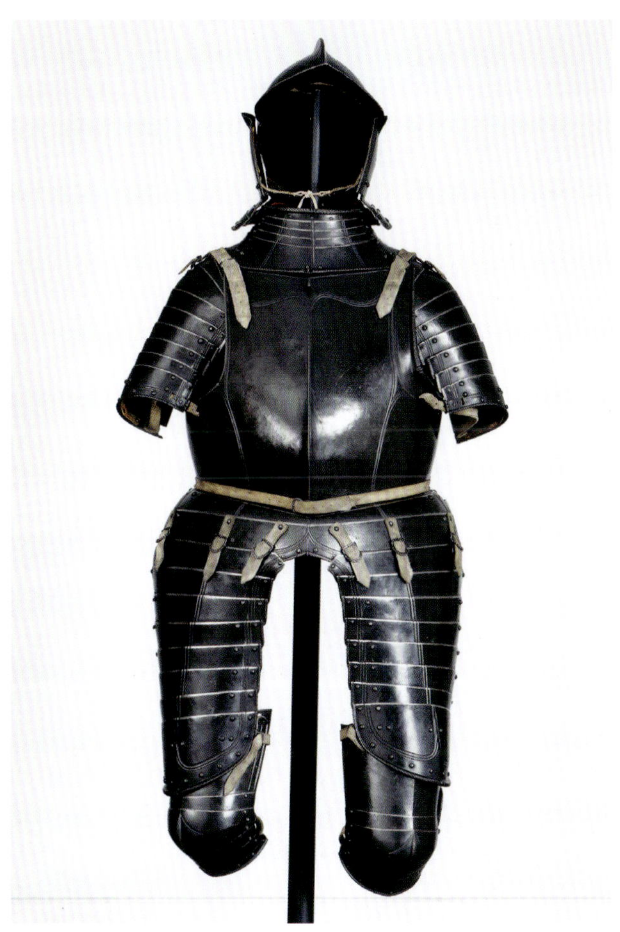

Der geschwärzte und lediglich durch Schnurränder und vorgetriebene Grate verzierte Trabharnisch besteht aus einer offenen Sturmhaube mit Schirm, unten doppelt geschobenen Wangenklappen und zwei Nackenreifen, einem fünffach geschobenen Achselkragen mit zwei Schultergeschüben und sechsfach geschobenen, angehängten Achseln, einer Brust mit zwei Bauchreifen und einer Öse zur Befestigung eines (allerdings nicht erhaltenen) Vorsteckbartes, einem Rücken mit zwei Gesäßreifen, Fingerhandschuhen, achtfach geschobenen Schößen und zweiteiligen Diechlingen. Von den beweglichen Armeinsätzen der Brust hat sich nur der linke erhalten. Die zweiteiligen Diechlinge (nicht ausgestellt) wurden wohl nicht zusammen mit den Schößen getragen, was darauf schließen lässt, dass es ursprünglich auch noch Beintaschen zu diesem Harnisch gegeben hat. Ergänzend gehören zu dem Trabharnisch Panzerärmel.

Der Trabharnisch wird in den historischen Sammlungsinventaren der Dresdner Rüstkammer von 1606 bis 1836 ausdrücklich als derjenige bezeichnet, den Kurfürst Johann Friedrich I. von Sachsen am 24. April 1547 in der Schlacht von Mühlberg getragen haben soll. Möglicherweise handelt es sich dabei aber um eine Fehlinterpretation des Inventarschreibers von 1606, da dieser Trabharnisch heute eher als Reserveharnisch Johann Friedrichs angesehen wird. Den im kaiserlichen Heer befindlichen sächsischen Truppen war im Verlauf der Schlacht der gegnerische Tross in die Hände gefallen. Dabei könnte der Harnisch erbeutet worden sein. Die Form des Trabharnischs würde auf jeden Fall der Körperfülle des entmachteten Kurfürsten von Sachsen entsprechen.

TRABHARNISCH

III.48

deutsch, um 1545

Eisen geschmiedet, getrieben und poliert, teils graviert, gebläut und mit Gold bemalt

Gewicht 17,114 kg (ohne Stiefel)

1550–1551 bei der Belagerung Magdeburgs durch Kurfürst Moritz von Sachsen getragen

Rüstkammer, SKD, Inv.-Nr. M 0094.01–.15

HStAD, 10009, Nr. 72, Gesamtinventar der Rüstkammer von 1606, S. 143

Lit.: Ehrenthal 1899, S. 53, E 1; Haenel 1923, S. 8, Tafel 4; Theumert 1963, S. 54, Nr. 8; Schöbel 1973, S. 27, Nr. 4; Dresden 1992, S. 21, Tafel 2

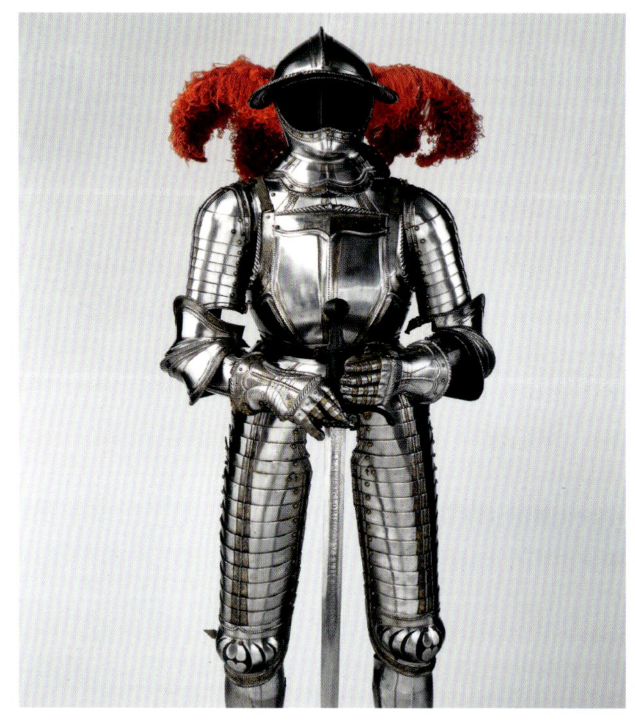

Zum Harnisch gehört eine geschlossene Sturmhaube mit breitem, vorspringendem Schirm, Kinnreff, geschnürtem Kamm sowie zwei Hals- und zwei Nackenreifen. Am viermal geschobenen kurzen Achselkragen mit geschnürter Wulst und drei Schultergeschüben sind mittels Federzapfen die Armzeuge befestigt. Diese setzen sich aus achtfach geschobenen Oberarmen, großen Armkacheln und auf der Innenseite durchbrochenen Unterarmröhren zusammen. Die Finger der Handschuhe sind abwechselnd in Eisen und Messing geschoben. Die Tapulbrust mit kräftigen Schurrändern besitzt bewegliche Armeinsätze, einen Gürtel- und einen unten gebogten Bauchreifen. Mittels Hakenösen sind daran drei gerade Bauchreifen befestigt, an denen vierfach geschobene Schöße hängen. Der Rücken hat einen Gürtel- und einen gebogten Gesäßreifen. An den kurzen Schößen sind elffach geschobene, lange Knieschöße befestigt. Die glatten Beinröhren mit „Kuhmäulern" wurden später hinzugefügt. Noch im Inventar von 1606 werden an ihrer Stelle weiße Lederstiefel mit vergoldeten Sporen genannt.

Der Dekor des ansonsten blanken Harnischs besteht aus vertieften und gebläuten, mit Rankenornament in Goldmalerei verzierten Streifen. Die Wiedergabe einer Belagerung auf dem Rückenstreifen zusammen mit der lateinischen Inschrift „CONFI EBO TIBI DOMINE IN TOTO CORDE MEO, NARRABO OMNIA MIRABILIA TUA, LETABOR ET EXALTABO ME PSALLAM NOMINI TUO ALTISIME" steht im auffälligen Einklang mit der Eroberung Magdeburgs. Auf dem Bruststreifen befinden sich die Darstellung einer Schlacht sowie die nur noch undeutlich lesbare Inschrift „MISERERE MEI DEUS SECUNDUM MAGNAM MISERICORDIAM TUAM ET SECUNDUM DARINEM (?) MISERATIONUM TUARUM".

Kurfürst Moritz trug diesen Harnisch laut Inventar während der Belagerung der wegen der Ablehnung des Augsburger Interims von 1548 geächteten Stadt Magdeburg (Oktober 1550 – 9. November 1551).

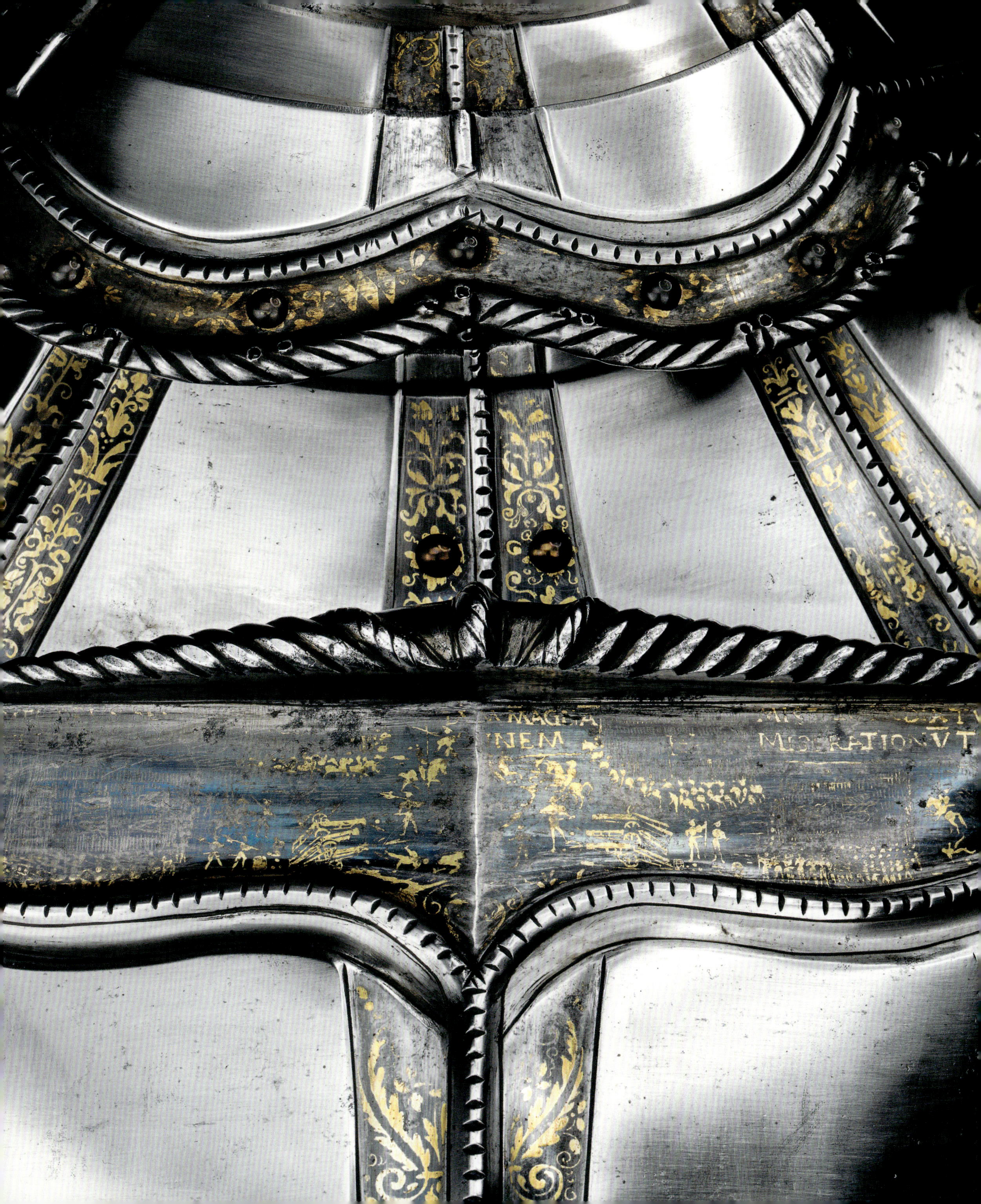
INEM
MISERATION VT

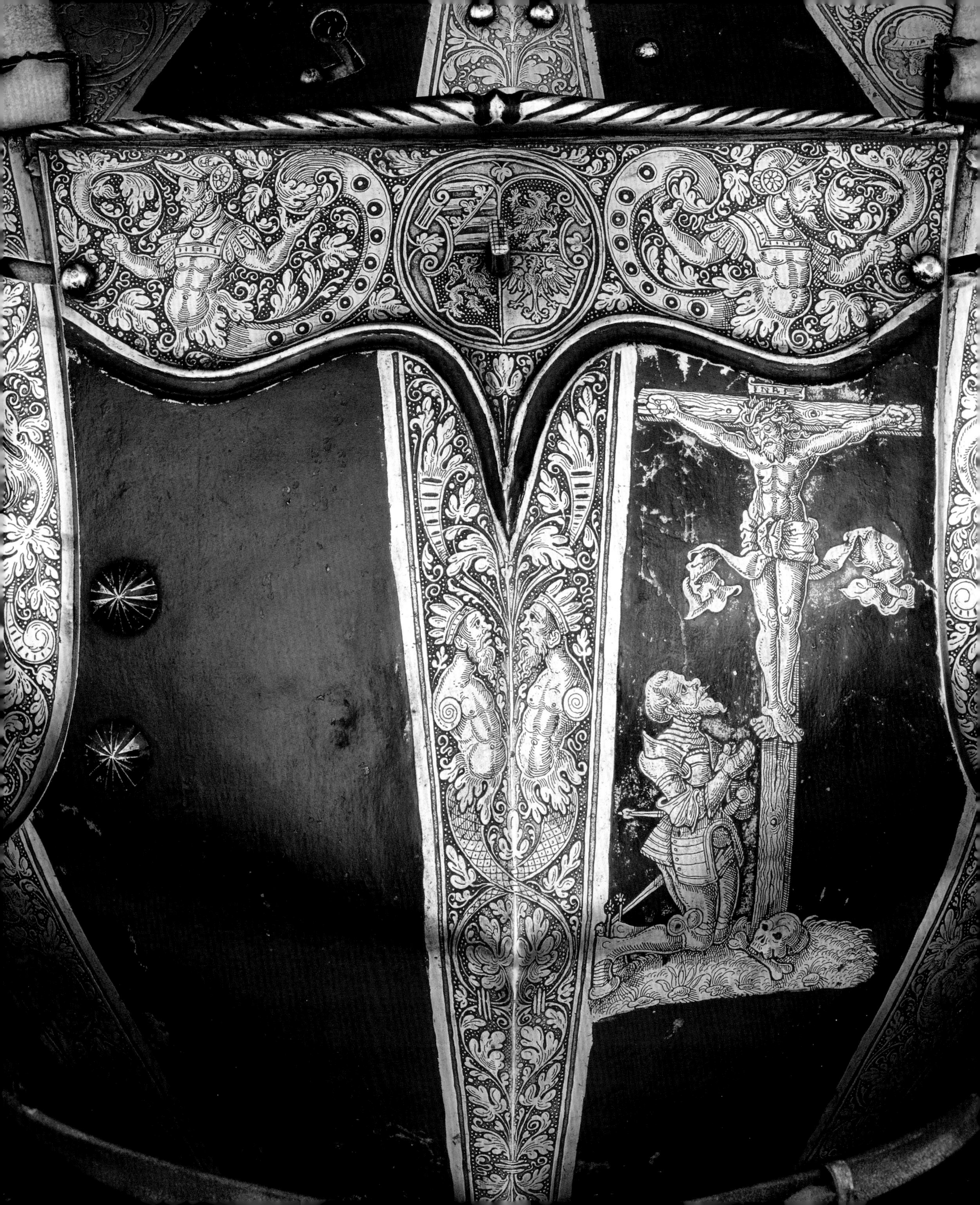

TRABHARNISCH

III.56

Peter von Speyer d. Ä., Annaberg 1546

Eisen geschmiedet, getrieben, geschwärzt und geätzt; Panzerhemd Eisen geschmiedet, Messing

Gewicht 24,019 kg

auf der Sturmhaube die Jahreszahl 1546

vom späteren Kurfürsten August von Sachsen 1547 in der Schlacht von Mühlberg getragen

Rüstkammer, SKD, Inv.-Nr. M 0097.01–.15

HStAD, 10009, Nr. 72, Gesamtinventar der Rüstkammer von 1606, S. 53

Lit.: Ehrenthal 1899, S. 54, E 4; Haenel 1923, S. 6, Tafel 3a; Theumert 1963, S. 55, Nr. 9; Schöbel 1973, S. 28, Nr. 7; Dresden 2004, S. 199, Kat.-Nr. 309 Dresden 2011, S. 48–51. Kat.-Nr. 7

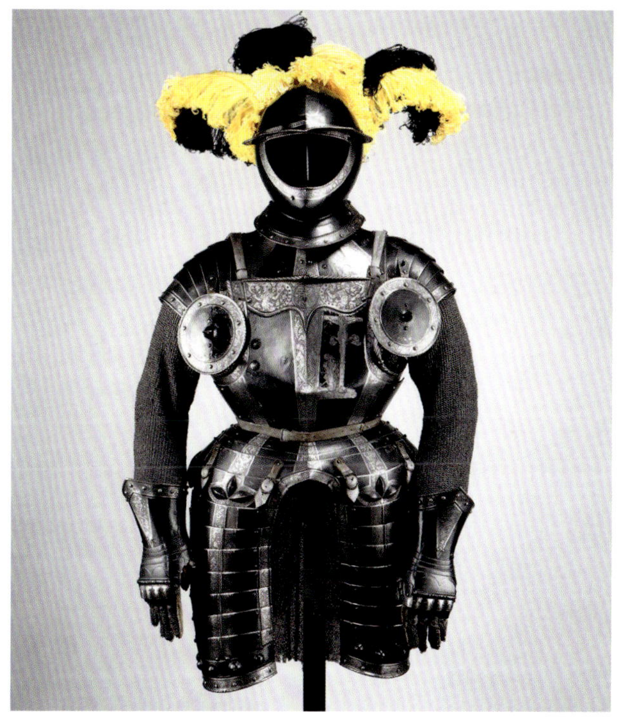

Der Harnisch besteht aus geschlossener Sturmhaube mit aufschlächtigem Kinnreff und Augenschirm, vierfach geschobenem Kragen, Tapulbrust mit einem Gürtel- und drei Bauchreifen, Rücken mit einem Gürtel- und drei Gesäßreifen (jeweils der unterste Reifen lässt sich abnehmen, um den Harnisch auch ohne Beintaschen tragen zu können), sechsfach geschobenen Achseln mit angehängten Schwebescheiben, achtfach geschobenen, zweiteiligen Beintaschen und Fingerhandschuhen, deren Finger nur mit Panzergeflecht bedeckt sind. Der geschwärzte Harnisch ist mit blanken, tiefengeschwärzten Ätzstreifen verziert, deren Dekor aus Blattranken sowie verschiedenen Porträtmedaillons, Maskarons, Drachengestalten und Kriegerdarstellungen besteht. Auf dem Bruststreifen befindet sich das vierteilige herzoglich-sächsische Wappen. Links davon kniet ein Ritter vor dem Kruzifix, während im Mittelstreifen des Rückens das Opfer Isaaks dargestellt ist. Die Sturmhaube trägt auf beiden Seiten die geätzte Jahreszahl 1546. Unter dem Harnisch befindet sich ein Panzerhemd mit mehreren Reihen von Messingringen. Das laut Inventar einst zu diesem Harnisch gehörende Armzeug hat sich nicht erhalten.

Der spätere Kurfürst August von Sachsen (1526–1586) trug diesen Trabharnisch am 24. April 1547 in der Schlacht von Mühlberg, als er an der Seite seines älteren Bruders Moritz und Kaiser Karls V. gegen die Truppen des Schmalkaldischen Bundes unter Kurfürst Johann Friedrich I. von Sachsen kämpfte. Seinem Bruder, Herzog Moritz von Sachsen (1521–1553), wurde nach der Gefangennahme Johann Friedrichs die sächsische Kurwürde übertragen, und nur sechs Jahre später wurde August Kurfürst von Sachsen. Der Trabharnisch wurde 1546, wohl im Zusammenhang mit dem Ausbruch des Schmalkaldischen Krieges, in Auftrag gegeben und folglich nur wenige Monate vor der Schlacht von Mühlberg fertiggestellt.

Tafel 1a, S. 57

HARNISCHBRUST

III.50

Wolfgang Großschedel, Landshut, 1548

Eisen geschmiedet, getrieben, poliert, graviert, geätzt und tiefengeschwärzt

Gewicht 3,253 kg

unterhalb des Ätzstreifens eingeschlagene Landshuter Beschau und W sowie die geätzten Initialen WG; im Mittelstreifen die Jahreszahl 1548

aus der Sammlung Friedrich Otto von Leber in Wien; 1925 ersteigert

Rüstkammer, SKD, Inv.-Nr. N 0004

HStAD, 10009, Nr. 280, Kgl. Historisches Museum u. Gewehrgalerie, Zugangsverzeichnis 1885–1943, Bl. 59/60, Nr. 647/3

Lit.: Boeheim 1895, S. 373f; Wien 1990, S. 64, A 376; Schuckelt 2004, S. 329

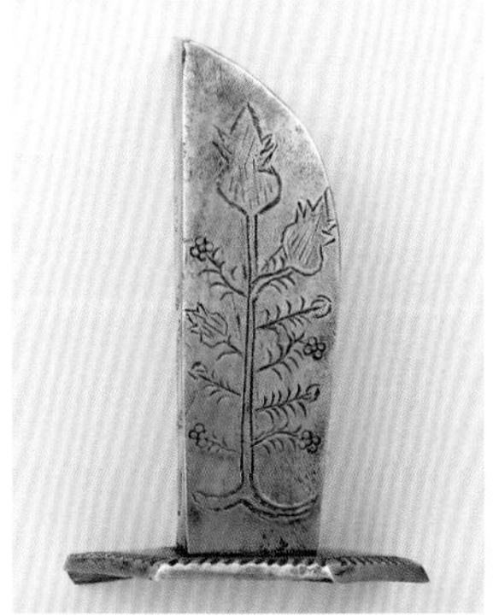

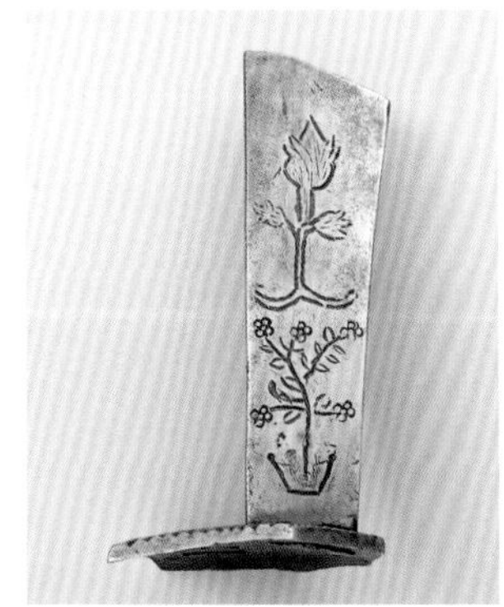

Die blanke, doppelt geschobene Gratbrust mit Gürtelreifen und beweglichen Armeinsätzen besitzt an den Armeinsätzen und am Halsausschnitt kräftige Schnurbörtel. Auf der rechten Brustseite befindet sich ein angesteckter, starrer Rüsthaken mit grob gravierten Blütenstauden. Auf der linken Seite wurden drei nutzlose Löcher wie zur Anbringung eines Rüsthakens offenbar erst später hinzugefügt. Der Dekor der Brust besteht aus Ätzstreifen mit erhabenen Motiven auf vertieftem, geperltem Grund mit Schwarzlot. Der waagerechte Ätzstreifen am oberen Rand der Brust zeigt eine ländliche Szene mit Bauern bei der Arbeit, einem Brunnen mit Schöpfeimer und einem Edelmann. Lose Blattranken mit diversen Tieren (Wiesel, Eber, Hase, Hund etc.) zieren die Armausschnitte. Über die große Brustplatte und die beiden Bauchgeschübe ziehen sich der senkrechte Mittel- und die beiden Seitenstreifen mit ihren geschlängelten Blattranken und figürlichen Darstellungen. Den oberen Abschluss des Mittelstreifens bildet eine nackte, weibliche Figur, die einen Dolch in ihre Brust zu stoßen sucht. Ein geflügelter Engel greift ihr in den Arm, um sie daran zu hindern. Neben dieser Figurengruppe findet sich in senkrechter Anordnung ein Schild mit der Inschrift „DAS IST DIE LVGRECIA 1548“. Lucretia gehört zum Gründungsmythos der römischen Republik. Sie war die Gattin des L. Tarquinius Collatinus. Nachdem sie von Sextus, dem ältesten Sohn des letzten römischen Königs, geschändet worden war, wählte sie aus Scham den Freitod. In der Renaissance diente sie als Symbol ehelicher Treue.

Die nahe den Armausschnitten unterhalb des querliegenden Ätzstreifens eingeschlagene Landshuter Beschau (das sogenannte „Landshuetl“) und das W weisen diese Harnischbrust als Arbeit des Landshuter Plattners Wolfgang Großschedel aus. Boeheim hielt diese Marken irrtümlich für die des Plattners Wilhelm von Worms d. J. Zusätzlich sind beiderseits des Mittelstreifens die Buchstaben W und G geätzt, was früher auch als Wolfgang Großschedel gedeutet wurde. Doch dürfte es sich dabei eher um die Initialen des namentlich nicht bekannten Ätzmalers handeln. Auf der Harnischbrust des Konrad von Bemelberg in der Hofjagd- und Rüstkammer des Kunsthistorischen Museums in Wien (Wolfgang Großschedel, um 1535/40, Inv.-Nr. A 376) finden sich an gleicher Stelle die Buchstaben A und G, was auf den Ätzmaler Ambrosius Gemlich bezogen wird.

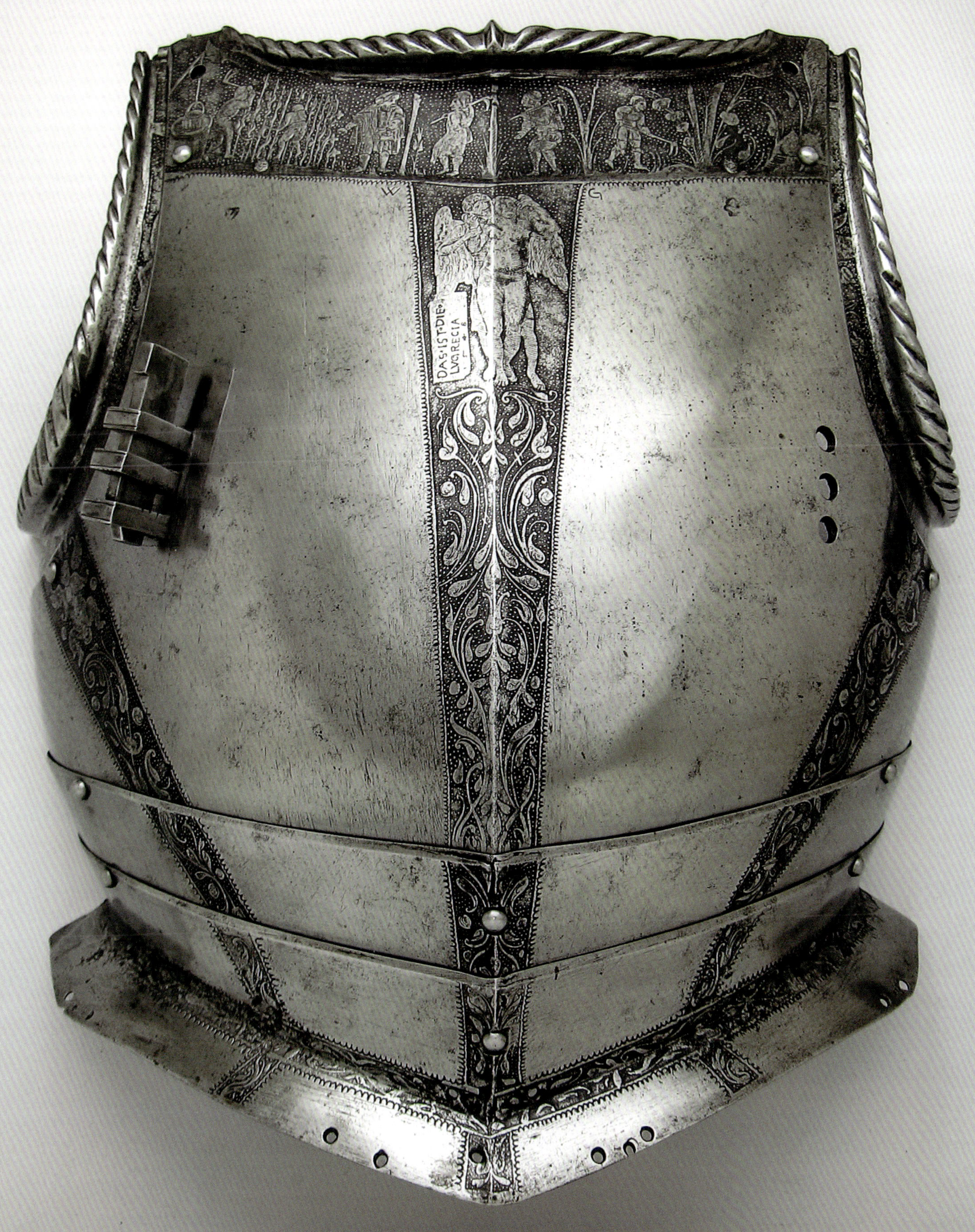
DAS·IST·DIE·
LVGRECIA

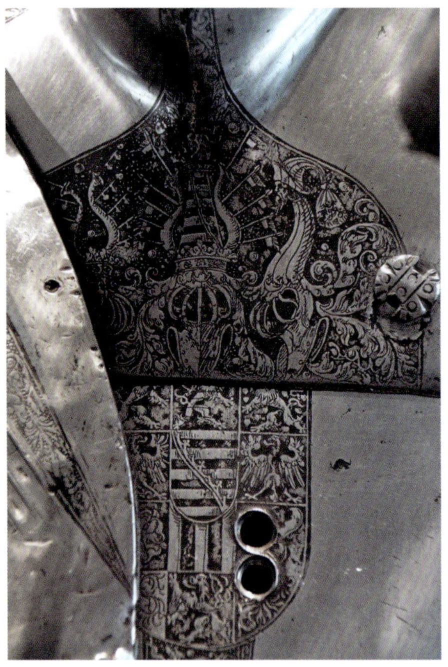

M 0014

RENNZEUG

II.P1

Hans Rosenberger, Dresden, vor 1548

Eisen geschmiedet, getrieben, poliert, geätzt und tiefengeschwärzt, teils mit Blei ausgegossen; Renntartsche Holz geschnitzt, mit Leinwand bezogen und bemalt, mit Leder gefüttert, Beschläge Eisen

Gewicht 69,855 kg (ohne Renneisen)

auf der Brust das große Wappen des Herzogtums Sachsen; Oberwappen auf dem Bart

aus dem Besitz des Kurfürsten August von Sachsen

Rüstkammer, SKD, Inv.-Nr. M 0014.01–.13

HStAD, 10009, Nr. 72, Gesamtinventar der Rüstkammer von 1606, S. 249

Lit.: Ehrenthal 1899, S. 34, C 3 u. C 4; Haenel 1923, S. 12, Tafel 6; Theumert 1963, S. 56, Nr. 10; Wozel 1979, S. 83, Nr. 14

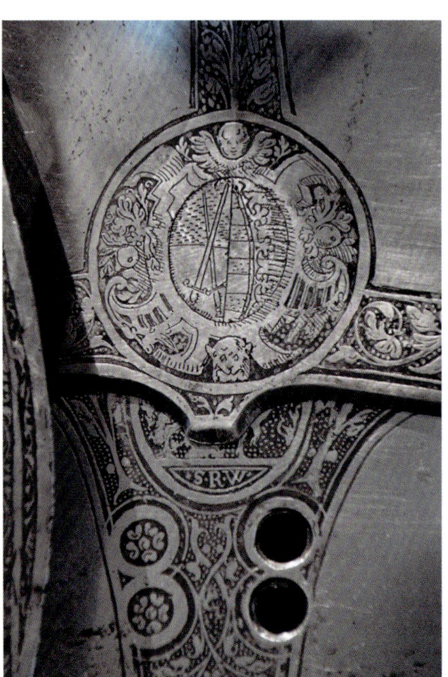

M 0015

RENNZEUG

II.14 und II.P1

Siegmund Rockenberger, Wittenberg, nach 1553

Eisen geschmiedet, getrieben, poliert, geätzt und tiefengeschwärzt, teils mit Blei ausgegossen; Renntartsche Holz geschnitzt, mit Leinwand bezogen und bemalt, mit Leder gefüttert, Beschläge Eisen

Gewicht 79,702 kg (ohne Renneisen)

auf dem Bart das ovale kursächsische Wappen; unmittelbar darunter auf der Brust die Initialen ·S·R·W·

aus dem Besitz des Kurfürsten August von Sachsen

Rüstkammer, SKD, Inv.-Nr. M 0015.01–.12

HStAD, 10009, Nr. 72, Gesamtinventar der Rüstkammer von 1606, S. 249

Lit.: Ehrenthal 1899, S. 34, C 3 u. C 4; Wozel 1979, S. 83, Nr. 14

Die sehr ähnlich aussehenden Rennzeuge wurden schon im Inventar von 1606 zusammen beschrieben. Sie stammen beide aus dem Besitz des Kurfürsten August von Sachsen und wurden von diesem persönlich auch beim Turnier verwendet. Die angeschraubten, hölzernen Renntartschen (in der Ausstellung an den Harnischen durch moderne Nachbildungen ersetzt; die originale Tartsche von M 0015 ist separat in Vitrine II.14 ausgestellt) zeigen, dass diese Harnische für das sogenannte Anzogenrennen verwendet wurden.

Beide Rennzeuge bestehen aus einem Rennhut mit flachem Kamm, angeschraubtem eisernem Füßchen für die Helmzier, Sehspalt und Nackenschutz, einer auf der rechten Seite abgeflachten Brust mit tief ausgeschnittenen Armlöchern, beweglichen Schulterbändern, Rüst- und Rasthaken sowie angeschraubtem Rennbart mit Atemlöchern und langer Schraube, einem Rücken mit angenietetem Schwänzel und einem mittels Flügelschraube an der Brust verschraubten Magenblech mit Bauchreifen und geschobenen Rennschößen. Zu beiden Rennzeugen gehören je eine an der Brust durch eine Kegelschraube und am Bart durch eine Flügelmutter verschraubte, hölzerne Renntartsche, ein auf der Lanze steckender, die ganze rechte Seite schützender Brechschild mit Lanzenstutzen, ein geätztes Renneisen für die Lanze und am Sattel hängende Dilgen zum Schutz von Knie und Oberschenkel. Einer der beiden Rennhüte ist seitlich geriefelt und mit einer Stirnplatte verstärkt. Die Innenseiten der Brustbleche sind zur besseren Gewichtsverteilung mit Blei ausgegossen. Die Renntartschen sind mit Leinwand bezogen, an den Kanten teils mit Eisenblech verstärkt und bemalt. Rücken und Brechschilde beider Rennzeuge und eines der Dilgenpaare sind geriefelt. Außerdem zeigen nahezu alle Teile reichen, meist in Streifen angeordneten Ätzdekor. Dieser besteht aus lebhaftem Rankenwerk mit eingestreuten Tieren, diversen bärtigen Gestalten und mythologischen bzw. allegorischen Figuren, wie beispielsweise König David, der Hirtengott Pan mit seiner Flöte, der das Himmelsgewölbe tragende Atlas und geflügelte Putten.

Auf der Brust des Rennzeuges von Hans Rosenberger befindet sich das große, zehnteilige Wappen des Herzogtums Sachsen, welches sich mit den zugehörigen Helmen, Helmdecken und Zimieren des Oberwappens auf dem Bart fortsetzt. Im Wappen fehlen die Kurschwerter, womit bereits klar ist, dass das Rennzeug vor dem Tod des Kurfürsten Moritz von Sachsen und der Machtübernahme seines jüngeren Bruders im Jahr 1553 für Herzog August gefertigt wurde. Außerdem fehlt im Vergleich zu dem später von Kurfürst August geführten Wappen auch die Burggrafschaft Magdeburg, die erst in Folge des Übergangs der Kurwürde an Herzog Moritz von Sachsen 1547 bzw. 1548 (4. Juni 1547 Belehnung von Moritz durch Kaiser Karl V. im Feldlager vor Wittenberg; 24. Februar 1548 feierliche Belehnung auf dem Augsburger Reichstag) an die Albertinische Linie der Wettiner fiel. Demnach muss dieses Rennzeug bereits vor 1548 entstanden sein. Im Unterschied dazu befindet sich auf dem Bart des Rennzeuges von Siegmund Rockenberger das zweigeteilte kursächsische Wappen (das Wappen des Herzogtums Sachsen mit Rautenkranz links und die gekreuzten Kurschwerter rechts). Folglich wurde dieser Turnierharnisch erst gefertigt, nachdem Herzog August 1553 Kurfürst von Sachsen geworden war.

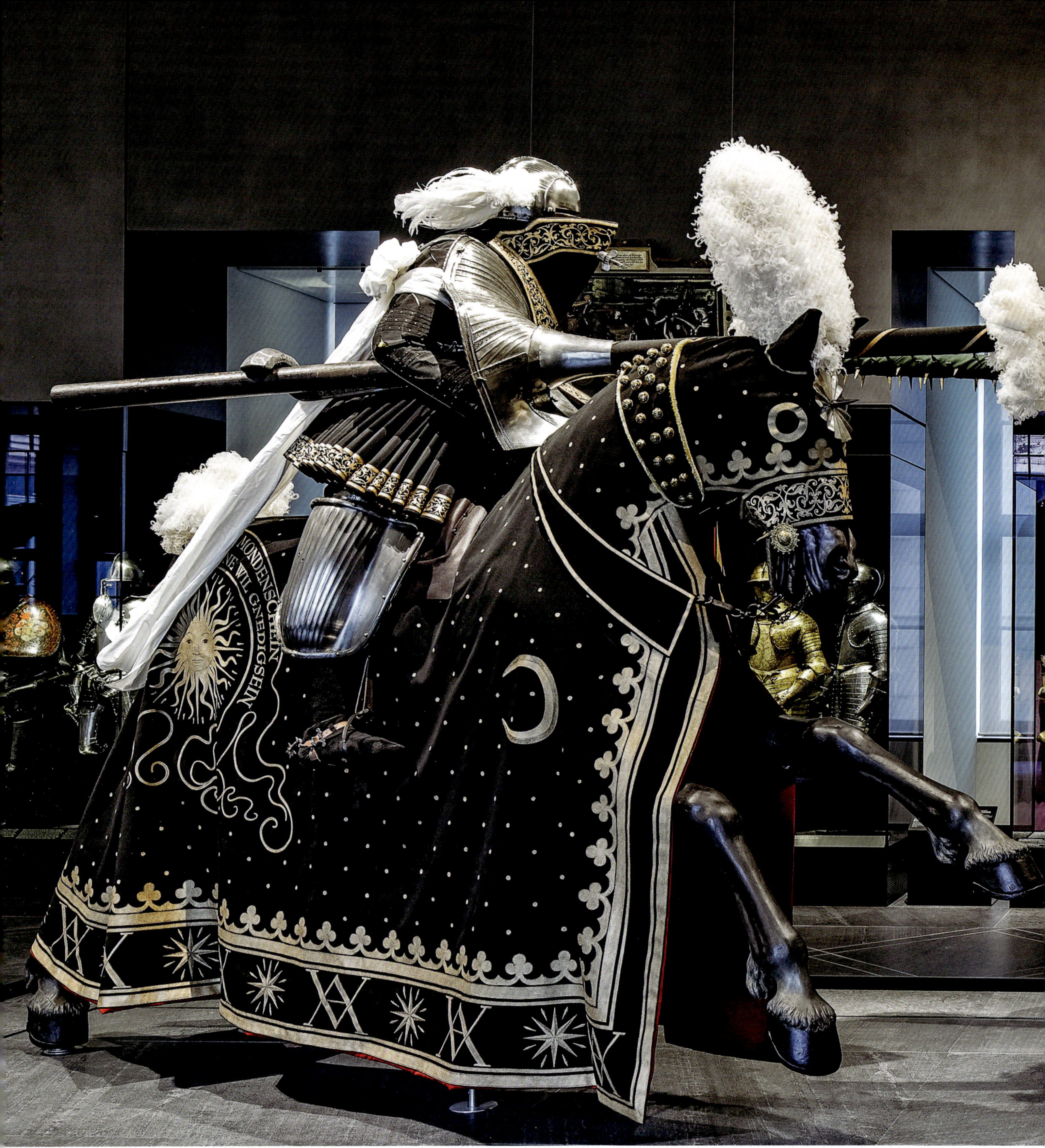

M 0015

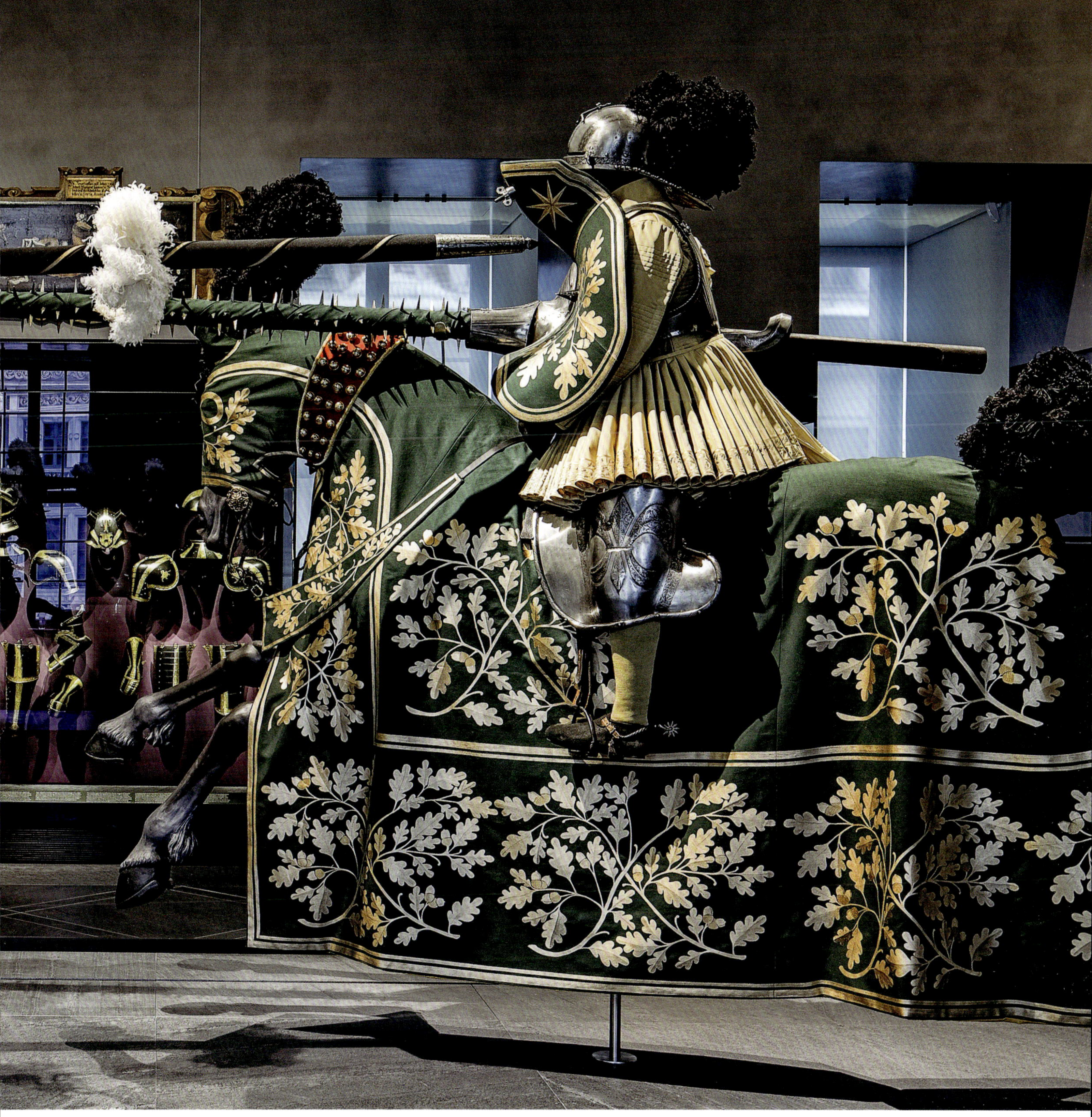

M 0014

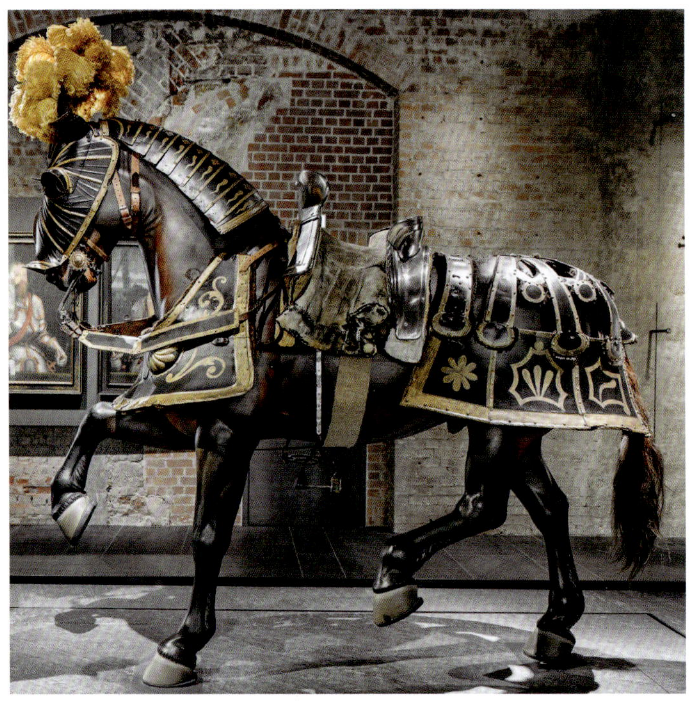

ROSSHARNISCH

III.P2

deutsch, Mitte des 16. Jahrhunderts

Eisen geschmiedet, getrieben, geschwärzt und bemalt

Gewicht 26,875 kg

1606 erstmals belegt

Rüstkammer, SKD, Inv.-Nr. L 0382.01–.07

HStAD, 10009, Nr. 72, Gesamtinventar der Rüstkammer von 1606, S. 148

Lit.: Ehrenthal 1899, S. 152, G 60; Schuckelt 1994/95, S. 20

Der Rossharnisch besteht aus einem Rosskopf mit Scheitelfolge, Augendächern, Ohrenbechern und aufgeschraubtem Stirnschild, halbem, neunmal geschobenem Kanz, Fürbug mit getriebenen Rosetten auf den Streifbuckeln, durchbrochenem Gelieger mit Rosetten auf der Kruppe sowie schmalen, zweiteiligen Zügelblechen. Rosskopf, Fürbug und Gelieger sind jeweils aus mehreren Platten fest zusammengenietet. Sämtliche Teile sind geschwärzt und golden bemalt, was erst nachträglich im Zusammenhang mit den Hochzeitsfeierlichkeiten von 1719 geschah.

Der Rossharnisch wurde früher mit der 1567 bei Gotha erfolgten Gefangennahme des Herzogs Johann Friedrich II. von Sachsen durch Kurfürst August von Sachsen in Verbindung gebracht. Das basierte aber auf einem Irrtum Ehrenthals. Erstmals belegt ist der damals noch blanke Rossharnisch 1606 im Zusammenhang mit dem Harnisch Kurfürst Augusts von Sachsen, der 1586 auch bei seinem Begräbnis zum Einsatz kam, ohne dass dabei aber Angaben zur Provenienz gemacht wurden. 1719 wurde der Rossharnisch dann anlässlich der Hochzeitsfeierlichkeiten in Dresden schwarz und golden angemalt und in Verbindung mit dem gleichen Harnisch Kurfürst Augusts von Sachsen verwendet.

SCHILD

III.88

italienisch, Mitte des 16. Jahrhunderts

Eisen geschmiedet, getrieben, geätzt, graviert, ziseliert, geschwärzt und vergoldet; Zierniete Eisen vergoldet; Futter und Handhaben Samt; Fransen Silbergespinst vergoldet

Durchmesser 58,6 cm; Gewicht 3,894 kg

aus dem Besitz des Jakob von Thalheim

Rüstkammer, SKD, Inv.-Nr. N 0134

HStAD, 10009, Nr. 72, Gesamtinventar der Rüstkammer von 1606, S. 916

Lit.: Ehrenthal 1899, S. 61, E 35; Schöbel 1972, S. 51, Nr. 16

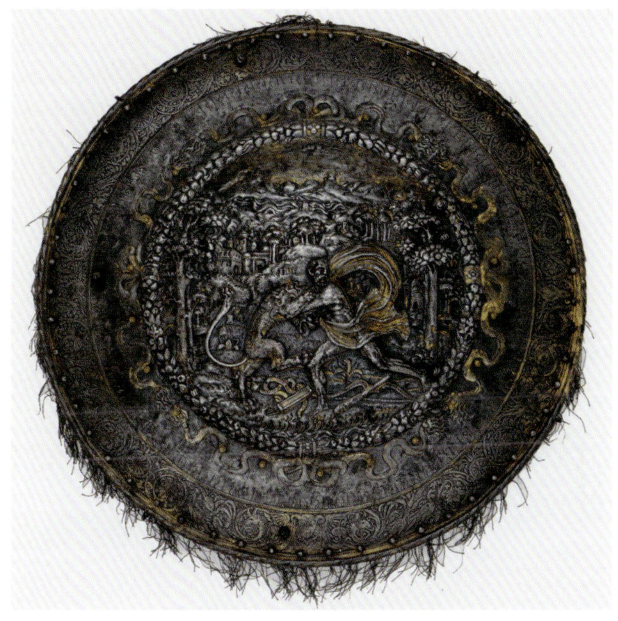

Der eiserne, partiell vergoldete Rundschild ist von einem Schnurrand umgeben und sein Dekor setzt sich aus mehreren Bordüren und einem großen Mittelfeld zusammen. Um den äußeren Rand zieht sich ein schmaler Streifen mit geätzten Wellenranken, deren Enden in gehörnten Tierköpfen bzw. in Blüten auslaufen. Der nächste Streifen beinhaltet vier Paare ineinander verknoteter, ebenfalls gewellter Schnüre auf blankem Grund, gefolgt von einem Blätterkranz mit Früchten. Das zentrale Hauptfeld zeigt den Zweikampf eines Menschen mit einem Löwen vor einer Gebirgslandschaft mit Stadt und Bäumen. In sämtlichen Inventaren bis 1821 wurde diese Szene als der Kampf Samsons mit dem Löwen gedeutet, was man im Inventar des Turniersaals von 1836 allerdings korrigierte. In der Geschichte von Samson und dem Löwen heißt es, dass er den Löwen mit bloßen Händen zerfetzte. Auf dem Schild sind unterhalb der Kämpfenden aber Keule, Pfeile und Bogen dargestellt, was mit der ersten der zwölf Aufgaben des Eurystheus für Herkules in Einklang gebracht werden kann. Herkules sollte den Löwen von Nemea töten und Eurystheus dessen Fell bringen. Erst im Verlauf des Kampfes, nachdem er vergebens mit Pfeilen geschossen und mit seiner Keule auf ihn eingeschlagen hatte, merkte Herkules, dass der Löwe unverwundbar war. Er legte seine Waffen beiseite und erwürgte den Löwen mit bloßen Händen, was genau so auf dem Schild zu sehen ist. Auf der Innenseite ist der Schild mit ehemals rotem, heute aber bräunlichem Samt gefüttert, der durch 56 rosettenförmige Niete gehalten und von einer Fransenborte aus vergoldetem Silbergespinst eingefasst ist. In der Mitte befindet sich ein rechteckiges, durch Ziernähte längs gestreiftes Armpolster. Auch Handgriff, Trag- und Armriemen sowie die eisernen, vergoldeten Schnallen und Riemenzungen sind erhalten.

Der Schild gehörte ursprünglich Jakob von Thalheim, der 1567 Unterkommandant von Dresden war und 1584 als „Kriegsoberster“ in Zwickau starb. In den Inventaren der Rüstkammer wurde er allerdings mit unterschiedlichen Namen und Schreibweisen erwähnt. Im Zusammenhang mit diesem Schild nannte ihn der Inventarschreiber „Holtzheimer“.

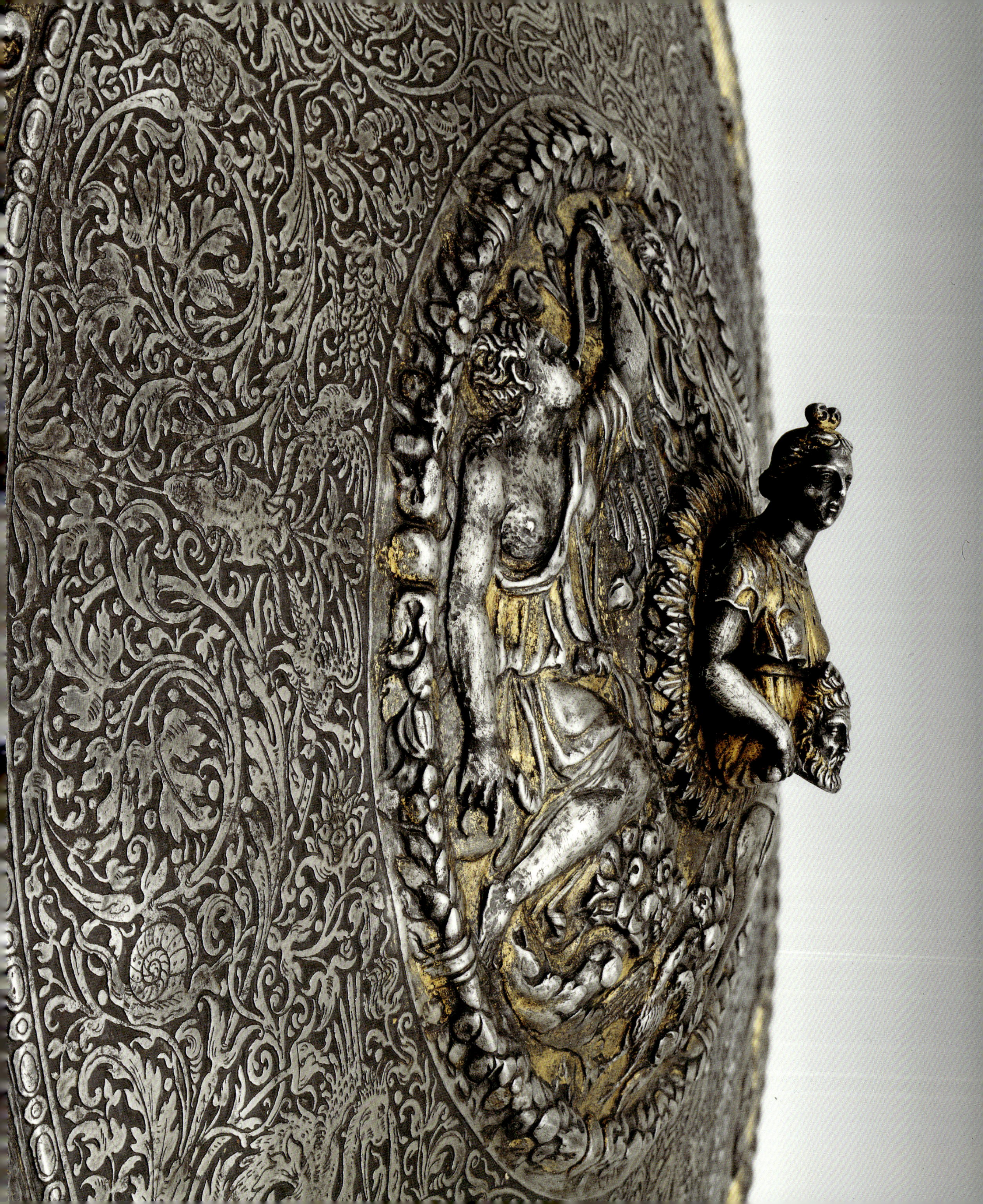

SCHILD

III.78

Mailand, um 1550–1555

Eisen geschmiedet, getrieben, geätzt, graviert und vergoldet; Futter schwarzer Samt, mit Goldfäden bestickt; Schnallen und Nietköpfe Eisen vergoldet, teils geätzt

Durchmesser 57,0 cm; Gewicht 4,160 kg

1587 Geschenk von Francesco I. de' Medici, Großherzog der Toskana, an Kurfürst Christian I. von Sachsen

Rüstkammer, SKD, Inv.-Nr. N 0132a

HStAD, 10009, Nr. 72, Gesamtinventar der Rüstkammer von 1606, S. 917

Lit.: Ehrenthal 1899, S. 76, E 219; Haenel 1923, S. 56, Tafel 28; Schöbel 1972, S. 49, Nr. 8; Schöbel 1973, S. 35, Nr. 42; Godoy/Leydi 2003, S. 414, Kat.-Nr. 7; Schuckelt 2006b, S. 97, Marx 2007/2008, S. 58ff

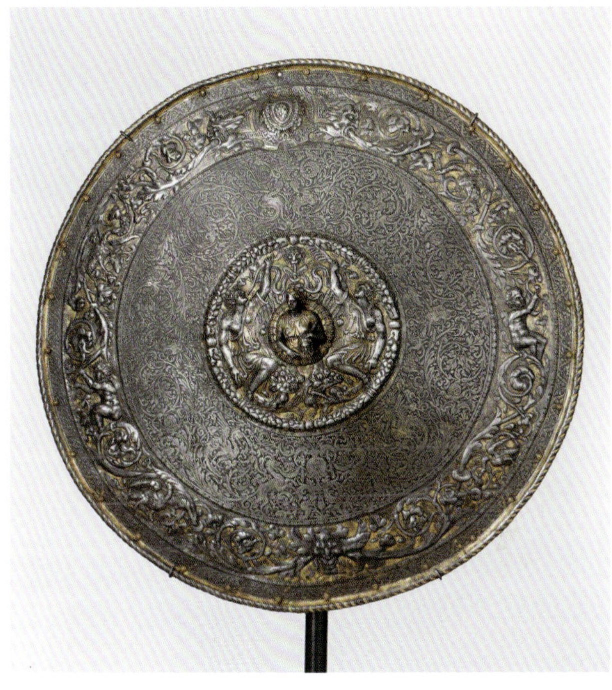

Der Rundschild zeigt auf seiner Vorderseite einen reichen, flächendeckenden Dekor, der in Teilen geätzt, aber auch plastisch getrieben und in den Tiefen vergoldet ist. Im Mittelfeld findet sich die vollplastisch ausgebildete Halbfigur von Judith mit dem Haupt des Holofernes, flankiert von zwei knienden Genien mit Palmenzweig und Posaune. Über der Judith ist ein Löwenkopf mit Bandschleifen eingefügt und die untere Mitte ist mit Fruchtbündeln und einem Raben ausgefüllt. Die gesamte Darstellung ist von einem ebenfalls getriebenen Früchtekranz umgeben, der die Szene von der breiten, geätzten Fläche mit Blattranken, Blüten, Früchten, Fabelwesen und Stierschädeln abgrenzt. Die äußere Bordüre ist wiederum getrieben und enthält aus Blattmasken entspringende Wellenranken mit zwei seitlichen Putten und eingestreuten Vögeln. Am oberen Rand befindet sich das halbierte Wappen der Medici und der Álvarez de Toledo, umgeben von einer Kette mit dem Goldenen Vlies. Dieses Wappen führten die Medici seit der Eheschließung von Cosimo I. de' Medici mit Eleonora von Toledo im Jahr 1539. Das schwarze Futter auf der Innenseite des Schildes wird durch 31 vergoldete Zierniete in Rosettenform gehalten. Bordüre, Armpolster, Tragriemen und Handgriff sind mit goldenen Blattranken in Schnürchenstickerei verziert. Der Armriemen fehlt. Schnallen und Beschläge sind aus vergoldetem Eisen und teils geätzt. Die im Inventar erwähnten goldenen Fransen haben sich nicht erhalten.

Der Schild war Teil eines umfangreichen, hauptsächlich aus orientalischen und orientalisierenden Waffen bestehenden Geschenks von Francesco I. de' Medici, Großherzog der Toskana, an Kurfürst Christian I. von Sachsen, welches Heinrich von Hagen 1587 von seiner Gesandtschaftsreise aus Italien mit nach Dresden brachte.

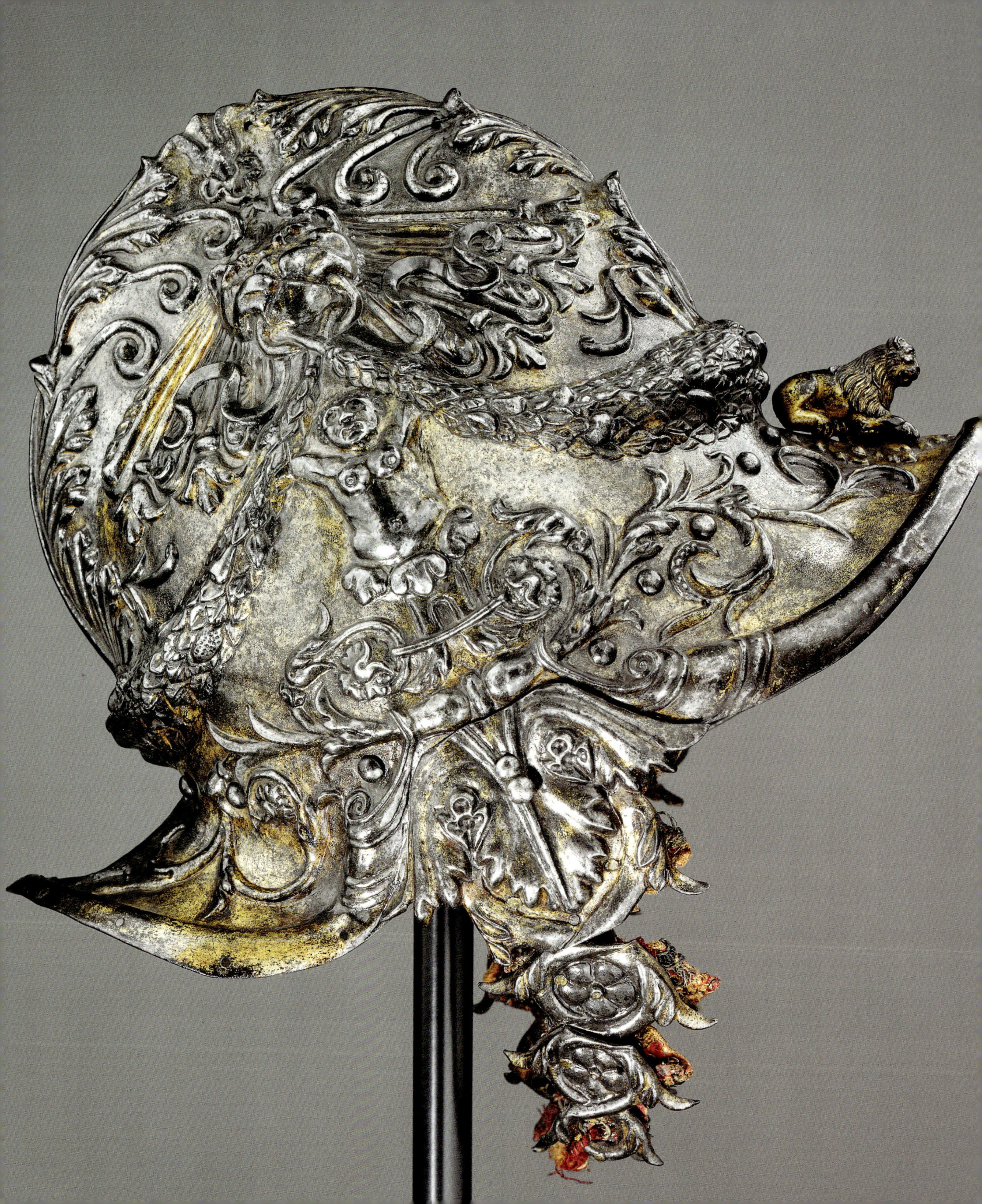

STURMHAUBE

III.78

norditalienisch (Mailand?), um 1555

Eisen geschmiedet, getrieben, vergoldet und teils versilbert; Futter roter Atlas, mit Gold- und Silberfäden bestickt

Höhe 36,3 cm; Länge 33,9 cm; Breite 20,8 cm; Gewicht 1,942 kg

wohl 1588 von Carlo Theti aus Italien nach Dresden gebracht

Rüstkammer, SKD, Inv.-Nr. N 0132

HStAD, 10009, Nr. 72, Gesamtinventar der Rüstkammer von 1606, S. 911(?); HStAD, 10009, Nr. 244, Inventar der Türkenkammer von 1674, S. 8, Nr. 13

Lit.: Ehrenthal 1899, S. 76, E 218; Haenel 1923, S. 56, Tafel 28; Schöbel 1972, S. 49, Nr. 7; Schöbel 1973, S. 31, Nr. 42; Godoy/Leydi 2003, S. 415, Kat.-Nr. 8; Marx 2007/2008, S. 58ff

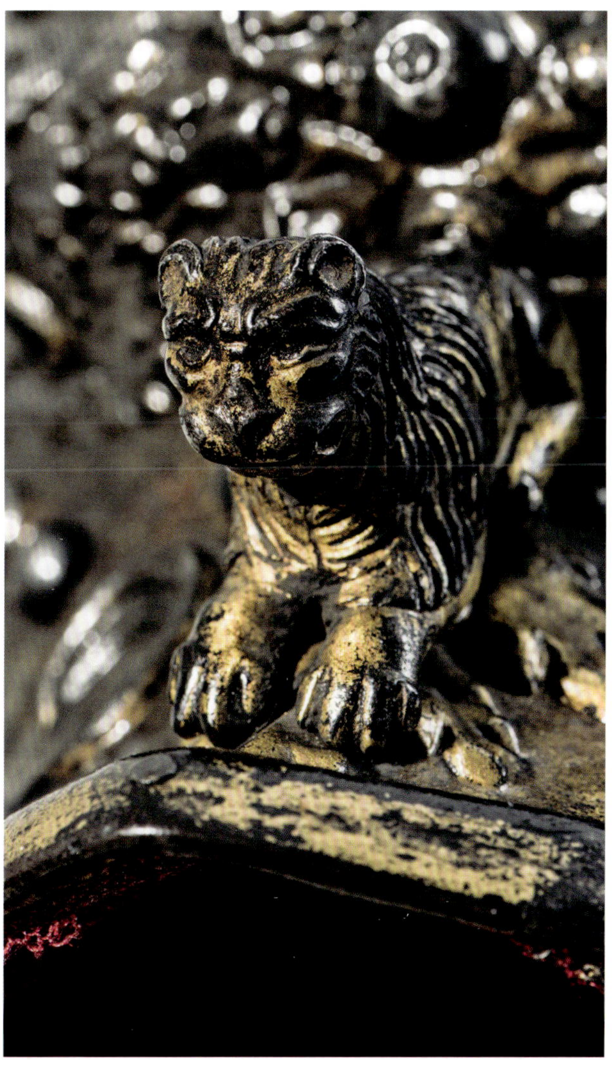

Die aus einem Stück sehr plastisch getriebene Sturmhaube mit ihren dreiteiligen Wangenklappen ist in den Tiefen vergoldet. Darüber erhebt sich ein lebhafter Dekor, in dessen Mitte auf beiden Seiten der Helmglocke je ein Löwenkopf erscheint. Dieser hält in seinem Maul einen Ring mit daran hängenden Fruchtgirlanden und durchgezogenen, geschwungenen Bändern. Unterhalb des Löwenkopfes und zwischen den Girlanden – diese mit den erhobenen Händen haltend – befindet sich eine Halbfigur, aus deren blütenförmiger Basis Blattranken entspringen. Der Kamm ist mit Akanthusblättern verziert und auf dem Augenschirm liegt eine vollplastische Löwenfigur. Der erhabene Dekor ist in den Höhen stark berieben. An einigen Stellen scheinen sich minimale Reste einer sparsamen Versilberung erhalten zu haben. Dies würde den Beschreibungen in den ersten Inventaren entsprechen, während im Inventar von 1836 davon nicht mehr die Rede ist. Helm und Wangenklappen sind mit rotem Atlas gefüttert, der in den unteren Partien sowie in den Wangenklappen golden und silbern bestickt ist.

Sicher belegt ist diese Sturmhaube seit 1674. Vermutlich bezieht sich aber schon ein Eintrag im Inventar von 1606 auf das Stück, wonach auch dieser Helm 1588 von Carlo Theti aus Italien mitgebracht worden wäre.

TEILE ZUR BLAU-GOLDENEN HARNISCHGARNITUR

III.65

Augsburg, 1557

Eisen geschmiedet, getrieben und gebläut; Beschläge Kupfer gegossen und vergoldet

Gewicht Kragen, Brust und Rücken 7,228 kg; Rossstirn 2,081 kg

1557 für den späteren Kaiser Maximilian II. als Teil einer Garnitur gefertigt; 1835 in St. Petersburg und 1932 im Tausch aus dem Wiener Kunsthandel

Rüstkammer, SKD, Inv.-Nr. M 0146.01–.04

HStAD, 10009, Nr. 280, Kgl. Historisches Museum u. Gewehrgalerie. Zugangsverzeichnis 1885 u. 1943, Bl. 71/72, Nr. 757/6

Lit.: Wien 1990, S. 206ff; Schuckelt 1994/95, S. 20

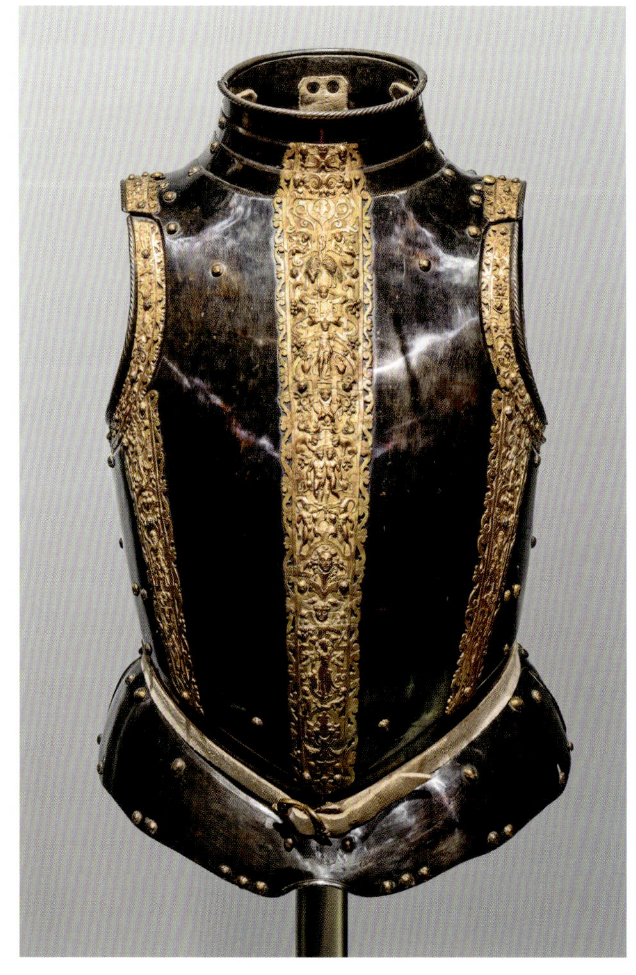

Der dreifach geschobene Kragen, die Brust mit beweglichen Armeinsätzen sowie Gürtel- und Bauchreifen, der Rücken mit Gürtel- und Gesäßreifen und die halbe Rossstirn mit Scheitelfolge, Ohrenbechern und Stirnschild gehören zu einer kleinen Harnischgarnitur, die sich Maximilian II., König von Böhmen und Ungarn (seit 1564 Kaiser), 1557 in Augsburg fertigen ließ. Die Garnitur bestand ursprünglich aus zwei Harnischen mit Rundschild und spanischer Schützenhaube. Die einzelnen Elemente konnten zum Stechen, als Feldharnisch, als leichter Reiterharnisch und zum Fußturnier gebraucht werden. Während der Stech- und Feldharnisch in der Wiener Hofjagd- und Rüstkammer vollständig erhalten ist, wurde der Großteil des leichten Reiter- und Fußturnierharnischs in napoleonischer Zeit entwendet. Heute befinden sich davon die spanische Schützenhaube und der Rundschild ebenfalls in Wien, der linke Handschuh im Metropolitan Museum in New York und Kragen, Brust, Rücken sowie die halbe Rossstirn in der Dresdner Rüstkammer.

Sämtliche Teile dieser Harnischgarnitur sind gebläut und mit vergoldeten Kupferbeschlägen verziert. Der Dekor besteht aus Beschlagwerk mit mythologischen Figuren, Fabelwesen, Masken und Früchten sowie dem Goldenen Vlies am Halsausschnitt der Brust. Auf der halben Rossstirn befinden sich eine Federhülse und das mit der Collane des Goldenen Vlieses umgebene Wappen von Böhmen und Ungarn (darin die Wappen von Österreich, Burgund, Altburgund/Brabant, Kastilien-Leon, Aragon-Sizilien und im Herzschild die Wappen von Tirol und Flandern).

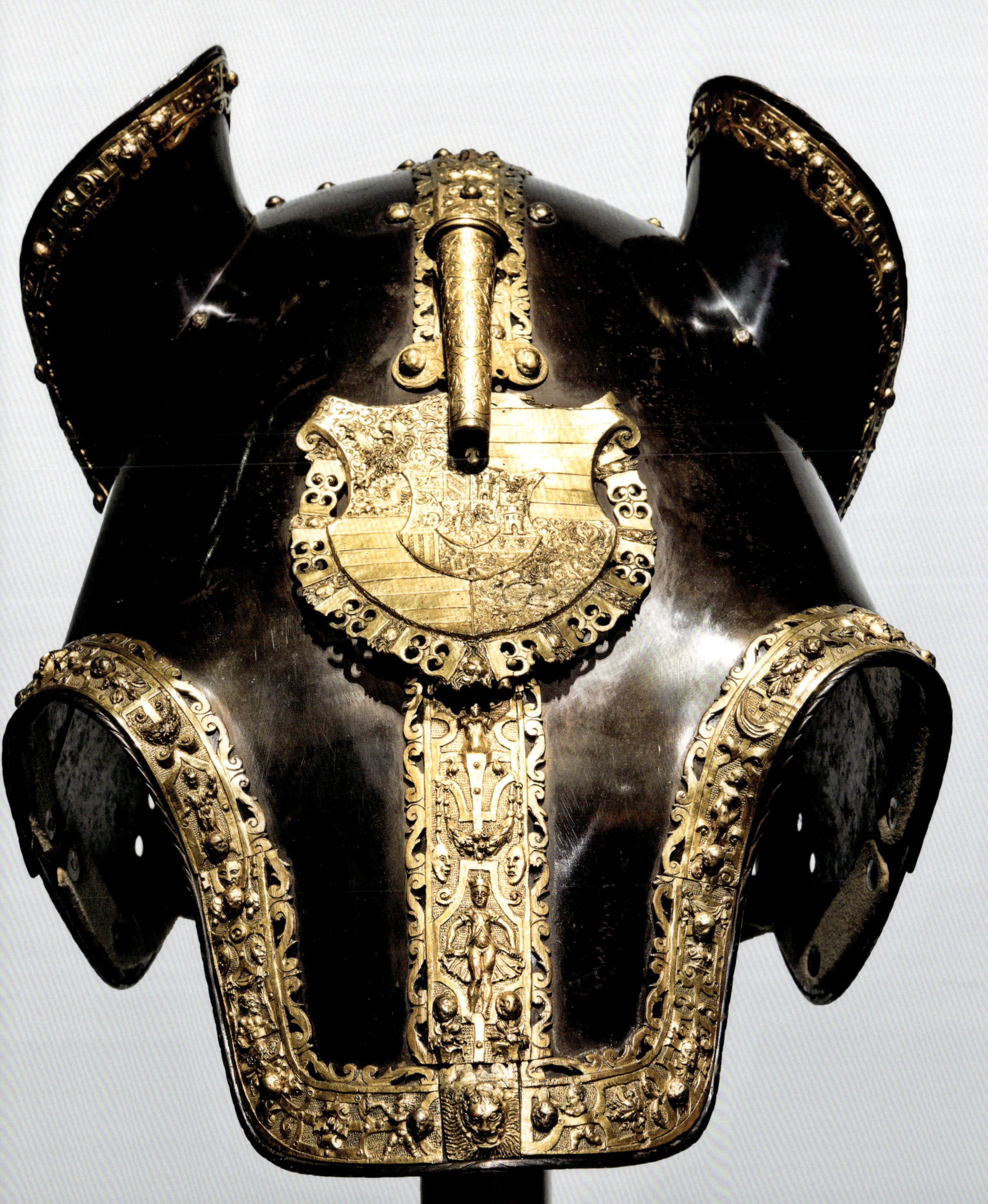

TEILE EINER HARNISCHGARNITUR

II.28

wohl Augsburg (Anton Peffenhauser zugeschrieben), um 1560

Eisen geschmiedet, getrieben, geätzt, geschwärzt und vergoldet; Futter Leder und Samt

Gesamtgewicht (inkl. Wechselstücken) 26,701 kg

wohl aus dem Besitz des Herzogs Johann Wilhelm I. von Sachsen-Weimar; 1591 Geschenk des Herzogs Friedrich Wilhelm I. von Sachsen-Weimar

Rüstkammer, SKD, Inv.-Nr. M 0098.01–.28

HStAD, 10009, Nr. 72, Gesamtinventar der Rüstkammer von 1606, S. 173

Lit.: Ehrenthal 1899, S. 54, E 5; Haenel 1923, S. 16, Tafel 8; Wozel 1979, S. 85, Nr. 31; Schuckelt 1994/95, S. 20; Schuckelt 2002, S. 111

Diese Harnischelemente gehören zu einem umfangreichen Ensemble, das über mehrere Museen Europas und Amerikas verteilt ist. Es handelt sich dabei um zwei sehr ähnlich verzierte Harnischgarnituren, die wohl für Herzog Johann Wilhelm I. von Sachsen-Weimar und einige Jahre später für dessen Sohn Herzog Friedrich Wilhelm I. von Sachsen-Weimar geschlagen wurden. Die Dresdner Stücke gehören mit den Teilen in New York und Eisenach zur älteren Garnitur und kamen 1591 als Geschenk des kursächsischen Administrators, Herzog Friedrich Wilhelm I. von Sachsen-Weimar, an den erst achtjährigen Kurfürsten Christian II. von Sachsen nach Dresden. Die jüngere Garnitur (Nürnberg, Coburg und London) trägt die Augsburger Beschau und wird Anton Peffenhauser zugeschrieben. Ob die ältere Garnitur auch von Peffenhauser stammt, ist noch unklar. Sie war für den Gebrauch beim Plankengestech, beim Fußturnier und für repräsentative Zwecke gedacht. Die beiden Harnische in New York und Dresden sind jeweils aus Teilen sowohl des Stech- als auch des Fußturnierharnischs zusammengesetzt.

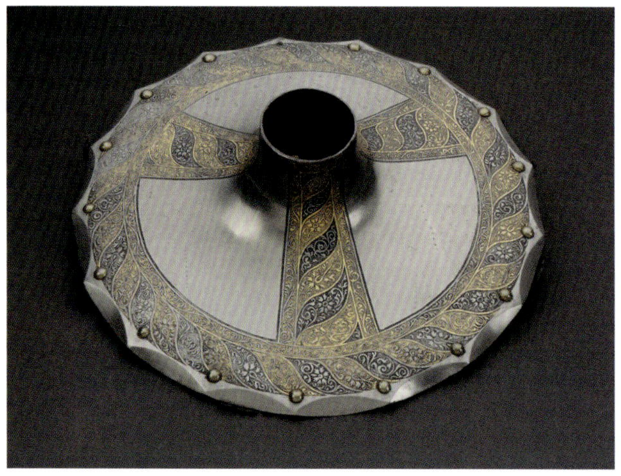

In Dresden verwahrt werden ein Burgunderhelm mit Faltenvisier, Visierbügel und Federhülse, ein vierfach geschobener Kragen, ein Kinnbart mit zwei Halsreifen, eine Brust mit beweglichen Armeinsätzen, zwei Bauchreifen und geradem, klappbarem Rüsthaken, ein Rücken mit einem Gesäßreifen, ein Paar symmetrischer, sechsfach geschobener Schultern mit Vorder- und Hinterflügen und aufgesetzten Brechrändern, Armzeuge mit ganzen Muscheln samt Schrauben für Schiftungen, ein Paar Hentzen mit angedeuteten Fingern, vierfach geschobene Beintaschen, dreiteilige, geschobene Diechlinge (können bei Abnahme des obersten Teils mit den Beintaschen zu Knieschößen montiert werden), ein Paar Beinröhren, Panzerschuhe mit Zehenkappen, eine Brechscheibe und eine halbe Rossstirn. Der Ätzdekor aller Teile zeigt ein von Wellenranken eingefasstes, rhombisches Bandmuster mit Blüten und Ranken abwechselnd auf vergoldetem und auf schwarzem Grund. Ellenbogen und Knie zieren größere Rosetten. Auf den Vorder- und Hinterflügen befinden sich großformatige, stilisierte Blütenkelche, deren Flächen mit einem feinen Rankendekor auf goldenem Grund ausgefüllt sind. Anders als in der älteren Literatur nachzulesen, ist keines der Dresdner Teile mit der Augsburger Beschau gemarkt.

Abb. S. 38

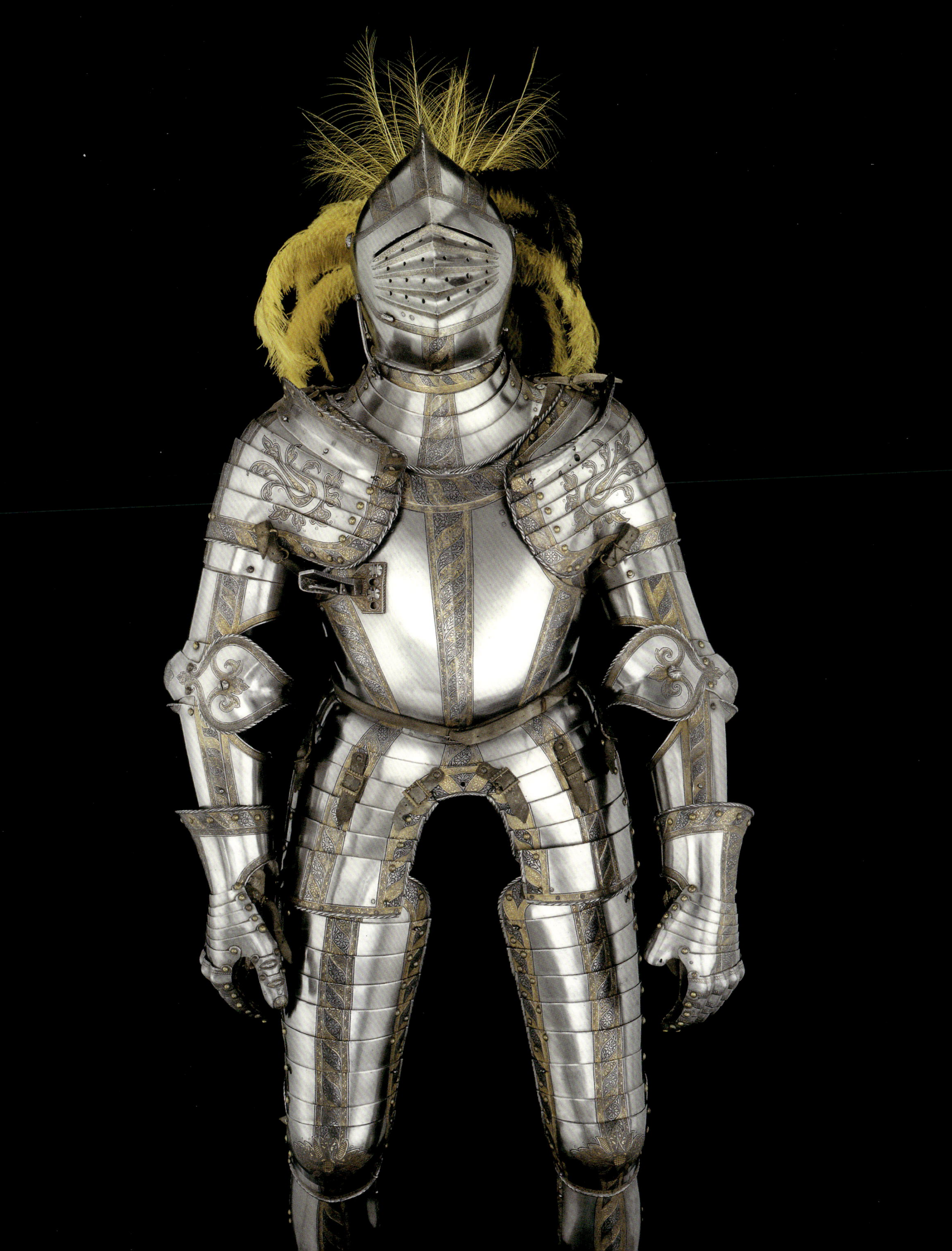

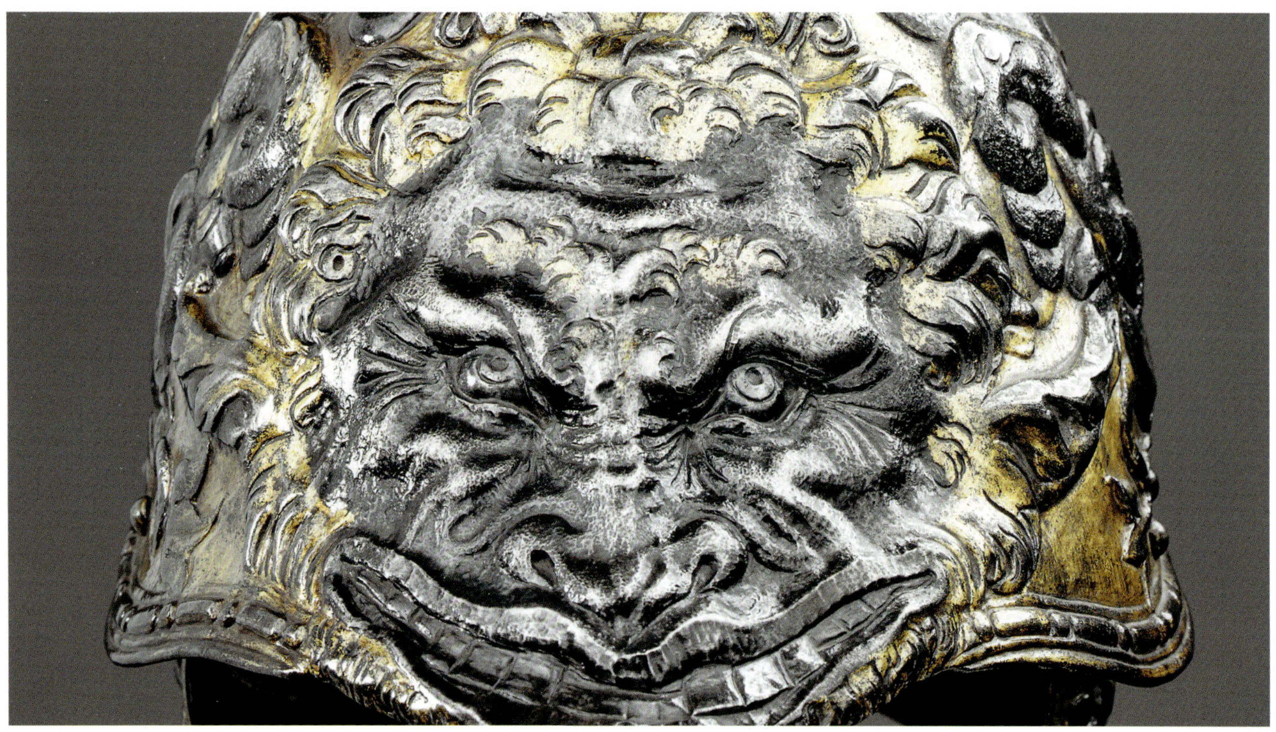

STURMHAUBE

III.78

Mailand, um 1560–1565

Eisen geschmiedet, getrieben, ziseliert, vergoldet und versilbert; Leder

Höhe 30,4 cm; Länge 34,3 cm; Breite 20,5 cm; Gewicht 2,169 kg

Rüstkammer, SKD, Inv.-Nr. N 0109
HStAD, 10009, Nr. 72, Gesamtinventar der Rüstkammer von 1606, S. 909

Lit.: Ehrenthal 1899, S. 61, E 34; Schöbel 1972, S. 47, Nr. 1; Schöbel 1973, S. 32, Nr. 24; Godoy/Leydi 2003, S. 431, Kat.-Nr. 24

Die aus einem Stück getriebene Sturmhaube ist reich in Silber auf goldenem Grund verziert. Ihr plastischer Dekor besteht aus Nereiden und Tritonen auf den Seiten der Helmglocke, Seepferden auf den Wangenklappen und einer Sphinx am vorderen Ende des Kamms. Der aus der Helmglocke entspringende, spitze Augenschirm ist vollständig mit einer grotesken Maske bedeckt. Ein vergleichbarer Maskaron mit langen Ohren und ausgestreckter Zunge ziert auch den Nackenschutz. Neben der materialbedingten Schutzfunktion macht insbesondere der Dekor des Augenschirms auch noch eine abschreckende Wirkung dieses Helms ersichtlich: Mit gesenktem Kopf deckte der Träger sein sonst ungeschütztes Gesicht und wurde gleichzeitig selbst zum „Monster“, dessen schreckliche Fratze den Gegner einschüchtern sollte. Die Sturmhaube ist nicht nur in ihrem Dekor eine Arbeit a la romana, auch ihr Äußeres folgt ähnlichen Helmformen der Antike.Der älteste Beleg für dieses Meisterwerk italienischer Schmiedekunst stammt aus dem Gesamtinventar von 1606, wo vermerkt ist, dass sich der Helm bereits in der „alten Rüst Cammer“ (vermutlich schon zur Zeit des Kurfürsten August von Sachsen) befunden hat.

Tafel 1b, S. 57

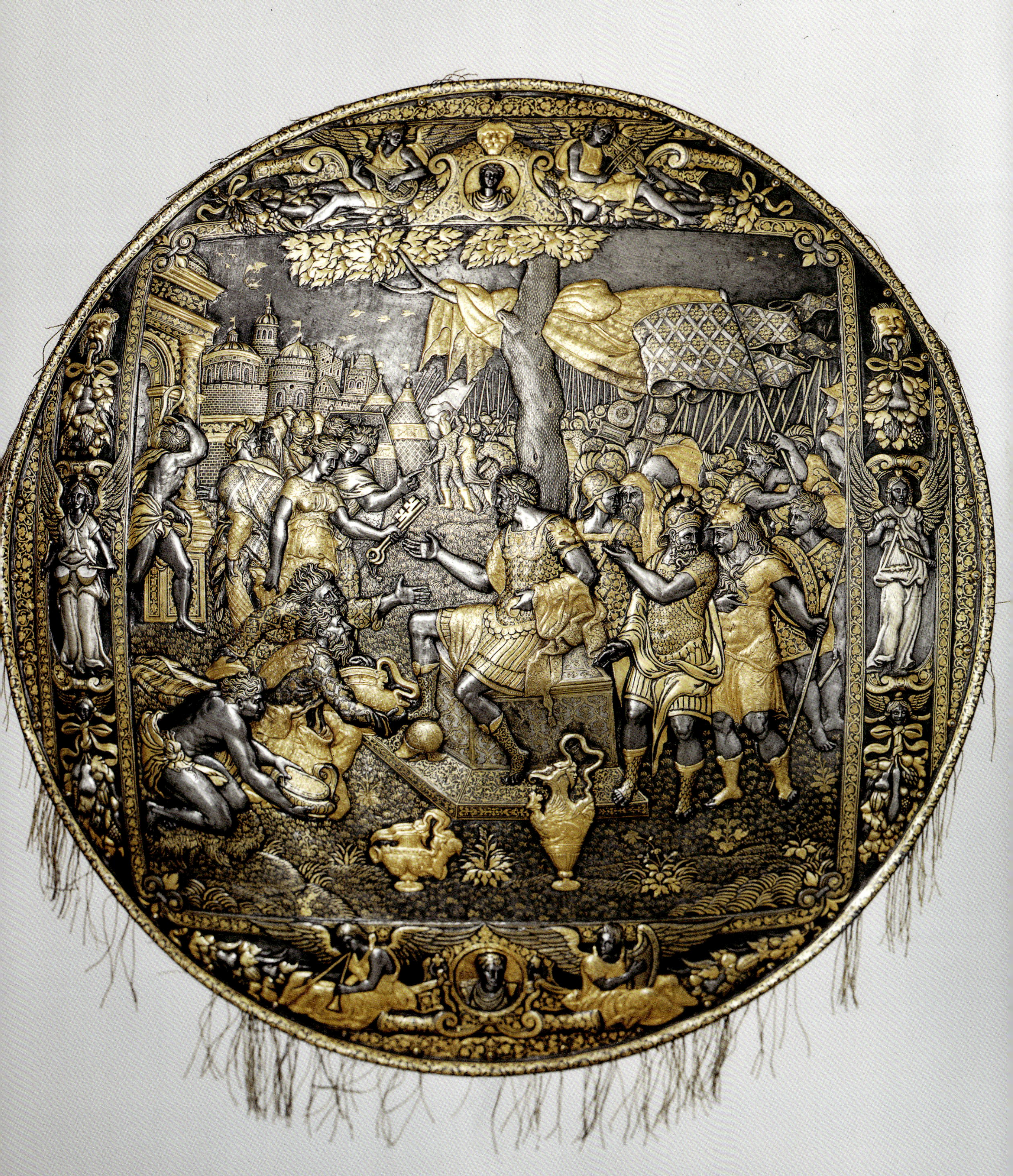

STURMHAUBE UND SCHILD

III.85

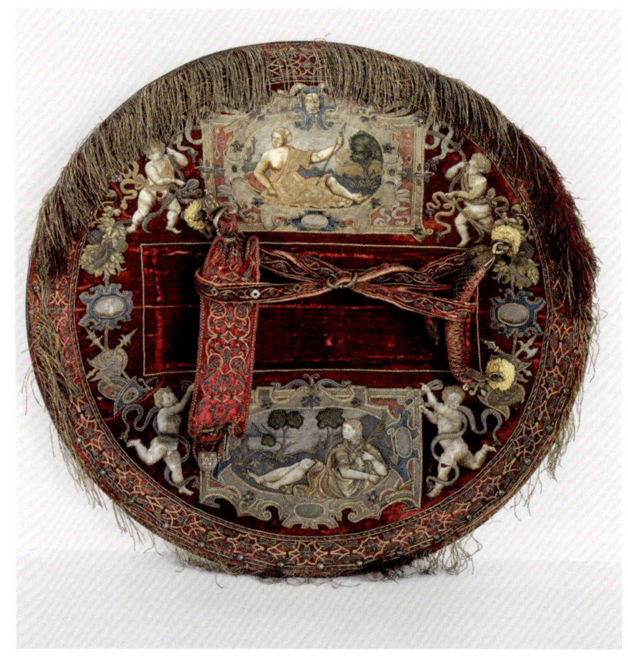

Mailand, um 1560–1565

Eisen geschmiedet, getrieben, graviert, punziert, teils gebläut, gold- und silbertauschiert; Futter roter Seidendamast (Helm) und Seidensamt (Schild), bestickt, appliziert und posamentiert; Schildfessel Leder, Bezug roter Seidensamt, Beschläge Eisen, Gold tauschiert, teils geschwärzt und vergoldet

Helm: Höhe 32,0 cm; Länge 33,5 cm; Breite 22,0 cm; Gewicht 1,863 kg
Schild: Durchmesser 59,7 cm; Gewicht 4,907 kg

wohl aus dem Besitz des Kurfürsten August von Sachsen

Rüstkammer, SKD, Inv.-Nr. N 0149 und N 0148

Inventar der Rüstkammer von 1567 (Kriegsverlust), S. 141

Lit.: Ehrenthal 1899, S. 67, E 95 und E 96; Haenel 1923, S. 54, Tafel 27; Schöbel 1972, S. 50f, Nr. 12 und 14; Schöbel 1973, S. 32, Nr. 21 und 22; Godoy/Leydi 2003, S. 433, Nr. 26

Sturmhaube und Schild sind plastisch getrieben und auf gebläutem Grund in Gold und Silber tauschiert. Der Kamm und die Wangenklappen sind mit Kriegstrophäen bedeckt und die Federhülse besteht aus einer silbernen Halbfigur mit nacktem Oberkörper und bärtigem Gesicht. Auf der Helmglocke finden sich Darstellungen aus der Trajanslegende: rechts reitet der Sohn des römischen Kaisers Trajan den Sohn einer armen Witwe nieder, während links Trajan auf deren Wunsch hin seinen Sohn begnadigt, den er für das Vergehen töten lassen wollte. Als Vorlagen für diese Darstellungen dienten Stiche von Agostino Veneziano und Marco Dente da Ravenna. Das viereckige Mittelfeld des Schildes zeigt die sogenannte Gerechtigkeit des Scipio, gestaltet nach einem Kupferstich von Antonio Salamanca zu Livius' *Römischer Geschichte* von 1542. Nach der Einnahme der Stadt Carthago Nova (das heutige Cartagena im Südosten Spaniens) im Jahr 209 v. Chr. wurden dem Feldherrn Scipio Africanus die Schlüssel der Stadt durch eine Jungfrau über geben, die ihn als Gefangene begleiten sollte. Scipio gab das Mädchen aber frei, als er erfuhr, dass sie mit einem vornehmen Jüngling verlobt sei. Die vier Seitenteile des Schildes sind mit musizierenden Genien ausgefüllt, die mit geringfügigen Änderungen den Randverzierungen eines Druckes von Jean Mignon entlehnt sind. Das bestickte, von goldenen Seidenfransen eingefasste Schildfutter zeigt zwei von Amoretten und Trophäen umgebene Landschaftsminiaturen mit ruhenden Frauengestalten, bei denen es sich um die römischen Göttinnen Minerva und Victoria handeln könnte. Die kostbare Stickerei wurde der Mailänder Seidenstickerin Catarina Leuca Cantona zugeschrieben.

Die Garnitur ist erstmals im Inventar der Rüstkammer von 1567 belegt. Dem 1923 von Erich Haenel zitierten Inventareintrag zufolge gab es offenbar keine Angaben zur Provenienz dieser Stücke, die aber als Besitz des Kurfürsten August von Sachsen anzusehen sind.

Abb. S. 115

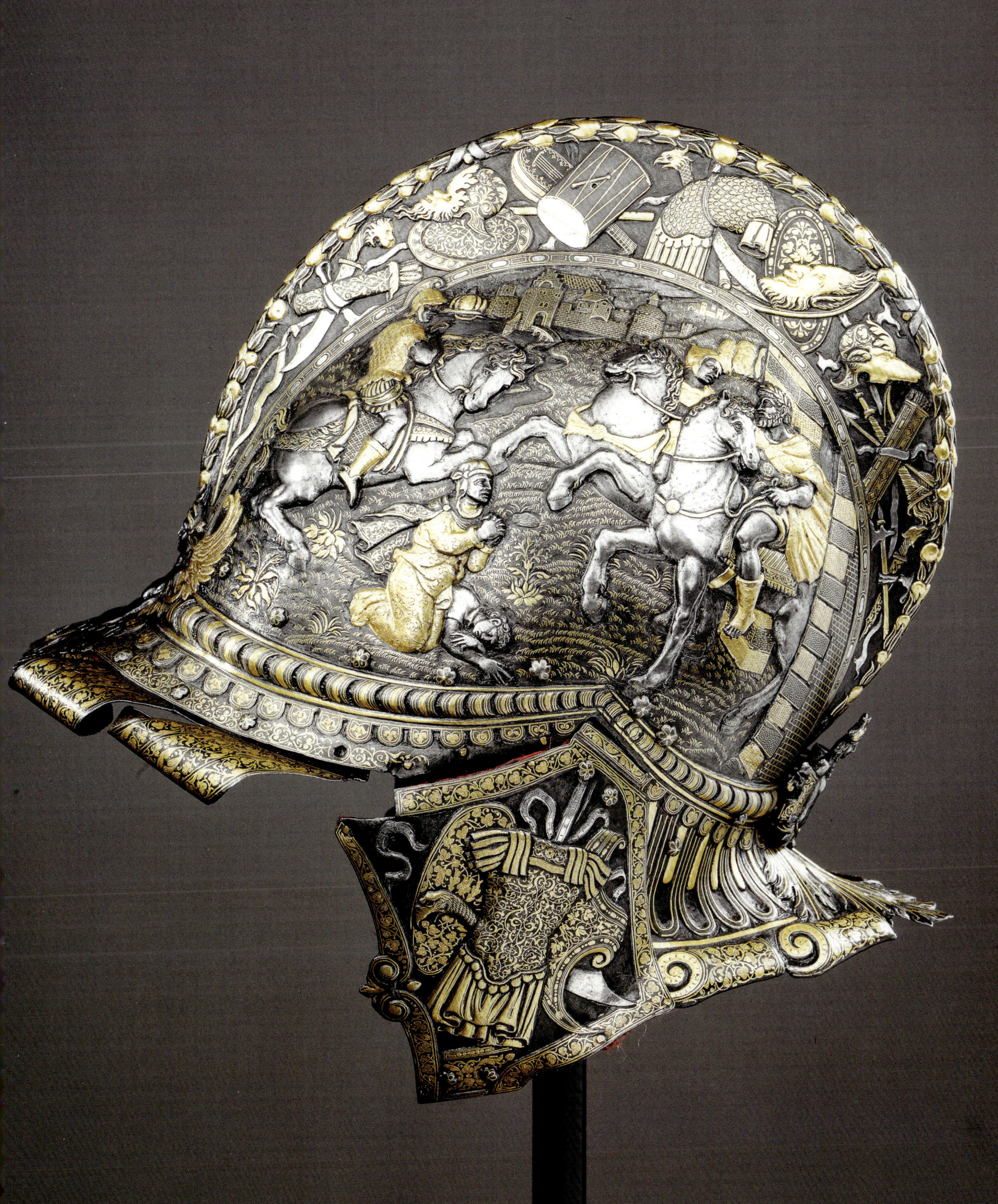

SCHILD

II.46

südddeutsch (Augsburg?), Mitte des 16. Jahrhunderts (vor 1567)

Eisen geschmiedet, getrieben, poliert, geätzt, tiefengeschwärzt und vergoldet; Futter grüner Samt, Nietköpfe Messing

Durchmesser 52,9 cm; Gewicht 3,705 kg

wohl aus dem Besitz des Kurfürsten August von Sachsen

Rüstkammer, SKD, Inv.-Nr. N 0131

Inventar der Rüstkammer von 1567, (Kriegsverlust), fol. 141b

Lit.: Ehrenthal 1899, S. 71, E 158; Haenel 1923, S. 52, Tafel 26; Schöbel 1972, S. 53, Nr. 21; Schöbel 1973, S. 35, Nr. 41; Schuckelt 2004, S. 330

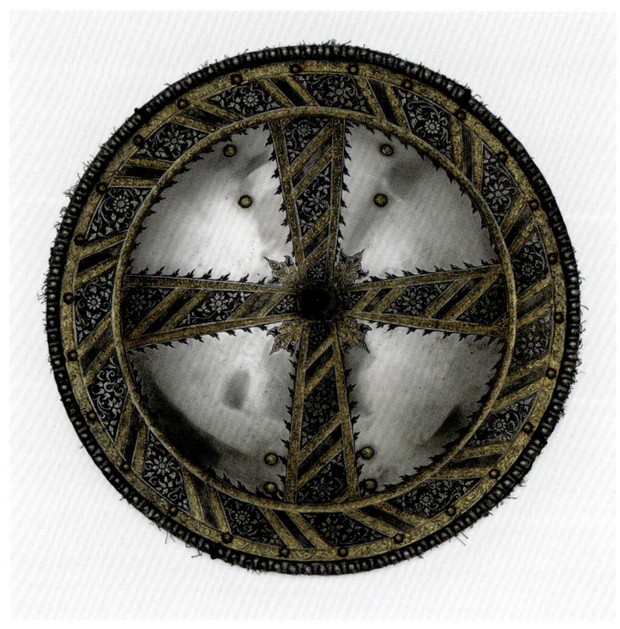

Der aus Eisen getriebene, blank polierte Schild besitzt vergoldete und geschwärzte Ätzstreifen und ist mit grünem, gestepptem Samt abgefüttert. Seine Oberfläche ist durch den breiten Randstreifen und das dominierende Kreuz im Innenfeld strukturiert. Aber auch die Ätzstreifen selbst sind in ihrem Dekor deutlich gegliedert. Zwischen breiten Feldern mit erhabenen Blattranken und großen Blüten auf geperltem, schwarzem Grund befinden sich jeweils drei schräge Bänder, von denen das mittlere ebenfalls schwarz-geperlt ist. Die beiden Bänder daneben sind wie auch die Einfassungsstreifen vertieft und mit vergoldeten Blattranken verziert. In der Mitte des Kreuzes und umgeben von vier großen Blättern mit teils vergoldetem und teils geschwärztem Rankendekor befindet sich eine blanke, aus der Schildoberfläche getriebene Spitze. Der Außenrand des Schildes ist als Perlstab profiliert und mit einer Fransenborte aus grüner, mit Goldfäden durchschossener Seide eingefasst. Die ledernen Schildfesseln auf der Innenseite sind mit Samt bezogen.

Haenel bezeichnete diesen Schild als eine Arbeit, die angeblich Wilhelm von Worms aus Nürnberg nahesteht. Dabei stützte er sich aber wohl auf Wendelin Boeheim, der in seiner Publikation über die Nürnberger Waffenschmiede von 1895 die Arbeiten von Wolfgang Großschedel aus Landshut mit denen des Wilhelm von Worms d. J. vermischte. Auch von einem ähnlich gearbeiteten, aber nicht zum Schild gehörigen Mantelhelm (siehe S. 132) glaubte Haenel, dass er aus dem Umfeld des Wilhelm von Worms stamme. Zumindest im Fall des Helmes ist diese Zuschreibung anhand einer auf der Kalotte eingeschlagenen Augsburger Beschau als Irrtum belegt. Aber auch beim Schild könnte es sich um eine Augsburger Arbeit handeln.

PRUNKHARNISCH FÜR MANN UND ROSS

II.31 und II.45

Harnisch vermutlich Arboga (Schweden); Dekor Eliseus Libaerts, Antwerpen, 1563–1565

Eisen geschmiedet, getrieben, geätzt, ziseliert und vergoldet; Futter roter Seidensamt

Gewicht Mannesharnisch 27,482 kg; Rossharnisch 31, 762 kg

für König Erik XIV. von Schweden gefertigt; 1606 durch Kurfürst Christian II. von Sachsen gekauft

Rüstkammer, SKD, Inv.-Nr. M 0100.01–.28

HStAD, 10009, Nr. 72, Gesamtinventar der Rüstkammer von 1606, S. 179

Lit.: Ehrenthal 1899, S. 56, E 7; Haenel 1923, S. 32, Tafel 16; Theumert 1963, S. 62, Nr. 23; Schöbel 1973, S. 30, Nr. 13; Schuckelt 1994/95, S. 20; Paris 2011, S. 236–241; Schuckelt/Wilde 2014, S. 71–129

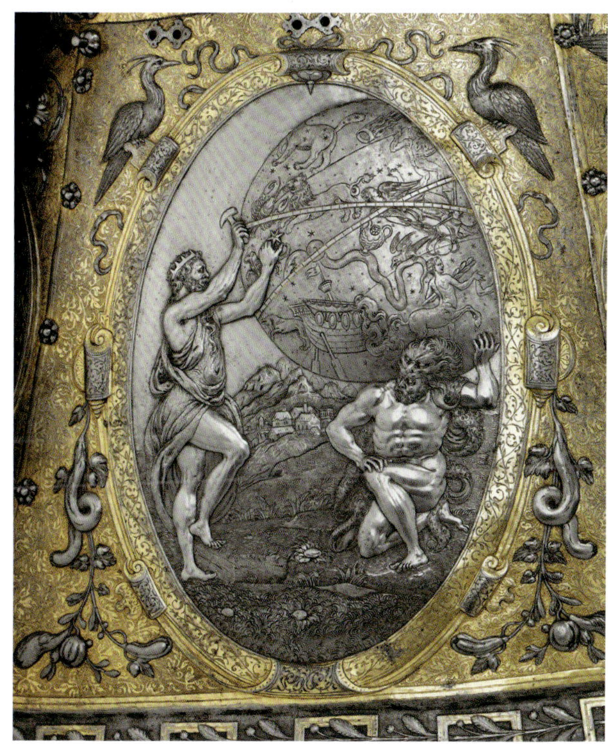

Der Mannesharnisch besteht aus einem im Kragen umlaufenden Burgunderhelm mit hohem Kamm, spitzem, aufschlächtigem Visier und einem Stirnstulp, einem viermal geschobenen Kragen, einer Brust mit leichtem Gansbauch und Bauchreifen (auf der rechten Seite zwei Löcher zur Befestigung des nicht erhaltenen Rüsthakens), einem Rücken mit Gesäßreifen (daran zwei Ösen zur Befestigung weiterer Gesäßreifen), symmetrischen Schultern mit breiten Vorder- und Hinterflügen, geschlossenen Armzeugen mit dreizehnfach geschobenen Armbeugen und ganzen Muscheln, Fingerhandschuhen, siebenfach geschobenen Beintaschen, starren Diechlingen mit vierfach geschobenen Kniekacheln und halben Muscheln sowie Stiefeln aus Beinröhren und Schuhen mit vier Rist- und fünf Ballengeschüben. Der Rossharnisch setzt sich aus einem Rosskopf mit gegitterten Augenkörben und Stirnstachel, einem halben, dreizehnfach geschobenen Kanz, einem Fürbug, zwei Flankenblechen und einem Gelieger mit Schweifhülse zusammen. Ein Kürisssattel (II.45) mit Steigbügeln und eine Kandare komplettieren die Garnitur.

Der Dekor des Harnischs besteht aus ovalen Medaillons auf einem dicht mit Blattranken bedeckten, goldenen Grund. Zwischen den Medaillons befinden sich blank-erhabene Blütenranken, diverse Tiere, Früchte- und Trophäengruppen, musizierende Putten, Masken sowie verschiedene Fabelwesen (u. a. Medusa und Sphingen). Die Medaillons zeigen zahlreiche szenische Darstellungen aus dem Kreis der Herkuleslegende, des Trojanischen Krieges und der Argonautensage. Während die 13 Medaillons auf dem Rossharnisch ausschließlich und unmittelbar der Herkuleslegende gewidmet sind (von der Mitte des Fürbugs über die rechte Seite des Rossharnischs

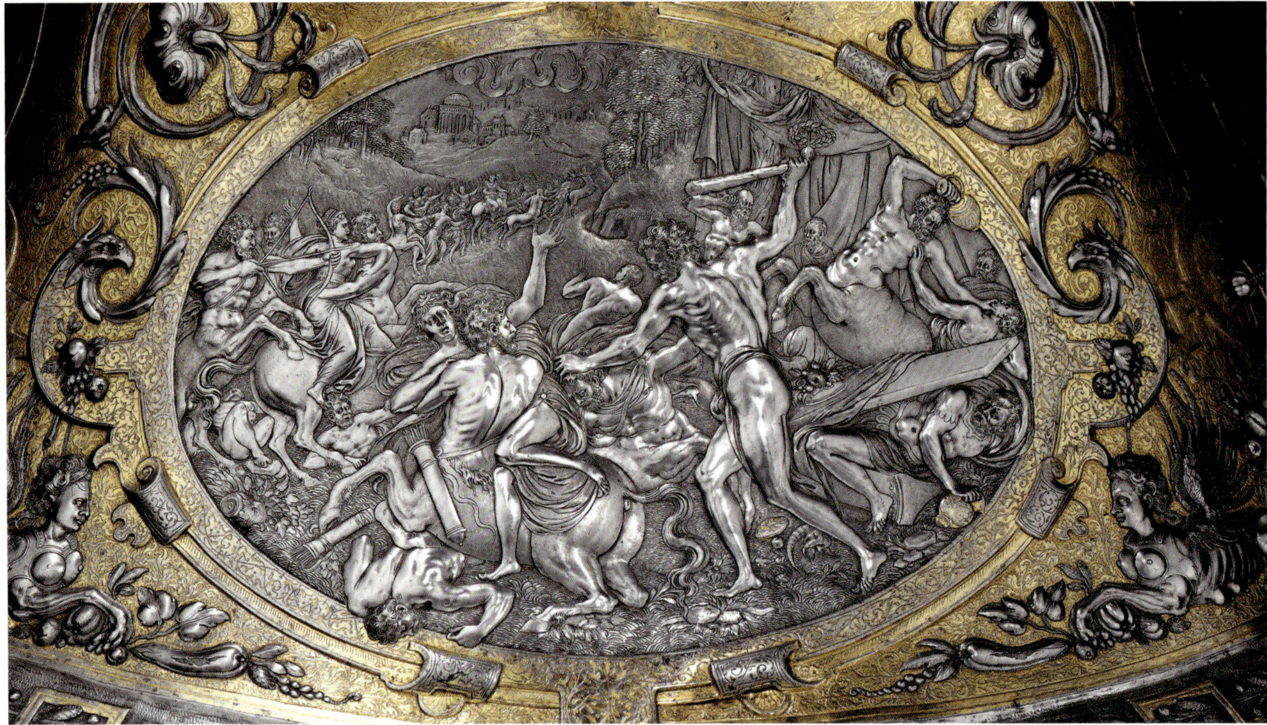

bis zum linken Medaillon des Fürbugs: die Vertreibung der Kentauren, der Löwe von Nemea, der Erymanthische Eber, der Kampf gegen den Flussgott Acheloos in Stiergestalt, Atlas und das Himmelsgewölbe, Ladon und die Äpfel der Hesperiden, der Höllenhund Kerberos, die Hydra von Lerna, das feuerspeiende Ungeheuer Cacus, die Schlangen der Hera sowie der Ringkampf mit dem Riesen Antaios und oben auf dem Gelieger die Rösser des Diomedes und der Raub der Rinder des Geryoneus), haben die acht Medaillons auf dem Mannesharnisch nur indirekt etwas mit Herkules zu tun (auf der Brust der Raub der Helena und der Zweikampf zwischen Hektor und Ajax, auf dem Rücken die Einholung des Trojanischen Pferdes und der Untergang Trojas, auf den Vorderflügen der Kriegsgott Mars im Streitwagen und Jason mit dem goldenen Vlies sowie auf den Hinterflügen Herkules verfolgt Laomedon und der Zweikampf zwischen Hektor und Achill). Auf den Fingergeschüben und der mittleren Platte des Geliegers finden sich sowohl die Kronen des schwedischen Drei-Kronen-Wappens als auch die Wasagarbe (ein Bündel aus geschnittenen und gebundenen Getreidehalmen). Außerdem befindet sich auf der Rossstirn (unter einer später hinzugefügten Abdeckung) die Ordenskette des von Erik XIV. zu seiner Krönung gestifteten Salvatorordens, die aus zehn Seraphen im Wechsel mit neun bekrönten Wasagarben besteht.

König Erik XIV. von Schweden gab diese Harnischgarnitur in Auftrag, als er um die Hand der englischen Königin Elizabeth I. anhielt. Während der Mannesharnisch offenbar im schwedischen Arboga geschlagen und zusammen mit dem Rossharnisch in Antwerpen verziert wurde, handelt es sich bei Letzterem vermutlich um eine flämische oder deutsche Plattnerarbeit. Infolge des Krieges zwischen Schweden und Dänemark gelangte die Garnitur jedoch nicht nach Stockholm, sondern nach Kopenhagen. 1606 kaufte Kurfürst Christian II. von Sachsen den Prunkharnisch für Ross und Reiter für 8.800 Gulden von dem aus Nürnberg stammenden Goldschmied Heinrich Knoep.

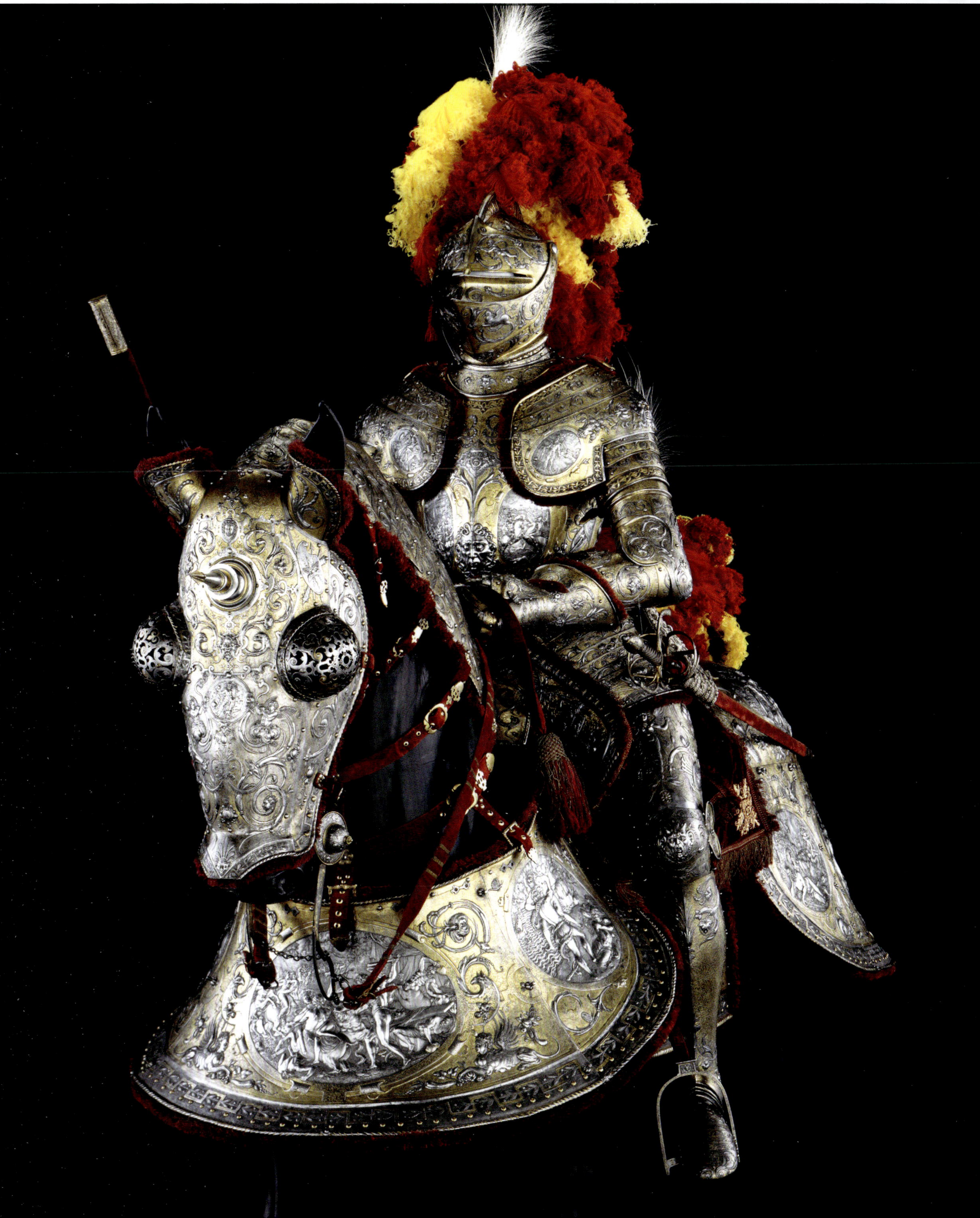

PRUNKHARNISCH MIT SATTEL UND STURMHAUBE

II.35

Harnisch vermutlich Arboga (Schweden); Dekor (und Sattelbleche?) Eliseus Libaerts, Antwerpen, 1563–1565; Sturmhaube vermutlich sächsisch, vor 1688

Eisen geschmiedet, getrieben, geschwärzt, ziseliert, geätzt und vergoldet; Futter roter Seidensamt; Sattelbleche Kupfer getrieben, geschwärzt, ziseliert,geätzt und vergoldet

Gewicht Harnisch 24,879 kg; Sturmhaube 2,448 kg

evtl. für König Erik XIV. von Schweden gefertigt; 1604 durch Kurfürst Christian II. von Sachsen gekauft

Rüstkammer, SKD, Inv.-Nr. M 0106.01–.15, L 0170 (Sattel) und N 0110 (Sturmhaube)

HStAD, 10009, Nr. 72, Gesamtinventar der Rüstkammer von 1606, S. 180

Lit.: Ehrenthal 1899, S. 58, E 12; Haenel 1923, S. 34, Tafel 17 und S. 72, Tafel 36; Theumert 1963, S. 63, Nr. 26; Schöbel 1973, S. 29, Nr. 11; Paris 2011, S. 246–251; Schuckelt/Wilde 2014; S. 129–141

Der Harnisch besteht aus einem Mantelhelm mit Kamm, Stirnstulp, aufschlächtigem Visier sowie je zwei Hals- und Nackenreifen, einem vierfach geschobenen Kragen, einer leicht gegrateten Brust mit aufgeschraubtem Rüsthaken und einem Bauchreifen, einem Rücken mit einem Gesäßreifen (daran zwei Ösen zur Befestigung weiterer Gesäßreifen), sechsfach geschobenen, symmetrischen Schultern mit breiten Vorder- und Hinterflügen, Armzeugen mit ganzen Muscheln, gefingerten Handschuhen, sechsfach geschobenen Beintaschen und starren Diechlingen mit Kniebuckeln. Außerdem gehören zum Harnisch ein Kürisssattel, dessen Sattelbleche möglicherweise noch von Liebaerts gefertigt wurden, und eine morionartige Sturmhaube, bei der es sich wohl um eine spätere, erst in Dresden gefertigte Ergänzung handelt.

Der über die gesamte Oberfläche des Harnischs verteilte Dekor aus floralen und figürlichen Ornamenten ist erhaben aus dem gepunzten, schwarzen Grund getrieben und vergoldet. Zentrales Motiv der Brust ist das Haupt der Medusa. Das Rundmedaillon auf dem Rücken zeigt den auf seine Keule gestützten Herkules, bei dem sich Libaerts an dem 1546 in den Caracallathermen in Rom aufgefundenen „Herkules Farnese" orientierte. Die Flächen außerhalb der Medaillons sind mit Blütenranken, Früchte- und Trophäengruppen, Fabelwesen und diversem Kleingetier verziert. Auf dem Mittelgrat des Helmvisiers findet sich als Symbol der Herrschaft über die Meere der von Delfinen flankierte Dreizack Neptuns und auf den Seiten der Helmglocke fliegt Pegasus. Die Vorderflüge der Schultern zeigen je einen Löwen, während sich auf den Hinterflügen Greife befinden.

Vorder- und Hinterzwieselbogen des mit rotem Seidensamt bezogenen Sattels sind mit Kupferblech beschlagen. Der Grunddekor entspricht dem des Harnischs. Die von Tierköpfen flankierten Medaillons enthalten auf dem Vorderblech den Kopf der Luna sowie zwei Grotesken und auf dem Hinterblech wohl den Kopf eines Chinesen und den geflügelten Pegasus. Die Flächen zwischen den Medaillons sind mit verschiedenen Fabelwesen, Blütenranken mit Früchtegruppen, Schnecken, Schlangen, Vögeln und Schmetterlingen sowie zwei fahnenschwingenden, nackten Männergestalten gefüllt.

Die Sturmhaube ähnelt in ihrer Gesamterscheinung zwar Harnisch und Sattel, doch sind die freien Flächen zwischen den einzelnen Dekorelementen größer. Beide Seiten der Glocke sind mit berittenen Kriegern verziert. Während der Augenschirm zwei nach vorn gerichtete Delfine trägt, befinden sich auf dem Nackenschirm zwei Affen mit Spiegeln in der Hand.

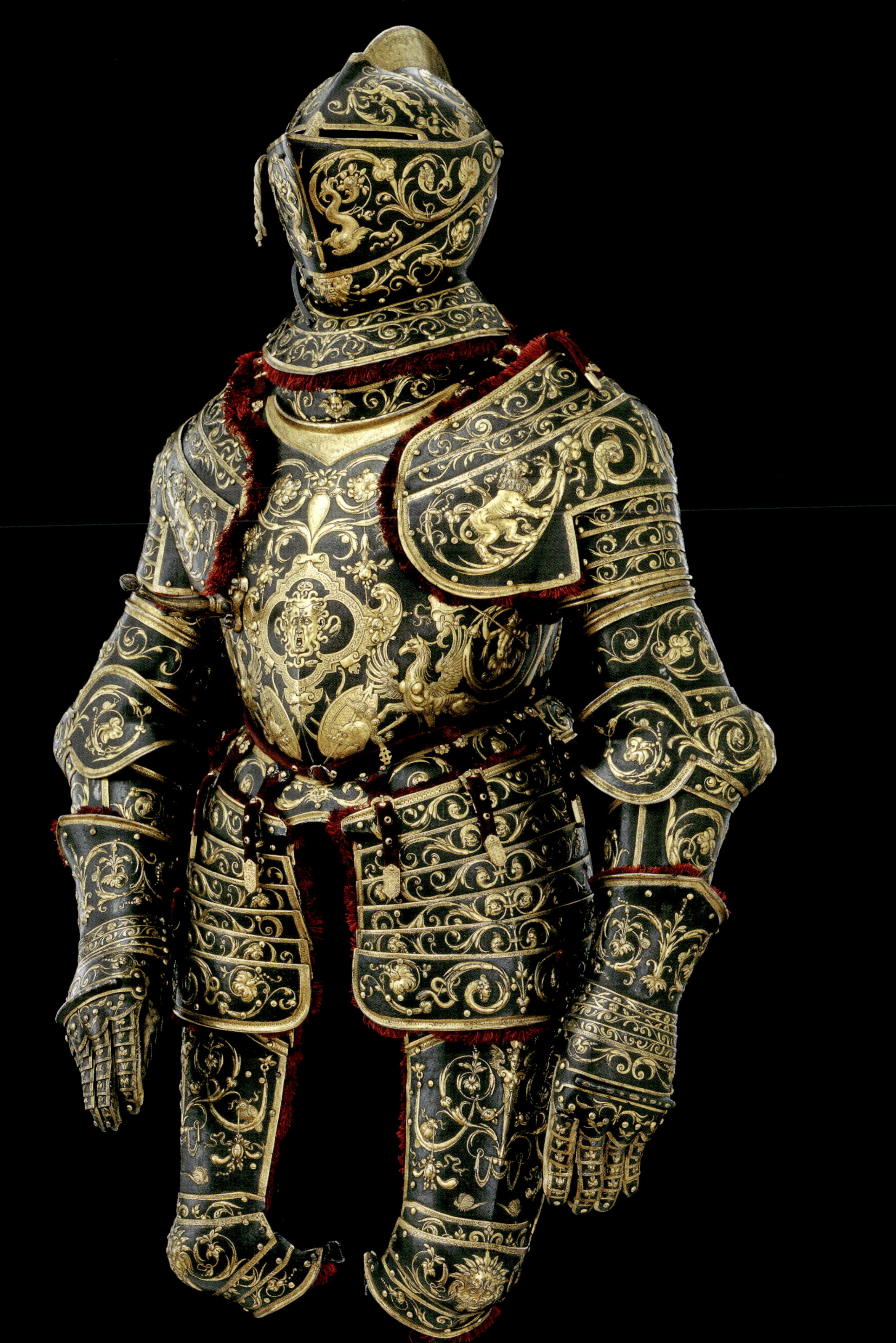

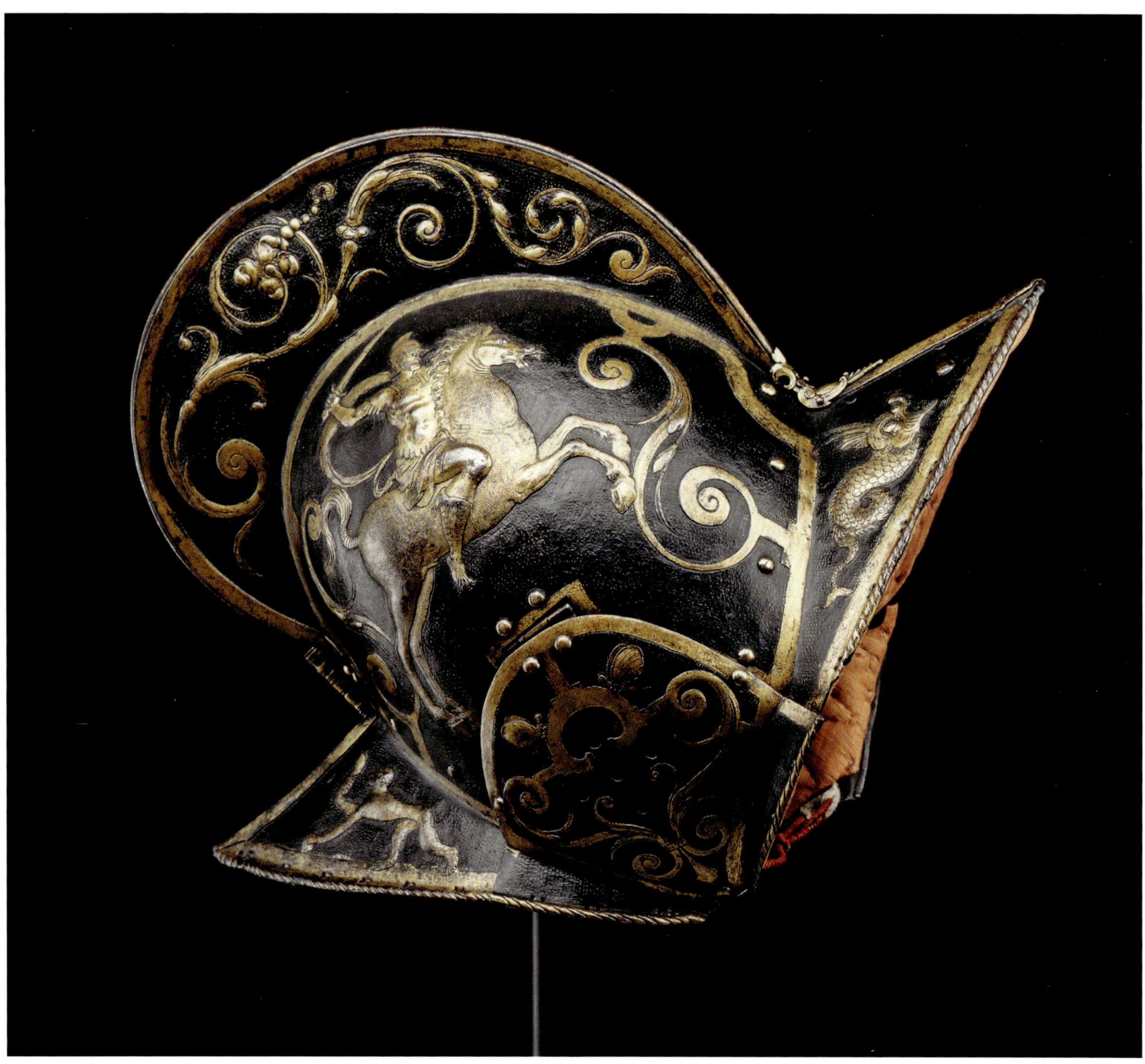

Ob dieser Harnisch ursprünglich für König Erik XIV. von Schweden in Arboga gefertigt wurde, ist weiterhin unklar. Auf jeden Fall verzierte ihn Eliseus Libaerts in Antwerpen und dieser führte ihn auch mit sich, als er 1565 auf dem Weg nach Stockholm von dänischen Truppen gefangen genommen wurde. Kurfürst Christian II. von Sachsen kaufte den Harnisch von dem aus Nürnberg stammenden Goldschmied Heinrich Knoep für seinen jüngeren Bruder und späteren Kurfürsten Johann Georg (I.) von Sachsen vermutlich aus Anlass von dessen Hochzeit mit Sibylla Elisabeth von Württemberg am 16. September 1604.

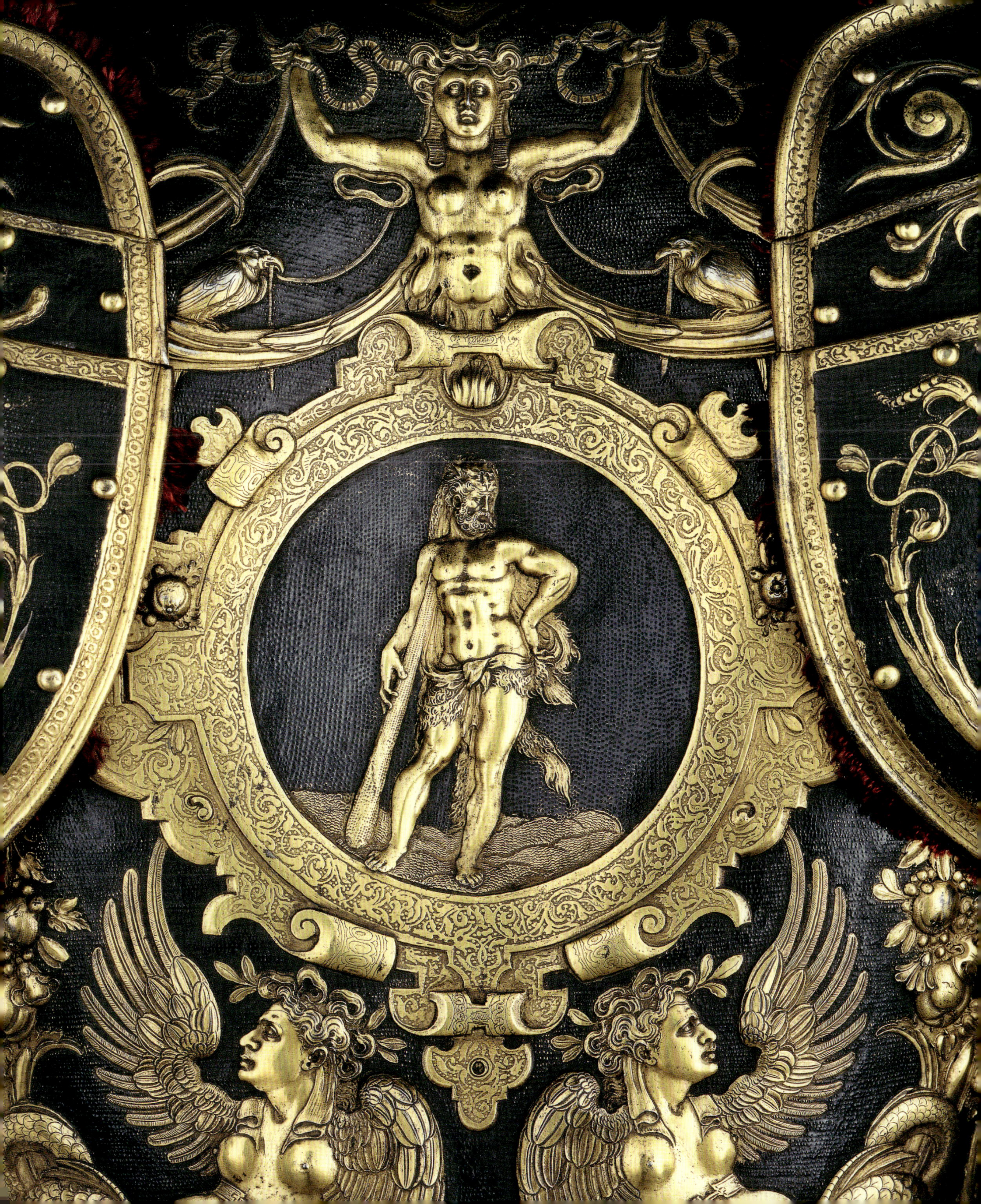

TURNIERHARNISCH FÜR DAS PLANKENGESTECH

II.2

wohl Landshut, um 1560–1570

Eisen geschmiedet, getrieben, geätzt und geschwärzt

Gewicht 38,376 kg (inkl. Wechselbrust und -arme)

wohl aus dem Besitz des Kurfürsten August von Sachsen

Rüstkammer, SKD, Inv.-Nr. M 0018.01–.22

Lit.: Ehrenthal 1899, S. 38, C9; Haenel 1923, S. 14, Tafel 7; Schöbel 1973, S. 28, Nr. 5c; Wozel 1979, S. 84, Nr. 24

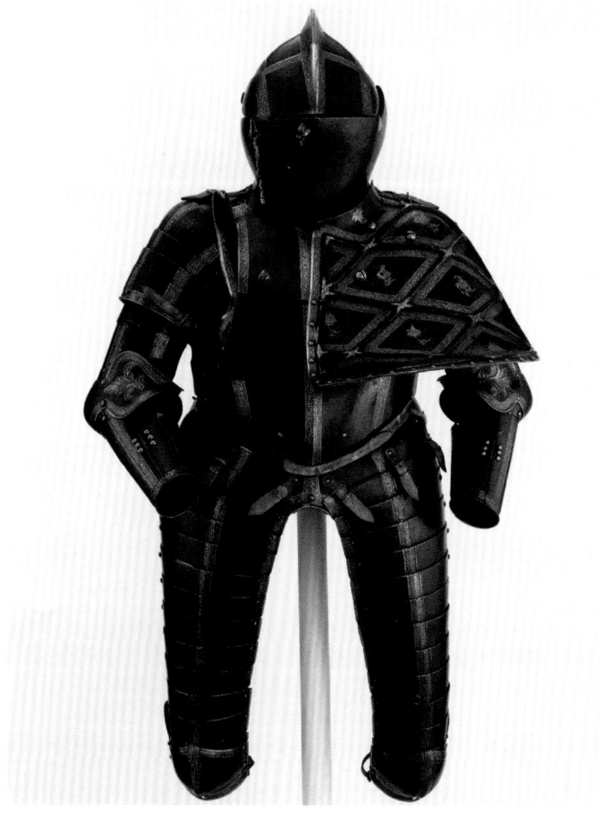

Der wuchtige Harnisch besteht aus einem Stechhelm mit aufgeschraubtem Stechbart, Stirnstulp und Helmbügel, einem Kragen, einer Brust mit angeschraubtem, gezacktem Anlegerand (anstelle eines Rüsthakens), Brechrand und einem Bauchreifen, einer Brustschiftung, einem Rücken mit einem Gesäßreifen (die Nackenverlängerung zur Befestigung des Stechhelms fehlt), einem Paar symmetrischer Stechachseln mit Hinterflügen, einem Paar Armzeuge mit ganzen Muscheln (auf der linken Armkachel mit einer Schraube für die fehlende Armschiftung), einer gegitterten Stechtartsche und einem Paar langer, dreiteiliger, insgesamt 15-fach geschobener Knieschöße. Zum Harnisch gehören außerdem eine Wechselbrust mit zwei Bauchgeschüben und vier Löchern für einen Rüsthaken sowie ein Paar Wechselarmzeuge mit ganzen Muscheln und auf der linken Armkachel mit einer Schraube sowie einem Gewindestab für die fehlende Armschiftung. Beim Helm handelt es sich offensichtlich um eine Übergangsform des Rennhuts zum Neuen Welschen Stechhelm. Während der Rennhut eine schallernartige Form hat und nur mit dem Bart verschraubt ist, besteht der Neue Welsche Stechhelm aus einer Helmglocke mit verlängertem Hinterkopf, Stirnstulp und einem ebenfalls in Drehbolzen gelagerten und mit der Brust verschraubten Stechbart. Die hier vorliegende Übergangsform besitzt zwar den verlängerten Hinterkopf und den Stirnstulp des Neuen Welschen Stechhelms, aber der Schutz des unteren Teils des Gesichts und des Halses entspricht dem an Rennhut und Brust verschraubten Bart der Sächsischen Rennzeuge. Der Bart dieses Harnischs besitzt auf der rechten Seite ein Helmfenster und eine seitliche Verlängerung, die den Drehbolzen auf der linken Seite bedeckt. Der Harnisch ist komplett geschwärzt und trägt einen in Streifen geätzten, feinen Dekor aus Blattranken und Blumen. Auf der Wechselbrust befindet sich darüber hinaus ein kniender, die Hände zum Gebet faltender Ritter vor einem Kruzifix mit der Inschrift „IN·RI". Ähnlichkeiten zu Arbeiten von Wolfgang und Franz Großschedel machen entgegen älteren Publikationen eine Landshuter Provenienz wahrscheinlich.

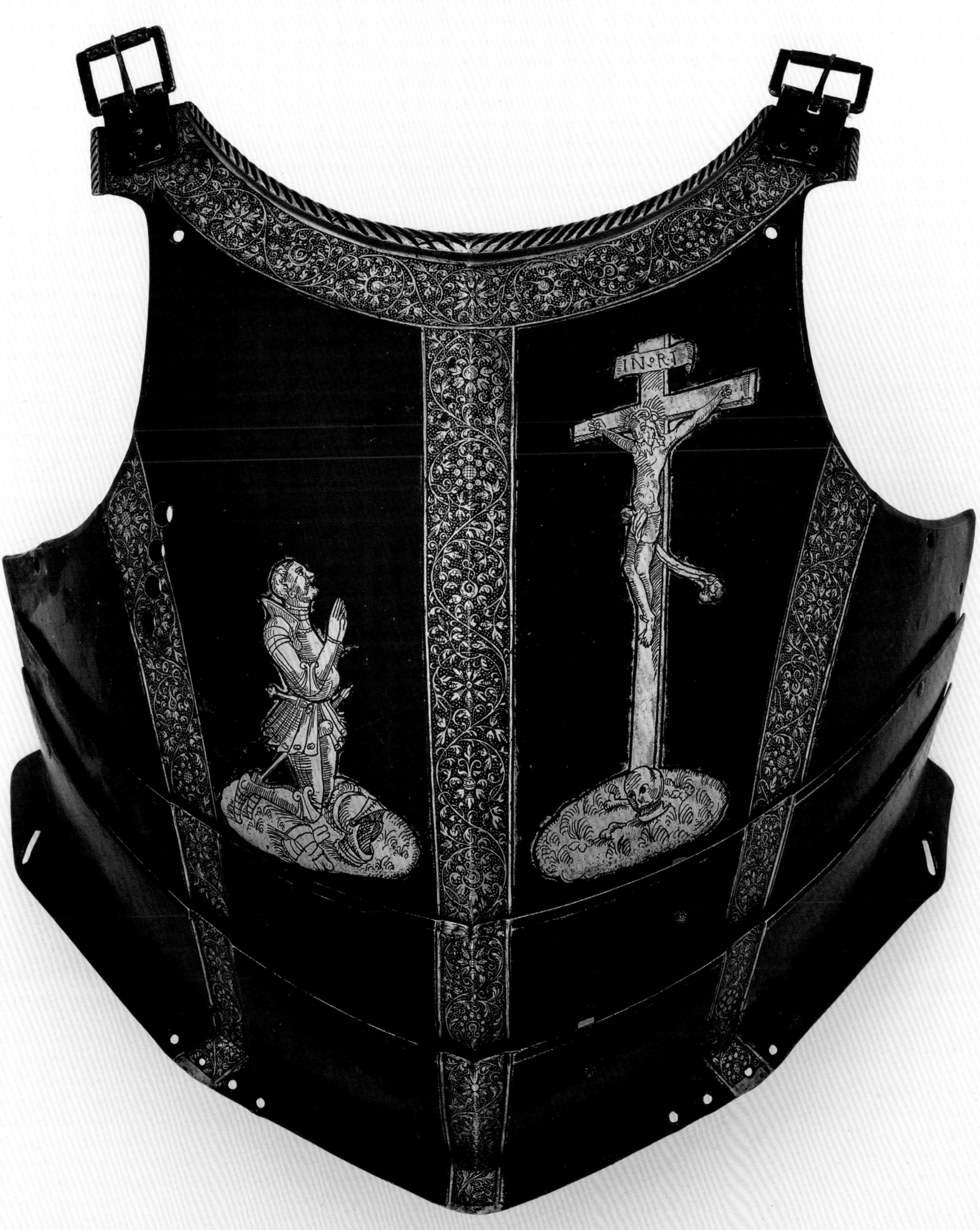
INRI

TEILE EINES TRABHARNISCHS

III.58

Wolf von Speyer, Annaberg, 1566

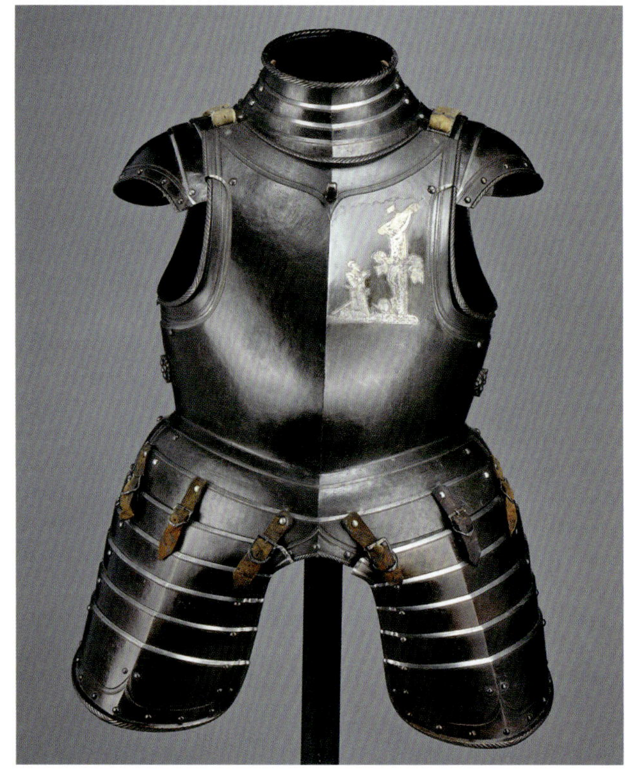

Eisen geschmiedet, getrieben, gebräunt, geätzt und partiell vergoldet

Gewicht 34,75 kg

1566 von Kurfürst August von Sachsen in Auftrag gegeben und wohl bei der Belagerung Gothas (Dezember 1566 – April 1567) getragen

Rüstkammer, SKD, Inv.-Nr. M 0119.02–.06

HStAD, 10009, Nr. 72, Gesamtinventar der Rüstkammer von 1606, S. 54

Lit.: Gurlitt 1889, S. 54 und 58; Ehrenthal 1899, S. 153, S. 153, G 61; Haenel 1923, S. 6, Tafel 3; Dresden 1990, S. 115, Kat.-Nr. 169

Der Trabharnisch bestand ursprünglich aus Sturmhaube, Brust, Rücken, Kragen mit kurzen Achseln, Beintaschen sowie gefingerten Handschuhen und wurde durch Panzerärmel und -schurz ergänzt. Im heutigen Bestand der Dresdner Rüstkammer haben sich davon aber nur der kurze Achselkragen mit drei Hals- und je zwei Schultergeschüben, die schwere Brust mit beweglichen Armeinsätzen und zwei Bauchreifen, der Rücken mit einem Gesäßreifen und die fünffach geschobenen Beintaschen erhalten. Unterhalb des Halsausschnittes der Brust befindet sich eine Öse zur Befestigung eines Ansteckbartes. Kragen, Brust, Rücken und Beintaschen sind extrem massiv und passen auch in ihrer gesamten Ausfertigung zueinander. Unter der gleichen Inventarnummer gibt es zwar noch eine Sturmhaube und ein Paar langer, bis zu den Ellenbogen reichender Handschuhe, die aber offenbar erst nachträglich zu diesem Trabharnisch gelangten. Sie sind im Vergleich zu den anderen Teilen viel zu dünn und passen auch rein optisch nicht dazu.

Die schlichten und sehr schweren Teile dieses Trabharnischs sind gebräunt und nur an den schrägen Kanten der Geschübe blank. Auf der linken Brustseite befindet sich als einziger Dekor die geätzte und teils vergoldete Darstellung eines Ritters im Harnisch, mit Schwert und vor sich liegendem Helm, der vor einem Kruzifix kniet. Haenel hielt den Ritter für ein Bildnis des Kurfürsten August von Sachsen.

Kaiser Maximilian II. hatte wegen der Beteiligung an den Grumbachschen Händeln die Reichsacht über Herzog Johann Friedrich II. von Sachsen verhängt und Kurfürst August von Sachsen mit deren Umsetzung beauftragt. Den Trabharnisch gab August vor dem Feldzug in Auftrag. Am 13. April 1567 kapitulierte Johann Friedrich und übergab Gotha. Ob Kurfürst August von Sachsen den Harnisch rechtzeitig erhielt, um ihn während des Feldzuges zu tragen, ist nicht überliefert.

SCHILD

III.92

italienisch oder süddeutsch, 2. Hälfte des 16. Jahrhunderts

Eisen geschmiedet, getrieben und vergoldet; Futter und Armpolster roter Samt; Fransen und Fesseln grüne Seide

Durchmesser 53,5 cm; Gewicht 3,323 kg

1723 aus der Waffensammlung des Fürsten Radziwill

Rüstkammer, SKD, Inv.-Nr. N 0133

HStAD, 10009, Nr. 246, Inventar der Türkenkammer von 1716, fol. 157, Nr. 416

Lit.: Ehrenthal 1899, S. 109, E 709; Schöbel 1972, S. 48, Nr. 6

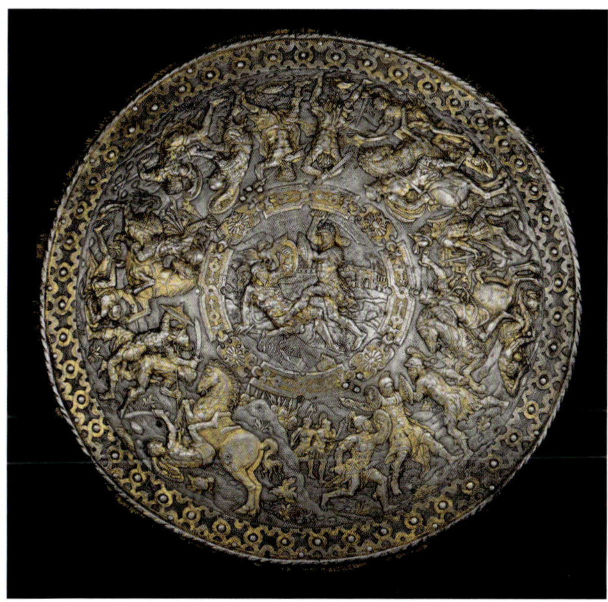

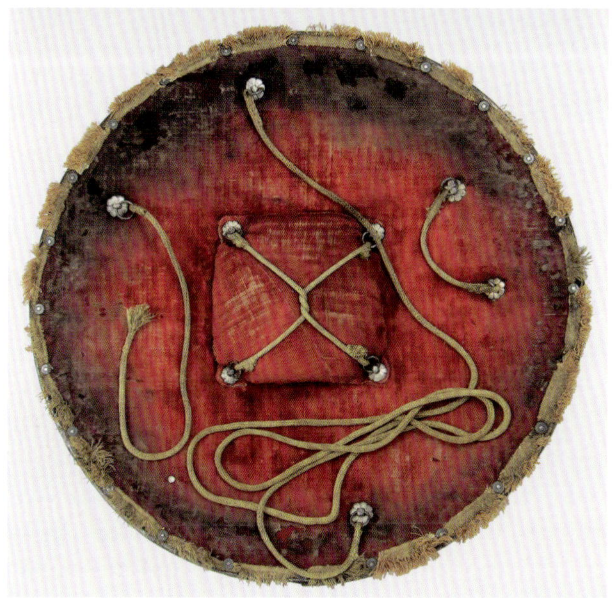

Der runde Schild ist leicht gewölbt und flächendeckend getrieben. Seine Innenseite ist mit rotem Samt abgefüttert. Die Fesseln aus hellgrünen, geflochtenen Seidenschnüren sind im Stil orientalischer Schilde gestaltet: Es gibt außen eine kurze Schlaufe, in der Mitte zwei sich kreuzende Schnüre über dem Armpolster und zwei unterschiedlich lange Schnüre zum Umhängen. Um den äußeren Rand läuft eine Fransenborte aus hellgrüner Seide. Der Dekor des Schildes besteht aus einem breiten, umlaufenden Streifen mit einer antiken Schlachtenszene, in der Fußsoldaten und Reiter miteinander kämpfen. Offenbar handelt es sich um eine Schlacht zwischen Römern und Barbaren. Im runden Mittelfeld des Schildes ist der Zweikampf des Militärtribuns Marcus Valerius Corvus mit dem gallischen Heerführer dargestellt. Der Legende nach hatte sich ein Rabe auf seiner rechten Schulter niedergelassen. Als der Kampf mit dem Gallier begann, schlug der Rabe diesem mit Flügeln und Krallen ins Gesicht. Durch das Eingreifen des Vogels gelang es Valerius, seinen Gegner zu besiegen und zu töten. Durch diese Heldentat wurde der erst 23-jährige Marcus Valerius Corvus im Jahr 348 v. Chr. Konsul Roms.

Der Schild stammt aus der Waffensammlung eines der litauischen Fürsten Radziwill und gelangte am 17. Februar 1723 durch den Hofrat Heucher in die Dresdner Rüstkammer. Johann Heinrich von Heucher war Leibarzt Augusts des Starken und maßgeblich an der Umgestaltung der kurfürstlichen Sammlungen in Dresden beteiligt.

2 BRIGANTINEN MIT STURMHAUBE BZW. MIT BIRNHELM

III.82 und III.84

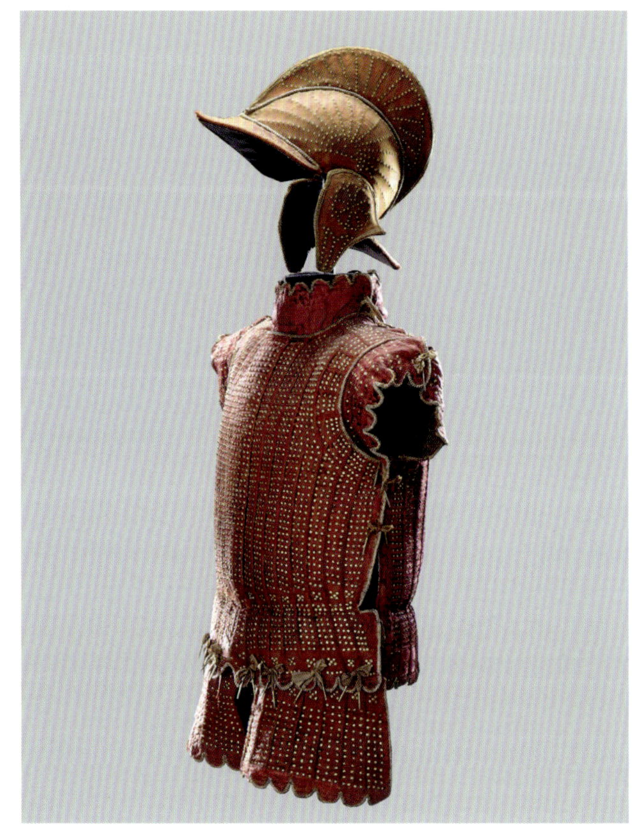

italienisch, Mitte des 16. Jahrhunderts (vor 1567), Birnhelm um 1580

Lamellen und Sturmhaube Eisen geschmiedet und Panzergeflecht, mit Samt überzogen, Nietköpfe und Senkelbleche Messing vergoldet; Birnhelm Leder geprägt, Rosetten Messing, Kinnriemen Leder geflochten

Gesamtgewicht 10,14 kg bzw. 8,660 kg

Brigantinen aus dem Besitz des Kurfürsten August von Sachsen; Birnhelm 1901 bei William Broad in London gekauft

Rüstkammer, SKD, Inv.-Nr. M 0155.01-.05 und M 0153.01-.05

Inventar der Rüstkammer von 1567, fol. 156 und Kgl. Historisches Museum u. Gewehrgalerie, Zugangsverzeichnis 1885-1943, Bl. 21/22, Nr. 253/3

Lit.: Ehrenthal 1899, S. 204, Schrank II; Haenel 1923, S. 48, Tafel 24

Die Brigantinen bestehen aus vernieteten Eisenlamellen und einem Überzug aus violettem bzw. rotem Samt. Beide Brüste haben 17 senkrechte Reihen rechteckiger Lamellen, von denen die mittleren und Lamellenreihen an den Armausschnitten geschuppt sind. Die Rücken bestehen aus 13 bzw. 15 und die Beintaschen aus 10 bzw. 8 Lamellenreihen. Die Stehkragen sind aus Panzergeflecht. Der Samt ist mittels hunderter Niete, deren Köpfe rosettenförmig sind, mit den Lamellen verbunden. Brust und Rücken sind an den Schultern und den Seiten verschnürt und die Beintaschen an der Brust angebunden. Sämtliche Verschnürungen enden in langen Messinghülsen. Helmglocke, Augen- und Nackenschirm sowie die Wangenklappen der Sturmhaube sind aus Eisen, komplett mit rotem Seidensamt bezogen und die Wangenklappen innen hell gefüttert. Der geometrisch verzierte Birnhelm mit schmalen Backenstücken besteht aus gepresstem Leder und 14 in Messing gegossenen Rosetten entlang der Unterkante der Helmglocke.

Die beiden Brigantinen und die Sturmhaube stammen aus dem Besitz des Kurfürsten August von Sachsen, der drei Exemplare dieser relativ beweglichen, im Stil der Antike gefertigten Form des Körperschutzes sein Eigen nannte. Laut dem Inventar von 1567 war die rote Brigantine das Geschenk eines namentlich nicht genannten Burggrafen. Ehrenthal bezog diese Anmerkung auf Heinrich V. (1533-1568), Burggraf zu Meißen und Herrn zu Plauen. Es könnte aber auch Heinrich VI. (1536-1572) damit gemeint sein.

Tafel 1d, S. 57 und Tafel 2d, S. 59

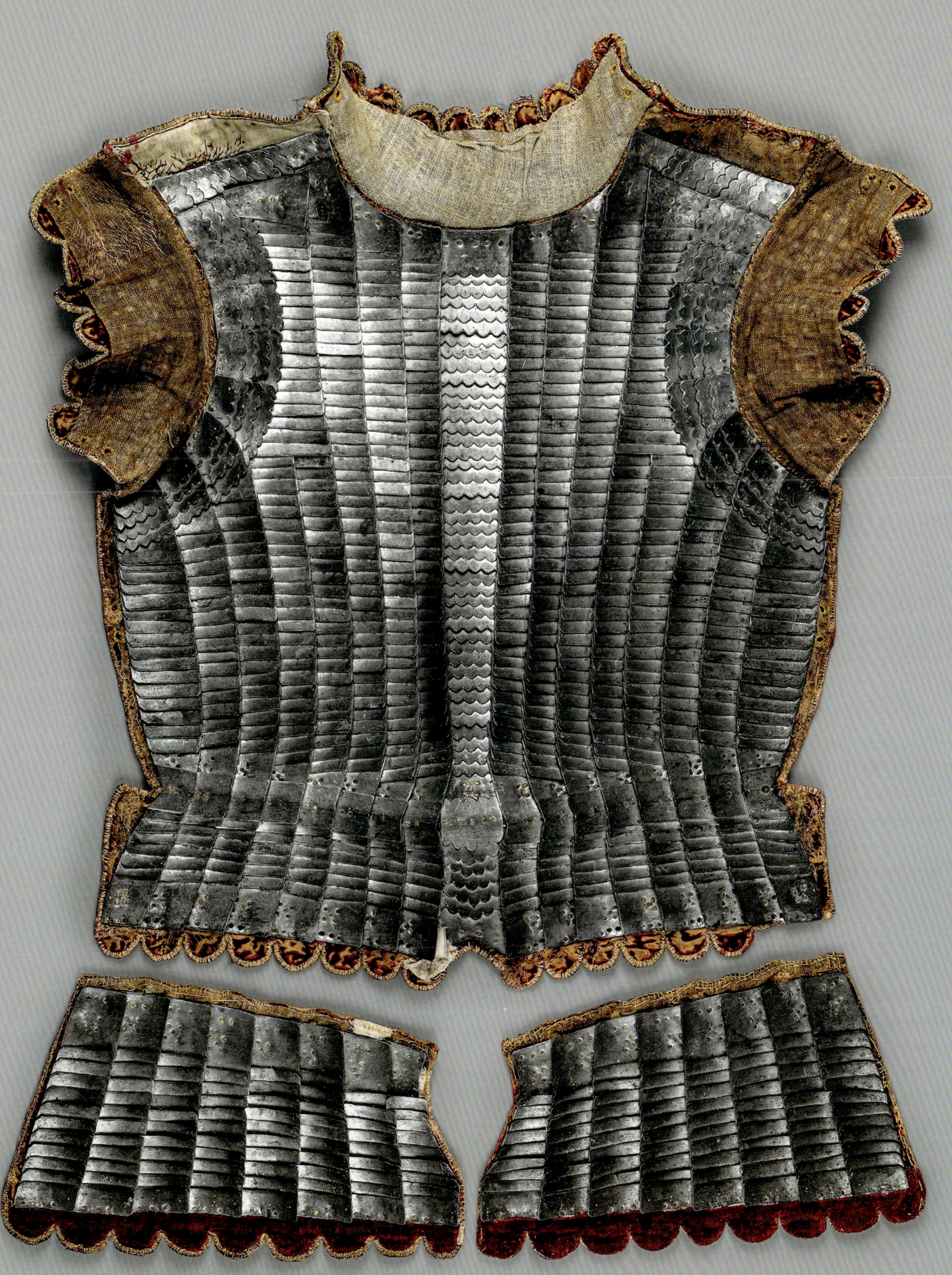

MANTELHELM

II.46

Augsburg, 2. Hälfte des 16. Jahrhunderts

Eisen geschmiedet, getrieben, poliert, geätzt und vergoldet

Höhe 33,0 cm; Länge 27,6 cm; Breite 22,3 cm; Gewicht 3,755 kg

auf der Kalotte die Augsburger Beschau

Rüstkammer, SKD, Inv.-Nr. N 0130

In den historischen Inventaren der Dresdner Rüstkammer nicht eindeutig identifizierbar.

Lit.: Ehrenthal 1899, S. 71, E 157; Haenel 1923, S. 52, Tafel 26; Schuckelt 2004, S. 330

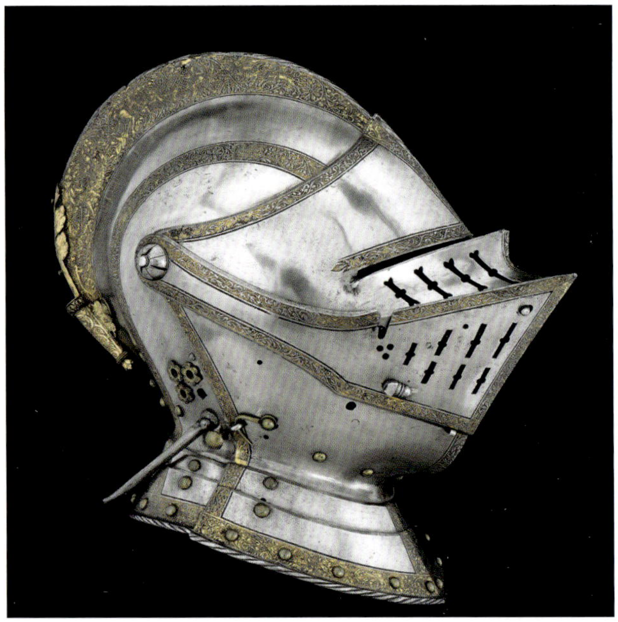

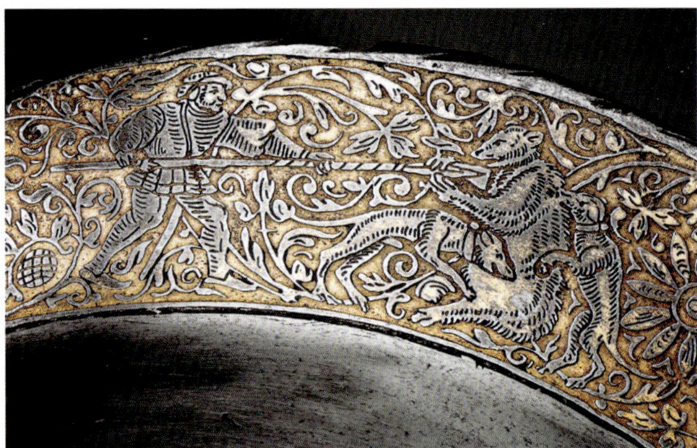

Der Helm besteht aus einer Helmglocke mit Kamm, Federhülse und nicht zugehöriger Visierstütze, Kinnreff mit Hakensperre, Visier mit Schiebesperre und Schlitz für die fehlende Schnur von der Zugsperre für den Stirnstulp, Stirnstulp mit hochliegenden Sehschlitzen für den Feldgebrauch sowie je zwei Hals- und Nackenreifen. Kinnreff, Visier und Stirnstulp sind durch Visierbolzen mit Schraubmuttern seitlich an der Helmglocke befestigt. Das Visier hat rechts sieben senkrechte Schlitze sowie dahinter eine Gruppe von drei Löchern und ein weiteres Loch mittig über den Schlitzen. Die beiden Sehschlitze des Stirnstulps sind durch einen Steg getrennt. Auf den Flächen unterhalb der hochliegenden Sehschlitze befinden sich rechts vier weitere Schlitze und links sieben Gruppen aus je drei Löchern. Der Kamm und die Zierstreifen sind geätzt und vergoldet. In den schmaleren Streifen befinden sich gewellte Blattranken, während die Blattranken in den breiteren Streifen mit Rosetten und diversen Vögeln angereichert wurden. Auf dem geschnürten Kamm sind eine Hirsch- und eine Bärenjagd dargestellt. Aus der unterhalb des Kamms angenieteten Federhülse entspringt ein ebenfalls angenietetes Blatt. Beide sind wie die Nietköpfe vergoldet. Seitlich unterhalb der Visierbolzen befinden sich je vier Löcher mit rosettenförmigen, vergoldeten Einfassungen (eine Einfassung fehlt). Auf der linken Hinterseite der Helmglocke wurde die Augsburger Beschau eingeschlagen. Die Visierstütze ist eine spätere Hinzufügung. Sie ist an der falschen Stelle angebracht und somit nicht richtig funktionstüchtig. Die Provenienz dieses Mantelhelms ist nicht überliefert.

SCHÜTZENHAUBE UND SCHILD

III.90

Mailand, um 1570

Eisen geschmiedet, getrieben, gebläut, in Silber und Gold tauschiert; Schild mit Fransenborte aus Goldgespinst, Futter und Armpolsterung Seidensamt mit aufgesetzter Schnürchenstickerei, Lederriemen mit Seidensamt und Schnürchnstickerei bezogen, Schnallen und Beschläge Messing

Helm: Höhe 22,5 cm; Länge 26,2 cm; Breite 21,1 cm; Gewicht 1,471 kg
Schild: Höhe 61,3 cm; Gewicht 4,201 kg

1588 von Carlo Theti aus Italien nach Dresden gebracht

Rüstkammer, SKD, Inv.-Nr. N 0140 und N 0139

HStAD, 10009, Nr. 244, I der Türkenkammer von 1674, S. 6, Nr. 9

Lit.: Ehrenthal 1899, S. 86, E 360 a,b; Schöbel 1972, S. 50, Nr. 10/11; Godoy/Leydi 2003, S. 466, Nr. 63, Marx 2007/2008, S. 62

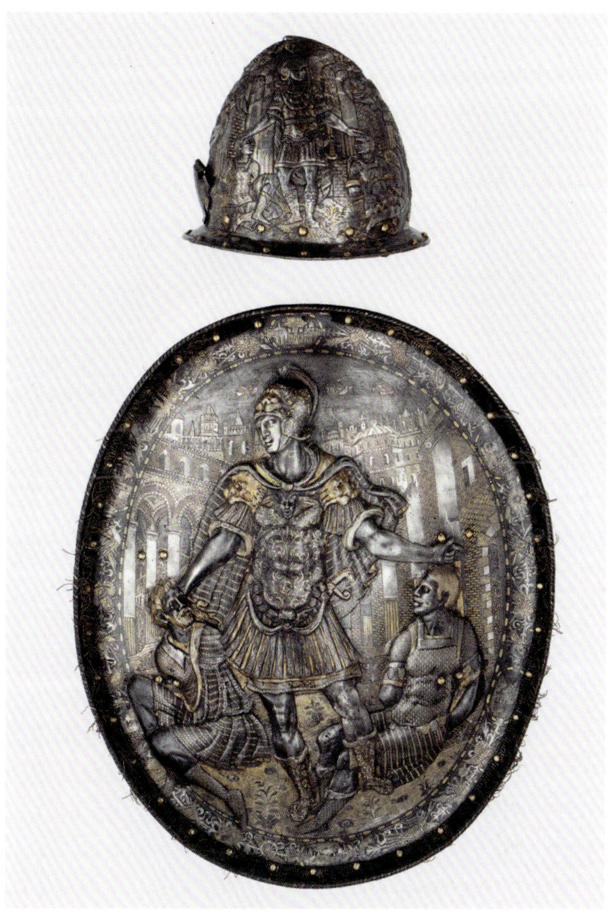

Helm und Schild gelangten 1588 durch Carlo Theti aus Italien nach Dresden. Sie sind jeweils aus einem Stück getrieben und tragen im Wesentlichen den gleichen Dekor, der nur in Details und in der Qualität der Ausführung voneinander abweicht. Ihr Hauptdekor ist ein im römischen Muskelpanzer gerüsteter Krieger, der mit beiden Händen besiegte und gefesselte Gegner niederhält. Seine Schultern und die Vorderseite seiner Sturmhaube tragen Löwenköpfe. Auf dem Schild ist der Muskelpanzer mit dem Haupt der Medusa verziert, während die entsprechende Stelle auf der Schützenhaube durch den Umhang verdeckt ist. Im Hintergrund sieht man eine antike Stadt mit hohen Bögen, Türmen und teils kuppelförmigen Dächern. Der Schild ist innen gepolstert und mit schwarzem Seidensamt gefüttert. Die vier Teilflächen um die zentrale Armpolsterung sind durch gerade, goldene Linien in diagonale Streifen unterteilt. Tragriemen, Armriemen und Handgriff sind ebenfalls mit schwarzem Seidensamt und goldenen Schnüren bezogen. Am Außenrand des Schildes finden sich Reste einer umlaufenden Fransenborte aus Goldgespinst. Bis 1783 wurden in den Inventaren noch die Wangenklappen des Helms beschrieben. Dann aber findet sich eine Randnotiz, dass sie abgerissen sind und neben dem Helm liegen. An diesem Zustand hatte sich auch 1821 nichts geändert, außer dass die Wangenklappen nun im Helm liegend aufbewahrt wurden. Im Inventar des Turniersaals von 1836 werden die Wangenklappen und das schwarze Atlasfutter des Helms nicht mehr erwähnt und müssen seitdem als verloren gelten.

Tafel 29, S. 59

TURNIERHARNISCH

II.13

Augsburg, um 1580

Eisen geschmiedet, getrieben, graviert und poliert, teils mit Leder gefüttert

Gewicht 29,477 kg

wohl aus dem Besitz des Herzogs Christian (I.) von Sachsen

Rüstkammer, SKD, Inv.-Nr. M 0025.01–.21

In den historischen Inventaren der Dresdner Rüstkammer nicht eindeutig identifizierbar.

Lit.: Ehrenthal 1899, S. 39, C 11

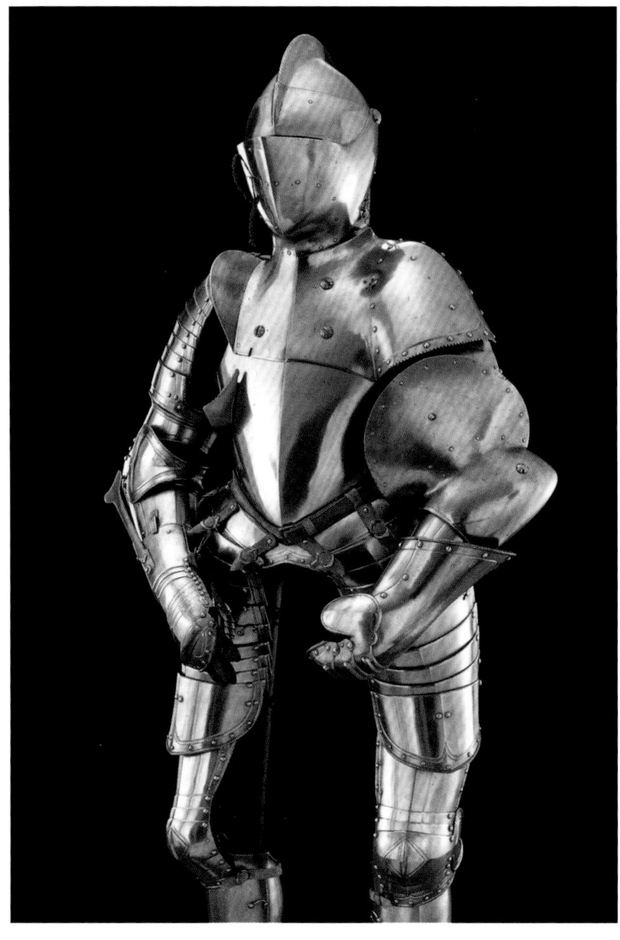

Der blanke Harnisch ist lediglich an den Ellenbogen mit gravierten Rosetten verziert. Er besteht aus Stechhelm mit Stirnstulp und Bart mit rechtsseitigem Fenster, Brust mit angeschraubtem, gewinkeltem und gezacktem Anlegerand (anstelle eines Rüsthakens) und einem Bauchreifen, Rücken mit hohem Kragen und einem Gesäßreifen, neunfach geschobenen Stechachseln mit Hinterflügen, Schulterschiftung, kompletten Armzeugen mit ganzen Muscheln, großer Armschiftung, dreifach geschobener, linker Stechhentze mit festem Daumen, zehnfach geschobener rechter Hentze, zweiteiligen, neunfach geschobenen Schößen, kurzen, siebenfach geschobenen Diechlingen mit Kniebuckeln und Stiefeln mit Ballen-, Fußrücken- und Knöchelgeschüben. Helmkamm und Rücken sind mittels Helmbügel und Flügelschrauben miteinander verschraubt. An der rechten Bartkante ist ein Brechrand angenietet. Der hohe Kragen des Rückens endet in einer Wulst, auf der die untere Hohlkehle des Stechhelms sitzt, der außerdem an der Unterkante des Bartes mit der Brust verschraubt ist. Der rechte Hinterflug ist kleiner als der linke und an der Unterseite nach oben gebogt, um Platz für die Lanze zu schaffen. Am rechten Armzeug und der rechten Hentze finden sich Versteifungen, wie sie sonst nicht üblich sind. Auf der Unterarmröhre sitzen zwei kurze Bügel, die den Stulp der Hentze arretieren sollen, während sich auf dieser eine ca. 20 Zentimeter lange Schiene befindet, die entlang des Unterarms liegt und am Ellenbogen in einer halbmondförmigen Verbreiterung ausläuft. Diese Versteifungen sollten offenbar verhindern, dass das rechte Handgelenk bei einem massiven Treffer der eigenen Lanze zu Schaden kommt. Auf der Schulterschiftung findet sich der tiefe Abdruck von fünf regelmäßig angeordneten Spitzen. Ehrenthal interpretierte das als die Spur eines Bolzenschusses zur Prüfung der Materialhärte. Möglicherweise handelt es sich aber auch um einen Lanzentreffer.

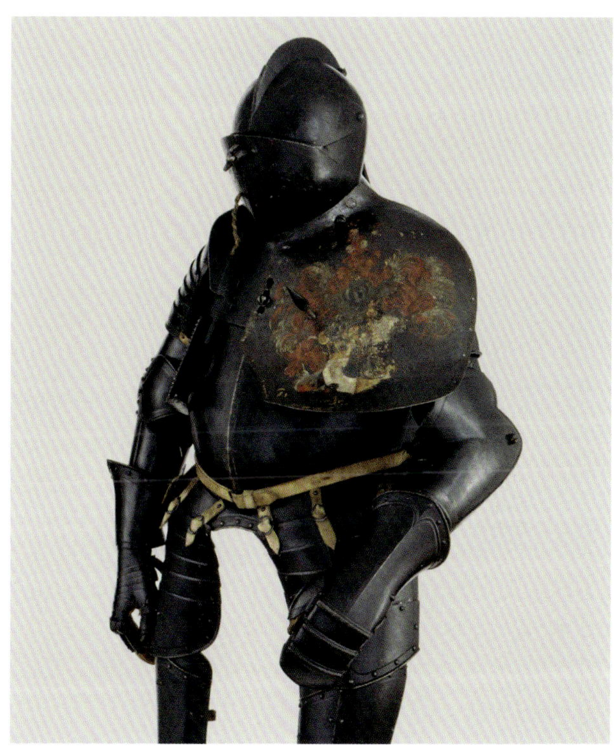

HARNISCHE FÜR DAS PLANKENGESTECH (SOG. SÄCHSISCHE RENNZEUGE)

II.P2, II.6 und II.8/9

sächsisch, letztes Drittel des 16. Jahrhunderts

Eisen geschmiedet, getrieben, teils graviert oder bemalt, poliert oder geschwärzt

Gewicht 28,78–42,32 kg

in großer Stückzahl für die Kurfürsten August und Christian I. von Sachsen von den Plattnern Wolf und Peter von Speyer sowie von Wolf Peppighorn geschlagen

Rüstkammer, SKD, Inv.-Nr. M 0035.01–.22, M 0037.01–.20 (nicht alle Teile ausgestellt), M 0040. 01–.25, M 0043.01–.21, M 0045. 01–.23, M 0048. 01–.23, M 0050. 01–.20, M 0051. 01–.19, M 0059. 01–.27 und M 0060. 01–.21

HStAD, 10009, Nr. 72, Gesamtinventar der Rüstkammer von 1606, S. 163–172, 192, 200–215, 219ff

Lit.: Ehrenthal 1899, S. 42–44, C22–C50; Haenel 1923, S. 18, Tafel 9; Theumert 1963, S. 56, Nr. 11; Schöbel 1973, S. 28, Nr. 6; Wozel 1979, S. 88, Nr. 49/50

TARTSCHEN- UND SCHULTERAUFSÄTZE

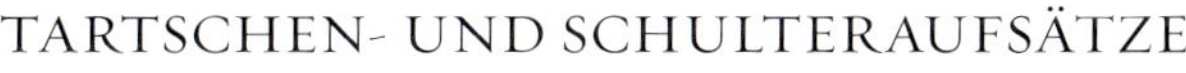

II.7 und II.9

sächsisch, 1719

Eisenblech, farbig bemalt

Höhe 16,0–32,3 cm; Breite 14,5–26,1 cm

Rüstkammer, SKD, Inv.-Nr. N 0099a–h

Die Turnierharnische bestehen jeweils aus einem Rennhut mit Stirnstulp, Nackenschutz, Helmbügel am Kamm (zur Verbindung mit dem Rücken) und aufgeschraubtem Stechbart mit Fenster (teils mit seitlicher Verlängerung), drei- oder vierfach geschobenem Kragen, Brust mit angeschraubtem, gezacktem Anlegerand (anstelle eines Rüsthakens) und einem Bauchreifen, Rücken mit einem Gesäßreifen, symmetrischen, meist achtfach (aber auch sechs- oder siebenfach) geschobenen Stechachseln mit Hinterflügen, ganzen Armzeugen, Hentzen (mit unterschiedlicher Anzahl von Geschüben, links teils auch steife Stechhandschuhe), meist kurzen, fünffach geschobenen Beintaschen (teils aber auch langen, neunfach geschobenen Schößen), meist starren, einteiligen (aber auch zweiteiligen) Diechlingen mit Kniebuckeln und teils Eisenstiefeln. Brechränder finden sich an den Harnischen entweder am Stechbart oder an der Brust (in einem Fall an beiden). An Schiftungen besitzen diese Harnische – neben gelegentlich vorkommenden, unterschiedlich geformten Überbrüsten – für das Stechen in italienischer Form eine Schulterschiftung und eine große Armschiftung oder für das Stechen in deutscher Form eine Stechtartsche und eine kleine Armschiftung (gemäß der traditionellen Inventarisierung teils in falscher Kombination).

Die zehn ausgestellten Harnische gehören zu einer ehemals deutlich größeren Gruppe gleichartiger Harnische, von denen sich in der Dresdner Rüstkam-

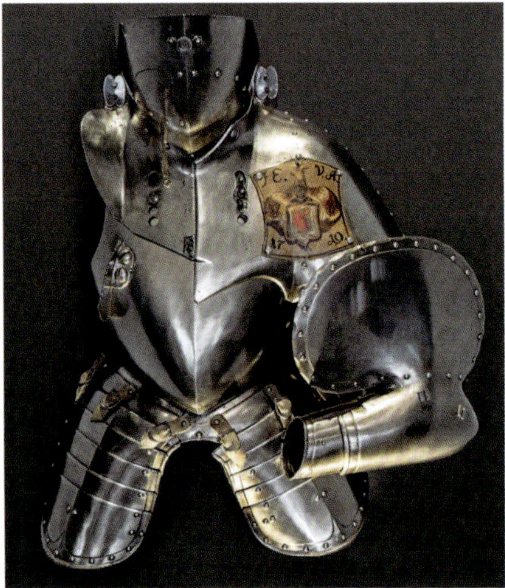

mer 22 Exemplare (zehn blanke und zwölf schwarze, teils bemalte) erhalten haben. Diese wurden im Auftrag der Kurfürsten August und Christian I. von Sachsen von den Plattnern Wolf und Peter von Speyer d. J. sowie von Wolf Peppighorn geschlagen. Drei der Harnische tragen auf ihren Stechtartschen farbige Wappen (M 0050 unkenntlich [II.6 rechts], M 0051 von Wolframsdorf [II.8 links] und M 0060 Abraham von Schönbergk [II.6 links]) und in einem Fall (M 0060) die Jahreszahl 1602. Zu den Harnischen gehören halbe Rossstirnen und Brechscheiben.

Diese Turnierharnische wurden auch bei späteren Festlichkeiten verwendet. Um den jeweiligen Träger kenntlich zu machen, wurden auf den Tartschen bzw. Schulterschiftungen kleine Aufsätze angebracht, die mit den Wappen und teils auch den Namen der Träger bemalt sind. Die heute in der Rüstkammer verwahrten Tartschen- oder Schulteraufsätze wurden 1719 anlässlich der Hochzeitsfeierlichkeiten am Dresdner Hof gefertigt. Auf dieses Fest beziehen sich auch die mit Farbe verewigten Namen sächsischer Adliger auf der Innenseite zahlreicher Brustplatten.

Tafel 3e, S. 63

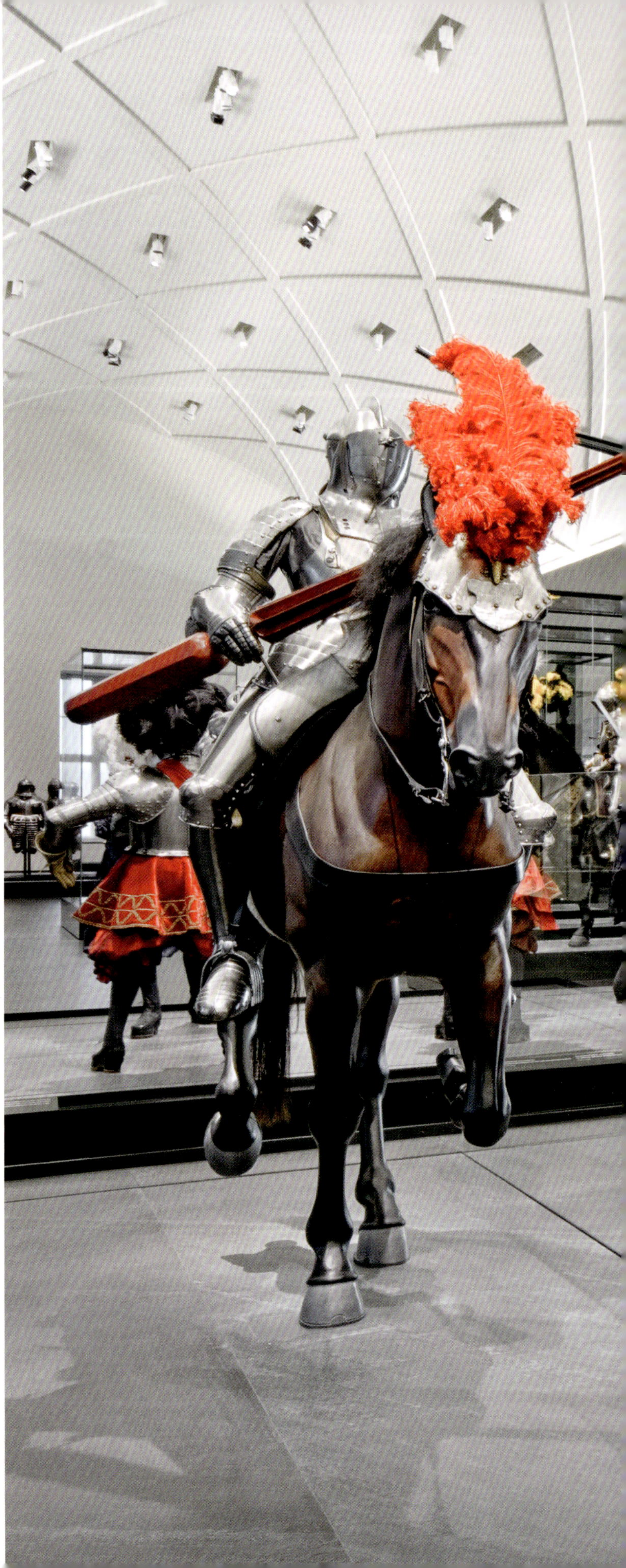

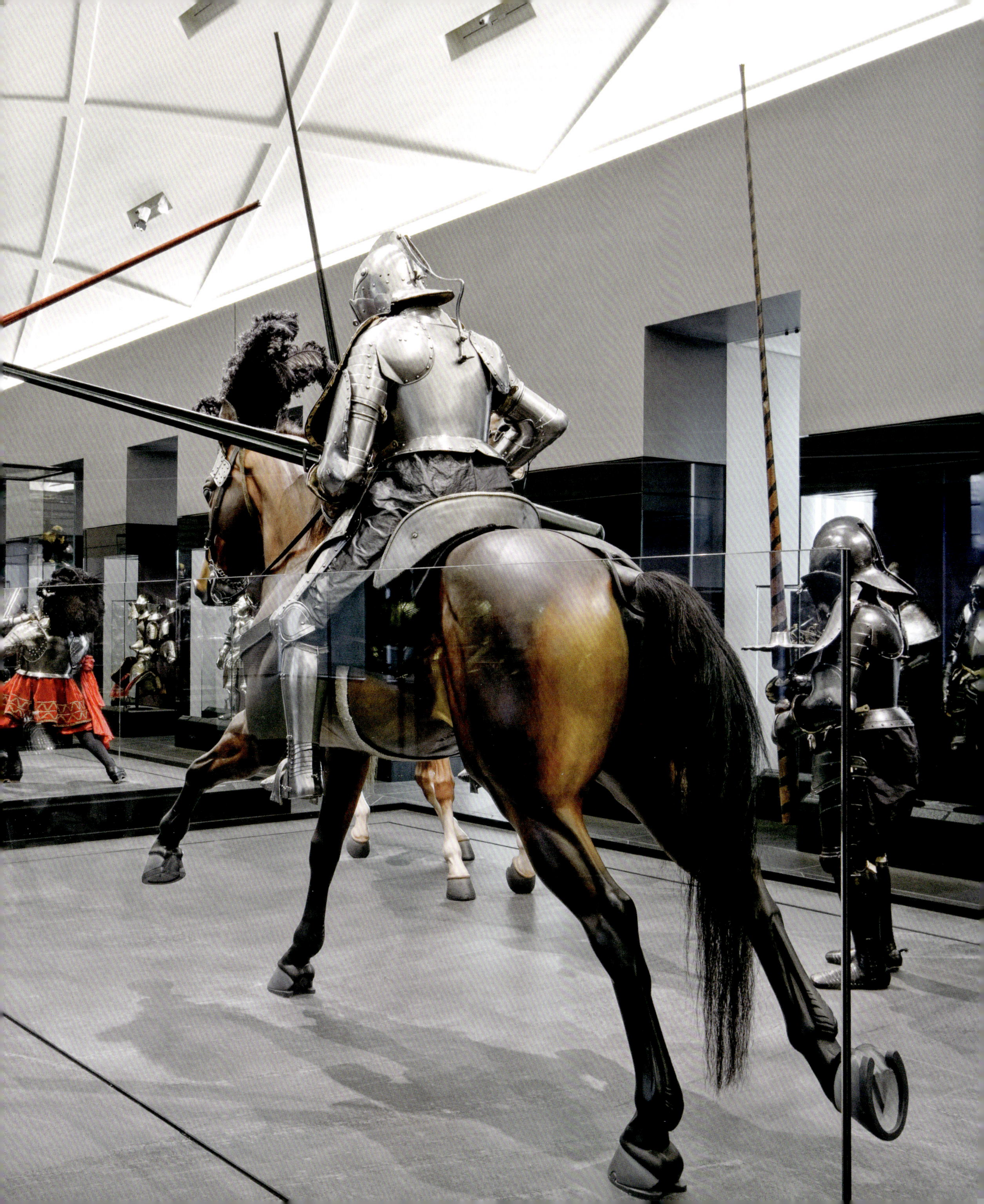

LEICHTER KOMPOSITHARNISCH

II.44

norditalienisch, letztes Viertel des 16. Jahrhunderts

Eisen geschmiedet, getrieben und geätzt; Federhülse Messing

Gewicht 18,099 kg

1925 im Tausch aus Schloss Erbach erworben

Rüstkammer, SKD, Inv.-Nr. M 0143.01–.14

HStAD, 10009, Nr. 280, Kgl. Historisches Museum u. Gewehrgalerie, Zugangsverzeichnis 1885–1943, Bl. 60/61, Nr. 652/8

Lit.: Theumert 1963, S. 57, Nr. 12; Schöbel 1973, S. 29, Nr. 8

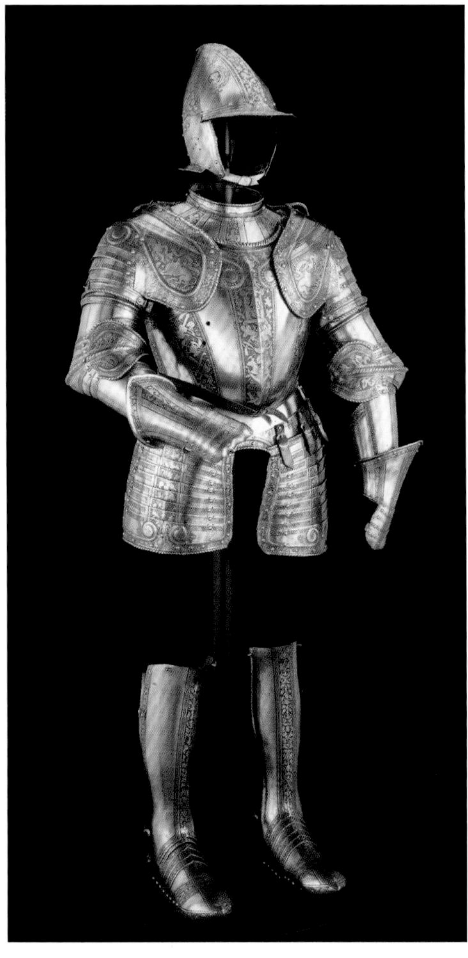

Der charakteristische Dekor dieses Harnischs, den man in der Literatur oft als „im Pisaner Stil" bezeichnete, war in der 2. Hälfte des 16. Jahrhunderts in Italien sehr beliebt und wurde auf diversen Harnischtypen verwendet. Entsprechend gibt es weltweit in unterschiedlichster Qualität eine große Zahl ganz ähnlicher Harnische bzw. Teile davon. Auch das Exemplar in der Dresdner Rüstkammer ist aus Elementen von möglicherweise vier Harnischen zusammengesetzt. Qualitativ relativ hochwertig und zum selben Harnisch gehörig sind die Brust mit zwei Bauchreifen (oberer ergänzt) und zwei Löchern für den fehlenden Rüsthaken, der Rücken, die symmetrischen Schultern mit Vorder- und Hinterflügen, die Armzeuge mit ganzen Muscheln und die zehnmal geschobenen Beintaschen, bei denen Teile des Dekors aus der Fläche getrieben sind und auch der Ätzdekor selbst sehr präzise ausgeführt wurde. Dem gegenüber ist der Dekor auf der offenen, nach oben spitz zulaufenden Sturmhaube mit festem Schirm und Nackenschutz, Wangenklappen und Federhülse, dem einfach geschobenen Kragen, den Fingerhandschuhen (deren Finger fehlen) und den Stiefeln mit Rist- und Ballengeschüben schlichter, weniger akkurat und insbesondere in den Randstreifen deutlich verschieden. Die Ätzstreifen enthalten – trotz ihrer im Detail unterschiedlichen Ausführung – recht ähnliche Kompositionen aus einzelnen Waffen bzw. ganzen Trophäengruppen, Musikinstrumenten, Menschen und Fabelwesen. Vorder- und Hinterflüge zeigen Tierszenen und gewundene Bänder mit der Aufschrift „CHREDO IN DEO".

Diese Harnischteile kamen 1786 wohl durch Vermittlung des Darmstädter Verlegers und Gelehrten Johann Heinrich Merck als Geschenk des Herzogs Karl August von Sachsen-Weimar-Eisenach in den Besitz des Kunstsammlers Franz I. Graf zu Erbach-Erbach. Aus der Waffensammlung auf Schloss Erbach (Hessen) gelangten sie schließlich 1925 nach Dresden.

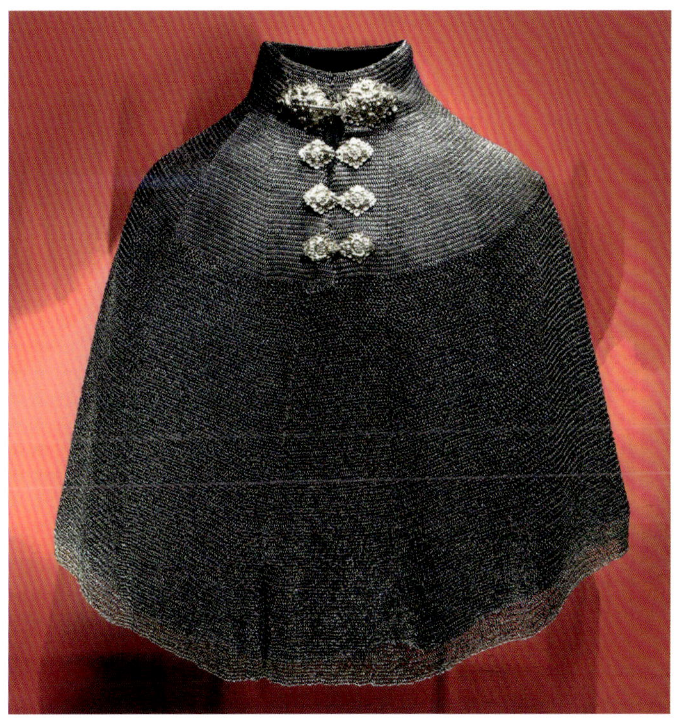

4 PANZERKRAGEN

III.73

deutsch (evtl. Wolf Pohle, Dresden), um 1580–1590

Ringe Eisen geschmiedet bzw. Messing, vernietet; Schließen Silber gegossen, ziseliert und vergoldet

Länge 70–77 cm; Gewicht 5,962–6,860 kg

evtl. 1591 bei Wolf Pohle in Dresden gekauft

Rüstkammer, SKD, Inv.-Nr. N 0051, N 0052, N 0053b und N 0053c

HStAD, 10009, Nr. 72, Gesamtinventar der Rüstkammer von 1606, S. 79

Lit.: Ehrenthal 1899, S. 157f, G 100, G 101, G 103 und G 104; Haenel 1923, S. 50, Tafel 25

Die Panzerkragen bestehen aus vernieteten Eisenringen, von denen die im Bereich von Hals und Schulter enger und flacher ineinandergreifen als die übrigen. An den unteren Rändern befinden sich mehrere Reihen von Messingringen. Jedes Stück besitzt vier Hakenverschlüsse, von denen jeweils der obere größer ist als die unteren. Die Verschlüsse wurden aus Silber gegossen und vergoldet und zeigen Früchtegruppen sowie Blüten um eine zentrale Rosette.

Die Dresdner Rüstkammer besitzt vier gleichartige Panzerkragen (davon einer nicht ausgestellt), die sich im Gesamtinventar von 1606 erstmals belegen lassen. Dort sind auf einer Seite 24 ganz ähnliche Stücke aufgeführt. Wenigstens drei davon wurden 1591 von dem in Dresden ansässigen Sarwürker Wolf Pohle gekauft. Ob diese – wie früher vermutet wurde – mit den hier besprochenen gleichzusetzen sind, ist nicht sicher. Ehrenthal bezog die Inventareinträge nicht nur auf diese vier Panzerkragen, sondern auch auf ein weiteres Exemplar mit silbernen Schließen (S. 165).

TEILE EINER HARNISCHGARNITUR ZUM PLANKENGESTECH, FREIRENNEN UND FUSSTURNIER

II.18 und II.29

Anton Peffenhauser, Augsburg, angeblich 1582 (in Teilen wohl früher)

Eisen geschmiedet, getrieben, geätzt, graviert, tiefengeschwärzt und teils vergoldet

Gewicht Manneshamisch 22,173 kg
mehrfach mit der Augsburger Beschau gemarkt

angeblich 1582 von Kurfürst August von Sachsen bei Anton Peffenhauser bestellt

Rüstkammer, SKD, Inv.-Nr. M 0026.01–.22 und L 0330

HStAD, 10009, Nr. 115, Inventar der Pallienkammer von 1688, S. 146, Nr. 56

Lit.: Ehrenthal 1899, S. 39, C 13; Haenel 1923, S. 20, Tafel 10; Theumert 1963, S. 51; Schöbel 1973, S. 34, Nr. 35; Schuckelt 1994/95, S. 22; Schuckelt 2002, S. 108ff; Schuckelt 2017, S. 243f

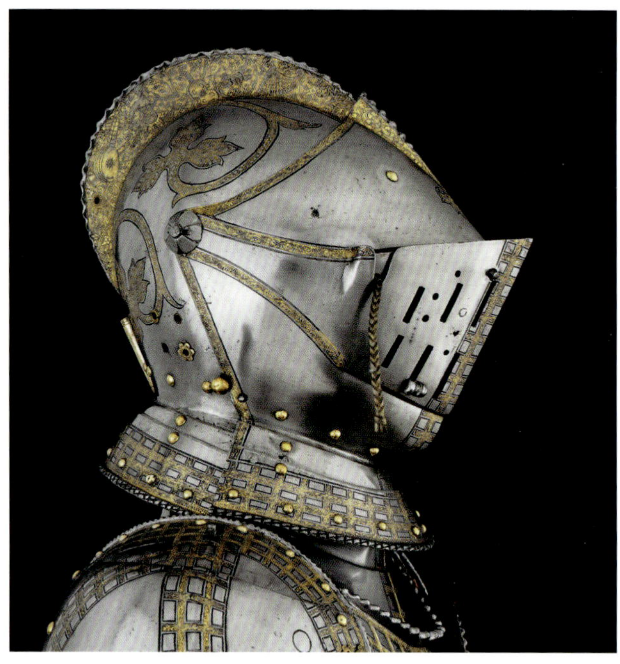

Die in Dresden zu sehende Kombination an Teilen dieser Harnischgarnitur besteht aus einem Mantelhelm mit Kinnreff, Visier, Stirnstulp sowie je zwei Hals- und Nackenreifen, einem vierfach geschobenen Kragen mit Federzapfen für die Achseln, einer Brust mit beweglichen Armeinsätzen, angeschraubtem Rüsthaken, breitem Gürtel- und zwei Bauchreifen, einem Rücken mit Gürtel- und Gesäßreifen, einem Paar symmetrischer, schmaler Achseln mit angehängten Schwebescheiben, kompletten Armzeugen mit geschlossenen Muscheln, einem Paar Fingerhandschuhen, dreiteiligen, 13-fach geschobenen Knieschößen, Beinröhren mit Panzerschuhen und Zehenkappen, einer halben Rossstirn mit Augendächern, Ohrenbechern, Scheitelfolge und Federhülse und einem Kürisssattel. Der Dekor wird durch Reihen getriebener und geätzter Vierecke gebildet (daher die Bezeichnung „Waffelharnisch"), deren Innenflächen blank mit schwarzer Umrandung und die Stege vergoldet und mit stilisierten Ranken gefüllt sind. Im Metropolitan Museum of Art in New York befinden sich als Teile dieser Garnitur für das Fußturnier eine Brust ohne Rüsthaken, ein Rücken und ein Paar starrer Diechlinge für das Plankengestech. Offenbar fehlen weitere Teile insbesondere für das Plankengestech (wie beispielsweise Stech- oder Burgunderhelm, Stechtartsche, Schiftungen für Schulter und Ellenbogen, Stechbart und eine Brust mit der Möglichkeit zur Befestigung dieser Teile).

Traditionell wird diese Harnischgarnitur als diejenige angesehen, die Kurfürst August von Sachsen 1582 für seinen Sohn Christian (I.) beim Augsburger Plattner Anton Peffenhauser bestellte, was jedoch der Form der Harnischbrust nicht entsprechen würde. In welcher Beziehung dieser Harnisch zur Bestellung von 1582 steht und ob zumindest Teile der Garnitur eventuell älter sind, diese Fragen können erst im Ergebnis zukünftiger Forschungen beantwortet werden.

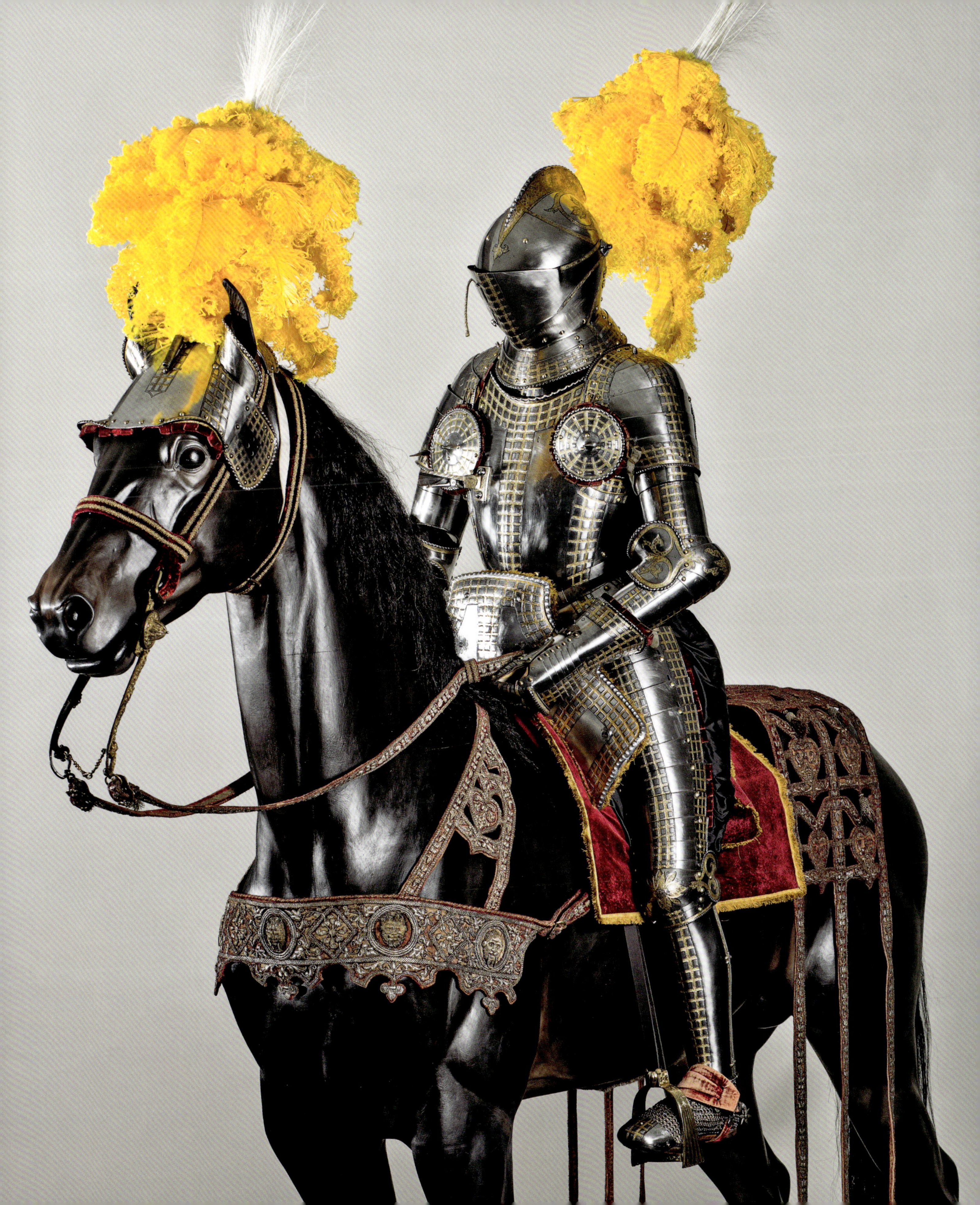

FELDHARNISCH

II.20

Anton Peffenhauser, Augsburg, zwischen 1586 und 1591

Eisen geschmiedet, getrieben und geschwärzt; Nietköpfe vergoldet

Gewicht 25,133 kg

mehrfach mit der Augsburger Beschau gemarkt

wohl für Kurfürst Christian I. von Sachsen geschlagen

Rüstkammer, SKD, Inv.-Nr. M 0123.01–.15

HStAD, 10009, Nr. 72, Gesamtinventar der Rüstkammer von 1606, S. 198f (?)

Lit.: Ehrenthal 1899, S. 163, G 146; Schöbel 1973, S. 28, Nr. 5a; Schuckelt 2002, S. 111

Der schlicht geschwärzte, unverzierte Harnisch besteht aus einem Mantelhelm mit Visier, Stirnstulp sowie zwei Hals- und zwei Nackenreifen, einem fünffach geschobenen Kragen, einer Brust mit beweglichen Armeinsätzen, einem Rücken, symmetrischen Schultern mit Vorder- und Hinterflügen, Armzeugen mit ganzen Muscheln, Fingerhandschuhen (die Finger der rechten Hand fehlen) und dreiteiligen, insgesamt 16-fach geschobenen Knieschößen.

Der auf sämtlichen Teilen mit der Augsburger Beschau gemarkte Harnisch ist allem Anschein nach eine Arbeit von Anton Peffenhauser. Gemäß dem Inventareintrag von 1606, der offenbar diesen Harnisch beinhaltet, wurde er als Teil einer größeren Harnischgarnitur mit zahlreichen Wechselstücken für Kurfürst Christian I. von Sachsen geschlagen. Demnach handelte es sich um einen Harnisch für das Plankengestech mit Stechhelm und -bart, Armschiftung, Schild sowie zwei Rossstirnen und einen Harnisch zum Freiturnier, der entsprechend der Beschreibung aber auch für das Fußturnier und den Krieg geeignet war. An der Wand hingen diverse Wechselstücke wie z.B. vier Brechscheiben, drei Bärte, mehrere Armschiftungen, eine weitere Brust und eine Schlaghaube. Erhalten haben sich nur die Teile des Feld- bzw. Fußturnierharnischs.

ROSSHARNISCH

II.20

Anton Peffenhauser, Augsburg, wohl zwischen 1585-1590

Eisen geschmiedet, getrieben, teils geätzt und vergoldet, geschwärzt und nachträglich bemalt; Beschläge Messing, vergoldet

Gewicht 37,004 kg

mehrfach mit der Augsburger Beschau gemarkt

wohl für Kurfürst Christian I. von Sachsen gefertigt

Rüstkammer, SKD, Inv.-Nr. L 0376.01–.09

evtl. HStAD, 10009, Nr. 72, Gesamtinventar der Rüstkammer von 1606, S. 262ff

Lit.: Ehrenthal 1899, S. 41, C20; Schuckelt 1994/95, S. 23; Schuckelt 2002, S. 111

Der Harnisch besteht aus einem Rosskopf mit Seitenteilen, Ohrenbechern, Scheitelfolge, vergoldeter Federhülse und Stirnschild, einem Paar zweiteiliger, mit Scharnieren verbundener Zügelbleche, einem geschlossenen, oben neunfach und unten sechsfach geschobenen Kanz, einem aus fünf Blechen zusammengenieteten Fürbug mit Streifbuckeln, einem Paar zweiteiliger und durch Scharniere miteinander verbundener Flankenbleche und einem aus neun Blechen vernieteten Gelieger mit aufgenieteter, zweiteiliger, geätzter und vergoldeter Röhre auf der Kruppe, die einen geschuppten Körper darstellt und über dem Schweifloch in einem Drachenkopf endigt. Der Harnisch trägt mehrfach die Augsburger Beschau. Er wurde anlässlich der Hochzeitsfeierlichkeiten von 1719 geschwärzt und golden bemalt. Der Dekor besteht aus geometrischen Bandmotiven, Rosetten und Blattranken. Unter

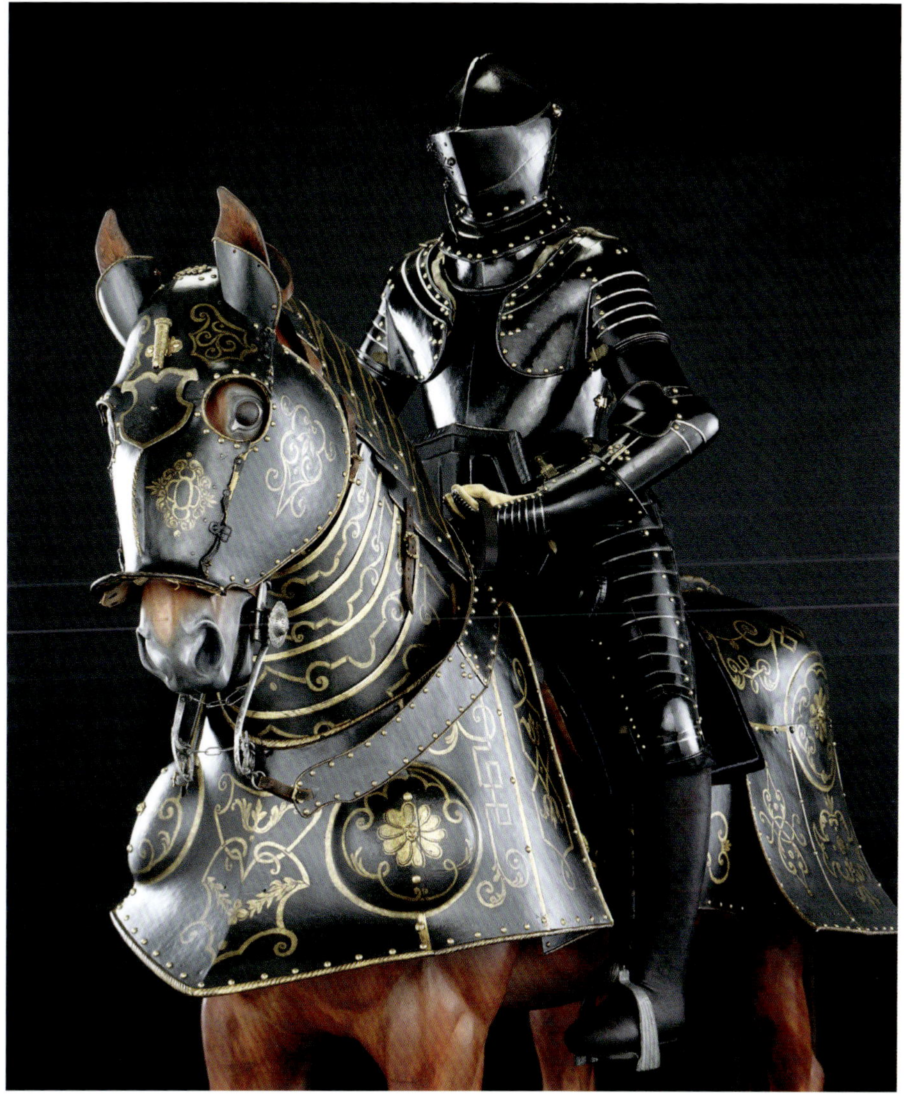

der schwarzen Farbe auf den Streifbuckeln des Fürbugs und den runden Dekorfeldern des Geliegers sind Konturen von Wappen (wohl das große mehrteilige Wappen des Kurfürstentums Sachsen) zu erkennen. In der Mitte der darüber gemalten Rosetten finden sich aufgesetzte und vergoldete Löwenköpfe.

Der Rossharnisch war ursprünglich wohl blank und abgesehen von den Wappen auf Fürbug und Gelieger sowie der reich geätzten und vergoldeten Schweifröhre vollkommen unverziert. Sowohl in seiner gesamten Form als auch in der Konstruktion ähnelt er sehr dem Rossharnisch von Peffenhauser aus der Zeit zwischen 1586 und 1591 (S. 144ff). Die wenigen erkennbaren Konturen der Wappen lassen es denkbar erscheinen, dass beide Rossharnische dasselbe Wappen tragen und somit aus der gleichen Zeit stammen. Eine sichere Identifikation des Rossharnischs in den historischen Inventaren ist bisher aber noch nicht gelungen. Möglicherweise bezieht sich der oben genannte Inventareintrag auf dieses Stück. Demnach ist es als sehr wahrscheinlich anzusehen, dass Kurfürst Christian I. von Sachsen auch diesen Rossharnisch bei Anton Peffenhauser in Augsburg kaufen ließ.

HARNISCHARRANGEMENT FÜR ROSS UND REITER

II.19, II.23 und II.25-27

Anton Peffenhauser, Augsburg, zwischen 1586 und 1591

Eisen geschmiedet, getrieben, geätzt, vergoldet, tiefengeschwärzt und teils emailliert

Gewicht Mannesharnisch 28,810 kg; Wechselstücke 19,812 kg und Rossharnisch (ohne Sättel) 36,529 kg

für Kurfürst Christian I. von Sachsen geschlagen; in Teilen 1591 beim Leichenzug dem Sarg des Kurfürsten nachgeführt

Rüstkammer, SKD, Inv.-Nr. M 0099.01–.42, L 0169, L 0588 und L 0593

HStAD, 10009, Nr. 72, Gesamtinventar der Rüstkammer von 1606, S. 157ff und/oder S. 262ff

Lit.: Ehrenthal 1899, S. 55, E 6a; Haenel 1923, S. 24, Tafel 12; Theumert 1963, S. 59, Nr. 15; Schöbel 1973, S. 31, Nr. 18; Wozel 1979, S. 86, Nr. 38-43; Schuckelt 1994/95, S. 26; Schuckelt 2002, S. 111; Schuckelt 2017, S. 249

Im Riesensaal des Dresdner Residenzschlosses werden vier Kürisssättel, ein Rossharnisch, ein Mannesharnisch und zahlreiche Wechselstücke präsentiert, die auf den ersten Blick zu einer Garnitur gehörig erscheinen. Der Mannesharnisch besteht aus einem Burgunderhelm mit Kinnreff, Visier, Stirnstulp, Federhülse und Visierstütze, einem vierfach geschobenen Kragen, einer Brust mit Schulterbändern und zwei Löchern für den fehlenden Rüsthaken (aber ohne Schraublöcher für Schiftungen), einem Rücken, einem Paar asymmetrischer Schultern mit Vorder- und Hinterflügen, kompletten Armzeugen (ohne Schrauben für Schiftungen), einem Paar Fingerhandschuhe, langen zweiteiligen, siebenfach geschobenen Beintaschen, Unterdiechlingen mit Kniebuckeln und zweiteiligen Beinröhren. In der Wandvitrine hängen ein Mantelhelm mit Kinnreff, Visier, Stirnstulp sowie je zwei Hals- und Nackenreifen, ein halber Bart mit zwei Halsreifen, ein Paar symmetrischer Stechachseln mit Hinterflügen, eine Schulterschiftung, eine große Armschiftung, ein linker Fingerhandschuh, eine halbe Rossstirn, drei Brechscheiben sowie ein weiterer, nicht zugehöriger halber Bart mit einem Halsreifen. Der Rossharnisch besteht aus einem Rosskopf mit Augendächern, Ohrenbechern, Scheitelfolge und Stirnschildchen, einem oben neunfach und unten sechsfach geschobenen Kanz, einem aus fünf Blechen zusammengefügten Fürbug mit Streifbuckeln, einem zehnteiligen Gelieger mit Schweifröhre, einem Paar zweiteiliger, mit Scharnieren zusammengefügter Flankenbleche und einem Paar ebensolcher Zügelbleche. In mehreren Sammlungen Europas und der USA befinden sich Stücke, die eindeutig zu diesem Ensemble gehören und den Schluss zulassen, dass es einst weitere Elemente gegeben haben muss.

Der teils getriebene, mit Tiefenschwärzung und Vergoldung versehene Ätzdekor all dieser Teile besteht aus einem breiteren Mittelstreifen, eingefasst von zwei schmaleren Seitenstreifen und davon ausgehenden Ranken, deren Flächen mit blanken Blattranken auf goldenem Grund gefüllt sind. Während die schmalen Streifen auf goldenem Grund Knoten enthalten, zeigen die Hauptstreifen auf schwarzem, punktiertem Grund goldene Trophäenarrangements. Auf den Stirnschildchen von Rosskopf und halber Rossstirn sowie auf Fürbug und Gelieger befinden sich farbig emailliert das 15-teilige kursächsische Wappen und geätzt die Buchstaben F S V (Fide Sed Vide, d. h. Trau-Schau-Wem, die Devise des Kurfürsten). Die Brechscheiben zieren geätzt jeweils dreimal das kleine kursächsische Wappen und ebenfalls die Devise F S V. So einheitlich der Dekor auf den ersten Blick wirkt, so groß ist hingegen auch die Variationsbreite in der Ausführung der einzelnen Elemente.

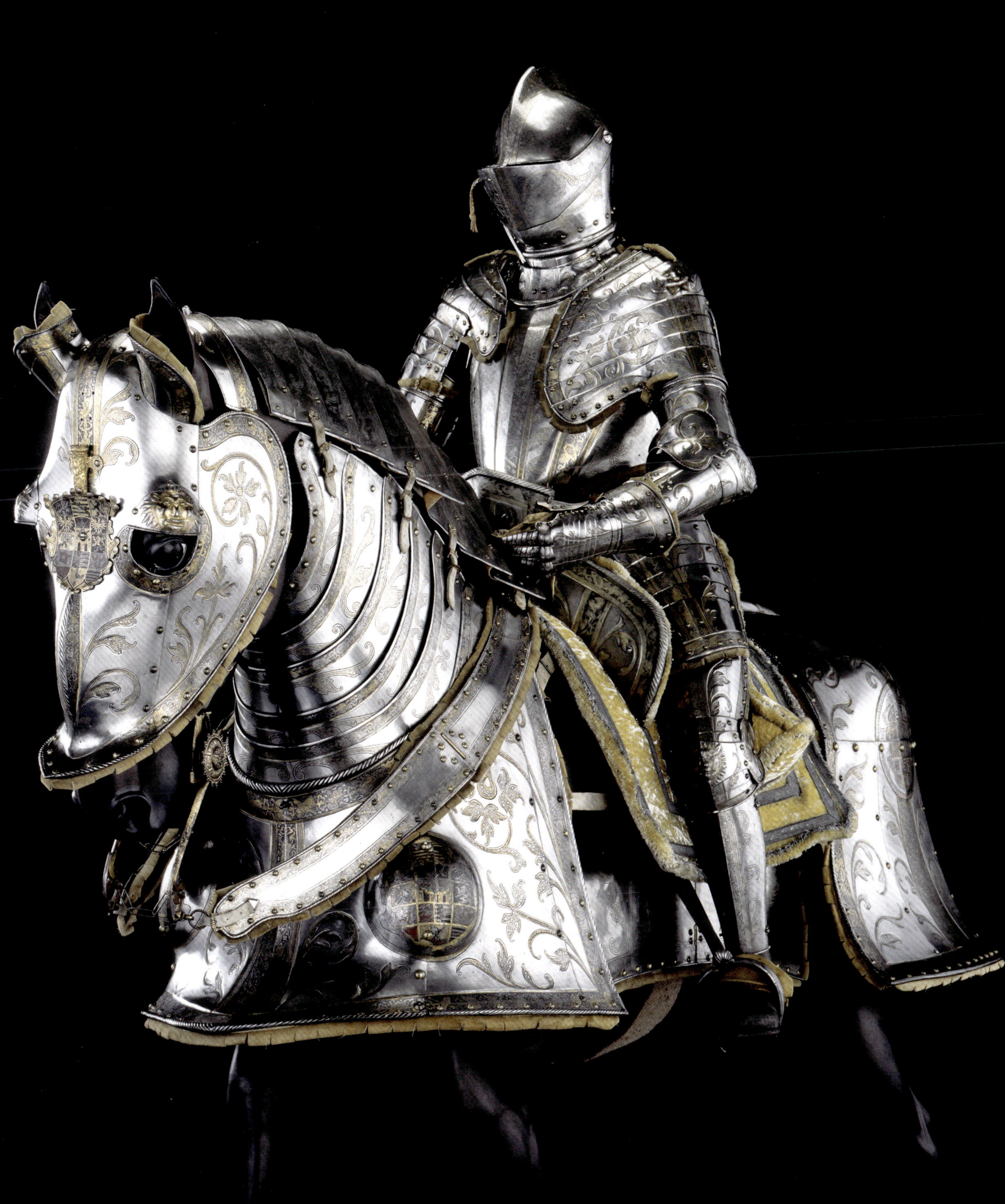

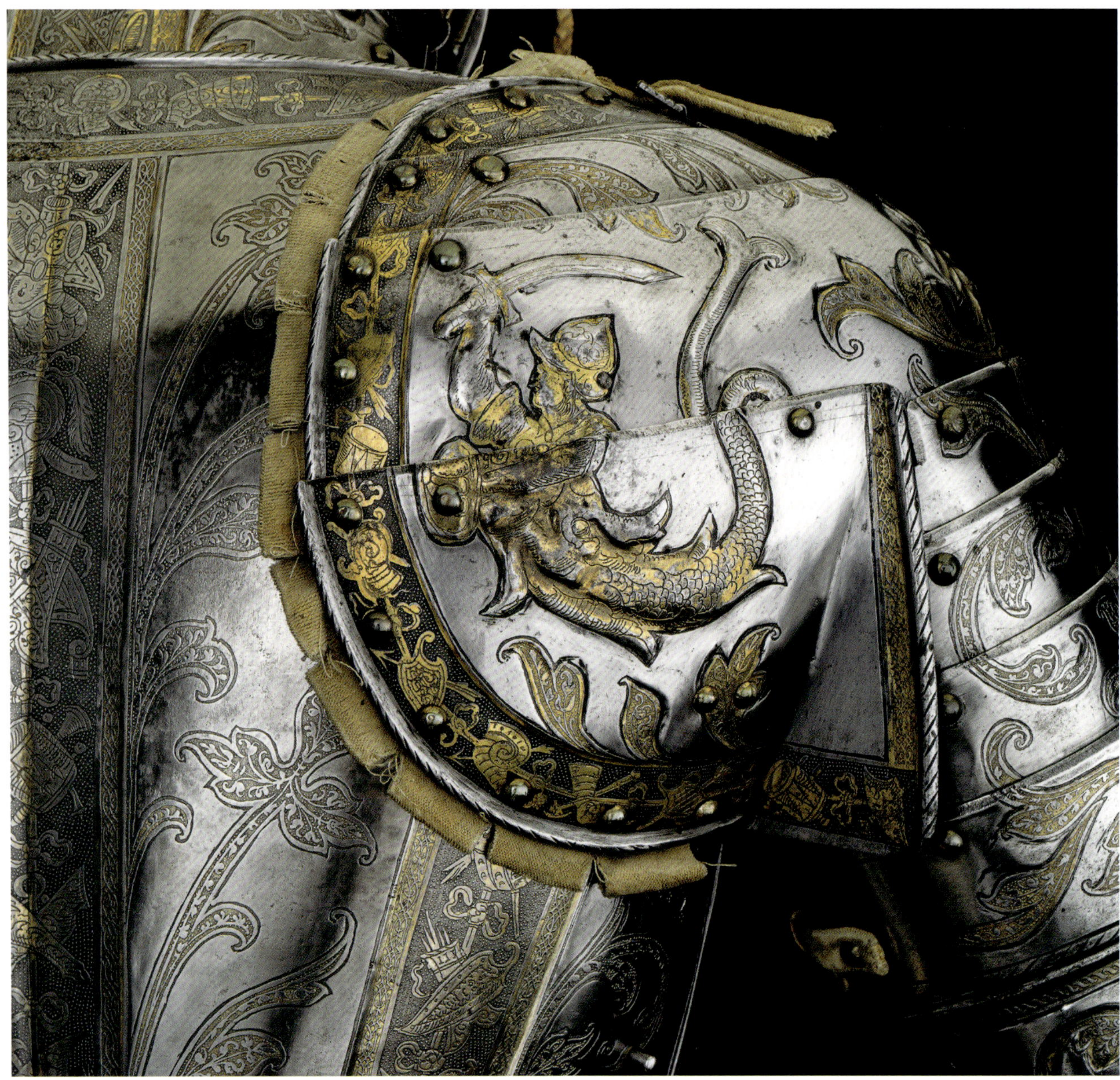

Während unter den Wechselstücken der halbe Bart mit dem einzelnen Halsreifen eindeutig zu einer anderen Garnitur Peffenhausers gehörte, stellt sich auch bei den übrigen Teilen die Frage, ob sie nicht die Reste mehrere ganz ähnlich gestalteter, aber doch nicht zusammengehöriger Harnischgarnituren sind, die erst in späterer Zeit zu einer „Garnitur" vereinigt wurden. Demnach wäre es sehr wahrscheinlich, dass sich gleich mehrere Inventareinträge von 1606, in denen Arbeiten Peffenhausers für Kurfürst Christian I. von Sachsen aufgeführt sind, auf diese große Gruppe von Harnischteilen beziehen.

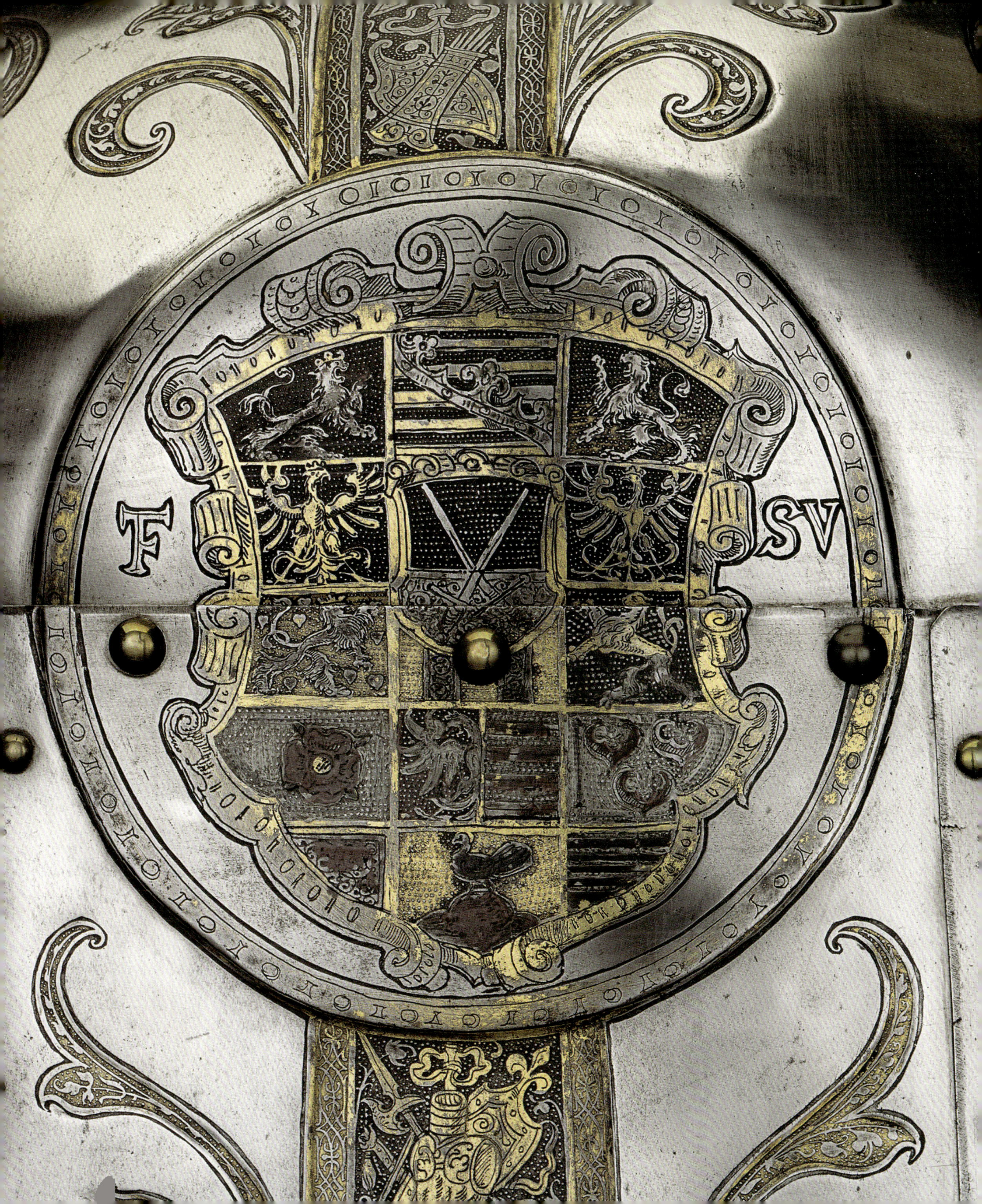
F
SV

PRUNKHARNISCH MIT WECHSELBRUST

II.37

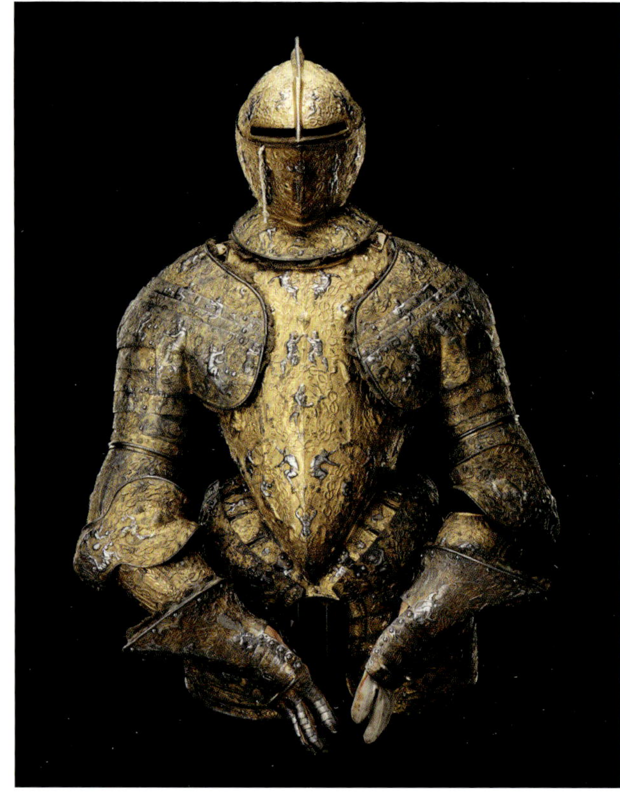

französisch, vor 1588

Eisen geschmiedet, getrieben, ziseliert und vergoldet, ehemals emailliert; Futter und Vorstöße Samt, mit Goldtresse eingefasst

Gewicht 15,305 kg; Wechselbrust 1,575 kg

1588 Geschenk des Herzogs Carlo Emanuele I. von Savoyen an Kurfürst Christian I. von Sachsen

Rüstkammer, SKD, Inv.-Nr. M 0062.01–.13

HStAD, 10009, Nr. 3, Inventar der Kunstkammer von 1595, S. 530

Lit.: Ehrenthal 1899, S. 45, D 1; Haenel 1923, S. 22, Tafel 11; Theumert 1963, S. 60, Nr. 18; Schöbel 1973, S. 31, Nr. 17; Paris 2011, S. 314–317

Der überaus reich verzierte Harnisch besteht aus Mantelhelm, geschobenem Kragen, Brust mit starkem Gansbauch, Rücken, symmetrischen Schultern mit geschobenen, breiten Vorder- und Hinterflügen, komplettem Armzeug, Fingerhandschuhen, an denen mehrere Fingergeschübe fehlen, und geschobenen Beintaschen. Zum Harnisch gehört eine separate Wechselbrust mit ebenfalls stark nach unten verlängertem Gansbauch. An den Seiten der Brüste befinden sich Haken zur Befestigung am Rücken. Statt der üblichen Bauchreifen besitzen beide Brüste an der Unterkante fast rechtwinklig abstehende Streifen, rudimentäre Pteryges oder Unterleibslaschen antiker Brustpanzer. Früher wurde bezweifelt, ob die Beintaschen tatsächlich zu diesem Harnisch gehören. Ein Grund dafür dürfte die ehemalige Art der Präsentation gewesen sein, bei der die Beintaschen falsch an der Harnischbrust montiert waren. Dies hatte zur Folge, dass die gesamte Konstruktion unpassend und somit als nicht zusammengehörig wirkte. Erst im Zuge einer konservatorischen Überarbeitung wurde dies korrigiert, wobei offensichtlich wurde, dass irgendwann unsachgemäße Veränderungen an der Befestigung der Beintaschen vorgenommen wurden.

Es handelt sich bei diesem Harnisch um ein reines Schauobjekt, dessen Oberfläche aufgrund des stark plastisch getriebenen Dekors vielfach perforiert ist. Der die gesamte Oberfläche dicht überziehende Dekor setzt sich aus Ranken, Blumen, Ähren, Vasen, Tieren, Putten und den Musen zusammen. Nur die stark erhabenen, figürlichen Teile sind von blank getriebenem Eisen, während alle anderen Flächen matt vergoldet sind. In der Mitte der Harnischbrust befindet sich die Diana mit Jagdhorn und Hirsch. Auf dem Rücken ist die Minerva dargestellt. Die Musen sitzen mit den ihnen eigenen Attributen auf bzw. zwischen den Ran-

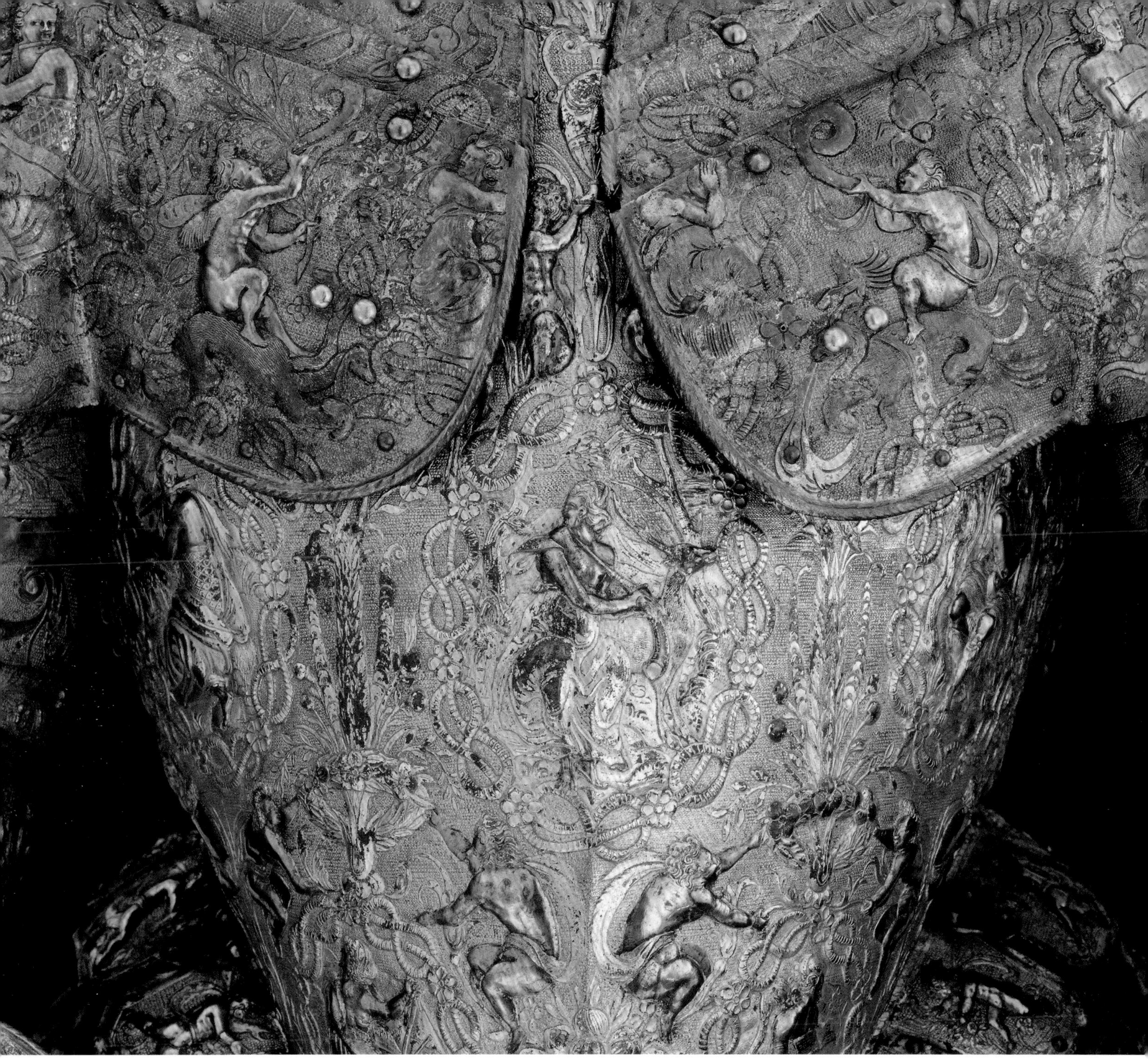

ken, umgeben von Kränzen verschlungener Seilknoten, dem Sinnbild des Savoyardischen Annunziatenordens. Der Ordine supremo dell' Annunziata wurde 1355 (bzw. 1362) von Graf Amadeus VI. von Savoyen anlässlich seines Kreuzzugsschwures als Halsbandorden gestiftet. Carlo III. von Savoyen erneuerte ihn 1518 als einen der Heiligen Jungfrau geweihten, geistlichen Ritterorden. Darauf nehmen auch die Rosen auf den Seilknoten Bezug, die als Kleinod im Zusammenhang mit der Verkündigung Mariae stehen.

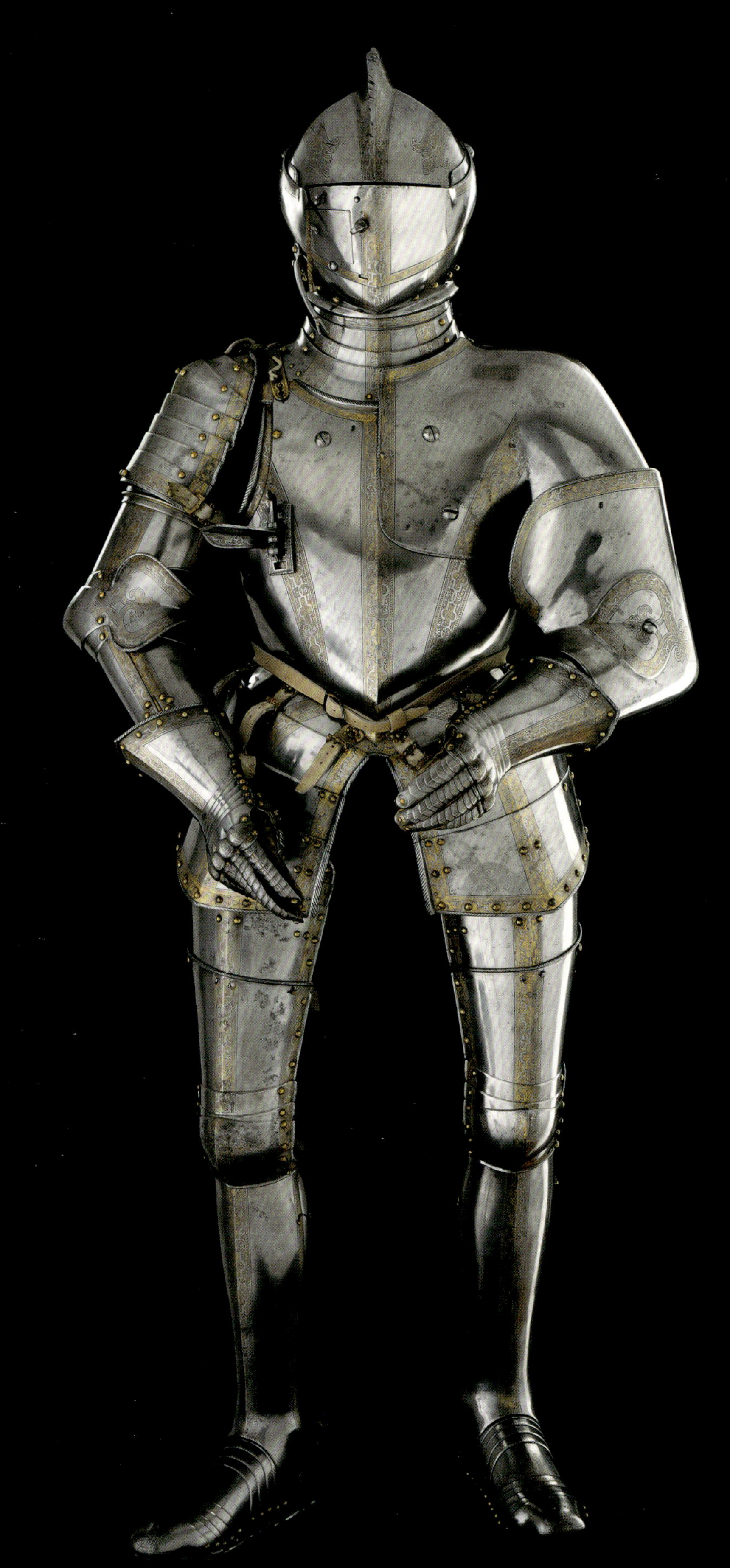

TURNIERHARNISCH

II.22

Anton Peffenhauser, Augsburg, 1587–1588

Eisen geschmiedet, getrieben, geätzt, tiefengeschwärzt und vergoldet

Mannesharnisch (inkl. Schulter- und großer Armschiftung) 28,112 kg; Gewicht der Teile an der Rückwand 5,936 kg

mehrfach mit der Augsburger Beschau gemarkt

1588 von Kurfürst Christian I. von Sachsen bei Anton Peffenhauser gekauft

Rüstkammer, SKD, Inv.-Nr. M 0029.01–.26 und L 0591

HStAD, 10009, Nr. 72, Gesamtinventar der Rüstkammer von 1606, S. 190

Lit.: Ehrenthal 1899, S. 41, C18; Wozel 1979, S. 85, Nr. 34; Schuckelt 1994/95, S. 23; Schuckelt 2002, S. 109; Schuckelt 2017, S. 244ff

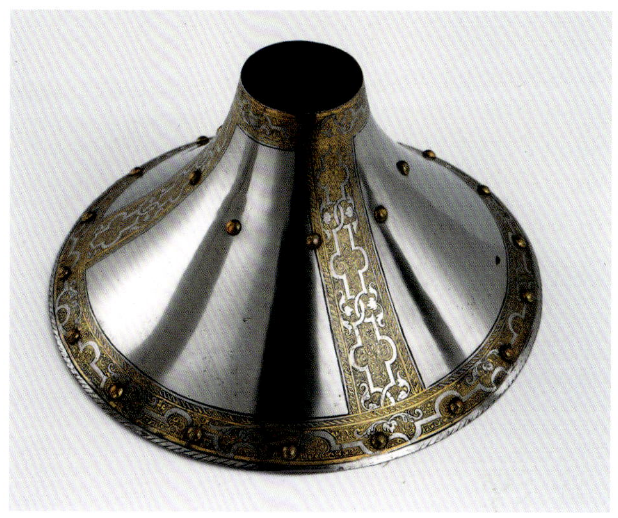

Diese Harnischgarnitur entspricht in ihrer gesamten Anlage weitestgehend der dritten 1588 gekauften Garnitur (S. 154) und war wie diese sowohl beim Plankengestech nach italienischer bzw. deutscher Mode als auch zum Fuß- oder Freiturnier und wohl auch im Feld einsetzbar. Sie besteht aus einem Burgunderhelm, Kragen, Brust mit abnehmbarem Rüsthaken, Rücken mit Schulterbändern, einem Paar symmetrischer Stechachseln, Armzeugen (linker Ellenbogen mit Schraube für Schiftung), einer Schulterschiftung, einer großen Armschiftung, Fingerhandschuhen, Beintaschen, zweiteiligen Diechlingen und einem Paar Stiefel. An der Rückwand hängen weiterhin ein ganzer Bart zum Stechen, eine Brechscheibe und eine ganze Rossstirn. Außerdem gehören zu dieser Garnitur ein Kürisssattel sowie mehrere Wechselstücke in verschiedenen europäischen und amerikanischen Sammlungen (eine Stechtartsche und ein zweiter Burgunderhelm in St. Petersburg, eine kleine Armschiftung in Rom, eine zweite Brechscheibe in Detroit, ein Paar asymmetrischer Schultern in London, die Nackenplatte einer halben Rossstirn in Berlin und möglicherweise noch ein linker Handschuh in Paris sowie eine orientalisierende Sturmhaube in London).

Der Dekor innerhalb der von schmalen Heftschnüren eingefassten breiten Ätzstreifen besteht aus kräftigen Flechtbändern auf goldenem Rankengrund. Auf dem Wappenschild der Rossstirn befindet sich ein heraldisch rechts steigender Löwe, der mit drei Pranken einen mit dem Kopf nach unten zeigenden Delphin hält. Freistehende Blattranken auf der blanken Fläche gibt es bei dieser Garnitur nur auf den Hinterflügen.

Kurfürst Christian I. von Sachsen kaufte diese Harnischgarnitur 1588 zusammen mit zwei weiteren (S. 152ff) beim Augsburger Plattner Anton Peffenhauser. Zumindest in Teilen muss diese Garnitur aber schon 1587 entstanden sein, worauf die Jahreszahl auf der in der Eremitage in St. Petersburg befindlichen Stechtartsche hinweist. Diese und die folgende Garnitur sind nahezu gleich verziert, haben etwa eine Größe und dürften wohl direkt für Christian gefertigt worden sein.

TURNIERHARNISCH

II.22

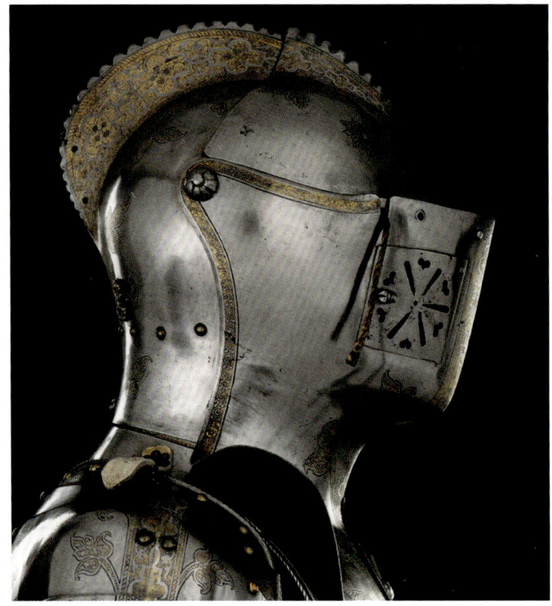

Anton Peffenhauser, Augsburg, 1588

Eisen geschmiedet, getrieben, geätzt, tiefengeschwärzt und vergoldet

Mannesharnisch (inkl. Tartsche) 28,960 kg; Gewicht der Teile an der Rückwand 6,367 kg

mehrfach mit der Augsburger Beschau und im Rücken mit dem punktierten A gemarkt

1588 von Kurfürst Christian I. von Sachsen bei Anton Peffenhauser gekauft

Rüstkammer, SKD, Inv.-Nr. M 0027.01–.27 und L 0590

HStAD, 10009, Nr. 72, Gesamtinventar der Rüstkammer von 1606, S. 190

Lit.: Ehrenthal 1899, S. 40, C15a; Theumert 1963, S. 58, Nr. 14; Schöbel 1973, S. 34, Nr. 36; Wozel 1979, S. 85, Nr. 32/33 und Nr. 35/36; Dresden 1992, S. 82, Nr. 27; Schuckelt 1994/95, S. 23; Schuckelt 2002, S. 109; Schuckelt 2017, S. 244ff

Im Unterschied zu den zuvor bzw. anschließend beschriebenen Harnischgarnituren diente diese ausschließlich dem Plankengestech. Hier gibt es keinen Kragen, an dem beispielsweise ein Burgunderhelm hätte befestigt werden können, und der aus Helmglocke, Stirnstulp mit tiefliegendem Sehschlitz und ganzem Stechbart mit rechtsseitigem Fenster bestehende „Neue Welsche Stechhelm“ ist mit Brust und im Nacken verlängerten Rücken fest verschraubt. Auf der Brust befindet sich ein abnehmbarer und in seiner Position veränderlicher, jedoch starrer Rüsthaken. Brust und Rücken sind heute mittels Lederriemen verbunden. Die ursprünglich dafür dienenden eisernen Schulterbänder haben sich aber ebenfalls erhalten. Arm- und Beinzeuge entsprechen denen der beiden anderen Harnische. Lediglich bei den Stiefeln sind hier die Vorder- und Hinterplatten der Beinröhren durch Scharniere miteinander verbunden. An Wechselstücken gibt es nur eine Schulter- und eine große Armschiftung für das Stechen nach italienischer Mode sowie eine Tartsche und eine kleine Armschiftung für das Stechen im deutschen Stil. Außerdem gehören zu diesem Harnisch noch zwei Brechscheiben, eine halbe Rossstirn und ein Kürisssattel.

Auf der Tartsche und auf dem Wappenschild der Rossstirn findet sich eine von Blütenranken umgebene, recht männlich wirkende „Jungfrau“ mit Siegeskranz. Der Dekor innerhalb der Ätzstreifen ist mit dem des Harnischs auf S. 151 weitestgehend identisch, sodass man beide für eine große Garnitur halten könnte. Lediglich die für die gleichen Funktionen vorhandenen, jedoch nicht austauschbaren Teile beider Garnituren und die hier den Ätzstreifen seitlich entwachsenden Stängel mit unterschiedlich geformten Blättern und Blüten ergeben eine eindeutige Trennung in zwei verschiedene Garnituren.

Kurfürst Christian I. von Sachsen kaufte beide Harnischgarnituren zusammen mit einer dritten (S. 154) 1588 beim Augsburger Plattner Anton Peffenhauser.

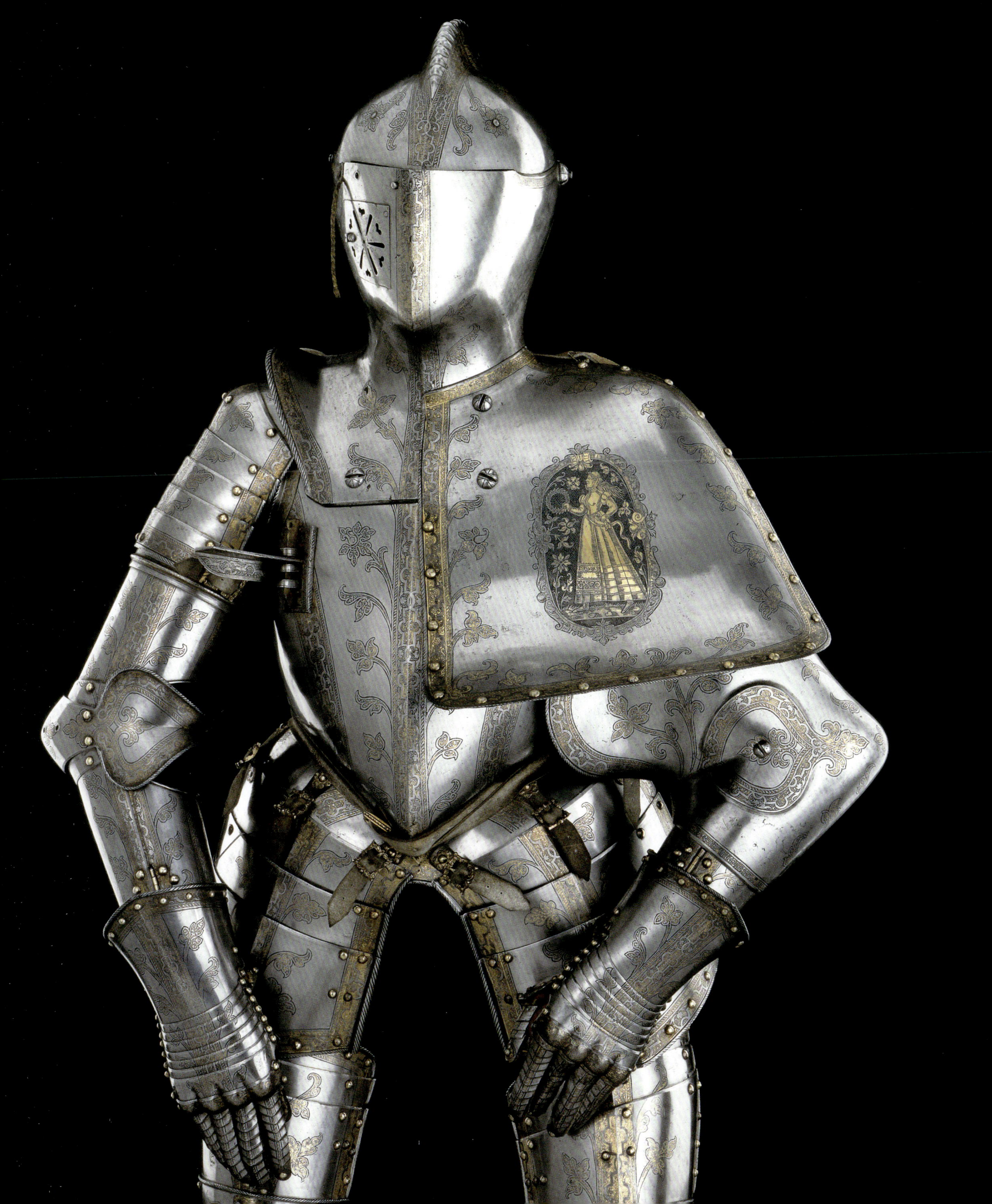

TURNIERHARNISCH

II.24

Anton Peffenhauser, Augsburg, vor 1588

Eisen geschmiedet, getrieben, geätzt, tiefengeschwärzt und vergoldet

Mannesharnisch (inkl. Schulter- und großer Armschiftung) 27,012 kg; Gewicht der Teile an der Rückwand 13,233 kg

mehrfach mit der Augsburger Beschau und dem punktierten A gemarkt

1588 von Kurfürst Christian I. von Sachsen bei Anton Peffenhauser gekauft

Rüstkammer, SKD, Inv.-Nr. M 0028.01–.35

HStAD, 10009, Nr. 72, Gesamtinventar der Rustkammer von 1606, S. 190

Lit.: Ehrenthal 1899, S. 40, C17; Wozel 1979, S. 86, Nr. 43; Schuckelt 1994/95, S. 23; Schuckelt 2002, S. 109; Schuckelt 2017, S. 244ff

Von der einst noch umfangreicheren Harnischgarnitur haben sich in Dresden als Grundkonstruktion Kragen, Brust mit abnehmbarem Rüsthaken und Rücken erhalten. Zum Plankengestech trug man dazu die ebenfalls in Dresden verwahrten symmetrischen Stechachseln, Armzeuge, kurzen Beintaschen, zweiteiligen Diechlinge, Stiefel und den mit dem Stechbart verstärkten Burgunderhelm. Abhängig davon, ob entsprechend der italienischen oder der deutschen Mode angetreten wurde, verwendete man außerdem Schulter- und große Armschiftung oder aber Stechtartsche (Eremitage, St. Petersburg) und kleine Armschiftung. Je nach Bedarf konnten an beiden Händen Fingerhandschuhe oder aber an der linken Hand eine Turnierhentze (Museum für Deutsche Geschichte, Berlin) getragen werden. Weitere Wechselstücke, u.a. Mantelhelm, halber Bart und asymmetrische Achseln (letztere Wallace Collection, London), waren sowohl zum Fuß- und Freiturnier als auch im Feld zu gebrauchen. Hierfür trug man auch geschobene Diechlinge oder Knieschöße, von denen vier einzelne Geschübe erhalten sind. Außerdem gibt es zu dieser Garnitur noch zwei Brechscheiben sowie eine ganze und eine halbe Rossstirn.

Der charakteristische Dekor des Harnischs besteht aus breiten Ätzstreifen mit einem erhabenen und vergoldeten Rankenband auf schwarzem, gepunktetem Grund. Das Band setzt sich aus s-förmigen Stängeln mit je einem zentralen Blatt zusammen. Die einzelnen Stängel sind durch einen geraden Steg verbunden, der wiederum von einem leicht geschwungenen Steg gequert wird. Diese Ätzstreifen sind von schmalen Heftschnüren auf goldenem Grund eingefasst. Die Wappenschilde auf den Rossstirnen tragen figürlichen Dekor. Während auf der ganzen Rossstirn eine nackte Figur zu sehen ist, die auf einem Delphin stehend in ein Horn bläst, ist die halbe Rossstirn mit einem Löwenkopf verziert. Darüber hinaus finden sich große Blattranken auf den blanken Flächen der Hinterflüge und der ganzen Rossstirn.

Kurfürst Christian I. von Sachsen kaufte 1588 zusammen mit dieser Turnierharnischgarnitur zwei weitere bei Anton Peffenhauser. Während diese (S. 150–153) nahezu gleich verziert sind, in etwa eine Größe haben und wohl für Christian persönlich gefertigt wurden, ist die hier beschriebene Garnitur vollkommen anders dekoriert und auch deutlich kleiner, weshalb sie sicher nicht für den Kurfürsten bestimmt war. Für wen diese Garnitur ursprünglich gefertigt wurde, ist unbekannt.

Abb. S. 221

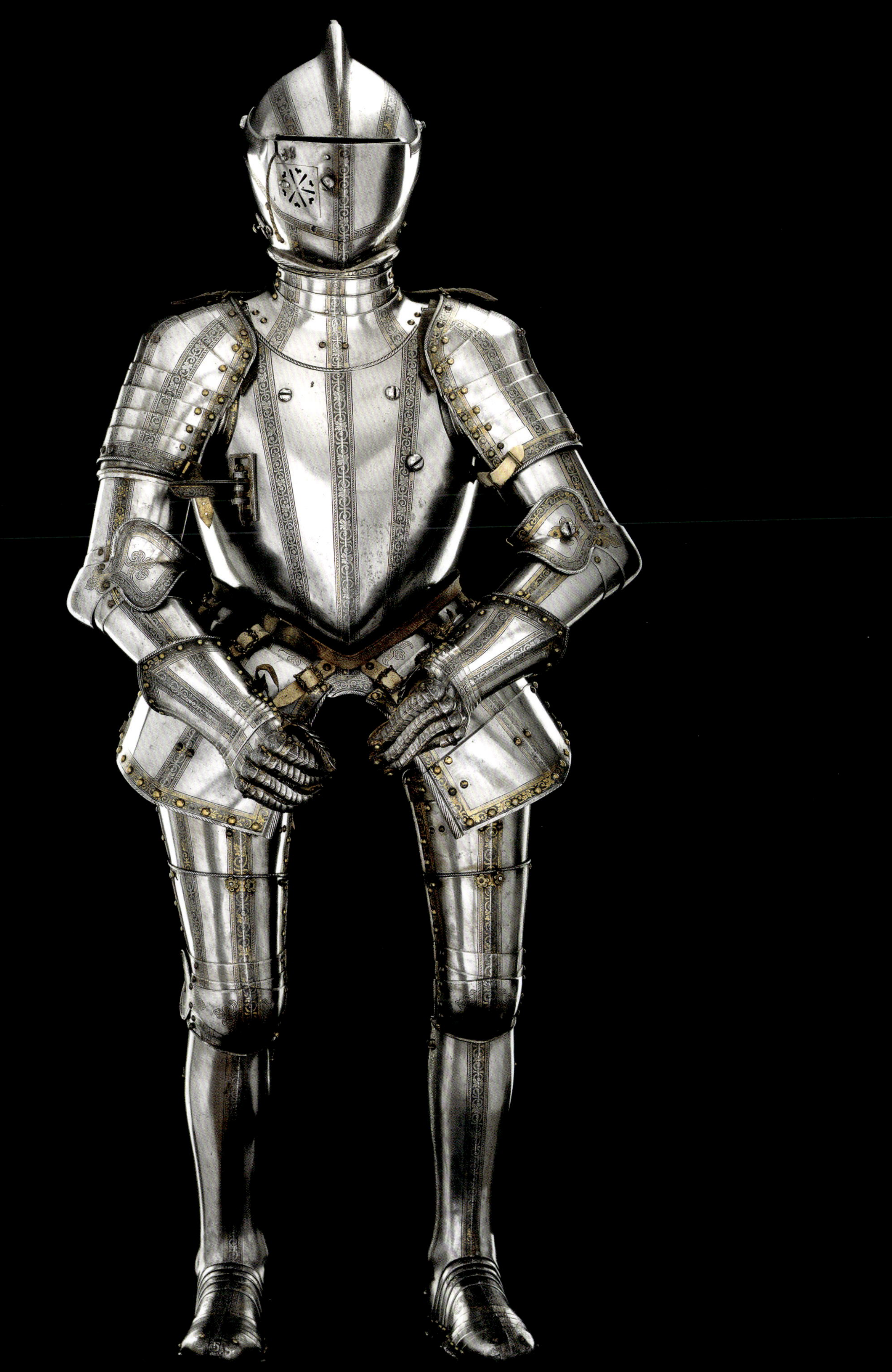

STURMHAUBE

III.10

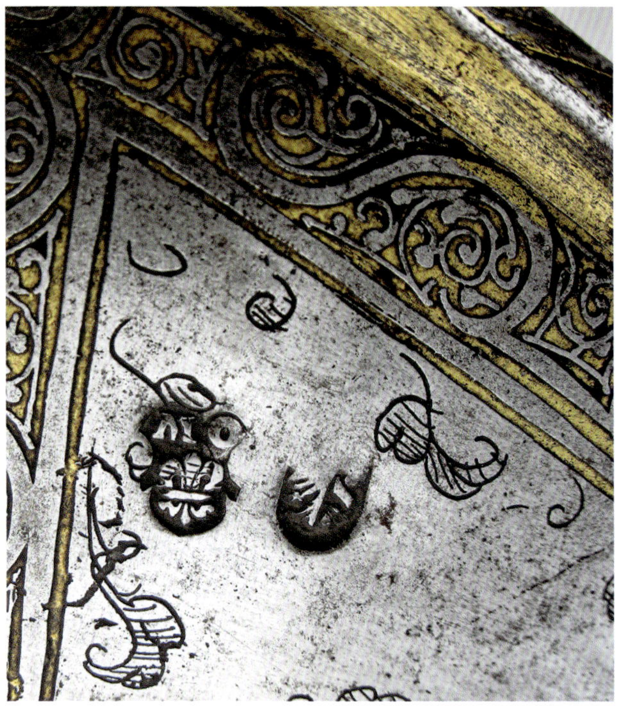

Martin Oham, Nürnberg, 1588

Eisen geschmiedet, getrieben, poliert, graviert, geätzt und vergoldet; Federhülse und Nietkopfabdeckungen Messing gegossen und vergoldet; Futter Leinen

Gewicht 2,788 kg

auf dem Augenschirm die Nürnberger Beschau und Meistermarke MO mit Lilie

1588 wohl für das „Reisige Hofgesinde" des Kurfürsten Christian I. von Sachsen bestellt

Rüstkammer, SKD, Inv.-Nr. N 0144

HStAD, 11269, Hauptzeughaus, Loc. 14600/8, Verschiedene Nachrichten [...] 1560 folg., Bl. 38f

Lit.: Ehrenthal 1899, S. 94, E 556; Haenel 1923, S. 70, Tafel 35; Schöbel 1972, S. 52, Nr. 18; Schöbel 1973, S. 34, Nr. 33

Die blanke Sturmhaube besteht aus einer in einem Stück getriebenen Helmglocke mit hohem Kamm, einem aufschlächtigem Augenschirm, vierfach geschobenen Wangenklappen und sechs geschobenen Nackenreifen, von denen der unterste nach hinten abgewinkelt und stark verlängert ist. Unterhalb des Kammes befindet sich auf der Hinterseite der Helmglocke eine angenietete, aus Messing gegossene und vergoldete Federhülse in der Form einer Kartusche mit zentralem Frauenleib. Während die kleineren Nietkopfabdeckungen in Rosettenform ausgebildet sind, hat die eine erhaltene Abdeckung an den Drehbolzen des Augenschirms die Form eines Löwenkopfes mit einem Ring im Maul. Der Dekor besteht aus geätzten und vergoldeten Zierstreifen mit unterschiedlichen Wellenranken darin. Seitlich der Zierstreifen, sowie auf dem Kamm und den Flächen von Wangenklappen und Nackenreifen befinden sich etwas gröbere, gravierte Blattranken. Die Kammmitte zieren auf beiden Seiten rund eingefasste Wappen: rechts die gekreuzten Kurschwerter und links das sächsische Rautenwappen.

Am 22. Juni 1588 wurde im Auftrag des Kurfürsten Christian I. von Sachsen ein umfangreicher Auftrag bei der Nürnberger Plattnerinnung ausgelöst. Zu diesem Zweck weilten zwei Innungsvertreter aus Nürnberg, Abraham Kolb und Nicolaus Ringler, in Dresden, mit denen die Einzelheiten ausgehandelt wurden. Teil dieser Bestellung waren 100 „schöne Pollirte, geezte und vorguldte schuzenhauben", die in den Akten zu den Vertragsverhandlungen detailliert beschrieben wurden. Dank dieser Beschreibung konnte die Zugehörigkeit der Sturmhaube zu dieser Bestellung zweifelsfrei belegt werden.

Tafel 1h, S. 57

4 MORIONE

III.4/5, III.10 und V.10

Nürnberg, wohl 1588

Eisen geschmiedet, getrieben, geschwärzt, geätzt und vergoldet; Beschläge Messing gegossen und vergoldet

Höhe (ohne Backenstücke) 26,5–31,4 cm; Länge 35,3–36,2 cm; Breite 21,6–23,2 cm; Gewicht 1,843–2,076 kg

auf den Krempen die Nürnberger Beschau und die Meistermarken MR bzw. AK

wohl 1588 für die Leibtrabanten des Kurfürsten Christian I. von Sachsen bestellt

Rüstkammer, SKD, Inv.-Nr. N 0111, N 0112, N 0113 und N 0113a

HStAD, 11269, Hauptzeughaus, Loc. 14600/8, Verschiedene Nachrichten [...] 1560 folg., Bl. 38f
HStAD, 10009, Nr. 122, Inventar der Schwarzen Reiter- oder Schlittenkammer von 1602/03, S. 53

Lit.: Ehrenthal 1899, S. 163; Haenel 1923, S. 68, Tafel 34; Schöbel 1972, S. 53, Nr. 23; Schöbel 1973, S. 35, Nr. 39; Dresden 2012, S. 87, Kat.-Nr. 7; Torgau 2018, S. 25f

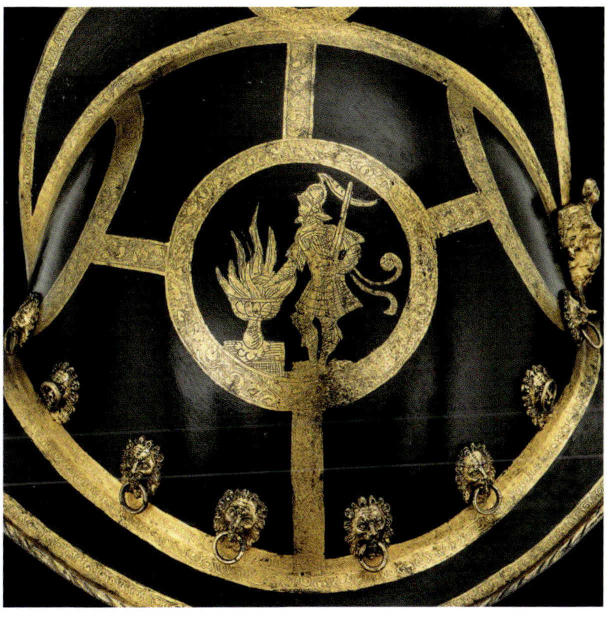

Die aus einem Stück getriebenen, geschwärzten Morione bestehen aus einer Helmglocke mit hohem Kamm, umlaufender, vorn und hinten spitz hochgezogener sowie seitlich abwärts gerichteter Krempe und dreiteiligen Backenstücken. Kamm und Krempe sind von Schnurrändern eingefasst. Die Nietkopfabdeckungen bestehen aus vergoldetem Messing und zeigen Löwenköpfe mit Ringen in den Mäulern bzw. Rosetten. Die Federhülsen haben die Form einer Kartusche mit zentralem Frauenleib. Geätzte und vergoldete Zierstreifen enthalten Wellenranken. In Kreisen mittig auf der Helmglocke befinden sich legendäre Gestalten aus der römischen Geschichte: auf der einen Seite Marcus Curtius, der sich mit Pferd und Waffen in einen durch ein Erdbeben aufgerissenen Erdspalt auf dem Forum Romanum stürzte, wodurch sich der Erdspalt wieder schloss, und auf der anderen Mucius Scaevola, der seine Hand in die Flammen eines etruskischen Opferbeckens hält und damit die Freiheit Roms erlangt. Auf dem Kamm befinden sich ebenfalls in Kreisen das sächsische Rautenwappen und die gekreuzten Kurschwerter.

Am 22. Juni 1588 wurden 100 „schuzenhauben" (Sturmhauben) und 100 „schwarze Hauben" (womit wohl die Morione gemeint sind) im Auftrag des Kurfürsten Christian I. von Sachsen in Nürnberg bestellt. Während erstere recht genau beschrieben sind (S. 156), wurde bei den schwarzen Hauben lediglich „wie Das Muster außweißett" geschrieben. Da aber die Sturmhaube von Martin Oham und die Morione, von denen es zahlreiche weitere Exemplare in vielen Sammlungen Europas und Amerikas gibt, weitreichende Übereinstimmungen aufweisen (insbesondere die Federhülsen, aber auch der Ätzdekor und die gegossenen Nietkopfabdeckungen), ist zu vermuten, dass es sich um Erzeugnisse derselben Bestellung handelt. Die Morione gehörten zur Ausrüstung der Leibtrabanten des Kurfürsten Christian I. von Sachsen.

Tafel 2f, S. 59

MORION UND SCHILD

II.39

süddeutsch (Augsburg?) oder Antwerpen, vor 1589

Eisen geschmiedet, getrieben, geschnitten und teils vergoldet; Futter roter Samt, Fransen aus Gold und roter Seide

Morion: Höhe 43,1 cm; Länge 40,6 cm; Breite 22,5 cm; Gewicht 1,869 kg
Schild: Höhe 75,6 cm; Gewicht 6,650 kg

1589 Weihnachtsgeschenk an Kurfürst Christian I. von Sachsen von seiner Gemahlin Sophia

Rüstkammer, SKD, Inv.-Nr. N 0146 und N 0147

HStAD, 10009, Nr. 72, Gesamtinventar der Rüstkammer von 1606, S. 912 und 916

Lit.: Ehrenthal 1899, S. 83, E 300; Haenel 1923, S. 62, Tafel 31; Schöbel 1972, S. 54, Nr. 24 und 25; Schöbel 1973, S. 33, Nr. 27 und 28

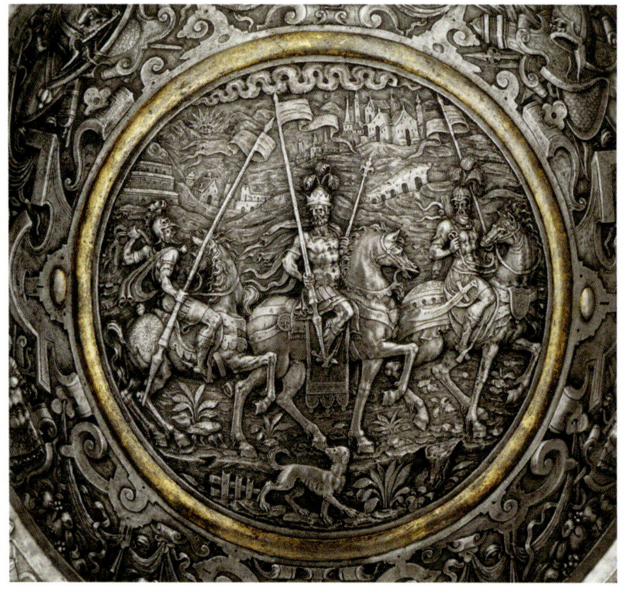

Der spitzovale Schild und der Morion sind flächendeckend mit diversen figürlichen Darstellungen und in den Flächen dazwischen mit Früchte- und Trophäengruppen sowie Band- und Rollwerk verziert. Die Ovalmedaillons des Schildes beinhalten mittig das Medusenhaupt, flankiert von den behelmten Figuren einer Frau mit Pfeilen im Arm und eines bärtigen Mannes, bei denen es sich um Pallas Athene, die griechische Göttin der Weisheit, und den römischen Kriegsgott Mars handeln könnte. In dem Rundmedaillon darüber ist David zu sehen, wie er dem am Boden liegenden Goliath den Kopf abschlägt. Neben Davids linkem Fuß ist die Wurfschlinge zu sehen, mit der er zuvor den riesenhaften Kämpfer der Philister zu Boden streckte. Im Hintergrund sind die beiden gegnerischen Heere dargestellt. Das untere Rundmedaillon zeigt Judith, die den Kopf des Holofernes mithilfe ihrer Dienerin in einen Sack steckt. Hinter ihnen sind das Zelt des babylonischen Feldherrn (im Buch Judith als Assyrer bezeichnet), dessen kopfloser Rumpf, weitere Feinde und die belagerte judäische Stadt Betulia zu sehen. Während der Sieg Davids gegen Goliath von zwei weiblichen Figuren mit Ölzweig und Palme (die römische Friedensgöttin Pax) eingerahmt wird, betrachten zwei in Ketten gelegte männliche Figuren (der römische Kriegsgott Mars) die Szene von Judith mit dem Haupt des Holofernes. Auf dem Kamm des Morions finden sich in zwei kleinen Ovalmedaillons mit Mars und Pax erneut die Personifikation von Krieg und Frieden. Die Kreismedaillons auf der Helmglocke zeigen figurenreiche Reiterszenen. Auf der einen Seite ist Kaiser Konstantin mit zwei Begleitern bei seinem Einzug in Rom dargestellt, deutlich zu erkennen an der Krone auf dem Kopf des mittleren Reiters und dem Kolosseum im linken Bildhintergrund. Im anderen Medaillon ist im Vordergrund ein am Boden liegender Krieger mit seinem davonstürmenden Pferd zu sehen. Über ihm befindet sich die visionäre Lichterscheinung des auferstandenen Jesus mit dem Kreuz in der Hand. Flankiert wird das Ganze durch vier Reiter, die ihr Gesicht mit dem Schild schützen. Diese Szene stellt die Bekehrung des Paulus auf seinem Weg nach Damaskus (das sogenannte Damaskuserlebnis bzw. die Bekehrung des Saulus) dar.

Tafel 2a, S. 59

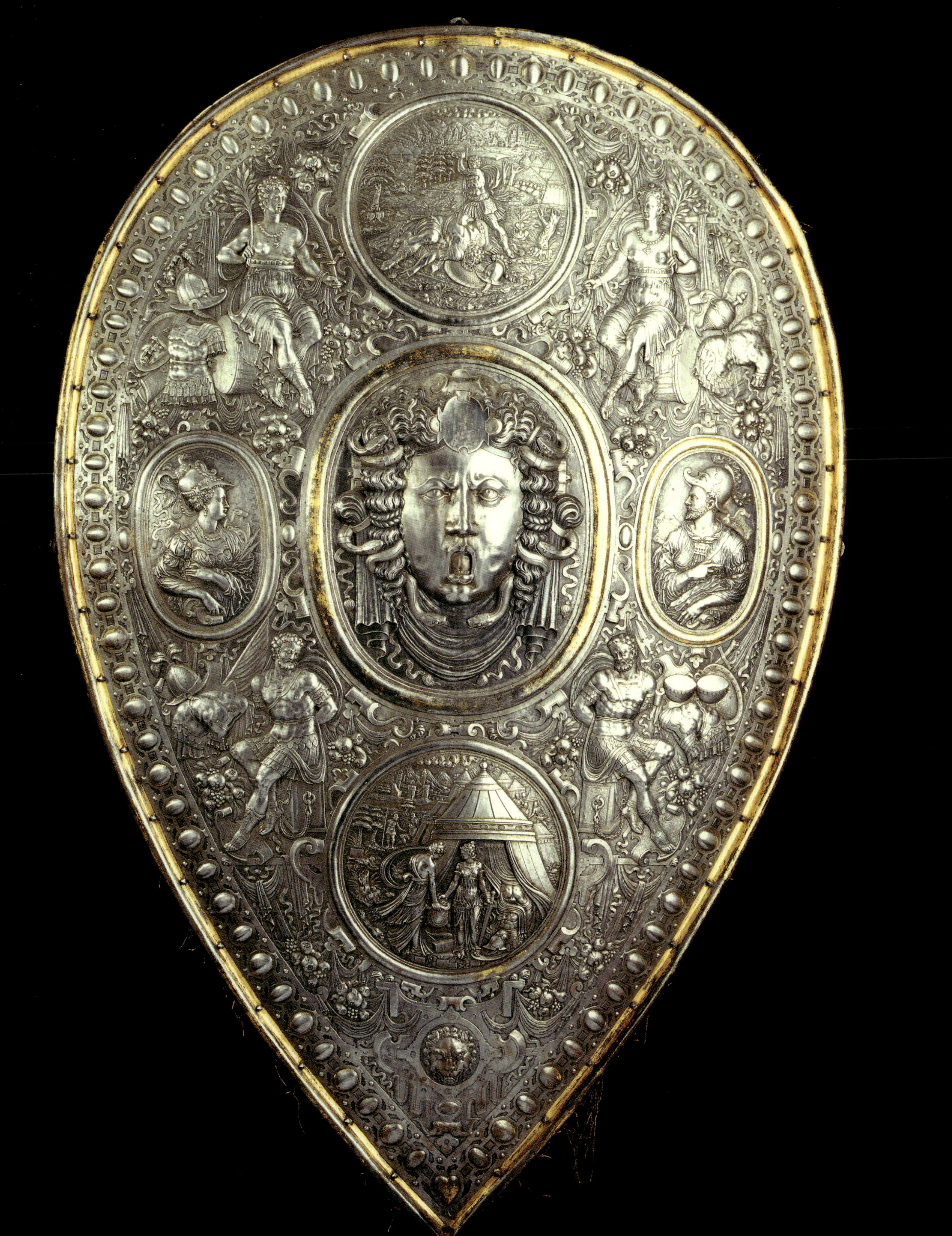

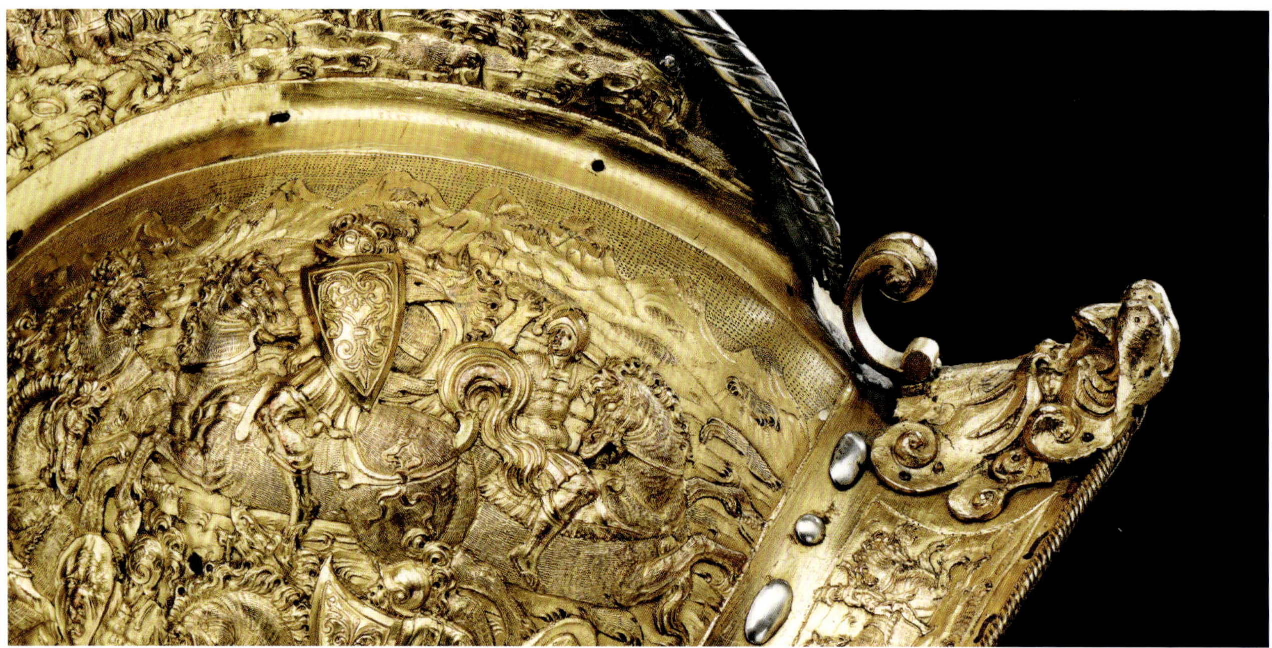

STURMHAUBE

II.37

Augsburg, vor 1589

Kupfer getrieben, graviert, punziert und vergoldet; Zierniete und Kammreif Silber; Futter roter Samt

Höhe 31,3 cm; Gewicht 2,578 kg

auf dem Kammreif die Augsburger Beschau und eine unbekannte Meistermarke

1589 Weihnachtsgeschenk an Kurfürst Christian I. von Sachsen von seiner Gemahlin Sophia

Rüstkammer, SKD, Inv.-Nr. N 0141

HStAD, 10009, Nr. 72, Gesamtinventar der Rüstkammer von 1606, S. 912

Lit.: Ehrenthal 1899, S. 85, E 348; Haenel 1923, S. 60, Tafel 30; Schöbel 1972, S. 52, Nr. 20; Schöbel 1973, S. 32, Nr. 23

Die prächtig gestaltete, aus Kupferblech getriebene und vollständig vergoldete Sturmhaube besteht aus einer nahezu kugelförmigen Helmglocke mit Wangenklappen, Augen- und Nackenschirm, Kamm sowie Federhülse. An der Spitze des Augenschirms und in der Mitte des Nackenschirms befinden sich gegossene Maskarone. Die gesamte Oberfläche des Helms ist mit Szenen einer antiken Reiterschlacht bedeckt, wobei die Figuren der Helmglocke größer sind als die Krieger auf den übrigen Teilen. Die dekorativen Nietköpfe und der geschnürte Kammreif sind aus Silber. Auffällig an der ansonsten flächendeckend verzierten Sturmhaube ist der glatte Streifen zwischen Helmglocke und Kamm mit gleichmäßig verteilten Löchern. Denkbar wäre, dass hier – wie auf den Streifen zwischen Helmglocke und Augenschirm sowie an der Verjüngung im unteren Bereich des Helmes – Silberniete befestigt waren, obwohl der Abstand der Löcher dem nicht entsprechen würde. Vorstellbar wäre aber auch ein durchgehendes Zierband, entweder aus Silberblech (passend zum Kammreif) oder in Anlehnung an das Helmfutter aus Samt.

Kurfürst Christian I. von Sachsen erhielt diese Sturmhaube zusammen mit einem ähnlich gestalteten Prunksattel (L 0373) und einem wohl ebenfalls zugehörigem Paar Radschlosspistolen (J 0059 u. J 1435) 1589 als Weihnachtsgeschenk von seiner Gemahlin Sophia, einer Tochter des Kurfürsten Johann Georg von Brandenburg.

Tafel 1c, S. 57

2 SCHÜTZENHAUBEN UND 2 SCHILDE

II.38 und II.42

süddeutsch (Augsburg?), um 1590

Eisen geschmiedet, getrieben, geätzt, tiefengeschwärzt, graviert und vergoldet; Nietköpfe, Federhülse und Fünfblätter um die Schildstachel Messing, vergoldet

Helme: Höhe 38,6 bzw. 39,4 cm; Länge 34,0 bzw. 35,0 cm; Breite 23,7 bzw. 23,9 cm; Gewicht 2,102 bzw. 1,667 kg

Schilde: Durchmesser 58,3 bzw. 55,2 cm; Gewicht 4,159 bzw. 4,352 kg

seit 1606 im Bestand der Rüstkammer belegt

Rüstkammer, SKD, Inv.-Nr. N 0135–N 0138

HStAD, 10009, Nr. 72, Gesamtinventar der Rüstkammer von 1606, S. 911 und 918

Lit.: Ehrenthal 1899, S. 92, E 488 und S. 94, E 540; Haenel 1923, S. 58, Tafel 29; Schöbel 1972, S. 47, Nr. 2 und 3; Schöbel 1973, S. 33, Nr. 29 und 30

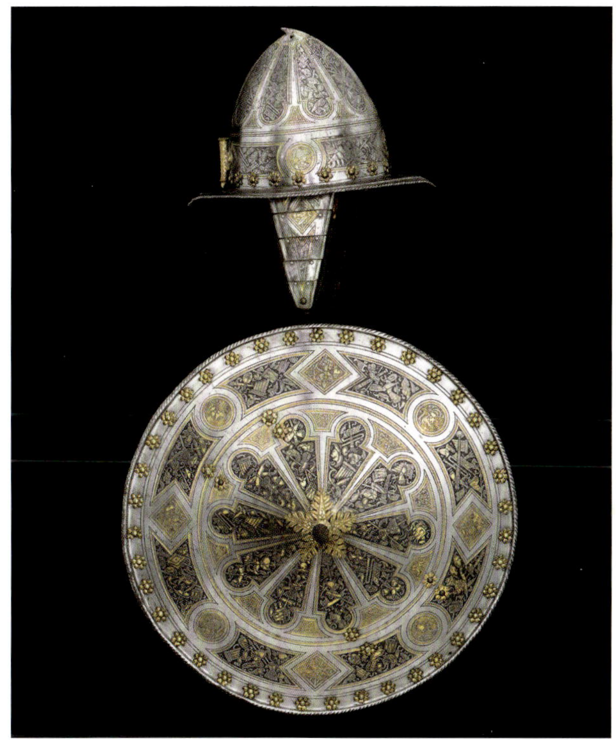

Die beiden Sets bestehend aus Schützenhaube und Rundschild sind nahezu identisch. Die Schützenhauben haben hochgezogene Glocken mit nach hinten geneigten Spitzen, leicht nach unten gebogene Krempen, geschobene Wangenklappen und angenietete Federhülsen. An den Unterkanten der Helmglocken befinden sich rosettenförmige Nietköpfe. Die gleichen Nietköpfe finden sich auch am äußeren Rand der Schilde und an den Ansatzpunkten der Handhaben. Der geätzte und teils vergoldete Dekor ist auf allen vier Stücken sehr ähnlich. Er besteht auf den Schilden aus einem schmalen blanken und einem breiteren geätzten Streifen entlang der Außenkante. Die runde Innenfläche ist in 10 bzw. 13 schmale, zur Mitte hin sich verjüngende Felder unterteilt. Die Flächen dieser Felder und des breiteren Randstreifens sind mit diversen Waffentrophäen und Musikinstrumenten gefüllt. Der Randstreifen wird außerdem durch abwechselnd runde und rhombische Medaillons unterteilt, in denen sich Kriegerköpfe bzw. Waffentrophäen befinden. In der gleichen Art sind auch die Helme verziert. An den Unterkanten der Glocken befindet sich je ein schmaler Streifen mit rosettenförmigen Nietköpfen. Darüber folgt zunächst ein breiterer, geätzter Streifen und schließlich streben acht konzentrisch angeordnete Felder verjüngend zur Spitze. Die geschraubten, vierkantigen Mittelstachel der Schilde besitzen an ihrer Basis turbanförmige Verdickungen und sitzen auf aus Messing gegossenen und vergoldeten, seitlich gefiederten Fünfblattmotiven. Bei einem der beiden Schilde ist der Stachel mit Rankenmotiven geätzt und teils vergoldet, die Rippen der Verdickung sind spiralförmig und das Fünfblatt besteht aus zwei übereinanderliegenden Elementen. Der zweite Schild scheint an dieser Stelle repariert worden zu sein. Der Stachel ist unverziert, die turbanförmige Verdickung ist gerade und etwas grober gerippt und bei dem Fünfblattmotiv fehlt der kleinere, obere Ring. Die ebenfalls messingvergoldeten Federhülsen an den Helmen sind mit einem eleganten Rankendekor verziert.

Tafel 2h, S. 59 und Tafel 3b, S. 63

2 PRUNKHARNISCHE MIT ROSSSTIRNEN

IV.1/2 und IV.5

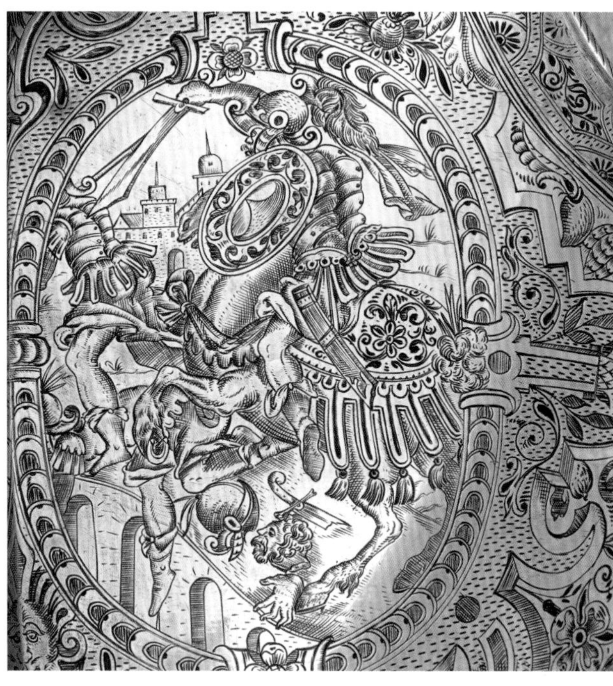

wohl Dresden, 1590/91

Silber getrieben, graviert, punziert, ziseliert und tiefengeschwärzt; Helme und Rossstirnen teils mit Seidensamt bzw. Leder gefüttert

Gewicht Harnische 11,097 bzw. 11,702 kg; Rossstirnen 0,866 bzw. 0,958 kg

wohl für Kurfürst Christian I. von Sachsen und Fürst Christian I. von Anhalt-Bernburg gefertigt

Rüstkammer, SKD, Inv.-Nr. M 0063.01–.13 und M 0064.01–.12

HStAD, 10009, Nr. 72, Gesamtinventar der Rüstkammer von 1606, S. 459f

Lit.: Ehrenthal 1899, S. 46, D 2 und D 3; Haenel 1923, S. 28, Tafel 14; Theumert 1963, S. 59, Nr. 16; Schöbel 1973, S. 29, Nr. 9; Wozel 1979, S. 87, Nr. 47/48; Dresden 1992, S. 57, Tafel 17; Schuckelt 1994/95, S. 24

Die beiden Harnische zählen zu den herausragenden monumentalen Silberarbeiten ihrer Zeit. Sie bestehen jeweils aus einem Burgunderhelm mit hohem Kamm, Stirnstulp und aufschlächtigem Visier, einem viermal geschobenen Kragen, einer Brust mit Gansbauch, einem Rücken, asymmetrischen Schultern mit Vorder- und Hinterflügen, ganzen Armzeugen und Fingerhandschuhen. Den Hauptdekor der Harnische bilden Reitergefechte in ovalen Medaillons mit Kriegern teils in antiker, teils in zeitgenössischer Ausrüstung. In den Medaillons auf den Brüsten handelt es sich um Darstellungen der Schlacht an der Milvischen Brücke (28. Oktober 312) und den Opfertod des Marcus Curtius auf dem Forum Romanum. Die Flächen zwischen den Medaillons sind mit Ranken, orientalisierenden Blüten und Kriegstrophäen ausgefüllt. Auf den zugehörigen halben Rossstirnen und auf den Helmkämmen findet sich das kurfürstlich-sächsische Wappen.

Laut Inventar wurden diese beiden Harnische 1591 für Kurfürst Christian I. von Sachsen und Fürst Christian I. von Anhalt-Bernburg gefertigt. Traditionell wurde dies in Verbindung mit den damals veranstalteten Tauffeierlichkeiten des Dresdner Hofes gebracht. Am 7. Januar 1591 kam Dorothea, die spätere Äbtissin von Quedlinburg, als letztes Kind Christians und seiner Gemahlin Sophia, Tochter des Kurfürsten Johann Georg von Brandenburg, auf die Welt. Zu den aufwendig inszenierten Tauffeierlichkeiten gehörten u.a. verschiedene Ringrennen und Aufzüge. Die im Inventar von 1606 vorgenommene Zuweisung der beiden Silberharnische an Kurfürst Christian I. von Sachsen und Fürst Christian I. von Anhalt-Bernburg ist wegen der ausschließlich verwendeten kursächsischen Wappen fraglich. Ob Fürst Christian dennoch einen der beiden Harnische bei den Tauffeierlichkeiten trug, kann momentan noch nicht mit Sicherheit gesagt werden.

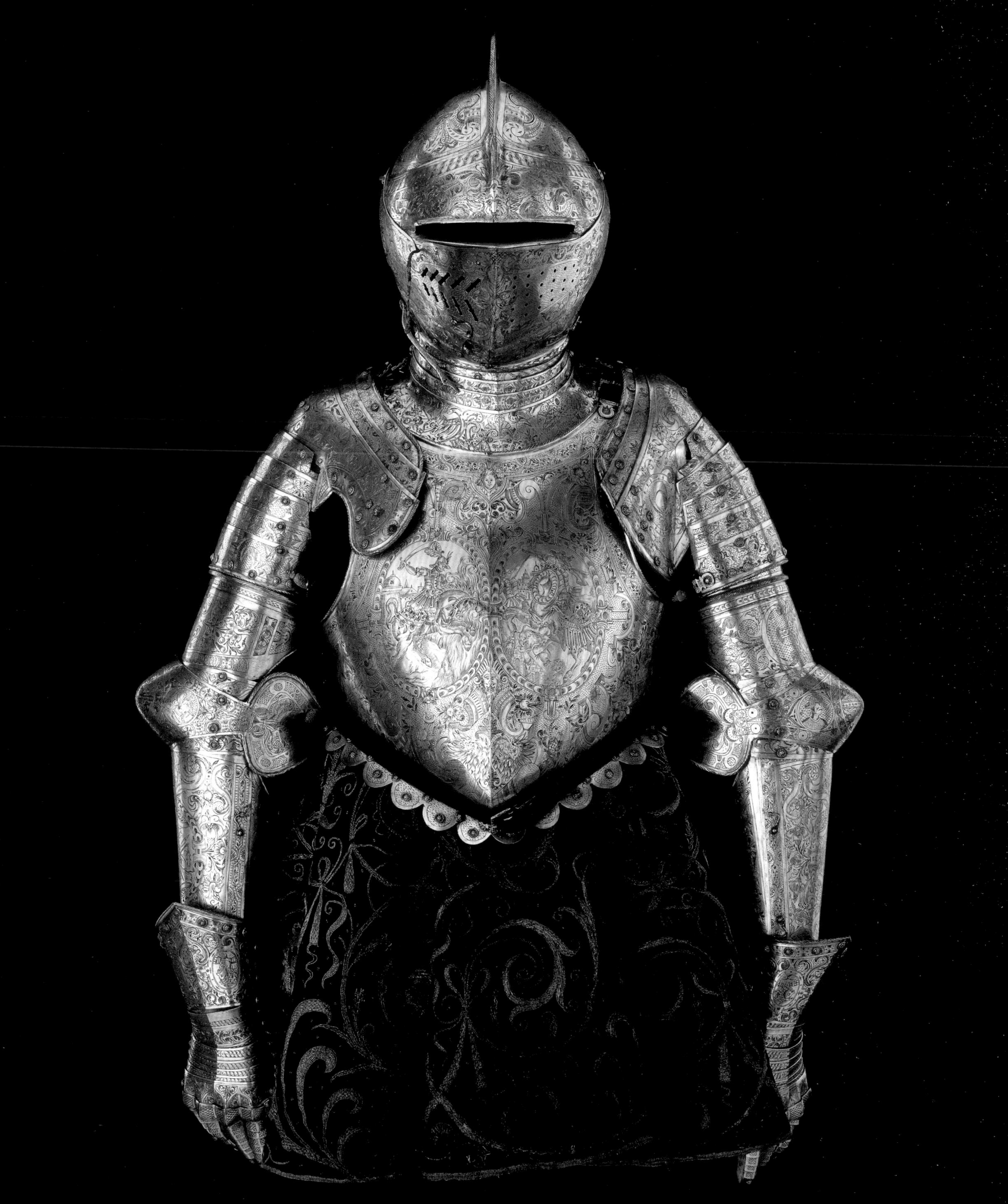

3 KNABENHARNISCHE

II.34

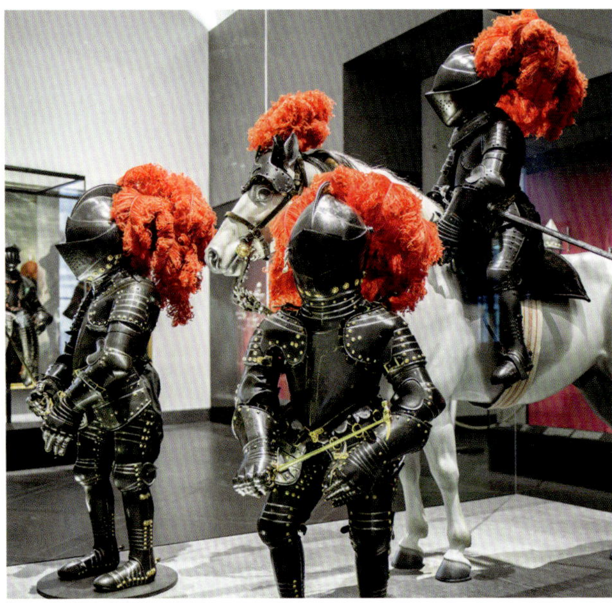

Peter von Speyer d. J., Dresden, um 1590

Eisen geschmiedet, getrieben, geschwärzt und teils nachträglich bemalt; Vorstöße schwarzer Samt, teils mit Leder gefüttert

Gewicht Harnische 7,722–9,260 kg; Rossstirn 0,489 kg

für die Herzöge Christian (II.), Johann Georg (I.) und August von Sachsen geschlagen

Rüstkammer, SKD, Inv.-Nr. M 0088.01–.16, M 0089.01–.16, M 0090.01–.16 und L 0424d

HStAD, 10009, Nr. 111, Inventar der Alten Harnischkammer von 1688, Bl. 39/40, Nr. 123/124

Lit.: Ehrenthal 1899, S. 47, D 12–D 14; Haenel 1923, S. 40, Tafel 20; Theumert 1963, S. 61, Nr. 19; Schöbel 1973, S. 28, Nr. 5b; Schuckelt 1994/95, S. 25

Kurfürst Christian I. von Sachsen ließ für seine Söhne, die Herzöge Christian (II.), Johann Georg (I.) und August (späterer Administrator von Naumburg), von Peter von Speyer d. J. drei Knabenharnische schlagen, die sich zusammen mit einem Sattel und einer Rossstirn für ein Pony in der Rüstkammer erhalten haben.

Die drei Harnische bestehen jeweils aus einem Helm, einem vierfach geschobenen Kragen, einer Brust, einem Rücken mit gebogtem unterem Rand, asymmetrischen Schultern mit Vorder- und Hinterflügen, Armzeugen mit ganzen Muscheln, Fingerhandschuhen, vierfach geschobenen Beintaschen, geschobenen Diechlingen mit Kniekacheln und geschobenen Stiefeln. Zwei der Harnische besitzen einen im Kragen umgehenden Burgunderhelm, während zum mittleren Harnisch ein Mantelhelm mit Hals- und Nackenreifen gehört. Ansonsten sind die Helme in ihrer Konstruktion aber sehr ähnlich: Sie bestehen jeweils aus Kalotte mit Kamm, Kinnreff sowie aufschlächtigem Visier und Stirnstulp. Selbst die Luftgeben auf den Visieren sind bei allen drei Helmen gleich: Während auf der rechten Seite zwei Reihen schräg angeordneter Schlitze zu finden sind, befinden sich auf der linken Seite zahlreiche kleine Löcher. Markantester Unterschied der drei Harnische ist, dass ein Harnisch vollkommen schwarz ist, während die anderen beiden wohl nachträglich golden bemalt wurden und auch vergoldete Nietköpfe besitzen. Zu dem unbemalten Harnisch gehören der ebenfalls schlichte, lediglich geschwärzte Sattel und die halbe Rossstirn mit Ohrenbechern, Augendächern, Federhülse und einem Wappenschild, unter dessen schwarzer Farbe die Konturen eines Wappens zu erkennen sind.

Nicht ganz klar ist, ob alle drei Harnische schon um 1590 entstanden. Zwar würden die beiden größeren Harnische zum damaligen Alter von Christian (II.) und Johann Georg (I.) passen, Herzog August war aber erst ein Jahr alt. Entweder wurde sein Harnisch also später gefertigt, oder aber alle drei Harnische wurden zu gleichen Zeit hergestellt und August musste erst noch in seinen hineinwachsen.

PANZERKRAGEN (SOGENANNTER BISCHOFSMANTEL)

IV.5

wohl Wolf Pohle, Dresden, vor 1591

Eisen- und Messingringe genietet, Dekor und Schließen Silber gegossen, graviert

Länge vordere Mitte 58 cm; Saumweite ca. 300 cm; Gewicht 7,180 kg

wohl 1591 durch Kurfürst Christian I. von Sachsen von W. Pohle angekauft

Rüstkammer, SKD, Inv.-Nr. N 0053a

HStAD, 10009, Nr. 72, Gesamtinventar der Rüstkammer von 1606, S. 79;
HStAD, 10009, Nr. 111, Inventar der Alten Harnischkammer von 1688, fol. 2, Nr. 4

Lit.: Ehrenthal 1899, S. 155, G 80

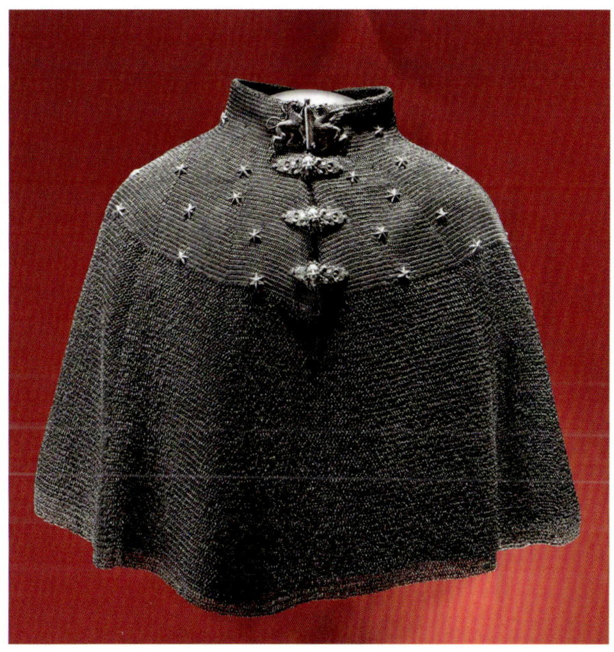

Der sehr aufwendig gefertigte Panzerkragen besteht aus feinen genieteten Ringen, im Schulterbereich aufgesetzten silbernen Sternen und vier silbernen Verschlüssen. Während Eisenringe den eigentlichen Kragen bilden, befinden sich am unteren Saum vier und am Kragen zwei Reihen von Messingringen. Die Ringe sind sehr sorgfältig miteinander vernietet, wobei jeder Ring durch vier andere Ringe führt. Dabei wurde der Schulterbereich dichter als der untere Teil des Panzerkragens und von diesem abgesetzt gearbeitet. Bei den vier Verschlüssen handelt es sich oben um einen größeren Steckverschluss und darunter um drei kleinere Hakenverschlüsse. Letztere tragen mittig je einen Löwenkopf. Der obere Verschluss besteht aus einer säulenförmigen Steckverbindung in der Mitte, die seitlich von einem Löwen und einem Greifen gehalten wird.

Laut Ehrenthal wurde dieser Panzerkragen am Peter-Pauls-Tag 1591 durch Kurfürst Christian I. von Sachsen beim Dresdner Sarwürker (d. h. Panzermacher) Wolf Pohle gekauft. Dies lässt sich anhand der Inventareintragungen aber nicht eindeutig belegen. Im Gesamtinventar von 1606 werden auf S. 79 insgesamt 24 ähnliche Panzerkragen in vier Gruppen aufgeführt, deren Beschreibungen eine exakte Zuordnung aber nicht zulassen. An zwei Stellen ist zusätzlich vermerkt, dass die jeweiligen Panzerkragen 1591 (in einem Fall „am Tage Petri und Pauli") von Wolf Pohle gekauft wurden. Ob sich eine der beiden Bemerkungen tatsächlich auf diesen Panzerkragen bezieht, ist unsicher. Dem entgegen ist die Beschreibung im Inventar der Alten Harnischammer von 1688 zwar eindeutig, aber hier fehlt der Vermerk über den Erwerb.

3 FUSSTURNIERHARNISCHE

II.30

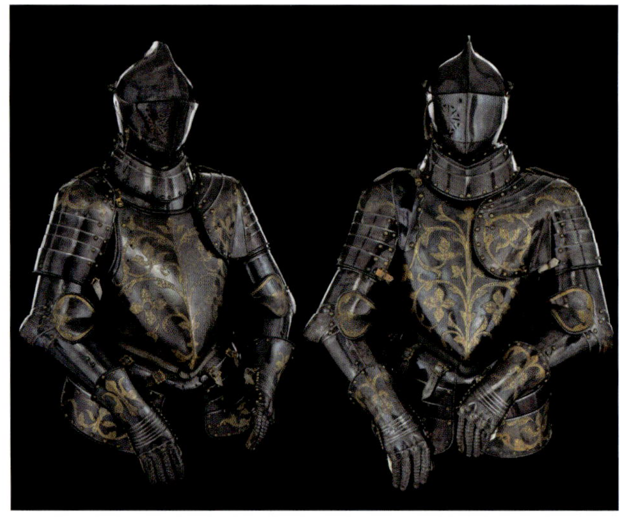

Anton Peffenhauser, Augsburg, 1591

Eisen geschmiedet, getrieben, gebläut, geätzt, tiefengeschwärzt und vergoldet

Gewicht 20,954–25,236 kg

mehrfach mit der Augsburger Beschau gemarkt

1591 von Kurfürstin Sophia als Weihnachtsgeschenk für Kurfürst Christian I. von Sachsen bestellt

Rüstkammer, SKD, Inv.-Nr. M 0019.01–.12, M 0020.01–.12 und M 0022.01–.12

HStAD, 10009, Nr. 111, Inventar der Rüstkammer von 1606, S. 197

Lit.: Ehrenthal 1899, S. 38ff, C 10, C12, C 14 und C 16; Haenel 1923, S. 26, Tafel 13b; Theumert 1963, S. 58, Nr. 13; Schöbel 1973, S. 29, Nr. 10; Wozel 1979, S. 87, Nr. 46; Schuckelt 2002, S. 111 und Abb. Einbandrückseite

Die gebläuten Fußturnierharnische bestehen aus je einem Mantelhelm mit zwei Hals- und zwei Nackenreifen, einem vierfach geschobenen Kragen, Brust, Rücken, einem Paar asymmetrischer Schultern, ganzen Armzeugen, Fingerhandschuhen und kurzen, vierfach geschobenen Beintaschen. Sämtliche Brüste besitzen am rechten Armausschnitt Löcher zur Befestigung eines Brechrandes, der sich aber nur an drei der neun noch existierenden Harnische erhalten hat. Während die linken Schultern Vorder- und Hinterflug besitzen, gibt es an den rechten Schultern – untypisch für Fußturnierharnische – nur einen Hinterflug. Der tiefengeschwärzt eingefasste, geätzte und vergoldete Dekor auf blauem Grund besteht aus eingerollten Blatt- und Blütenranken, die auf Brust und Rücken meist einer Mittelrippe entspringen. Der punktierte Grund dieser einzelnen Dekorelemente ist wiederum mit kleinen Blattranken ausgefüllt.

1591 bestellte Sophia, die Gemahlin des Kurfürsten Christian I. von Sachsen, zwölf gleichartige Fußturnierharnische als Weihnachtsgeschenk für ihren Mann beim Augsburger Plattner Anton Peffenhauser. Christian starb aber schon am 25. September 1591, sodass er diese Harnische niemals zu Gesicht bekam. Bereits 1610 wurden drei Exemplare an Adam von Wallenstein verschenkt. Was mit diesen später geschah, ist unbekannt. Die übrigen neun Harnische blieben bis ins 19. Jahrhundert in der Dresdner Rüstkammer. Auf den ersten Blick sehen sich diese neun Harnische zum Verwechseln ähnlich, weshalb die Hauptteile mit Punkten auf der Außenseite und mit aufgemalten Symbolen auf der Innenseite markiert wurden. Bei genauer Betrachtung unterscheiden sich die Harnische allerdings sowohl in ihrer Größe als auch in Dekordetails. Bis 1926 wurden weitere sechs Harnische verkauft bzw. im Tausch abgegeben. Sie befinden sich heute im Detroit Institute of Arts, in den Royal Armouries in Leeds, im Metropolitan Museum of Art in New York, im Germanischen Nationalmuseum in Nürnberg, in der Eremitage in St. Petersburg und im Muzeum Wojska Polskiego in Warschau.

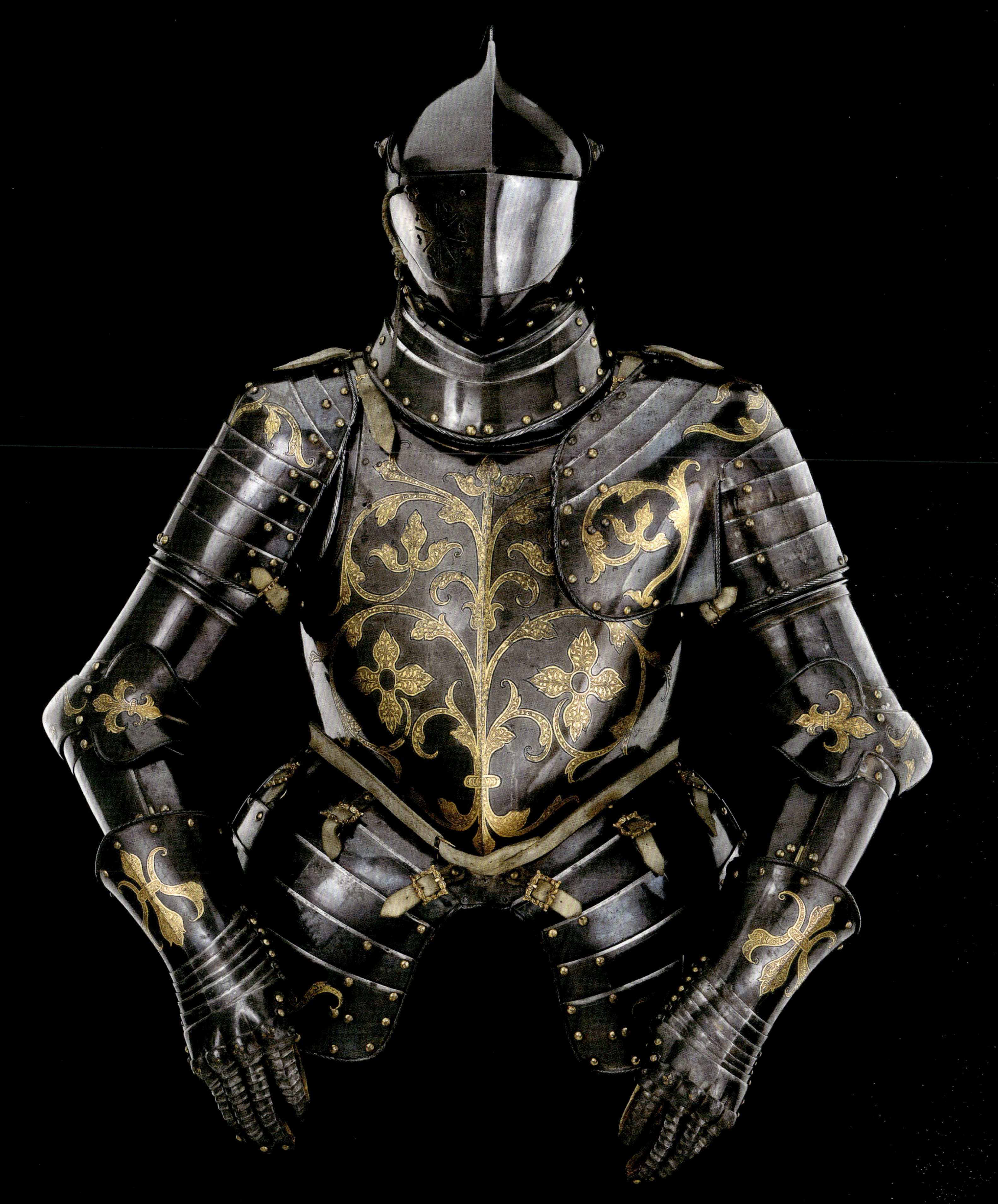

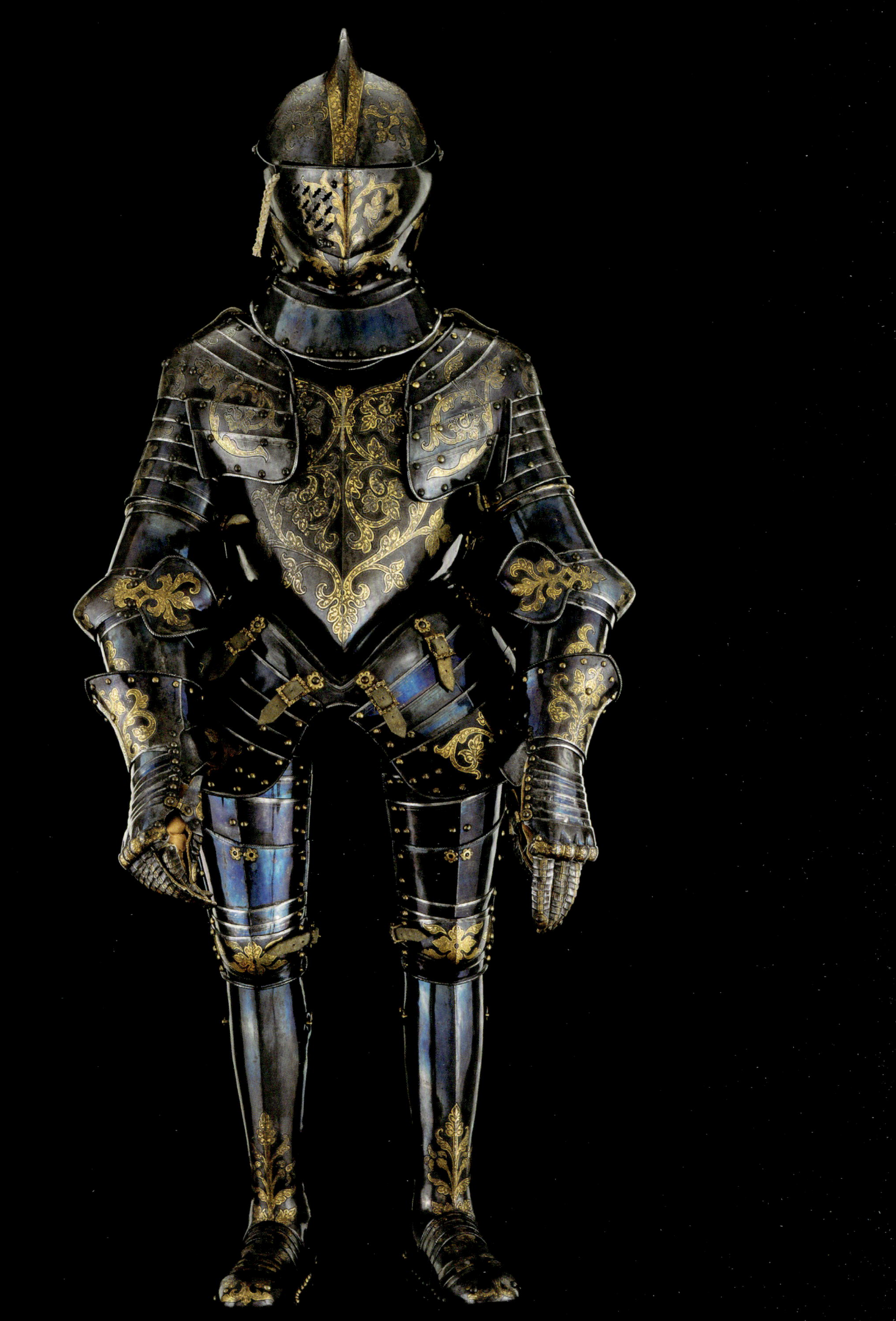

KNABENHARNISCH

II.21

Anton Peffenhauser, Augsburg, wohl 1591

Eisen geschmiedet, getrieben, gebläut, geätzt und vergoldet; Helmfutter Seide

Gewicht 11,680 kg

mehrfach mit der Augsburger Beschau gemarkt

gefertigt in Anlehnung an eine Gruppe von Fußturnierharnischen des Kurfürsten Christian I. von Sachsen für einen seiner Söhne, Christian (II.) oder Johann Georg (I.)

Rüstkammer, SKD, Inv.-Nr. M 0085.01–.21

HStAD, 10009, Nr. 72, Gesamtinventar der Rüstkammer von 1606, S. 234f

Lit.: Ehrenthal 1899, S. 48, D 18; Schuckelt 2002, S. 111

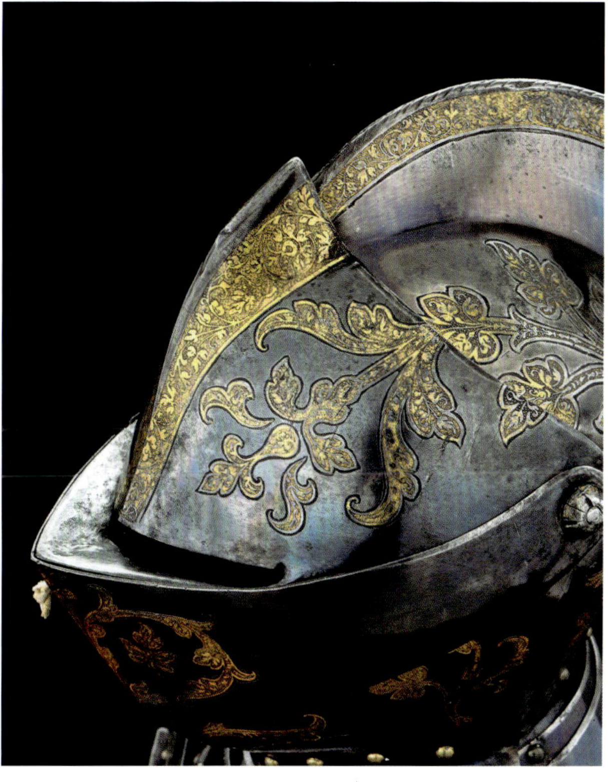

Der Knabenharnisch besteht aus einem Mantelhelm, einem vierfach geschobenen Kragen, einer Brust mit beweglichen Armeinsätzen und angehängtem Bauchreifen, einem Rücken, symmetrischen Schultern mit Vorder- und Hinterflügen, kompletten Armzeugen mit ganzen Muscheln, Fingerhandschuhen, vierfach geschobenen Beintaschen, zweiteiligen Diechlingen mit Kniebuckeln und zweiteiligen, nur vorn geschobenen Stiefeln, die hinten Löcher für Sporen besitzen. Der Mantelhelm setzt sich aus einer Helmglocke mit hohem Kamm und angenieteter Federhülse, zwei Hals- und zwei Nackenreifen, einem Kinnreff mit Hakensperre, einem aufschlächtigem Visier mit Drucksperre und 16 Schlitzen auf der rechten Seite sowie einem Stirnstulp mit durchgängigem Sehschlitz und in Leder geflochtener Zugsperre zusammen. Helmglocke und Nackenreifen sind mit roter Seide gefüttert. Brust und Rücken sind an ihren Unterkanten gebogt, womit sie an antike Brustpanzer mit Pteryges oder Unterleibslaschen erinnern. Somit konnte der Harnisch mit abgenommenem Bauchreifen für repräsentative Zwecke auch ohne Beinzeuge getragen werden.

Der Harnisch ist gebläut und trägt einen geätzten sowie vergoldeten Dekor aus Blattranken, teils mit eingerollten großen Blüten. Er ähnelt sowohl in seiner Gesamterscheinung als auch in Details des Ätzdekors den ehemals zwölf Fußturnierharnischen Christians I. von 1591 (S. 166f) und könnte zur gleichen Zeit entstanden sein. Laut Inventar wurden zwei derartige Harnische für die Kurprinzen Christian (II.) und Johann Georg (I.) von Sachsen gefertigt, von denen zumindest der Christians bereits 1592 in der Rüstkammer untergebracht war. Das erhaltene Exemplar wurde traditionell immer dem jüngeren der beiden Brüder zugeschrieben. Johann Georg war 1591 sechs Jahre alt, was der Größe des Harnischs, insbesondere im Vergleich zu den beiden Harnischen von 1594 (S. 170f), entsprechen könnte.

2 KNABENHARNISCHE

II.21

Anton Peffenhauser, Augsburg, 1594

Eisen geschmiedet, getrieben, geätzt, tiefengeschwärzt und vergoldet

Gewicht 14,761 bzw. 15,485 kg

mehrfach mit der Augsburger Beschau gemarkt

1594 Geschenk des Herzogs Friedrich Wilhelm I. von Sachsen-Weimar an die Kurprinzen Christian (II.) und Johann Georg (I.) von Sachsen

Rüstkammer, SKD, Inv.-Nr. M 0087.01–.20 und M 0105.01–.20

HStAD, 10009, Nr. 72, Gesamtinventar der Rüstkammer von 1606, S. 233

Lit.: Ehrenthal 1899, S. 47, D 11; Schuckelt 2002, S. 111

Die beiden gleich verzierten und weitestgehend gleich gestalteten Harnische bestehen jeweils aus einem Helm, einem Kragen, Brust, Rücken, asymmetrischen Schultern mit Hinterflügen auf beiden Seiten und Vorderflug nur links, kompletten Armzeugen mit ganzen Muscheln, Fingerhandschuhen, dreiteiligen, langen Knieschößen und zweiteiligen Stiefeln. Während zum größeren der beiden Harnische ein Mantelhelm gehört, befindet sich am kleineren ein Burgunderhelm. Der Mantelhelm besteht aus einer Helmglocke mit Kamm und angenieteter Federhülse, zwei Hals- und zwei Nackenreifen, einem Kinnreff mit Hakensperre und Visierstütze, einem aufschlächtigem Visier mit Drucksperre und oberer Schraubarretierung sowie einem Stirnstulp mit lederner Zugsperre und zwei Sehschlitzen. Der grundsätzlich ähnlich gestaltete Burgunderhelm besteht aus einer Helmglocke mit Kamm und angenieteter Federhülse, einem Kinnreff mit Hakensperre, einem aufschlächtigem Visier mit Öffnungen für die Zugsperre und einer oberen sowie einer unteren Schraubarretierung (von denen nur die untere Flügelschraube vorhanden ist) sowie einem Stirnstulp mit Zugsperre (die Lederschnur fehlt) und zwei Sehschlitzen. Von der Visierstütze am Kinnreff hat sich nur die drehbare Basis erhalten. Beide Visiere besitzen auf der rechten Seite mehrere kleine Luftlöcher. Eine Brust und ein Kragen sind spätere, unverzierte Ergänzungen, da die originalen Teile im Verlauf der Geschichte dieser Harnische verloren gegangen sind. Der Dekor der Harnische besteht aus breiten Ätzstreifen. Die Hauptstreifen haben einen schwarzen, punktierten Grund, auf dem sich ein vergoldetes Flechtband mit abwechselnd eckigen und runden Vierpassfeldern befindet. Diese Felder sind mit diversen Tieren (Löwen, Adler etc.), Waffentrophäen und Musikinstrumenten gefüllt. Die goldenen Randstreifen sind mit ineinander gesetzten Wellenranken verziert. Auf den Schultern, Ellenbogen, Knien und den Helmen entspringen diesen Ätzstreifen seitliche Blattranken (auf den Vorder- und Hinterflügen auch mit Blüten).

Herzog Friedrich Wilhelm I. von Sachsen-Weimar schenkte diese beiden Harnische am 10. August 1594 den Kurprinzen Christian (II.) und Johann Georg (I.) von Sachsen. Ob sie den damals elf- bzw. neunjährigen Knaben jemals passten und von diesen auch tatsächlich getragen wurden, ist fraglich, da insbesondere die Stiefel viel zu klein wirken. Ursprünglich gehörte zu diesen Harnischen offenbar noch ein weiterer Helm, der aber nach 1720 zusammen mit einer der beiden Originalbrüste dem Dresdner Hofmaler Ismael Mengs übergeben wurde. Beide Stücke gingen in diesem Zusammenhang (möglicherweise in den Wirren des Siebenjährigen Krieges) verloren.

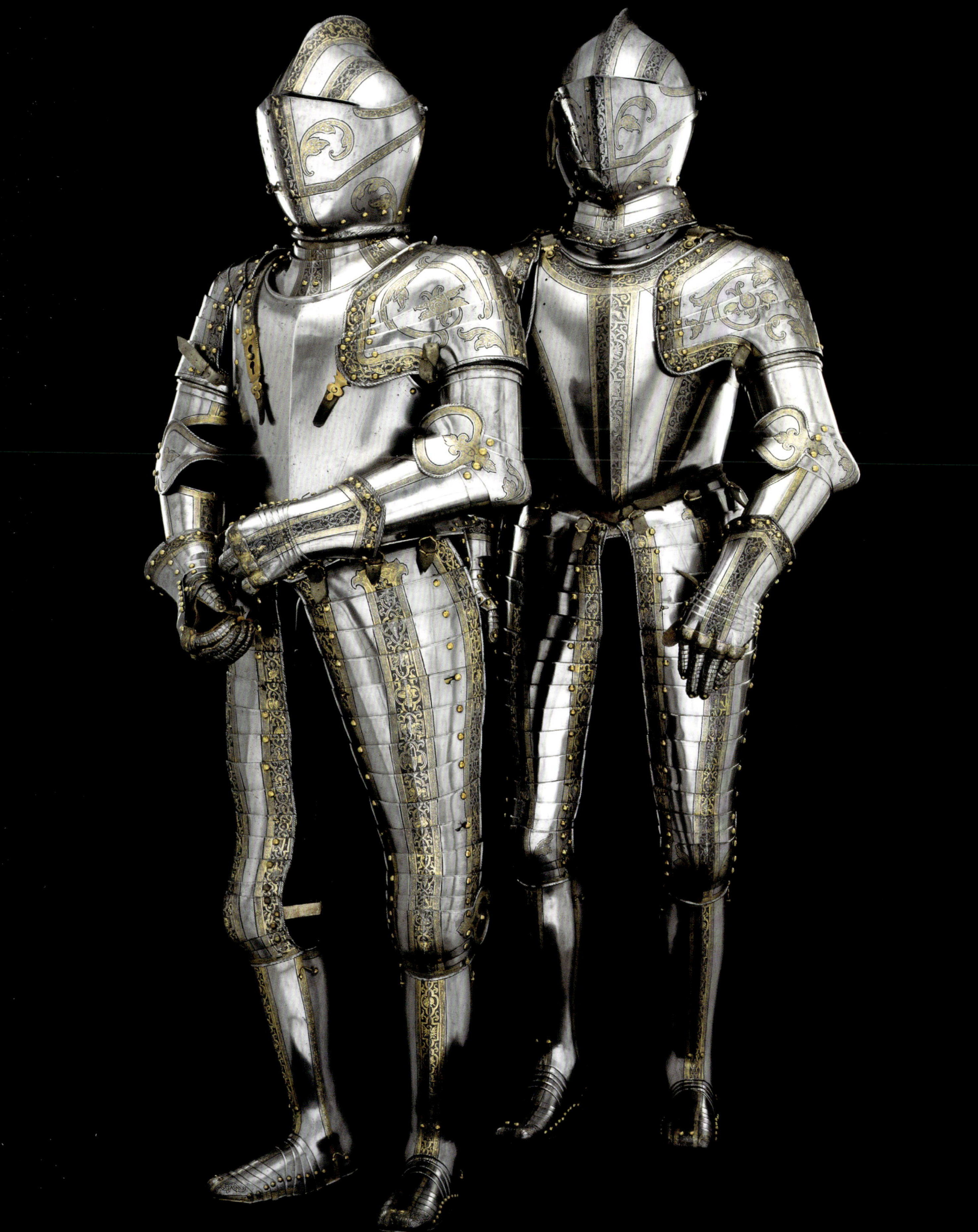

PRUNKHARNISCHGARNITUR UND STURMHAUBE

II.32, II.41 und II.43

Augsburg, 1599

Eisen geschmiedet, getrieben, gegraut und graviert; Beschläge Kupfer getrieben, durchbrochen und vergoldet

Gewicht Harnisch 33,587 kg; Sturmhaube 2,650 kg; Rossstirn 1,834 kg

unter der linken Fußspitze die Jahreszahl 1599 sowie die Buchstaben M, A, L und W

Harnisch 1602 in Augsburg gekauft; Sturmhaube 1603 hinzugefügt

Rüstkammer, SKD, Inv.-Nr. M 0101.01–.15 und L 0621

HStAD, 10009, Nr. 72, Gesamtinventar der Rüstkammer von 1606, S. 175 und HStAD, 10009, Nr. 111, Inventar der Pallienkammer von 1615/16, S. 27 (Sturmhaube)

Lit.: Ehrenthal 1899, S. 57, E 8 und S. 94, E 556; Haenel 1923, S. 30, Tafel 15 und S. 64, Tafel 32; Theumert 1963, S. 61, Nr. 20; Schöbel 1972, S. 53, Nr. 22; Schöbel 1973, S. 32, Nr. 25 und 26; Schuckelt 1994/95, S. 26

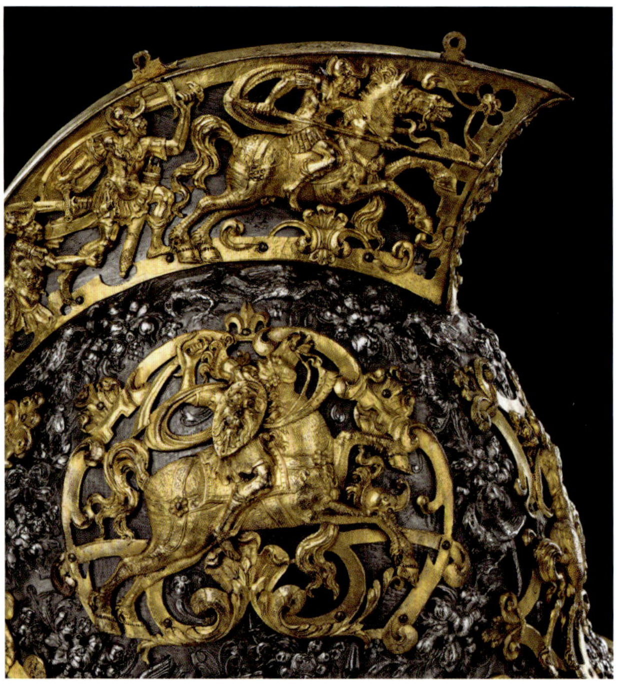

Die Oberfläche der reich verzierten Harnischgarnitur ist gegraut und flächendeckend mit getriebenem Rollwerk, Ranken, Armaturen und dazwischen gestreuten Früchtegruppen sowie Vögeln verziert. Darauf befinden sich kupfervergoldete Beschläge mit diversen Kampfszenen und Masken. Der Mannesharnisch besteht aus einem Mantelhelm mit dreifach geschobenen Hals-und Nackenreifen, Kinnreff, Visier, Stirnstulp und Kamm, einem dreifach geschobenen Kragen, einer Brust mit Gansbauch und Gürtelreifen, einem angehängten Bauchreifen mit angenieteten, fünffach geschobenen Beintaschen, einem Rücken mit Gürtelreifen und zwei Ösen zur Befestigung der fehlenden Gesäßreifen, symmetrischen Schultern mit geschobenen Vorder- und Hinterflügen, Armzeugen mit ganzen Muscheln, Fingerhandschuhen, Beinzeugen mit Ober- und starren Unterdiechlingen sowie geschobenen Kniebuckeln mit Muscheln und Stiefeln mit geschobenen Schuhen. Zu diesem Harnisch gehören eine schmale Rossstirn mit Federhülse und einem leeren Wappenschild, ein Kürisssattel mit Steigbügeln und eine offene Sturmhaube bestehend aus Helmglocke, Wangenklappen, festem Schirm und hohem, vorn spitz zulaufendem Kamm. Am Kamm befinden sich eine Federhülse und Ringösen zum Anheften des Federbusches.

Harnisch, Rossstirn, Steigbügel und die beiden Sattelbleche wurden 1602 bei einem Augsburger Plattner gekauft. 1603 fertigte man dazu in Dresden den mit schwarzem Samt bedeckten Sattel, an dem die Sattelbleche befestigt wurden. Im gleichen Jahr gab der Oberstallmeister und Hofmarschall des Kurfürsten Christian II. von Sachsen, Ernst von Wolframsdorff, die leicht abweichende, aber möglicherweise als Ergänzung zu diesem Harnisch angefertigte Sturmhaube in die Sammlung.

Tafel 19, S. 57

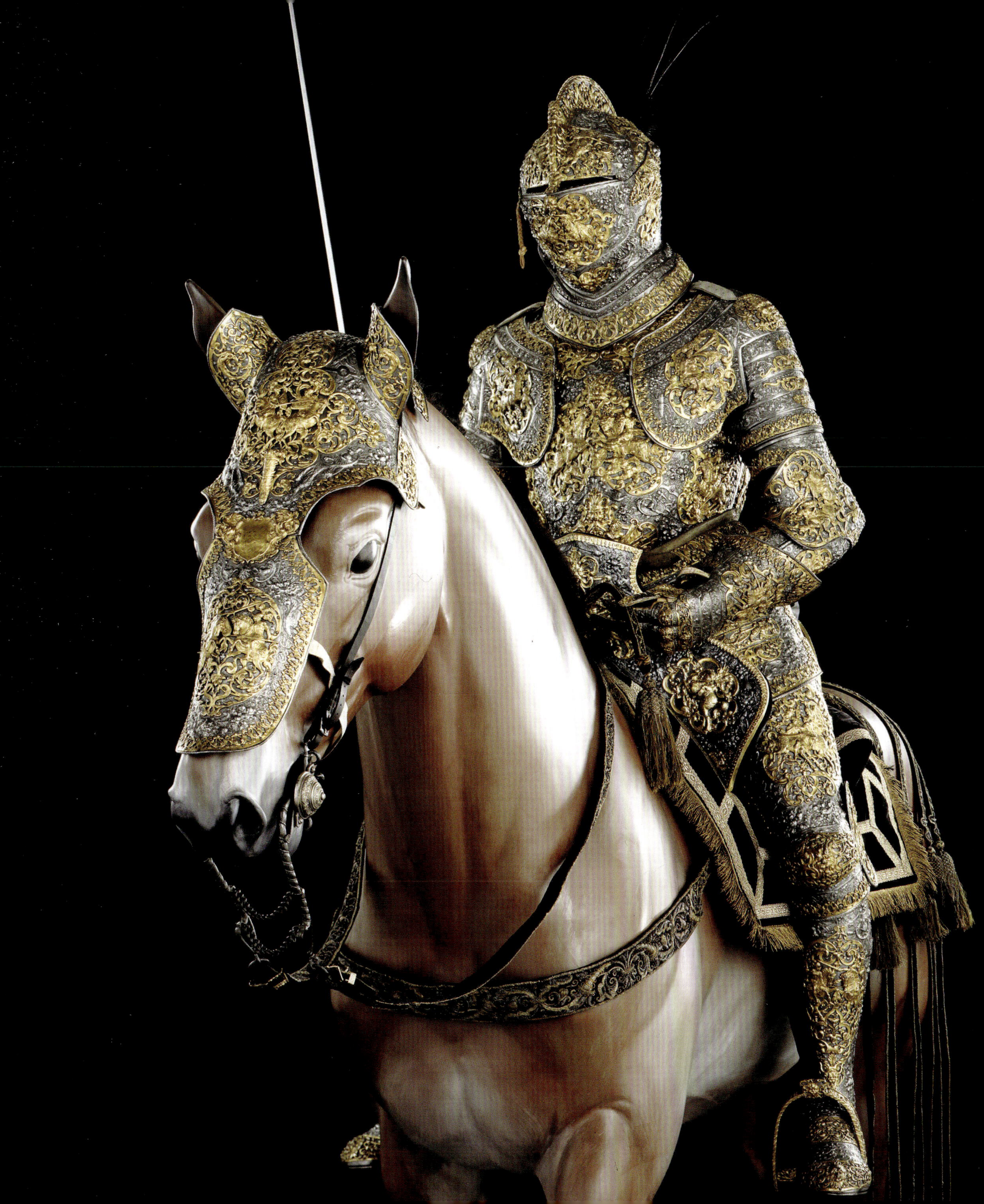

2 MORIONE

III.1 und III.3

Meister AK, Nürnberg, Ende des 16. Jahrhunderts

Eisen geschmiedet, getrieben, geätzt und versilbert, Reste von Bläuung; Nietköpfe Zinn gegossen, teils versilbert

Höhe 31,0 bzw. 32,0 cm; Länge 34,3 bzw. 35,1 cm; Breite 23,7 bzw. 25,6 cm; Gewicht 1,865 bzw. 1,776 kg

auf den Krempen die Nürnberger Beschau und die Meistermarke AK

wohl unter Kurfürsten Christian II. von Sachsen für Offiziere seiner Leibtrabanten gefertigt

Rüstkammer, SKD, Inv.-Nr. N 0114 und N 0115

HStAD, 10009, Nr. 111, Inventar der Alten Harnischkammer von 1688, Bl. 2–4, Nr. 2–4 und 6–8

Lit.: Haenel 1923, S. 70, Tafel 35; Müller/Kunter 1971, S. 345, Nr. 89; Schöbel 1972, S. 55, Nr. 28; Schuckelt 2004, S. 332; Dresden 2012, S. 96, Kat.-Nr. 25

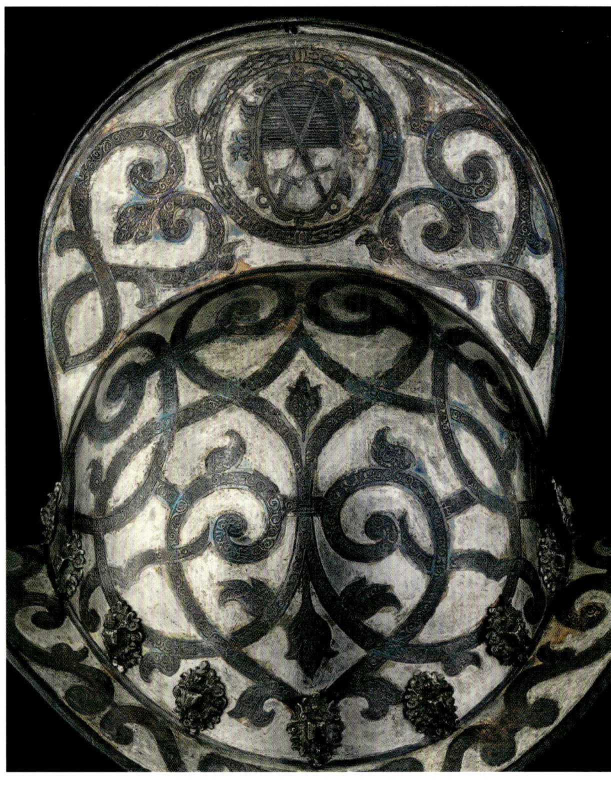

Die kugelförmigen Glocken mit hohen Kämmen und abgewinkelten, in sehr hohen Spitzen ausgezogenen Krempen sind aus einem Stück getrieben. Der geätzte Dekor besteht aus symmetrisch angeordnetem, verschlungenem Bandwerk, welches mit im Grund geschwärzten Ranken- bzw. Wellenmotiven gefüllt ist. Mittig auf den Kämmen finden sich in Ovalmedaillons auf der linken Seite das sächsische Rautenwappen und auf der rechten Seite die gekreuzten Kurschwerter. An der Unterkante der Helmglocken decken große, gegossene Kartuschen mit quadratischen Steinimitationen in der Mitte die Niete zur Befestigung der nicht mehr vorhandenen Helmfutter ab. Seitlich auf den Helmkrempen wurden die Nürnberger Beschau und die legierte Meistermarke AK eingeschlagen. Die einst zu diesen Helmen gehörenden Federhülsen fehlen. Bis vor einigen Jahren waren die Flächen zwischen dem Bandwerk schwarz angemalt. Darunter fanden sich jedoch umfangreiche Reste einer einst vollständigen Versilberung. Da auch ein im Berliner Zeughaus befindliches Exemplar dieser Helmserie die gleiche schwarze Bemalung besitzt, muss man davon ausgehen, dass diese Überarbeitung aufgrund des schlechten Zustandes der originalen Versilberung bereits sehr früh, spätestens im 19. Jahrhundert, vorgenommen wurde. Alle drei bekannten Morione dieser Serie sind nahezu gleich geformt und auch die dekorative Grundidee stimmt überein. Allerdings weichen die drei Helme in der Anordnung des Bandwerks stark voneinander ab. Es wird vermutet, dass diese Morione wahrscheinlich für Offiziere der kursächsischen Leibtrabanten unter Kurfürst Christian II. von Sachsen gefertigt wurden. Der Meister AK schuf auch einen der vier Morione von 1588 (S. 157).

Tafel 2c, S. 59

5 STURMHAUBEN

III.6 und III.8

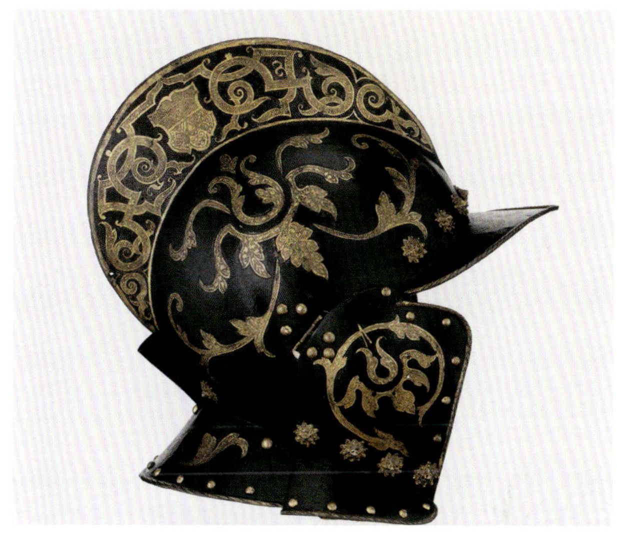

Augsburg, Ende des 16. Jahrhunderts

Eisen geschmiedet, getrieben, geätzt, geschwärzt und vergoldet; Nietköpfe Messing gegossen

Höhe 31,2–32,5 cm; Länge 34,1–35,5 cm; Breite 21,9–22,7 cm; Gewicht 1,880–1,959 kg

auf den Augenschirmen die Augsburger Beschau

wohl für das „Reisige Hofgesinde" der Kurfürsten August, Christian I. oder Christian II. bestellt

Rüstkammer, SKD, Inv.-Nr. N 0120–N 0124

Lit.: Haenel 1923, S. 68, Tafel 34; Dresden 2012, S. 106, Kat.-Nr. 38

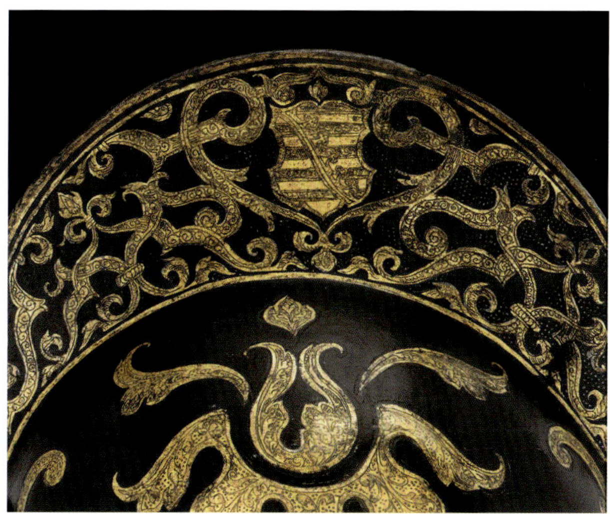

Die Helmglocken dieser geschwärzten Sturmhauben sind aus einem Stück getrieben und besitzen Augenschirm sowie Nackenschutz. Die Wangenklappen sind mittels Scharnieren beweglich und laufen unten in einer abgewinkelten Verlängerung des Nackenschutzes aus. Die vergoldeten Nietköpfe sind teils glatt und teils mit gegossenen Messingrosetten abgedeckt. Der Dekor besteht aus geätzten und vergoldeten Blütenranken auf den Seiten der Helmglocke, auf Augenschirm und Nackenschutz sowie auf den Wangenklappen. Der Kamm ist mit Flechtbändern und zentralen Wappen verziert: auf der einen Seite die gekreuzten Kurschwerter und auf der anderen das sächsische Wappen. Unterhalb des hinteren Endes des Kamms ist eine glattschwarze Federhülse angenietet.

Diese Sturmhauben gehörten zur Ausrüstung der berittenen Garde der Kurfürsten von Sachsen. Ein genaues Herstellungsjahr ist nicht überliefert und sie könnten entweder in den letzten Regierungsjahren des Kurfürsten August von Sachsen (Kurfürst 1553–1586) oder aber unter den Kurfürsten Christian I. (Kurfürst 1586–1591) bzw. Christian II. (Kurfürst 1591–1611) angeschafft worden sein. Einst in großer Stückzahl produziert gibt es heute noch einzelne Exemplare in mehreren Sammlungen Europas und Amerikas. Mit der Augsburger Beschau und einem Dekor, der an Harnische von Anton Peffenhauser erinnert, wurden die Sturmhauben in manchen Publikationen auch diesem Plattner zugeschrieben, wofür es bisher aber keine Belege gibt.

Tafel 1e, S. 57

MORION

III.2

Augsburg (?), Ende des 16. Jahrhunderts

Eisen geschmiedet, getrieben, geätzt, teils tiefengeschwärzt und vergoldet; Beschläge Messing gegossen, teils durchbrochen und vergoldet

Höhe 29,3 cm; Länge 33,5 cm; Breite 22,8 cm; Gewicht 1,665 kg

1934 im Tausch aus dem Zeughaus Berlin

Rüstkammer, SKD, Inv.-Nr. N 0011

HStAD, 10009, Nr. 280, Kgl. Historisches Museum u. Gewehrgalerie, Zugangsverzeichnis 1885–1943, Bl. 75/76, Nr. 770/1

Lit.: Hiltl 1876, S. 163, Nr. 992, Taf. C; Schöbel 1972, S. 56, Nr. 30; Schöbel 1973, S. 35, Nr. 40; Dresden 2012, S. 96, Kat.-Nr. 24

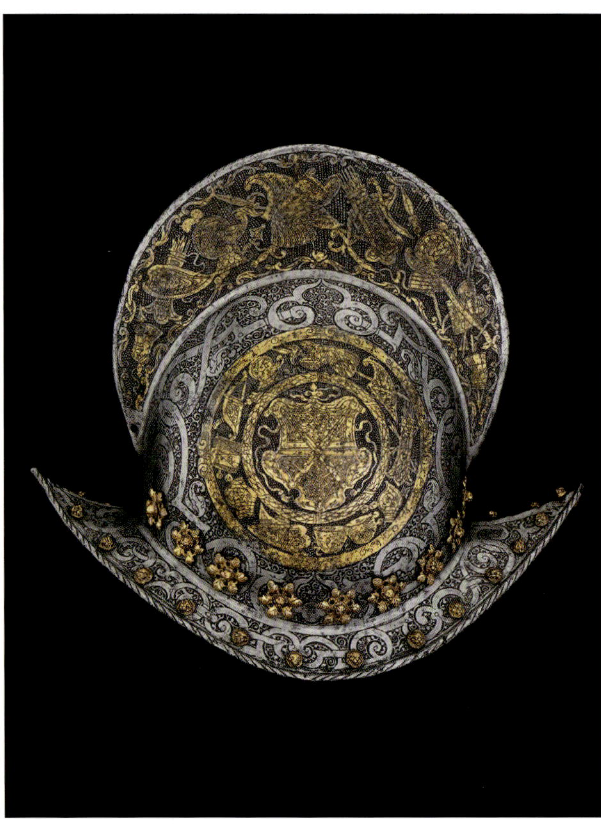

Der aus einem Stück getriebene Morion besitzt eine hohe Glocke, einen hohen Kamm und einen schmalen, leicht gebogenen Rand. Er ist flächendeckend reich geätzt, tiefengeschwärzt und teils vergoldet. Helmglocke und Rand tragen einen Dekor aus blanken, erhabenen Flechtbändern und Ranken auf schwarzem Grund. Auf beiden Seiten der Glocke befindet sich ein kreisförmiger Rahmen mit vergoldeten Helmen, Waffen und Musikinstrumenten auf geperltem Grund. In den von einem Lorbeerkranz eingefassten Mittelfeldern sind auf der linken Seite das sächsische Wappen und auf der rechten die gekreuzten Kurschwerter zu sehen. Der Kamm ist ähnlich den Wappenrahmen gestaltet: auf schwarzem, geperltem Grund befinden sich vergoldete Harnische, Helme und Waffen. Die Nietköpfe an der Unterkante der Glocke sind rosettenförmig, während die kleineren auf dem Rand Löwenköpfe darstellen. Wangenklappen, die eigentlich zu einem Morion gehören würden, haben sich an diesem Helm nicht erhalten.

Der Dekor des Morions ähnelt den Ätzarbeiten auf zahlreichen Augsburger Waffen und Harnischen, u.a. auch von Anton Peffenhauser (S. 144ff). Da der Helm nicht gemarkt ist, kann nur aufgrund der stilistischen Ähnlichkeiten gemutmaßt werden, dass auch dieser aus Augsburg stammt. Vermutlich wurde der reich verzierte Morion für einen der Kurfürsten von Sachsen und nicht für deren Garden gefertigt. Aufgrund der Entstehungszeit dieses Helms ist anzunehmen, dass es sich bei dem Besitzer entweder um Kurfürst Christian I. von Sachsen oder dessen Sohn Christian II. handelte. Früher gehörte dieser Morion zur Waffensammlung des Prinzen Carl von Preußen. 1934 gelangte er im Tausch aus dem Berliner Zeughaus in die Dresdner Rüstkammer.

Tafel 2b, S. 59

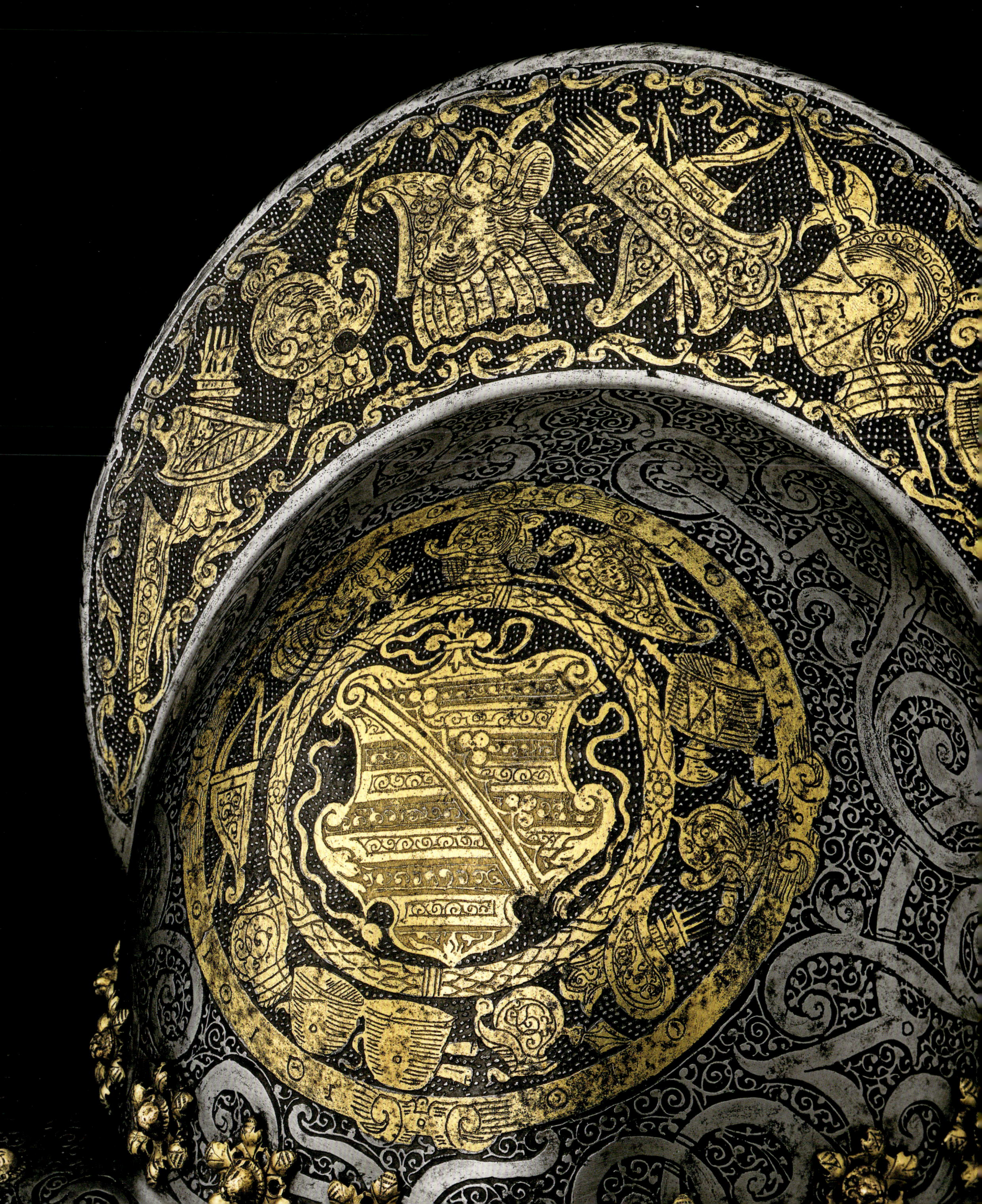

3 PRUNKHARNISCHE MIT ROSSSTIRNEN UND SÄTTELN

IV.3

(im Silberwaffensaal sind nur die Rossstirnen ausgestellt; die Harnische und Sättel folgen in einer der späteren Ausstellungen)

Dresden (?), um 1600

Kupfer getrieben, graviert, punziert, ziseliert und vergoldet; Helme und Rossstirnen teils mit Seidensamt bzw. Leder gefüttert

Gewicht Harnische 8,983–10,022 kg, Rossstirnen 0,749–0,913 kg

gefertigt für Kurfürst Christian II. von Sachsen und die Fürsten Johann Georg I. von Anhalt-Dessau und Christian I. von Anhalt-Bernburg

Rüstkammer, SKD, Inv.-Nr. M 0102.01–.14, M 0103.01–.14, M 0104.01–.14, L 0592, L 0598 und L 0620

HStAD, 10009, Nr. 122, Inventar der Schwarzen Reiter- oder Schlittenkammer von 1602/03, S. 7; HStAD, 10009, Nr. 72, Gesamtinventar der Rüstkammer von 1606, S. 59ff

Lit.: Ehrenthal 1899, S. 57f, E 9, E 11 u. E 13; Haenel 1923, S. 26, Tafel 13; Wozel 1979, S. 88, Nr. 51; Dresden 1992, S. 57, Tafel 17; Schuckelt 1994/95, S. 25

Die drei Harnische bestehen jeweils aus einem Burgunderhelm mit hohem Kamm, Stirnstulp und aufschlächtigem Visier, einem fünfmal geschobenen Kragen, einer Brust mit Gansbauch, einem Rücken, asymmetrischen Schultern mit Vorder- und Hinterflügen, ganzen Armzeugen und Fingerhandschuhen mit langen Stulpen. Ihr Dekor setzt sich aus Blattranken, Blüten und Granatapfelmotiven, Ovalmedaillons mit Kriegern zu Fuß und zu Pferd (teils in antiken und teils in zeitgenössischen Rüstungen), heraldischen Löwen, Greifen und Adlern sowie anderen figürlichen Darstellungen, wie beispielsweise Herkules mit dem Nemeischen Löwen und der Hydra von Lerna oder Judith mit dem Kopf des Holofernes, zusammen. Die zugehörigen halben Rossstirnen und die Sättel tragen wie die Helmkämme und die Harnischbrüste das kurfürstlich-sächsische bzw. das anhaltinische Wappen.

Traditionell wurden diese Harnische mit den beiden Silberharnischen (S. 162f) und den Feierlichkeiten anlässlich der kurfürstlichen Taufe von 1591 in Verbindung gebracht. Während für die beiden Silberharnische wirklich belegt ist, dass sie 1591 für Kurfürst Christian I. von Sachsen und Fürst Christian I. von Anhalt-Bernburg gefertigt wurden, werden für die kupfervergoldeten Harnische nur die Namen ihrer Träger (Christian von Sachsen, Johann Georg und Christian von Anhalt) ohne ein Entstehungsjahr genannt. Anhand der Inventareintragungen muss man jedoch davon ausgehen, dass nicht Christian I. sondern Kurfürst Christian II. von Sachsen gemeint ist, was aber bedeuten würde, dass diese Harnische erst etwa in der Zeit um 1600 gefertigt worden sein können. Folglich hätten diese drei Harnische nichts mit der Taufe von 1591 zu tun, als Christian (II.) erst acht Jahre alt war. Welches Ereignis dann aber den Hintergrund für deren Entstehung gebildet haben könnte, muss erst noch herausgefunden werden (evtl. der 18. Geburtstag Christians II. am 23. September 1601 oder seine Hochzeit mit Hedwig, Tochter des Königs Frederik II. von Dänemark, am 12. September 1602). Laut Inventar von 1602/03 wurden die kupfervergoldeten Harnische 1611 überarbeitet und größer gemacht.

Verschiedene Unstimmigkeiten beim Dekor und auch den Größenverhältnissen der einzelnen Harnischteile geben Anlass zu der Vermutung, es könnte ursprünglich weitere Exemplare gegeben haben. Doch bereits das Inventar der Schwarzen Reiter- oder Schlittenkammer von 1602/03 erwähnt nur diese drei Harnische. Da das Inventar aber auch an anderen Stellen Fragen offen lässt (so werden nur drei statt sechs Rossstirnen erwähnt), bleibt bezüglich der ursprünglichen Anzahl der kupfervergoldeten Harnische ein Rest von Unsicherheit.

Abb. S. 67

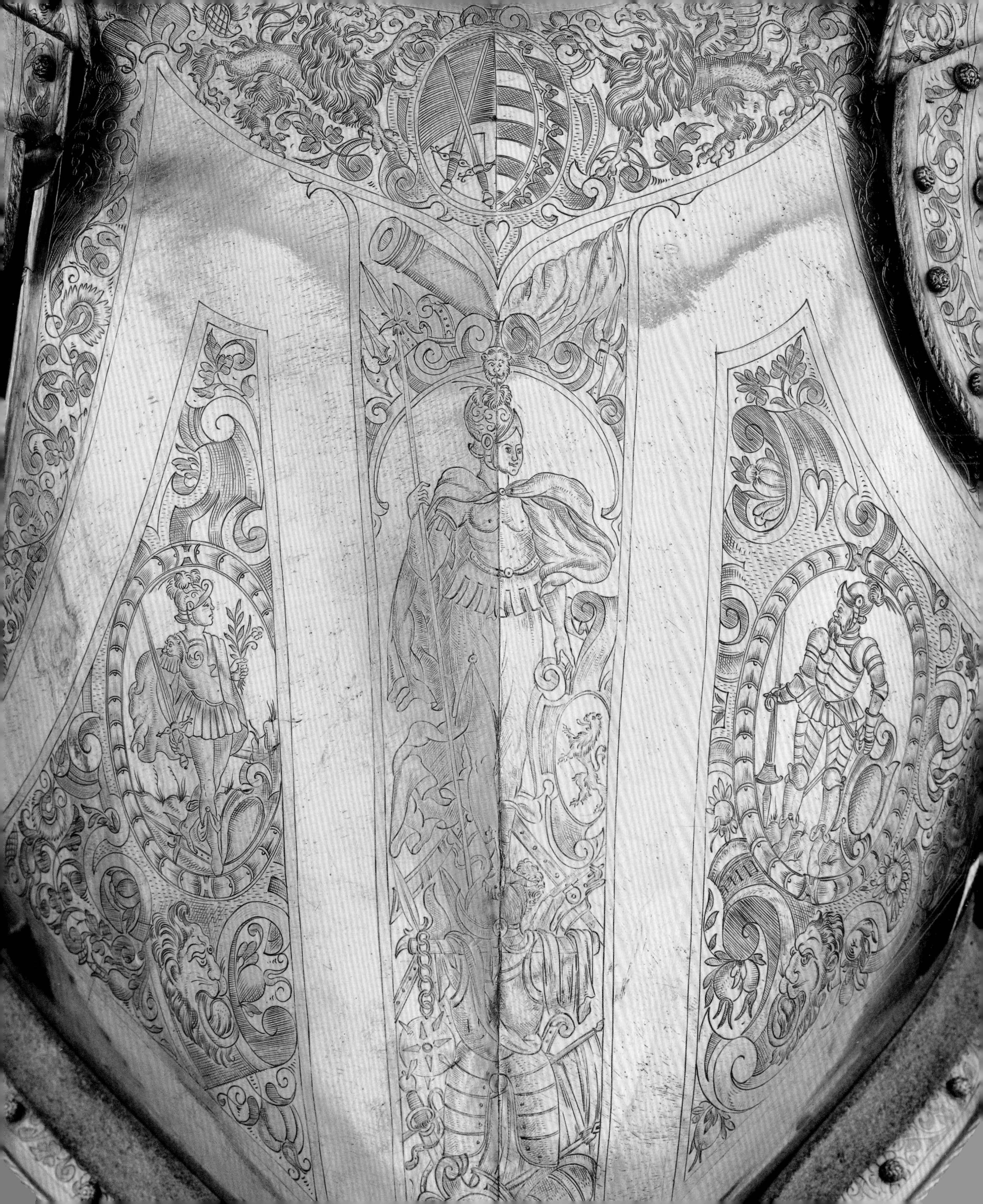

FELDHARNISCH (SOGENANNTER KREBS)

II.P4

Augsburg, Ende des 16. Jahrhunderts

Eisen geschmiedet, getrieben und poliert; Nietköpfe und Federhülse Messing

Gewicht 34,380 kg

mit der Augsburger Beschau gemarkt

angeblich aus der Sammlung der Fürsten von Hohenzollern auf Schloss Sigmaringen; 1931 in Berlin erworben

Rüstkammer, SKD, Inv.-Nr. M 0141.01–.08

HStAD, 10009, Nr. 280, Kgl.Historisches Museum u. Gewehrgalerie, Zugangsverzeichnis 1885–1943, Bl. 69/70, Nr. 707/1

Lit.: Theumert 1963, S. 62, Nr. 22; Schöbel 1973, S. 31, Nr. 20

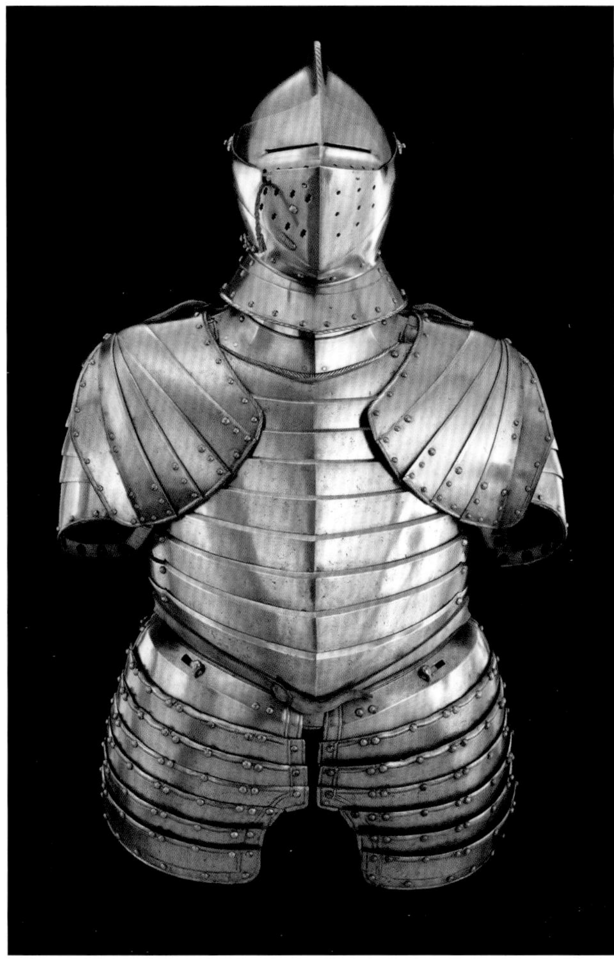

Der massive Harnisch besteht aus einem Mantelhelm, einem fünffach geschobenen Kragen, einer Brust, einem Rücken, symmetrischen Schultern mit fünf Oberarmfolgen und geschobenen Beintaschen. Brust und Rücken sind je neunfach geschoben. Die fächerförmigen Vorderflüge sind fünffach und die gewölbten Hinterflüge zweifach geschoben. Die mittels kräftiger Drehhaken am stark nach vorn gebogenen Gürtelreifen der Brust befestigten Beintaschen bestehen aus je sieben, oben geschweiften Folgen. Der Helm besitzt zwei Hals- und zwei Nackenreifen, ein einteiliges Kinnreff mit Drucksperre und Haken, ein aufschlächtiges Visier mit Schiebesperre, einen gefalteten Stirnstulp mit zwei Sehschlitzen und Zugsperre sowie eine Federhülse aus Messing. Der untere Hals- bzw. Nackenreifen und der Kamm sind geschnürt. Visier und Stirnstulp sind auf beiden Seiten mit Atemlöchern versehen, die links als einfache Rundlöcher und rechts in länglicher Form mit zentraler Verbreiterung ausgeführt sind.

Harnische dieses Typs werden aufgrund der durchgängig geschobenen Brüste und Rücken als „Krebse“ bezeichnet. Durch die sich überlappenden Geschübe sind sie zwar relativ beweglich, aber auch sehr schwer. Offenbar wurde diese Harnischform im zweiten Viertel des 16. Jahrhunderts in Italien entwickelt, von wo aus sie sich über Europa verbreitete.

SCHILD

I.27

Venedig, um 1600

Holz mit Leder überzogen, geprägt, auf versilbertem und mit Goldlack gefärbtem Grund farbig bemalt und gelüstert

Höhe 58,8 cm; Breite 56,3 cm; Gewicht 2,210 kg

evtl. Schild der Leibtrabanten des Salzburger Fürstbischofs Wolf Dietrich von Reitenau; 1927 aus dem Museum Carolino-Augusteum in Salzburg gekauft

Rüstkammer, SKD, Inv.-Nr. N 0001

HStAD, 10009, Nr. 280, Kgl. Historisches Museum u. Gewehrgalerie, Zugangsverzeichnis 1885–1943, Bl. 62/63, Nr. 667/4

Lit.: Dresden 1995, S. 119, Kat.-Nr. 121; Ramharter 2009, S. 341f; Schuckelt 2010a, S. 137, Kat.-Nr. 117

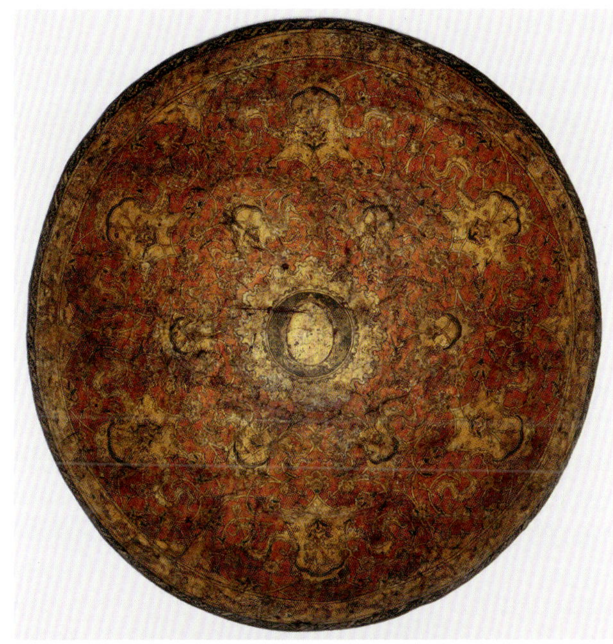

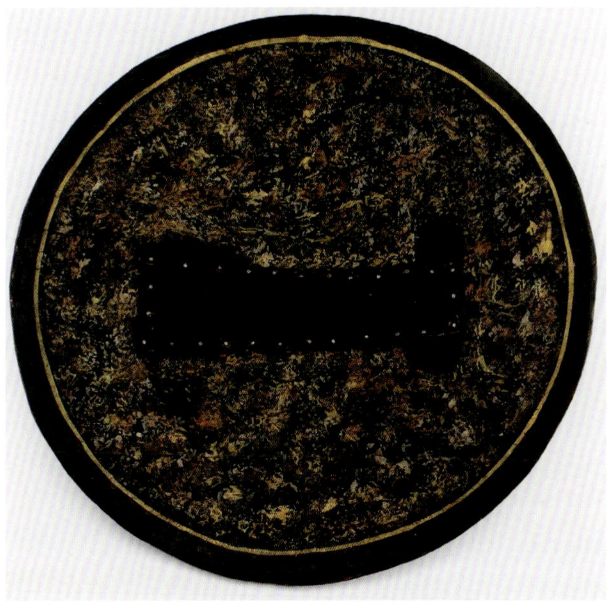

Der hölzerne, mit Leder bezogene, leicht ovale Schild ist auf der Außenseite reich in orientalisierendem Stil auf versilbertem und mit Goldlack gefärbtem Grund bemalt. In der Mitte befindet sich ein goldener, von einem grünen Ring umgebener Wappenschild. Die Hauptfläche des Schildes ist mit roten, goldenen und grünen Blütenranken und Wolkenbändern verziert. Feine schwarze Linien rahmen diese Bänder und Ranken ein. In Lüstertechnik sind karminrote und grüne Flächen abgesetzt. Einige Ornamentteile heben sich durch ihre opake Farbwirkung vom übrigen Dekor ab. Darüber hinaus wurden mittels Schlagstempel stilisierte Blütenornamente in die Lederoberfläche geprägt. Auf der Innenseite befinden sich gelbe und rotbräunliche Farbflecken.

Der Schild gehört zu einer größeren Gruppe ähnlich verzierter Schilde in zahlreichen Sammlungen Europas und Amerikas. Diese waren wohl Teil der Ausrüstung der berittenen Leibgarde des Salzburger Fürstbischofs Wolf Dietrich von Raitenau (1587–1611), auf den die heute noch in Salzburg befindlichen Lederschilde und folglich auch das 1927 erworbene Dresdner Exemplar zurückgeführt werden.

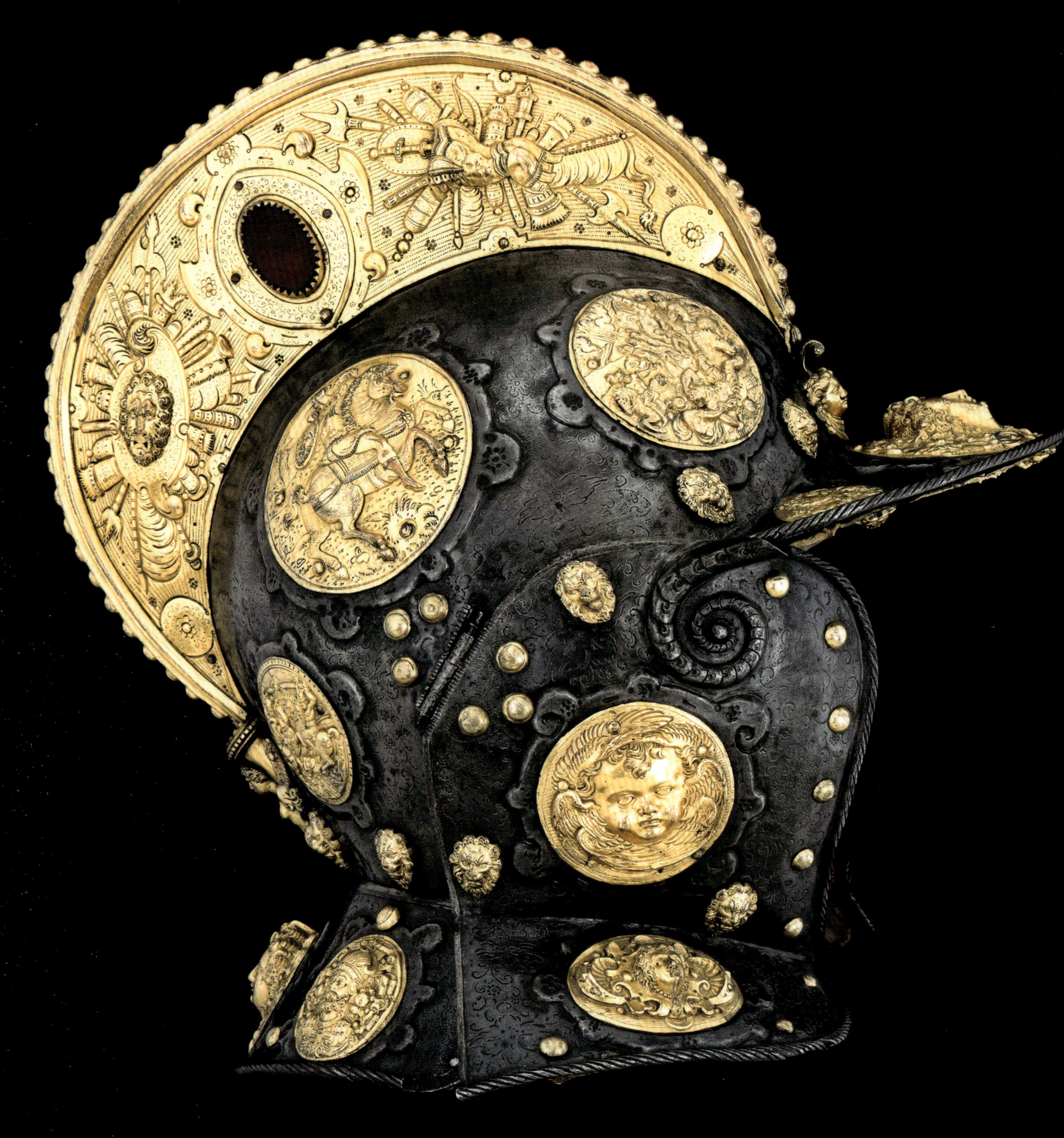

STURMHAUBE UND SCHILD

II.40

Augsburg, um 1600

Eisen geschmiedet, getrieben, gebläut, teils geätzt und punziert; Auflagen aus getriebenem, graviertem und vergoldetem Kupfer, bzw. aus Silber, eingelegte Glassteine; Futter Seidensamt

Helm: Höhe 34,3 cm; Länge 33,8 cm; Breite 25,0 cm; Gewicht 3,398 kg

Schild: Durchmesser 62,0 cm; Gewicht 6,274 kg

vor 1606 in Augsburg gekauft

Rüstkammer, SKD, Inv.-Nr. N 0142 und N 0143

HStAD, 10009, Nr. 72, Gesamtinventar der Rüstkammer von 1606, S. 911 und 919

Lit.: Ehrenthal 1899, S. 99, E 599; Haenel 1923, S. 66, Tafel 33; Schöbel 1972, S. 54f, Nr. 26 und 27; Schöbel 1973, S. 33f, Nr. 31 und 32

Rundschild und Sturmhaube bilden eine Garnitur, die wohl durch Kurfürst Christian II. von Sachsen kurz vor 1606 in Augsburg gekauft wurde. Beide Stücke sind aus Eisen getrieben, gebläut und mit silbernen, meist jedoch vergoldeten Beschlägen besetzt. Die Flächen zwischen den Beschlägen sind mit stark stilisierten Blütenranken punziert.

Auf dem breiten, vergoldeten Rand des Schildes sitzen abwechselnd vier ovale Medaillons mit Reiterdarstellungen und vier Rundmedaillons mit grotesken Masken. Jeweils dazwischen befinden sich insgesamt acht Trophäengruppen. Auf bzw. über den Köpfen der Reiter sind vier Randklammern in Form von Sphingen angebracht. Die gebläute Innenfläche des Schildes besitzt eine unverzierte, kurze Spitze. Darum und zur Spitze hin ausgerichtet wurden die drei herzförmigen Hauptplaketten angeordnet, die vor einer Landschaft mit Stadtansicht im Hintergrund erneut drei Lanzenreiter (in zwei Fällen sind die Lanzen freistehend herausgearbeitet) zeigen: einen Krieger in antikisierender Rüstung, einen Europäer in zeitgenössischer Tracht und einen Türken. Diese werden durch ovale Medaillons mit silbernen Masken und kleine Löwenköpfe voneinander getrennt. Einen äußeren, zum Schildrand hin ausgerichteten Ring bilden drei größere Rundmedaillons mit gekrönten Frauenköpfen in Rollwerkkartuschen, sechs kleinere Ovalmedaillons mit Trophäengruppen und erneut kleine Löwenköpfe. Der Schild ist mit ehemals rotem Seidensamt gefüttert. Die Schnallen der Trageriemen sind geätzt und vergoldet.

Die Sturmhaube besteht aus einer kugelförmigen Helmglocke mit hohem Kamm, Augenschirm und zwei Wangenklappen, die an ihren unteren Enden wie auch die Nackenverlängerung der Helmglocke stark abgewinkelt sind. Augenschirm, Wangenklappen und Nackenverlängerung sind mit einem Schnurrand eingefasst. Die über den Augenschirm greifenden Wölbungen der Wangenklappen sind in der Form eines Widderhorns eingerollt. Federhülse, sämtliche Rundmedaillons, der komplette Kamm und die Nietköpfe sind vergoldet. Über Helmglocke, Augenschirm, Wangenklappen und Nackenverlängerung sind teils flache und teils stark plastische Rundmedaillons unterschiedlicher Größe und kleine Löwenköpfe verstreut. Diese Medaillons zeigen u.a. Schlachtszenen, einzelne Reiter, geflügelte Putten und Masken. Auf dem hohen Kamm befinden sich mittig auf der linken Seite ein mit blauer und auf der rechten Seite ein mit roter Folie hinterlegter Glasstein, flankiert von großen Trophäengruppen. Der Augenschirm ist mit ehemals rotem Seidensamt gefüttert.

SCHILD Abb. 39, S. 70

FELDHARNISCH

V.25

Martin Schneider d. J., Nürnberg, um 1610

Eisen geschmiedet, getrieben und gebläut; Futter Leder

Gewicht 32,162 kg

mehrfach mit der Nürnberger Beschau und der Meistermarke (MSI u. Schere) gemarkt

aus dem Besitz des Herzogs Albrecht von Schleswig-Holstein-Sonderburg

Rüstkammer, SKD, Inv.-Nr. M 0113.01–16

HStAD, 10009, Nr. 125, Inventar der Guten Schlittenkammer von 1684, Bl. 41, Nr. 59

Lit.: Ehrenthal 1899, S. 154, G 75; Torgau 2018, S. 54

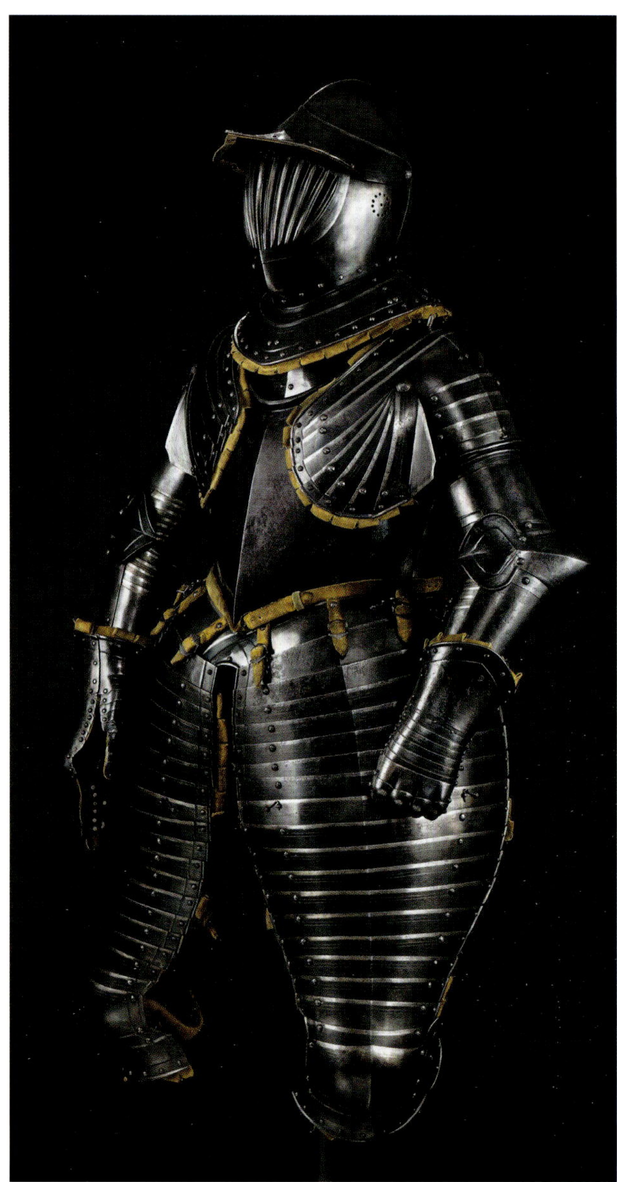

Der schlichte Harnisch besteht aus einer geschlossenen Sturmhaube mit Gittervisier, Schirm, sowie je zwei Hals- und Nackenreifen, einem vierfach geschobenen Kragen mit beweglichen Federzapfen für die Schultern, einer Brust mit angehängtem Bauchreifen, einem Rücken mit angehängten, siebenfach geschobenen Gesäßreifen, 21-fach geschobenen, zweiteiligen Knieschößen, symmetrischen Schultern mit fünffach geschobenen Vorder- und starren Hinterflügen, geschlossenen Armzeugen mit 14-fach geschobenen Armbeugen und halben Muscheln, sowie einem Paar Fingerhandschuhe, bei denen links der Daumen und die Finger fehlen.

Der Harnisch gehörte Herzog Albrecht von Schleswig-Holstein-Sonderburg (1585–1613). Albrecht lebte seit 1604 als Gesellschafter und Freund der jungen kursächsischen Herrschaften Christian II., Johann Georg I. und August am Dresdner Hof, wo er am 20. April 1613 starb und in der Kreuzkirche beigesetzt wurde. Beim Leichenzug ritt hinter dem Sarg als sogenannter Freudenritter sein Leibjunge, Joachim Ernst von Weißbach, der bei dieser Gelegenheit den Harnisch des Herzogs trug. Anschließend verblieb der Harnisch in Dresden und wurde in der Guten Schlittenkammer des Stallgebäudes (dem heutigen Johanneum) untergebracht.

6 FUSSTURNIERHARNISCHE

II.10

Christian Müller, Dresden, 1612

Eisen geschmiedet, getrieben, geätzt und teils vergoldet

Gewicht 27,667–29,884 kg

1612 Weihnachtsgeschenk an Kurfürst Johann Georg I. von Sachsen von seiner Gemahlin Magdalena Sibylla

Rüstkammer, SKD, Inv.-Nr. M 0065.01–.15 – M 0070.01–.15

HStAD, 10009, Nr. 72, Gesamtinventar der Rüstkammer von 1606, S. 181 (Nachtrag)

Lit.: Ehrenthal 1899, S. 46, D 4–10; Haenel 1923, S. 36, Tafel 18; Theumert 1963, S. 64, Nr. 27; Schöbel 1973, S. 35, Nr. 38; Wozel 1979, S. 88, Nr. 52

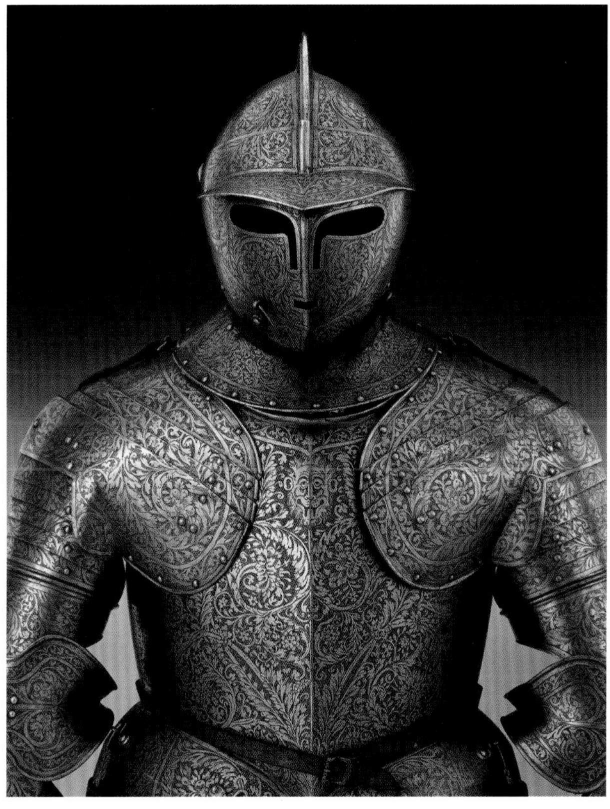

Als Weihnachtsgeschenk für ihren Gemahl, Kurfürst Johann Georg I. von Sachsen, gab Magdalena Sibylla von Preußen 1612 beim späteren Dresdner Hofplattner Christian Müller ein Ensemble von sieben gleichartigen Fußturnierharnischen in Auftrag. Sechs dieser Harnische, von denen sich einer seit 1969 im Philadelphia Museum of Art befindet, sind eisenfarben, während der siebente vollständig vergoldet ist. Die Harnische sind flächendeckend geätzt und tragen unterschiedlichen Dekor. Der goldene und zwei der eisenfarbenen Harnische sind mit dichten Blütenranken und einem zentralen Löwenkopf verziert. Drei Harnische tragen Streifen mit Trophäen und einer zeigt Schlachtenszenen zwischen Reitern und mit Piken ausgerüsteten Gevierthaufen.

Die Harnische bestehen jeweils aus einem Mantelhelm mit Kinnreff, Visier, Augenschirm sowie einem Hals- und einem Nackenreifen, einem Kragen, einer Brust mit kurzem Gansbauch, einem Rücken mit vier eingehängten Gesäßreifen, symmetrischen Schultern mit Vorder- und Hinterflügen, ganzen Armzeugen mit kurzen Oberarmröhren, geschlossenen Muscheln und zweiteiligen Unterarmröhren, geschobenen Fingerhandschuhen (an denen mehrere Finger fehlen) und eingehängten, zweiteiligen Knieschößen mit zwanzig Geschüben. Charakteristisches Merkmal dieser Harnische sind die Mantelhelme (sogenannte Savoyardenhelme), deren aufschlächtigen Visiere mit Öffnungen für Augen, Nase und Mund ausgestattet sind.

Den goldenen Harnisch dieser Garnitur trug Kurfürst Johann Georg I. von Sachsen am 4. Juli 1613 zum Fußturnier anlässlich der Taufe seines ältesten Sohnes, Johann Georg (II.).

Abb. 6, S. 15

FELDHARNISCH

II.P4

Christian Müller, Dresden, um 1620

Eisen geschmiedet, getrieben, durchbrochen und geschwärzt; Vorstöße roter Samt und Leder

Gewicht 34,846 kg

aus dem Besitz des Kurfürsten Johann Georg I. von Sachsen

Rüstkammer, SKD, Inv.-Nr. M 0114.01–.14

HStAD, 10009, Nr. 125, Inventar der Guten Schlittenkammer von 1684, Bl. 39, Nr. 57

Lit.: Ehrenthal 1899, S. 155, G 79; Schuckelt 1996, S. 156

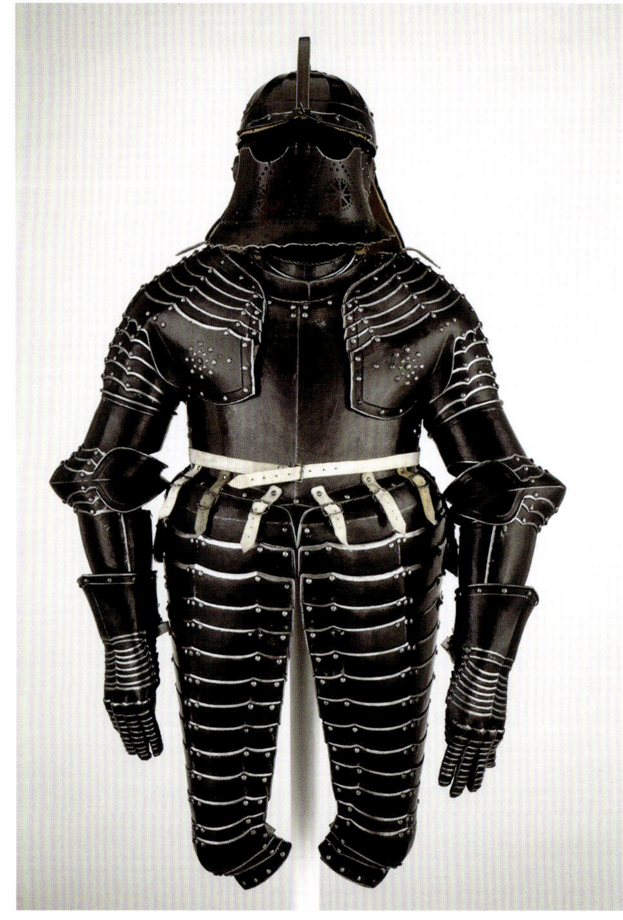

Der schwere Feldharnisch besteht aus einer Zischägge mit sechsfach geschobenem Nackenschirm, vierfach geschobenen Wangenklappen, angenietetem Schirm und beweglichem Nasal mit großem, durchbrochenem Plattenvisier, einem vierfach geschobenen Kragen, einer Brust, einem Rücken mit fünffach geschobenen Gesäßreifen, symmetrischen, elffach geschobenen Schultern mit Vorder- und Hinterflügen, Armzeugen mit geschlossenen Muscheln, Fingerhandschuhen und angeschnallten, zweiteiligen und insgesamt 16-fach geschobenen Knieschößen. Die Oberfläche des Harnischs ist komplett geschwärzt, während die Nietköpfe und die Kanten der geschweiften Geschübe blank sind. Das Plattenvisier ist seitlich gerade und unten klammerförmig geschnitten. An der Oberkante befinden sich zwei halbovale Ausschnitte für die Augen. Die Visierplatte ist mit Punktreihen, Kreuzen sowie Punktkreisen mit herzförmigen Feldern durchbrochen. In seiner Gesamterscheinung erinnert das Plattenvisier an orientalische Vorbilder.

Dieser Harnisch gehörte Kurfürst Johann Georg I. von Sachsen und wurde laut Inventar von diesem persönlich während des Dreißigjährigen Krieges in der Schlacht getragen. Es ist nicht überliefert, bei welchen konkreten Ereignissen der Harnisch dabei zum Einsatz kam. Die Plattnerarbeit stammt von Christian Müller, der seit 1619 kursächsischer Hofplattner in Dresden war. 1654 lässt er sich letztmalig nachweisen. Von seiner Hand stammen mehrere Harnische in der Dresdner Rüstkammer, bei denen ein vergleichbares Plattenvisier jedoch nicht noch einmal zu finden ist.

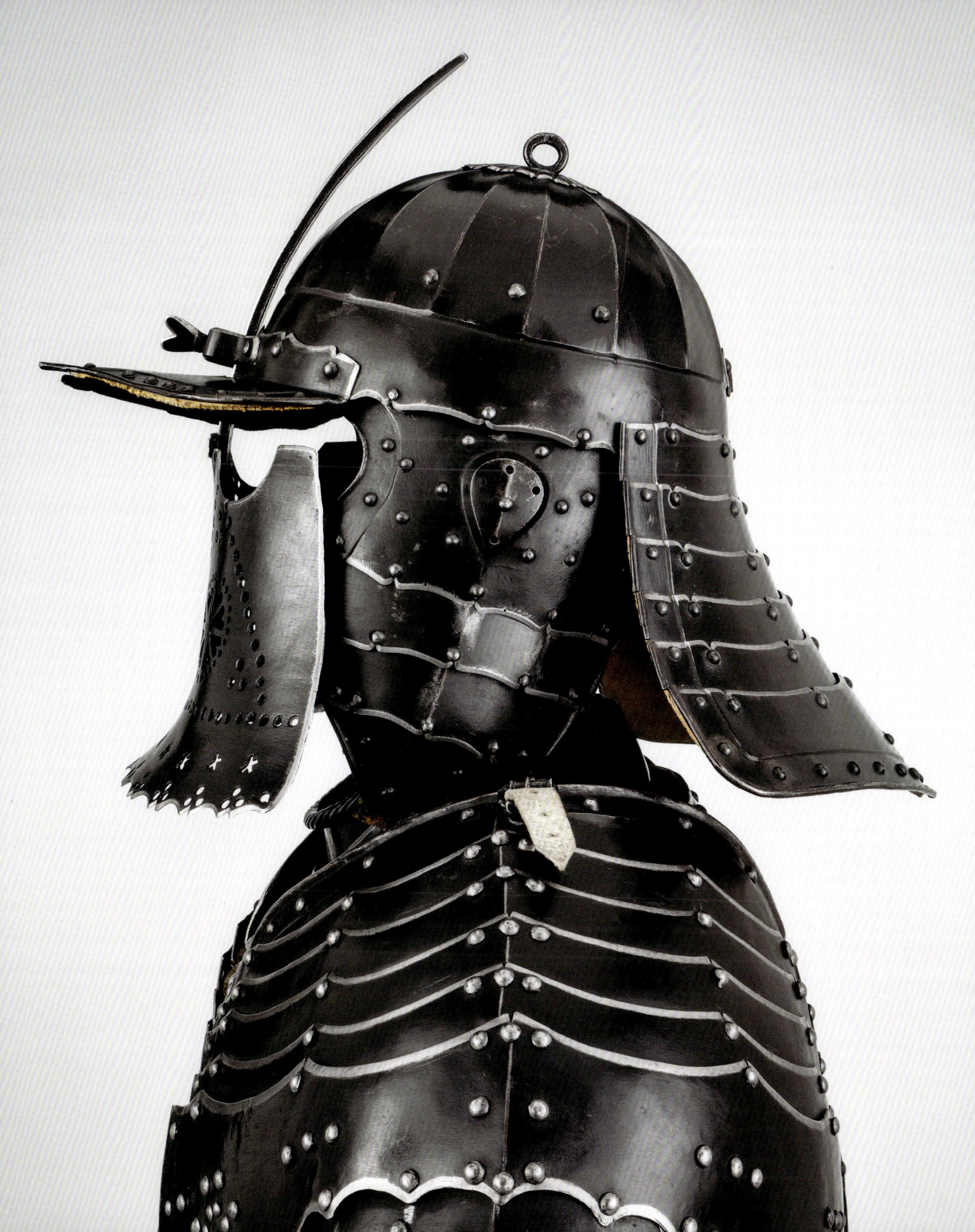

PRUNKHARNISCH

II.33

Hieronymus Ringler oder Hans Roth, Augsburg, 1622

Eisen geschmiedet, getrieben, gebläut, mit Gold bemalt und emailliert; Vorstöße roter Samt

Gewicht Mannesharnisch 38,809 kg; Rossharnisch 27,944 kg

an mehreren Stellen die Augsburger Beschau und die Meistermarke HR

1622 Weihnachtsgeschenk an Kurfürst Johann Georg I. von Sachsen von seiner Gemahlin Magdalena Sibylla

Rüstkammer, SKD, Inv.-Nr. M 0107.01–.24

HStAD, 10009, Nr. 113, Inventar der Pallienkammer von 1615/16, S. 90, Nr. 75 (Nachtrag)

Lit.: Ehrenthal 1899, S. 58, E 14; Haenel 1923, S. 38, Tafel 19; Theumert 1963, S. 64, Nr. 28, Abb. 29; Schöbel 1973, S. 34, Nr. 34; Schuckelt 1994/95, S. 30

Die aus Mannes- und Rossharnisch sowie einem zugehörigen Paar Radschlosspistolen (Inv.-Nr. J 0392 und J 0446) bestehende Garnitur ist wohl die umfangreichste ihrer Art aus der Spätzeit des Plattnerhandwerks. Magdalena Sibylla von Preußen bestellte diese Garnitur 1622 in Augsburg als Weihnachtsgeschenk für ihren Ehemann, Kurfürst Johann Georg I. von Sachsen.

Der Mannesharnisch setzt sich aus einem aus Helmglocke mit Kamm und Federhülse, Hals- und Nackenreifen, Kinnreff mit Druck- und Hakensperre sowie Visierstütze, aufschlächtigem Visier mit Schlitz für Zugsperrenriemen sowie untere Schraubsperre und Stirnstulp mit Zugsperre und Sehschlitz bestehenden Mantelhelm, einem zweiteiligen Ringkragen, einer Brust, einem Rücken mit angehängten Gesäßreifen, symmetrischen Schultern mit Vorder- und Hinterflügen, kompletten Armzeugen mit ganzen Muscheln, Fingerhandschuhen, langen, zweiteiligen Knieschößen und Stiefeln mit zweiteiligen Beinröhren und angenieteten Sporen zusammen. Der Rossharnisch besteht aus einer ganzen Rossstirn mit Ohrenbechern und angeschraubtem Stirnschild samt Stachel, einem geschlossenen, oben 17-fach und unten 7-fach geschobenen Kanz, einem Fürbug, einem Gelieger mit einer delphinkopfartigen Schweifröhre sowie einem Paar geschuppter Zügelbleche. Sämtliche Teile sind gebläut und mit Goldmalerei verziert. Den Dekor bilden unterschiedlich große und sehr vielfältige Trophäengruppen, in denen sowohl antike als auch zeitgenössische Harnische, Geschütze, Munition, Fahnen, Musikinstrumente und diverse Waffen zu sehen sind. Gelieger und Fürbug tragen zusätzlich auf den Streifbuckeln das kurfürstlich-sächsische Gesamtwappen der Zeit vor 1638 und das Wappen des Herzogtums Preußen. Der ovale Stirnschild der Rossstirn ist mit den gekreuzten Kurschwertern und dem preußischen Adler bemalt. An der Unterkante des Fürburgs befinden sich schließlich auch noch die Initialen I.G.H.Z.S.G.C.V.B.C. (= Iohann Georg Herzog zu Sachsen Gülich, Cleve vnd Berg, Churfürst) und M.S.H.Z.S.G.C.V.B.C. (= Magdalena Sibylla Herzogin zu Sachsen Gülich Cleve vnd Berg, Churfürstin) sowie darüber die Jahreszahl 1622. Die auf mehreren Teilen dieses Harnischs eingeschlagene Meistermarke HR wurde traditionell meist mit Hieronymus Ringler d. J. (belegt 1583 bis 1626) in Verbindung gebracht. Teils wurde sie aber auch für Hans Roth (belegt 1613 bis 1642) in Anspruch genommen.

Laut dem Inventar von 1688 wurde der Harnisch 1656 beim Begräbnis des Kurfürsten Johann Georg I. von Sachsen von dessen Leibpagen getragen. Dieser ritt im Leichenzug als sogenannter Freudenritter vor dem Sarg des Kurfürsten.

Weitere Abbildungen befinden sich auf dem Titel, dem Rücktitel sowie der vorderen und hinteren Umschlagklappe.

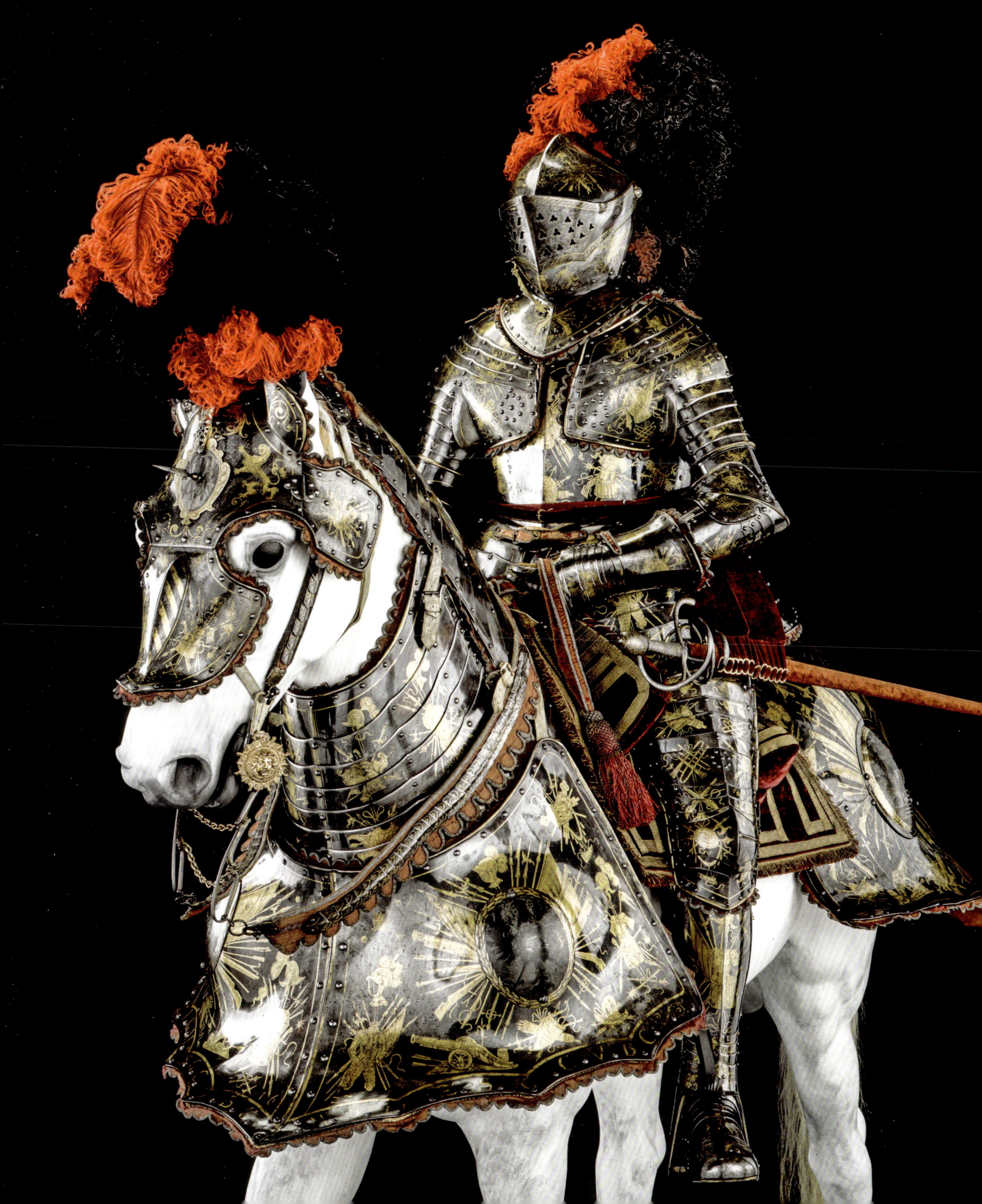

FELDHARNISCH

II.P4

deutsch (?) (angeblich Wien), vor 1624

Eisen geschmiedet, getrieben, graviert und gebläut; Futter rote Seide bzw. Leder, Vorstöße blauer Samt

Gewicht 41,00 kg (ohne den fehlenden rechten Handschuh)

1624 durch Kurfürst Johann Georg I. von Sachsen bei einem Wiener Plattner gekauft

Rüstkammer, SKD, Inv.-Nr. M 0115.01–.10

HStAD, 10009, Nr. 124, Inventar der Guten Schlittenkammer von 1684, Blatt 38, Nr. 53

Lit.: Ehrenthal 1899, S. 156, G 95

Der Harnisch besteht aus einem Mantelhelm mit kannelierter Glocke, hohem Kamm samt Eichelbekrönung, drei Hals- und drei Nackenreifen, Kinnreff, einteiligem Visier, Visierbügel und Federhülse, einem geschobenen Kragen mit Lederfutter, einer Brust mit angeschraubten, einteiligen, 22-fach geschobenen Knieschößen mit halben Muscheln, einem Rücken mit beschuppten Schulterbändern und angeschraubten, fünffach geschobenen Gesäßreifen, einem Paar symmetrischer Schultern mit Vorder- und Hinterflügen, Armzeugen mit geschobenen Armbeugen und ganzen Muscheln sowie einem linken Fingerhandschuh (der rechte Handschuh fehlt). Kinnreff und Visier sind mit Luftlöchern in konzentrischer Anordnung versehen. Halsreifen, Schulterflüge und Kniebuckel sind mit ganzen Blumen bzw. Rosetten ornamental getrieben. Sämtliche Teile des Harnischs sind darüber hinaus mit drei parallelen Linien graviert. Die Nietköpfe sind in Linien- bzw. Rosettenform angeordnet. Außerdem finden sich an manchen Kanten und teils auch auf den Flächen einzelner Platten Schnurränder. Der Harnisch war ursprünglich gebläut, wovon nur noch ein leichter bläulicher Schimmer zu sehen ist.

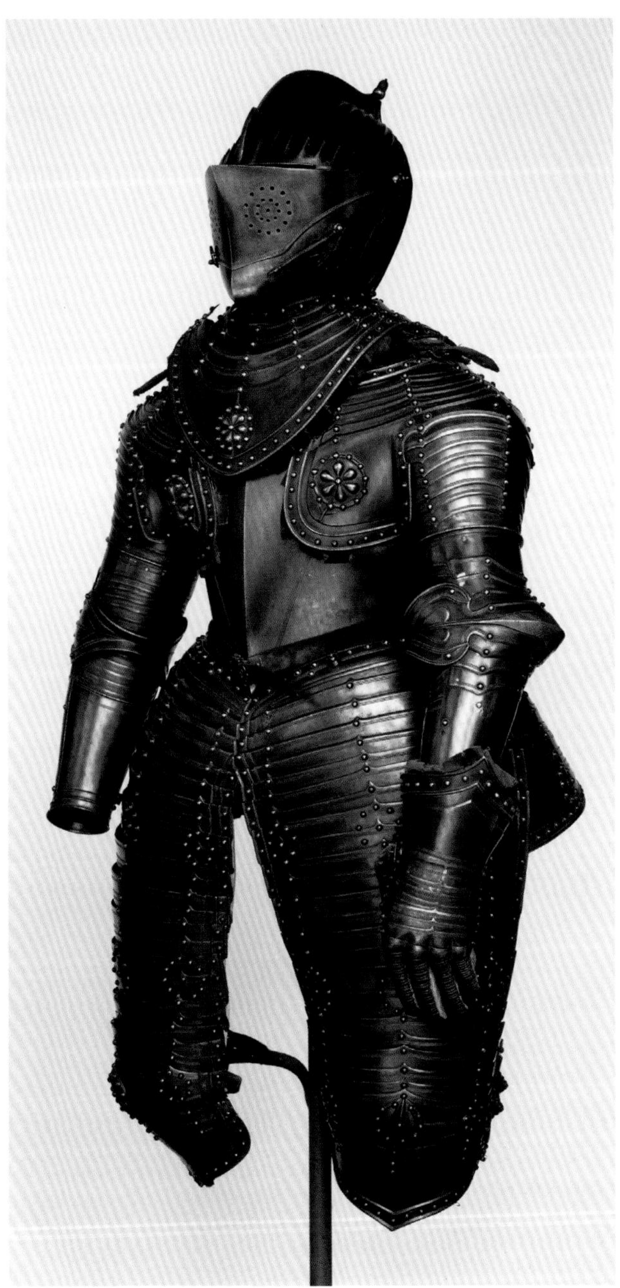

Laut Inventar kaufte Kurfürst Johann Georg I. von Sachsen diesen halben Feldharnisch 1624 bei einem namentlich nicht genannten Wiener Plattner.

FELDHARNISCH

II.P4

Christian Müller, Dresden, um 1640

Eisen geschmiedet, getrieben, graviert und geschwärzt; Nietköpfe und Beschläge Messing; Beriemung Leder; Helmfutter und Vorstöße roter Samt

Gewicht 23,07 kg

aus dem Besitz des Kurfürsten Johann Georg II. von Sachsen

Rüstkammer, SKD, Inv.-Nr. M 0118.01–.11

HStAD, 10009, Nr. 124, Inventar der Guten Schlittenkammer von 1684, Blatt 39, Nr. 55

Lit.: Ehrenthal 1899, S. 157, G 102; Schuckelt 1996, S. 158

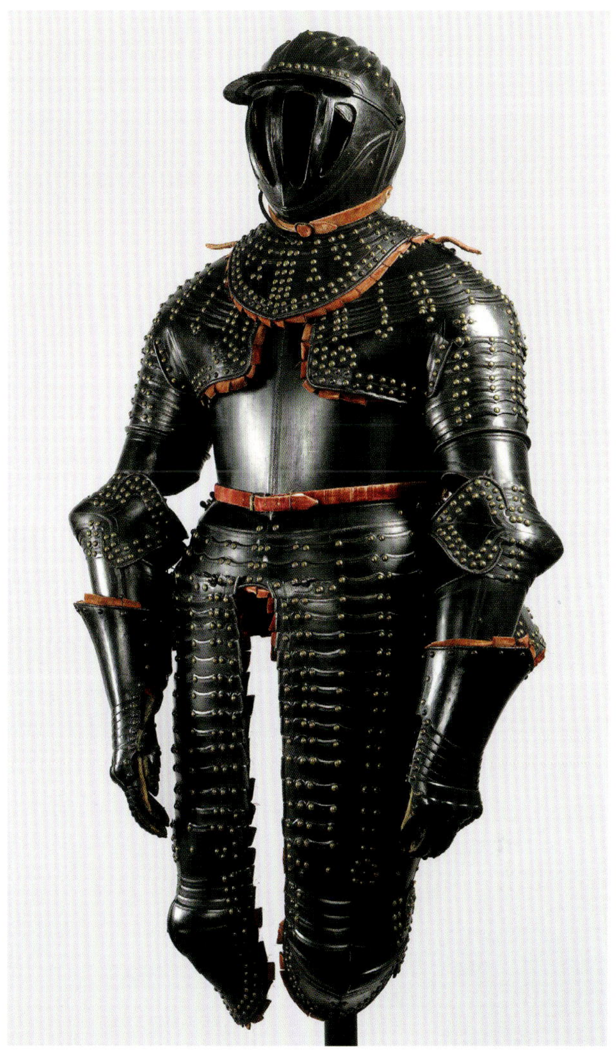

Der Harnisch besteht aus einem Mantelhelm mit Kinnreff, Gittervisier, Visierbügel, Schirm, Federhülse sowie je drei Hals- und Nackenreifen, einer Brust mit drei angehängten und mit Flügelschrauben fixierten Bauchreifen, einem Rücken mit beschuppten Schulterbändern und siebenfach geschobenen, angehängten Gesäßreifen, einem Paar 22-fach geschobener, an den Bauchreifen angehängter und mit Flügelschrauben fixierter Knieschöße mit halben Muscheln, einem Paar symmetrischer, 14-fach geschobener Schultern mit Vorder- und Hinterflügen, kompletten Armzeugen mit ganzen Muscheln und einem Paar Fingerhandschuhe. Außer den Handschuhen, die wohl ursprünglich nicht zu diesem Harnisch gehörten, sind sämtliche Teile mit dreifachen Gravurlinien verziert. Die Nietköpfe aus Messing sind dekorativ in Linien und Rosetten angeordnet. Auf dem flachen Brustgrat und auf dem obersten Bauchreifen befinden sich gravierte Streifen mit gitterartiger Schraffur. Der Helm trägt auf dem kannelierten Scheitel eine messingene Sonne mit langen Strahlen und einem eichelartigen Gebilde in der Mitte. Ursprünglich war der Harnisch „eisenfarben“, womit man wohl eine gegraute Oberfläche meinte. Erst im Inventar von 1836 wird die nachträgliche Schwärzung erwähnt. 1684 wurde auch noch ein Kragen beschrieben, der heute nicht mehr existiert.

Kurfürst Johann Georg II. von Sachsen kaufte diesen Harnisch, der in seiner Form Plattnerarbeiten aus der Zeit des Dreißigjährigen Krieges entspricht, für 50 Reichstaler. Ob dies noch vor seinem Regierungsantritt 1656 geschah und ob er den Harnisch persönlich im Krieg trug, ist nicht überliefert.

FELDHARNISCH MIT MANTELHELM UND STURMHAUBE

II.50

wohl Jakob Jöringk oder Christian Müller, Dresden, um 1640

Eisen geschmiedet, getrieben, graviert und gebläut; Beschläge Kupfer getrieben und vergoldet; Vorstöße hellblauer Samt; Sturmhaube teils vergoldet

Gewicht 43,33 kg

Geschenk der Kammer- und Hofjunker an Kurfürst Johann Georg I. von Sachsen

Rüstkammer, SKD, Inv.-Nr. M 0116.01–.16

HStAD, 10009, Nr. 124, Inventar der Guten Schlittenkammer von 1684, Blatt 37, Nr. 52

Lit.: Reibisch 1826, Tab. 13, Fig. 41; Quandt 1834, S. 139f; Ehrenthal 1899, S. 157, G 99; Schuckelt 1996, S. 158; Schuckelt 1998, S. 74–78

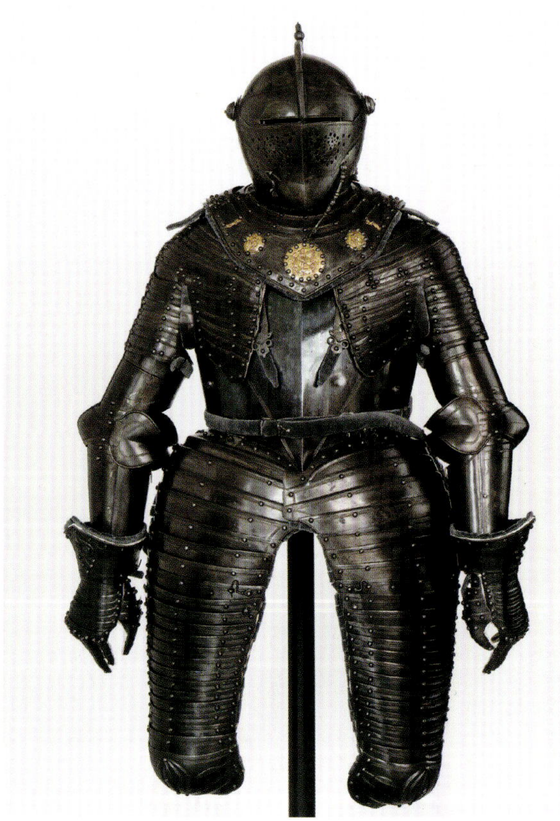

Der Harnisch besteht aus einem Mantelhelm mit Kamm, Kinnreff, Visier, Visierstütze, Stirnstulp sowie je drei Hals- und Nackenreifen, einer Brust mit aufgeschraubter Verstärkungsplatte, einem Rücken mit Schulterbändern, symmetrischen Schultern mit Vorder- und Hinterflügen, kompletten Armzeugen mit ganzen Muscheln, einem Paar Fingerhandschuhe, angehängten, sechsfach geschobenen Gesäßreifen und mit Flügelschrauben fixierten, zweiteiligen, 23-fach geschobenen Knieschößen. Alle Teile sind mit dreifachen Linien graviert. Auf den unteren Geschüben von Hals- und Nackenreifen des Mantelhelms befinden sich acht vergoldete Bildmedaillons, von denen das mittlere auf dem Vorderlatz den heiligen Georg mit dem Drachen zeigt. Zu dem Harnisch gehört außerdem eine Zischägge mit getriebenen und vergoldeten Blumen auf den Wangenklappen und vergoldeten Beschlägen in Kopfform auf der Helmglocke. Der Harnisch war ursprünglich gebläut, was jedoch nur noch auf der geschützten Unterbrust gut erhalten ist. Ansonsten zeigt die Oberfläche massive Rostnarben.

Traditionell galt der Harnisch als eine Arbeit des Dresdner Plattners Jacob Jöringk, der aber erst zwischen 1650 und 1669 für den kursächsischen Hof arbeitete. Daher kommt eher der von 1619 bis 1654 als Hofplattner tätige Christian Müller in Frage. Laut Inventar war dieser Harnisch ein Geschenk der Kammer- und Hofjunker an Kurfürst Johann Georg I. von Sachsen, wurde früher aber auch mit König Gustav II. Adolf von Schweden in Verbindung gebracht. Dieser wurde in der Schlacht von Lützen 1632 tödlich verwundet und später von seinen Soldaten nach Weißenfels in das Geleitshaus (heute Gustav-Adolf-Museum) gebracht. Nach Quandt, der hierfür keine Quellen nannte, soll der Harnisch aus Weißenfels nach Dresden gelangt sein.

Tafel 1f, S. 57

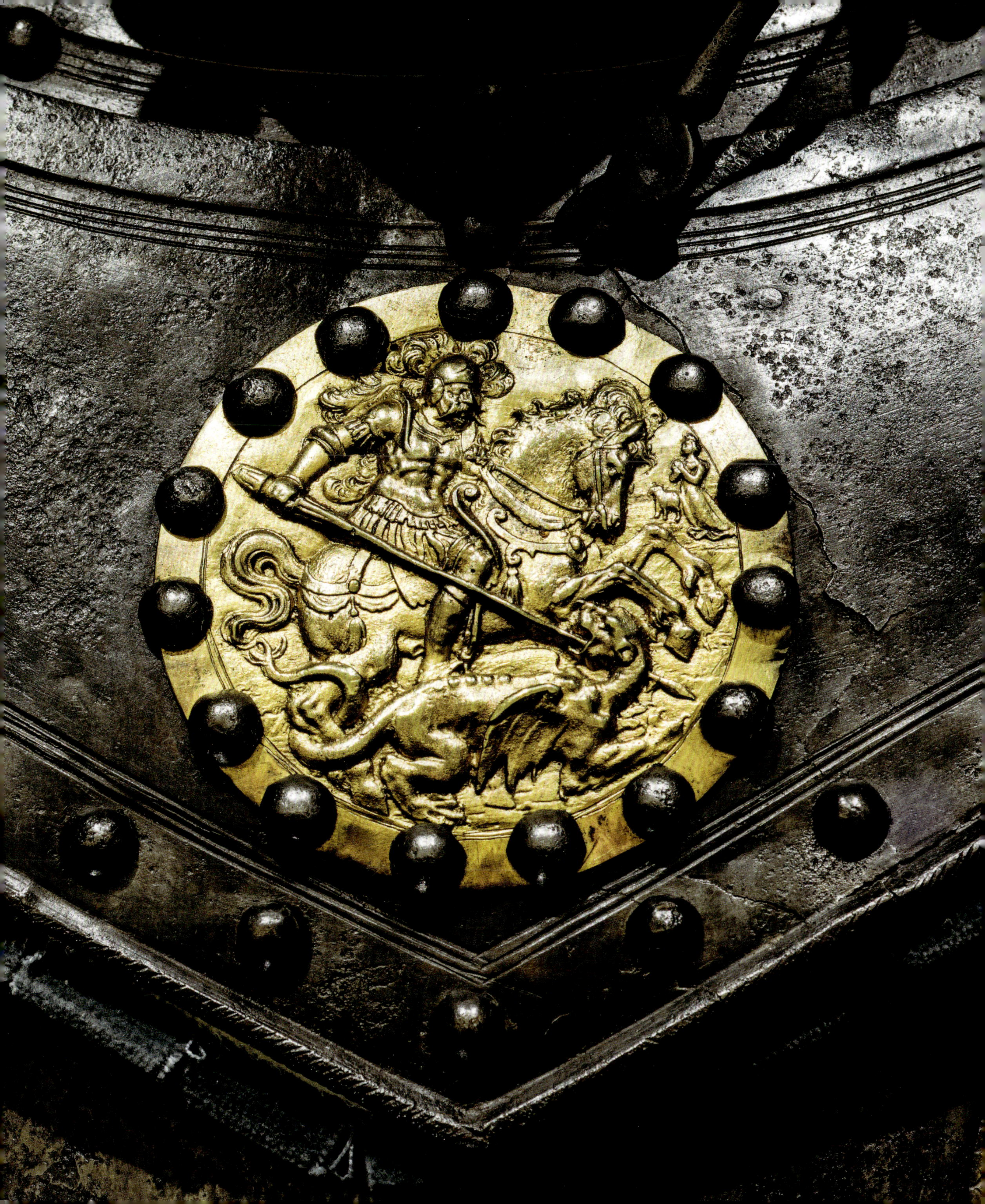

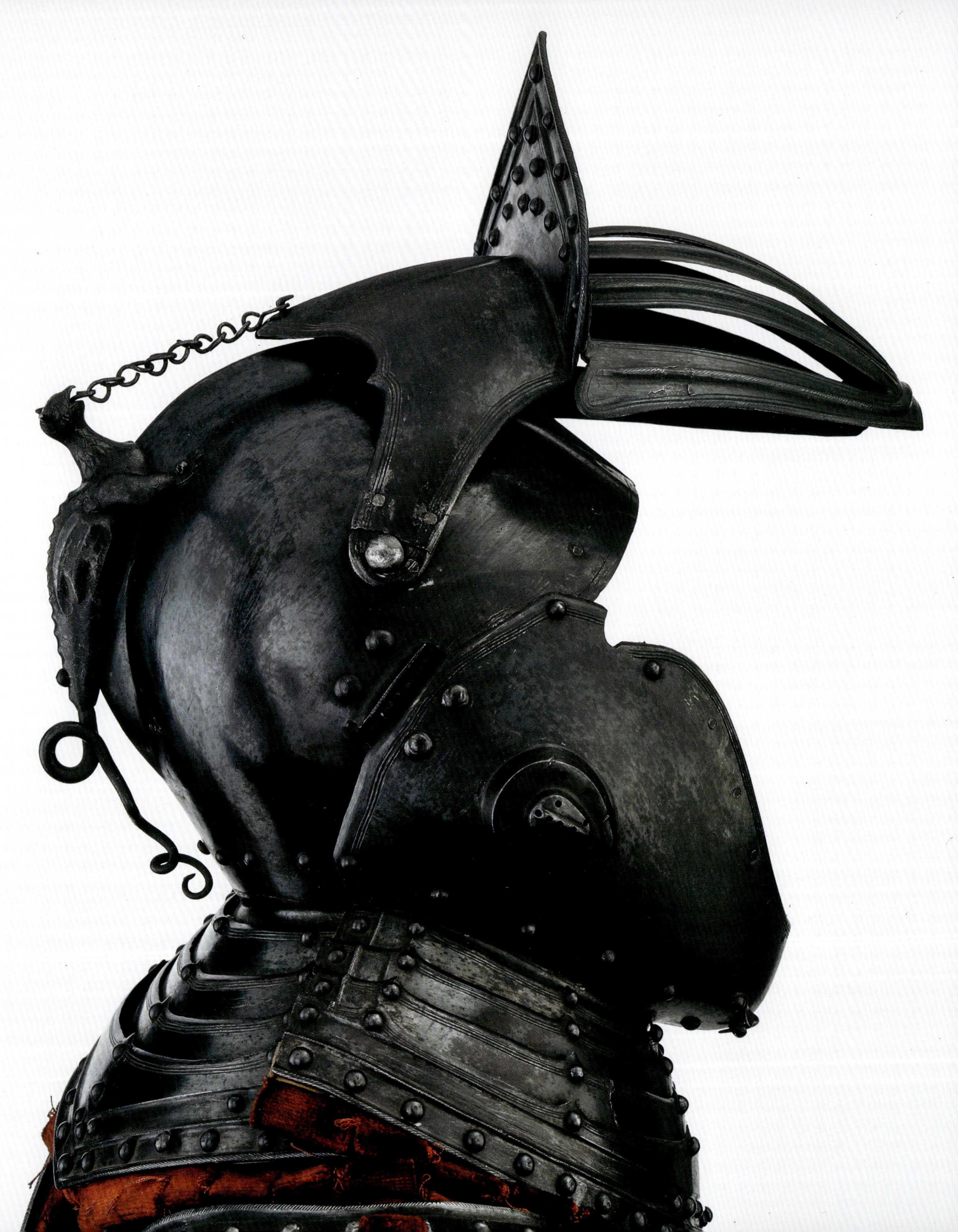

FELDHARNISCH

II.48

Christian Müller, Dresden, um 1650

Eisen geschmiedet, getrieben, geschwärzt und golden bemalt; Nietköpfe vergoldet; Futter Leder; Vorstöße roter Samt

Gesamtgewicht (inkl. nicht ausgestelltem Burgunderhelm) 37,72 kg (evtl. zugehörige Zischägge 3,81 kg)

aus dem Besitz des Kurfürsten Johann Georg II. von Sachsen

Rüstkammer, SKD, Inv.-Nr. M 0117.01–.15

HStAD, 10009, Nr. 115, Inventar der Pallienkammer von 1688, S. 72, Nr. 13

Lit.: Ehrenthal 1899, S. 158, G 105; Theumert 1963, S. 65, Nr. 29 (Abb. 28); Schuckelt 1996, S. 158

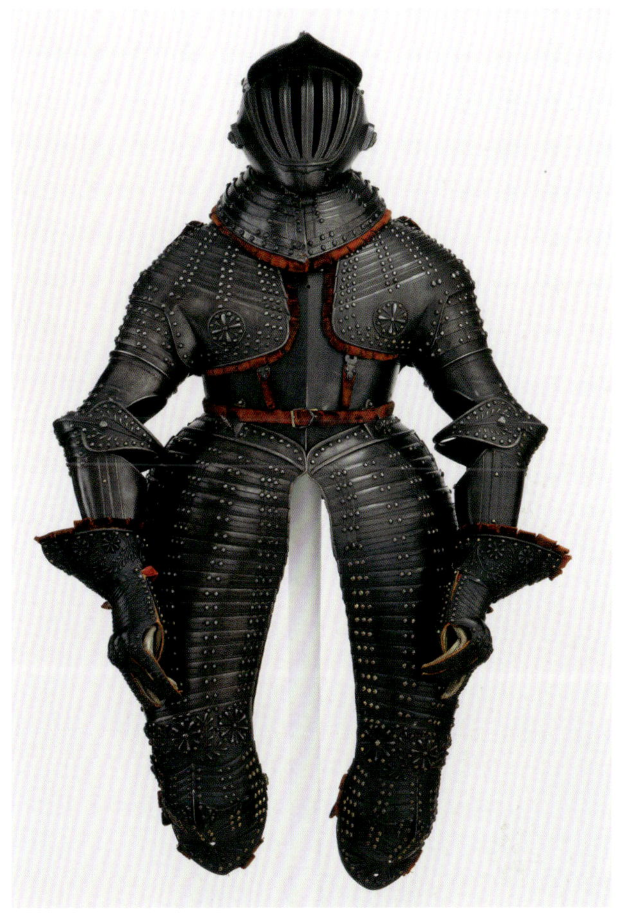

Der geschwärzte und ansonsten schlichte Harnisch wirkt durch die in dichten parallelen Reihen angeordneten, vergoldeten Nietköpfe und den getriebenen Dekor aus stilisierten Blattranken und Blüten auf Schultern, Ellenbogen, Handschuhen, Gesäßreifen und Knien dennoch edel. Der Harnisch besteht aus einer geschlossenen Sturmhaube mit Gittervisier, Schirm, Wangenklappen sowie je vier Hals- und Nackenreifen, einem Kragen, einer Brust mit angeschraubten, zweiteiligen, 26-fach geschobenen Knieschößen, einem Rücken mit angehängten, sechsfach geschobenen Gesäßreifen, einem Paar symmetrischer Schultern mit Vorder- und Hinterflügen, Armzeugen mit ganzen Muscheln und Fingerhandschuhen. Die Halsreifen sind zweiteilig und vorn zu öffnen. Auf dem Kamm der Sturmhaube befindet sich eine Drachenfigur mit Kette zum Halten des geöffneten Visiers. Die Gesäßreifen wurden offenbar nachträglich mit Goldfarbe bemalt, was möglicherweise mit der Hochzeit von 1719 in Zusammenhang gebracht werden kann. Zum Harnisch gehört ein nicht ausgestellter Burgunderhelm mit Kinnreff, Visier, Stirnstulp und aufgeschraubter Stirnschiftung. Außerdem verwahrt die Rüstkammer eine Zischägge mit ähnlichem Dekor, deren Zugehörigkeit zu diesem Harnisch jedoch fraglich ist.

Kurfürst Johann Georg II. ließ sich diesen Harnisch um 1650 vom Dresdner Hofplattner Christian Müller schlagen. Nach dem Tod des Kurfürsten am 22. August 1680 sollte er als sogenannter Freudenkürass dem Leichnam Johann Georgs vorangetragen werden. Aufgrund der ausgebrochenen Pest wurde der Harnisch zu diesem Anlass dann aber doch nicht verwendet.

4 FUSSTURNIERHARNISCHE

II.3

deutsch (vielleicht Jokob Jöringk, Dresden), 1650

Eisen geschmiedet, getrieben, geätzt, punziert und vergoldet; Futter Leder

Gewicht 16,37–17,80 kg

wohl 1650 für den späteren Kurfürst Johann Georg II. von Sachsen sowie seine 3 Brüder, die Herzöge August von Sachsen-Weißenfels, Christian I. von Sachsen-Merseburg und Moritz von Sachsen-Zeitz, geschlagen

Rüstkammer, SKD, Inv.-Nr. M 0072.01–.10, M 0073.01–.10, M 0074.01–.10 und M 0075.01–.10

HStAD, 10009, Nr. 115, Inventar der Pallienkammer von 1688, S. 180, Nr. 84 und S. 185, Nr. 85

Lit.: Ehrenthal 1899, S. 49, D 23–D 26; Wozel 1979, S. 89, Nr. 55; Schuckelt 2014, S. 41f, Abb. 2 u. 3

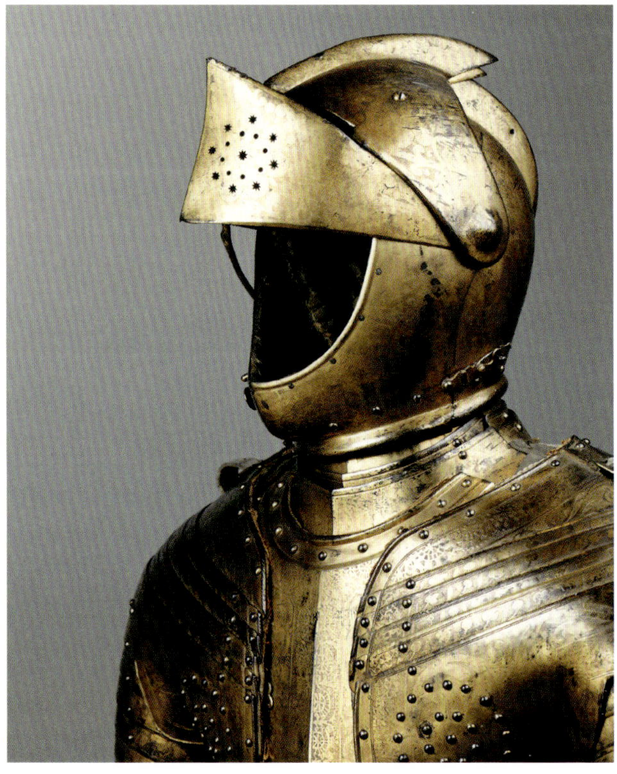

Die mit Rankendekor auf gepunztem Grund verzierten und vergoldeten Harnische sind nahezue gleich gestaltet. Zu ihnen gehört jeweils ein Burgunderhelm mit Kamm, doppeltem Stirnstulp und spitz vorgetriebenem Visier. Die Luftgeben sind verschieden: Während drei Harnische auf beiden Visierseiten einen doppelten Ring aus Bohrlöchern und tropfenförmigen Öffnungen mit zentralem Loch aufweisen, besitzt der vierte Harnisch auf der rechten Seite einen Ring aus Bohrlöchern und tropfenförmigen Öffnungen mit zentralem Stern und links eine Rosette aus Bohrlöchern und Sternen. Die Kragen sind drei- bzw. viermal geschoben. Brustplatten und Rücken sind mit Leder gefüttert. Die symmetrischen Armzeuge bestehen aus geschobenen Schultern mit Vorder- und Hinterflügen, vier bzw. sechs Oberarmfolgen, Oberarmröhren, geschobenen Ellenbogen mit geschlossenen Muscheln, Unterarmröhren und geschobenen Fingerhandschuhen. Zahlreiche Schlagspuren sind auf den Turniergebrauch der Harnische zurückzuführen.

Gefertigt wurden diese Harnische im Auftrag des Kurprinzen Johann Georg (II.) von Sachsen aus Anlass der Doppelhochzeit der Herzöge Christian von Sachsen-Merseburg und Moritz von Sachsen-Zeitz mit den Schwestern Sophie Hedwig und Christiane von Schleswig-Holstein-Sonderburg-Glücksburg am 19. November 1650. Erneut verwendet wurden drei der Harnische am 11. November 1679 beim Fußturnier auf dem Dresdner Altmarkt, welches anlässlich des Friedens von Nijmegen veranstaltet wurde. Kurfürst Johann Georg II. von Sachsen, dessen jüngster Bruder Herzog Moritz von Sachsen-Zeitz und Christian, der dritte Sohn Herzog Augusts von Sachsen-Weißenfels, hatten als Mantenatoren dazu eingeladen. Ihnen gegenüber standen als Anführer der Aventurierer Kurprinz Johann Georg (III.) von Sachsen und die Stallmeister Friedrich Albrecht von Götze und Johann Georg von Schleinitz, die blankeiserne Fußturnierharnische trugen.

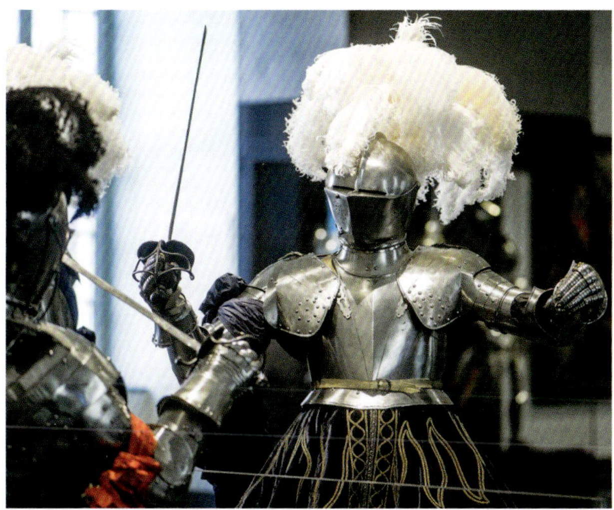

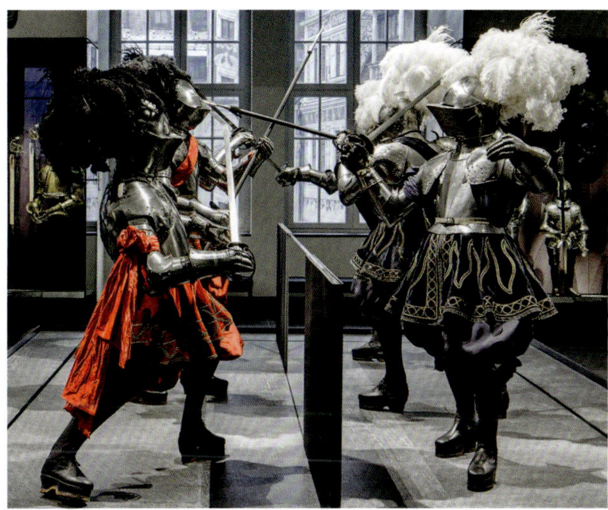

6 FUSSTURNIERHARNISCHE

II.P3

deutsch, um 1650–1660

Eisen geschmiedet, getrieben und poliert

Gewicht 12,74–22,14 kg

u. a. für Kurfürst Johann Georg II. von Sachsen, dessen Bruder Herzog August von Sachsen-Weißenfels und für den Kurprinzen Johann Georg (III.) von Sachsen geschlagen

Rüstkammer, SKD, Inv.-Nr. M 0076.01–.08, M 0077.01–.08, M 0078.01–.08, M 0079.01–.08, M 0080.01–.07, M 0081.01–.08 und N 0101

HStAD, 10009, Nr. 115, Inventar der Pallienkammer von 1688, S. 134, Nr. 44, S. 152ff, Nr. 64–67, S. 19ff, Nr. 86 und 87

Lit.: Ehrenthal 1899, S. 49, D 19–D 22 und S. 50, D 27/D 28; Wozel 1979, S. 89, Nr. 54

Die im Detail unterschiedlich gestalteten, sehr schlicht gearbeiteten Fußturnierharnische bestehen jeweils aus einem Burgunderhelm mit Kinnreff, Visier, Stirnstulp, Visierbügel und Federhülse (teils sind Visier und Stirnstulp fest miteinander vernietet), einem drei- bzw. vierfach geschobenen Kragen, einer Brust, einem Rücken mit teils beschuppten Schulterbändern, symmetrischen Schultern mit Vorder- und Hinterflügen, Armzeugen mit ganzen Muscheln und Fingerhandschuhen. Sämtliche Teile sind blank poliert und einige auf der Innenseite mit Zahlen, Buchstaben oder auch Namen beschriftet. Insbesondere die Helme weisen massive Schlagspuren auf. Manche Teile sind verbeult, verbogen und auch repariert. Insgesamt gibt es an den Harnischen mehrfach Hinweise dafür, dass sie überarbeitet oder auch ergänzt wurden, um sie einsatzbereit zu halten.

Im Inventar der Pallienkammer von 1688 sind mehr als sechzig blankpolierte Fußturnierharnische dieser Art verzeichnet, von denen eine größere Zahl auch 1679 beim Fußturnier in Dresden zum Einsatz kam. Von mindestens drei dieser Harnische sind auch deren ursprüngliche Besitzer überliefert: Kurfürst Johann Georg II. von Sachsen, dessen Bruder Herzog August von Sachsen-Weißenfels und Kurprinz Johann Georg (III.) von Sachsen. Eine verlässliche Zuordnung der sechs erhaltenen Exemplare zu konkreten Inventareintragungen ist momentan noch nicht möglich.

FUSSTURNIERHARNISCH UND RINGKRAGEN

(VII.)

Jakob Jöringk (Plattner) und Christian Herold (Ätzmaler), Dresden, 1666

Eisen geschmiedet, getrieben, geätzt, versilbert und vergoldet; Futter Leder bzw. Samt, Vorstöße Samt

Gewicht 16,286 kg (Harnisch) und 0,988 kg (Ringkragen)

1666 anlässlich der Hochzeit des Herzogs Johann Georg (III.) von Sachsen mit Prinzessin Anna Sophia von Dänemark gefertigt

Rüstkammer, SKD, Inv.-Nr. M 0084.01–.09 und N 0179

HStAD, 10009, Nr. 115, Inventar der Pallienkammer von 1688, S. 190f und S. 194, Nr. 86

Lit.: Ehrenthal 1899, S. 50, D 30; Haenel 1923, S. 46, Tafel 23 und S. 72, Tafel 36f; Theumert 1963, S. 66, Nr. 30; Wozel 1979, S. 90, Nr. 58; Schuckelt 1991, S. 131; Nickel 1992, S. 12, Fig. 1

Der überaus reich verzierte Harnisch und der Ringkragen wurden 1666 für Johann Georg (III.), den späteren Kurfürsten von Sachsen und Vater Augusts des Starken, anlässlich seiner Hochzeit mit Anna Sophia, der Tochter des Königs Frederik III. von Dänemark, geschlagen. Der Harnisch besteht aus einem Burgunderhelm mit Kamm, Stirnstulp, aufgeschraubter Stirnverstärkungsplatte, aufschlächtigem Visier mit Stütze und Kinnreff, einem dreifach geschobenen Kragen, einer kurzen Brust mit schwachem Grat, einem Rücken mit beschuppten Schulterbändern, fünffach geschobenen Schultern mit Vorder- und Hinterflügen sowie fünf Oberarmfolgen, kompletten Armzeugen mit ganzen Muscheln und Fingerhandschuhen. Die gesamte Oberfläche des Harnischs ist geätzt, versilbert und vergoldet. Den Hauptdekor auf Brust, Rücken und Handschuhen bilden die bekrönten Initialen des Brautpaares. Der Ringkragen zeigt auf der Vorderseite den dänischen Elefantenorden, der Johann Georg im Zusammen-

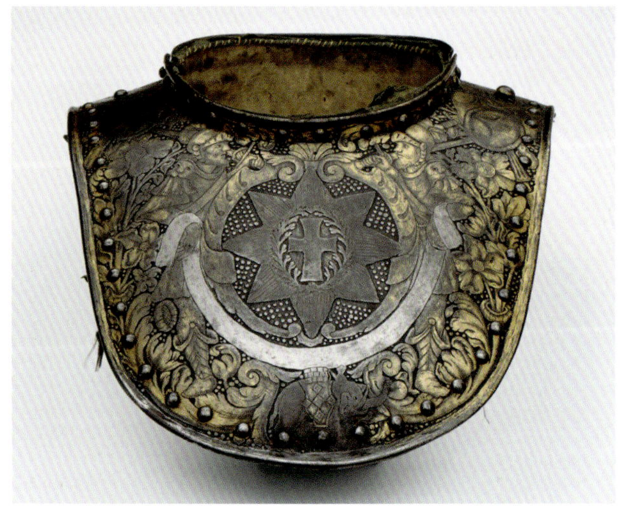

hang mit der Hochzeit 1666 verliehen wurde. Auf der Rückseite befindet sich das große Wappen des Kurprinzen, welches ihn – ohne die Kurschwerter – als sächsischen Thronfolger ausweist. Die Flächen sämtlicher Teile dieser Garnitur sind mit dichten Blütenranken auf punktiertem Grund ausgefüllt. Brust, Rücken und Ringkragen sind mit Leder gefüttert, während das Helmfutter aus rotem Samt ist. Die Vorstöße sind beim Harnisch aus hellrotem und beim Ringkragen aus hellgrünem Samt. Ebenfalls mit hellrotem Samt bezogen und mit Messingbeschlägen besetzt sind die ledernen Schulterbänder.

Laut Inventar gab Kurfürst Johann Georg III. von Sachsen Harnisch und Ringkragen zusammen mit anderen persönlichen Ausrüstungsstücken am 30. September 1681 in die Pallienkammer. An dieser Stelle drängt sich die Frage auf, ob dem Inventarschreiber ein Fehler unterlief und eigentlich 1680 gemeint ist, da der Vater Johann Georgs III. am 22. August/1. September 1680 starb und es logisch wäre, dass der Thronfolger kurze Zeit später seine persönlichen Waffen in die kurfürstliche Sammlung überführt hätte.

Abb. S. 206

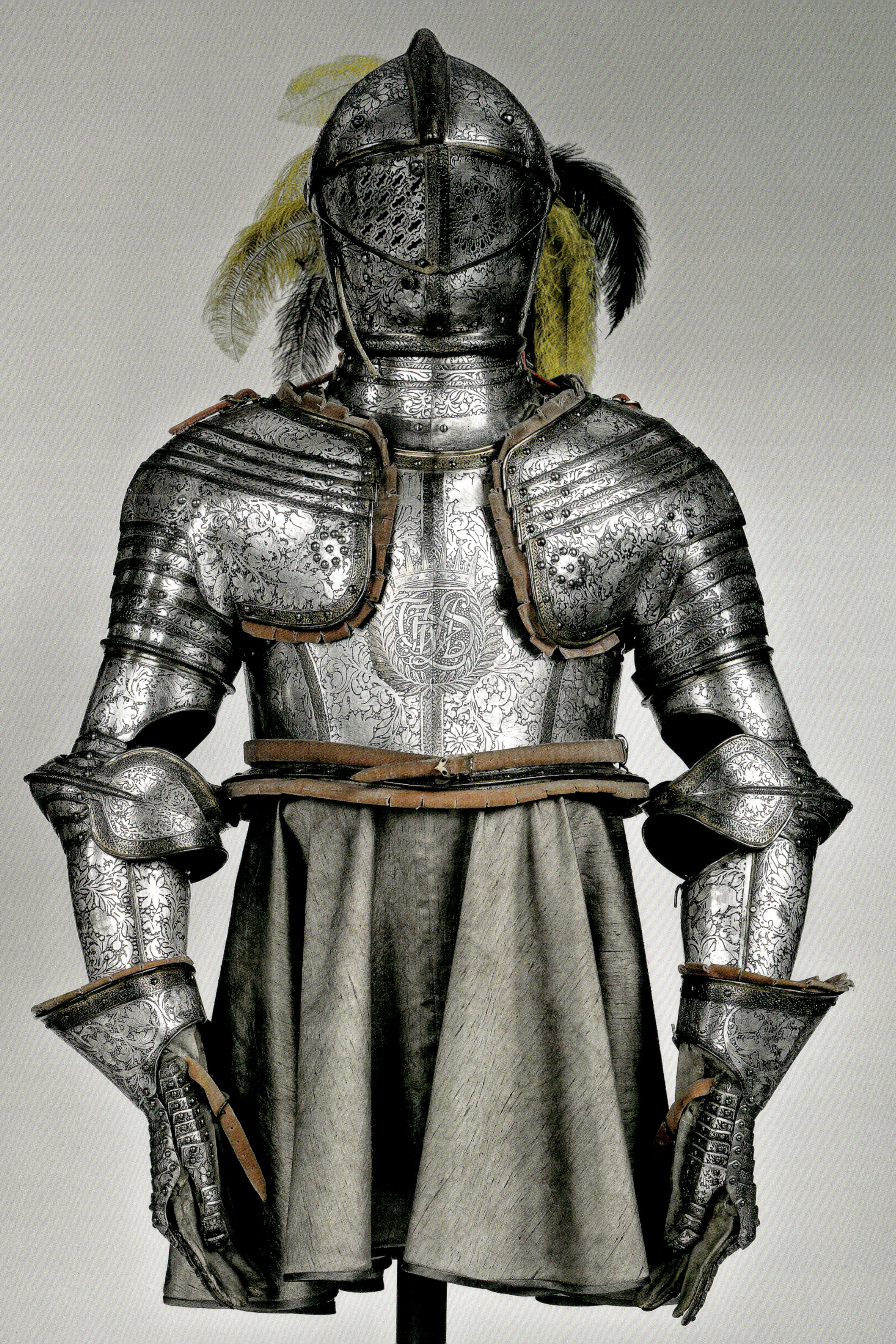

FELDKÜRASS

I.39

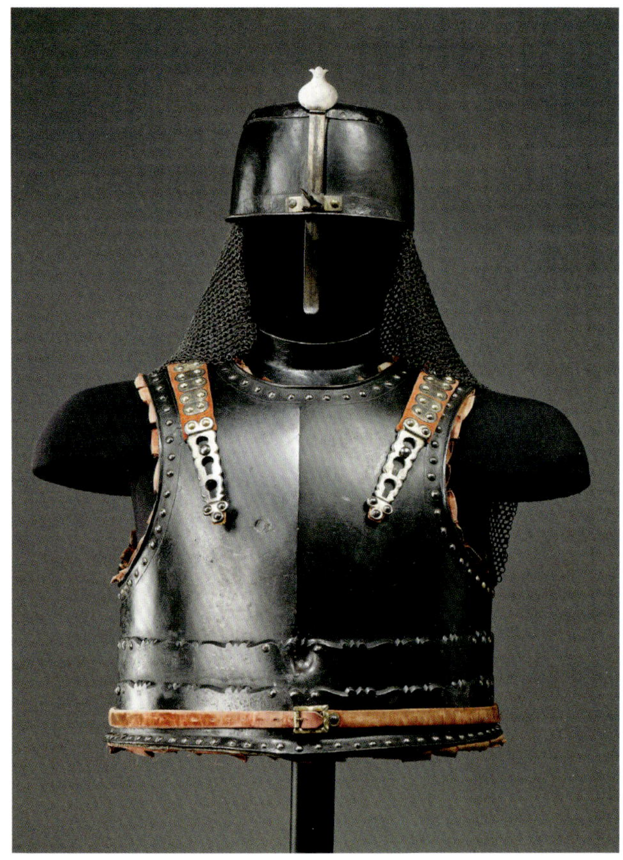

deutsch, um 1680

Eisen, getrieben und geschwärzt, Nietköpfe, Naseneisen und Schulterriemenplatten vergoldet, Lederfutter, Vorstöße, Bauch- und Schulterriemen Samt; Nackenschutz der Eisenkappe aus Panzergeflecht

Gewicht 23,080 kg

1683 von Kurfürst Johann Georg III. von Sachsen in der Entsatzschlacht von Wien getragen

Rüstkammer, SKD, Inv.-Nr. M 0134.01–.04

HStAD, 10009, Nr. 115, Inventar der Pallienkammer von 1688, S. 195

Lit.: Ehrenthal 1899, S. 159, G 113; Wien 1983, S. 160, Nr. 15/33; Schuckelt 1991, S. 134; Dresden 1995, S. 199, Kat.-Nr. 206; Schuckelt 2010a, S. 202, Kat.-Nr. 184

Der geschwärzte Kürass mit vergoldeten Schulterriemenplatten, Nietköpfen und Naseneisen besteht aus Eisenkappe, Brust, Rücken und Kragen. Alle Teile sind mit Leder gefüttert und mit rotem Samt vorgestoßen. Bauch- und Schulterriemen sind aus Leder und ebenfalls mit rotem Samt bezogen. Die Oberkanten der je zwei Brust- und Rückengeschübe sind ornamental zugeschnitten. Der Kragen besitzt eine relativ hohe, senkrechte Wandung zum Schutz des Halses. Die aus vier Teilen zusammengenietete, schwere Eisenkappe mit geradem Augenschirm und verstellbarem Naseneisen besitzt einen langen Nackenschutz aus Ringpanzergeflecht.

Kurfürst Johann Georg III. von Sachsen trug diesen Kürass in der Entsatzschlacht von Wien am 12. September 1683, wo er an der Spitze der sächsischen Truppen auf dem linken Flügel des alliierten Heeres gegen die Osmanen kämpfte. Es ist überliefert, dass Johann Georg im Verlauf der Schlacht von einer feindlichen Kugel getroffen wurde. Auf dem oberen Bauchgeschübe des Kürasses findet sich eine starke, von einem Schuss herrührende Deformierung, die nicht als Beschussprobe anzusehen ist. Johann Georg III. hatte Glück, dass ihn die Kugel an einer Stelle traf, wo die Platten seines Kürasses durch die Geschübe doppelt liegen. Gerade so hielten die Platten dem offenbar aus nächster Nähe abgegebenen Schuss stand. Auf der Innenseite kann man durch das Lederfutter erfühlen, dass das Eisen bereits aufzureißen begann. Wenige Zentimeter weiter oben getroffen hätte der Kurfürst diesen Zwischenfall vermutlich nicht überlebt.

KNABENHARNISCH

(VII.)

deutsch, vor 1684

Eisen geschmiedet, getrieben und geschwärzt; Futter roter Seidensamt und Leder; Vorstöße roter Seidensamt; Riemenbeschläge Messing; Nietköpfe vergoldet

Gewicht 10,815 kg

von August dem Starken als Knabe beim Exerzieren getragen

Rüstkammer, SKD, Inv.-Nr. M 0086.01–.10

HStAD, 10009, Nr. 115, Inventar der Pallienkammer von 1688, S. 135, Nr. 48

Lit.: Ehrenthal 1899, S. 51, D 31

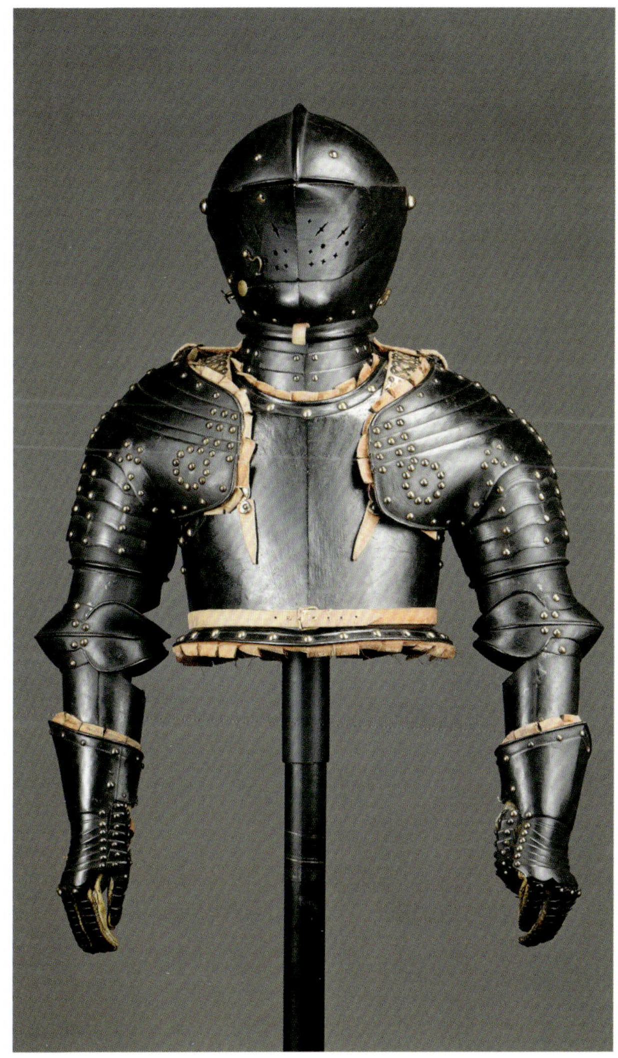

Der geschwärzte Knabenharnisch besteht aus einem Burgunderhelm mit Kinnreff, Visier und Stirnstulp, einem dreifach geschobenen Kragen, einer Brust, einem Rücken mit beschuppten Schulterbändern, einem Paar symmetrischer, fünffach geschobener Schultern mit Vorder- und Hinterflügen sowie fünf Oberarmfolgen, kompletten Armzeugen mit ganzen Muscheln und Fingerhandschuhen. Brust und Rücken sind mit Leder und der Helm mit rotem Seidensamt gefüttert. Sämtliche Teile sind mit rotem Seidensamt vorgestoßen und die ledernen Schulterbänder mit rotem Seidensamt bezogen sowie mit kleeblattförmig durchbrochenen Messingbeschlägen besetzt.

Kurfürst Johann Georg III. von Sachsen ließ diesen Harnisch 1684 für seinen damals 14-jährigen Sohn Friedrich August (I.), den späteren Kurfürsten von Sachsen und König von Polen (genannt August der Starke), zum Exerzieren herrichten. Im Inventar der Pallienkammer von 1688 sind zwei derartige Knabenharnische aufgeführt. Während der im Bestand der Dresdner Rüstkammer erhaltene Harnisch Friedrich Augusts (I.) Vorstöße aus rotem Seidensamt besitzt, war der im Laufe der Zeit verloren gegangene für seinen älteren Bruder, Johann Georg (IV.), mit blauem Seidensamt vorgestoßen. Gemäß dem Inventareintrag befanden sich die Einzelteile für diese beiden Knabenharnische bereits im Bestand der Rüstkammer und wurden für die Kurprinzen nur zur Verwendung bei deren Waffenübungen aufbereitet.

FUNERALHARNISCH (VII.)

deutsch, um 1686 (?)

Kupfer getrieben und vergoldet, Beschläge teils gegossen; Riemen und Futter roter Samt

Gewicht 33,63 kg

aus der Georgenkirche zu Eisenach; 1933 im Tausch aus Berlin

Rüstkammer, SKD, Inv.-Nr. M 0147.01–.09

HStAD, 10009, Nr. 280, Kgl. Historisches Museum u. Gewehrgalerie, Zugangsverzeichnis 1885–1943, Bl. 73/74, 767/5

Lit.: Theumert 1963, S. 66, Nr. 31

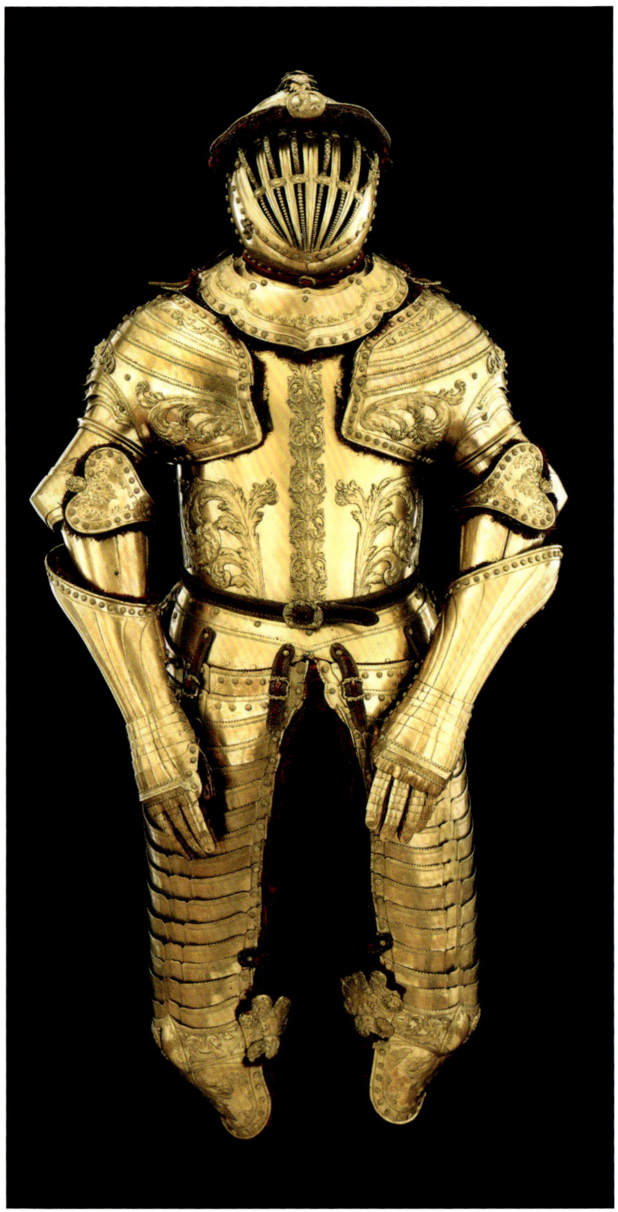

Der Harnisch besteht aus einem Mantelhelm mit Gittervisier, aufschlächtigem Augenschirm und je zwei Hals- und Nackenreifen, einer Brust, einem Rücken mit gebogten Gesäßreifen, symmetrischen Schultern mit Vorder- und Hinterflügen, Armzeugen mit ganzen Muscheln, langen Fingerhandschuhen und 19-fach geschobenen Knieschößen. Sämtliche Teile des Harnischs sind mit getriebenen Akanthusranken bzw. Streifen mit schuppig übereinandergreifenden Akanthusblättern verziert. Das Gittervisier besteht aus abwechselnd glatten, gratig getriebenen und geperlten, in der oberen Hälfte vorgewölbten Stäben. Auf den Visierbolzen befinden sich Gussauflagen mit der Darstellung des heiligen Georgs. Mittig am Augenschirm erhebt sich ein Medaillon mit dem Brustbild eines bärtigen Kriegers. Ellenbogen und Kniekacheln zieren Löwenköpfe.

Der Harnisch soll angeblich für Herzog Johann Georg I. von Sachsen-Eisenach (1634–1686) gefertigt worden sein. Er hing in der Georgenkirche in Eisenach und kam erst 1933 nach Dresden. Früher wurde er als ein Paradeharnisch angesehen und seine Entstehung mit der Ernennung des Herzogs zum Feldmarschall in Verbindung gebracht. Konstruktion und Größe des Harnischs sowie die Helmform sprechen aber dafür, dass es sich um einen Funeralharnisch handelt, der extra als Dekorationsstück hergestellt wurde.

FELDKÜRASS

I.43

deutsch, vor 1695; Lederüberzug 1734

Eisen, getrieben, mit gebogtem Samt vorgestoßen und mit weißem Leder überzogen, Endstücke der Schulterbänder Messing; Helm Eisen, geschmiedet, vernietet und mit Leder überzogen

Gewicht 17,630 kg

1695/96 von Kurfürst Friedrich August I. von Sachsen (August der Starke) während seines Türkenfeldzuges in Ungarn und 1697 zu seiner Krönung zum König von Polen in Krakau getragen

Rüstkammer, SKD, Inv.-Nr. M 0137.01–.03

HStAD, 10009, Nr. 116, Inventar der Pallienkammer von 1717, S. 126, Nr. 60

Lit.: Ehrenthal 1899, S. 169, H 2; Dresden 1995, S. 217, Kat.-Nr. 265; Schuckelt 2010a, S. 219, Kat.-Nr. 209

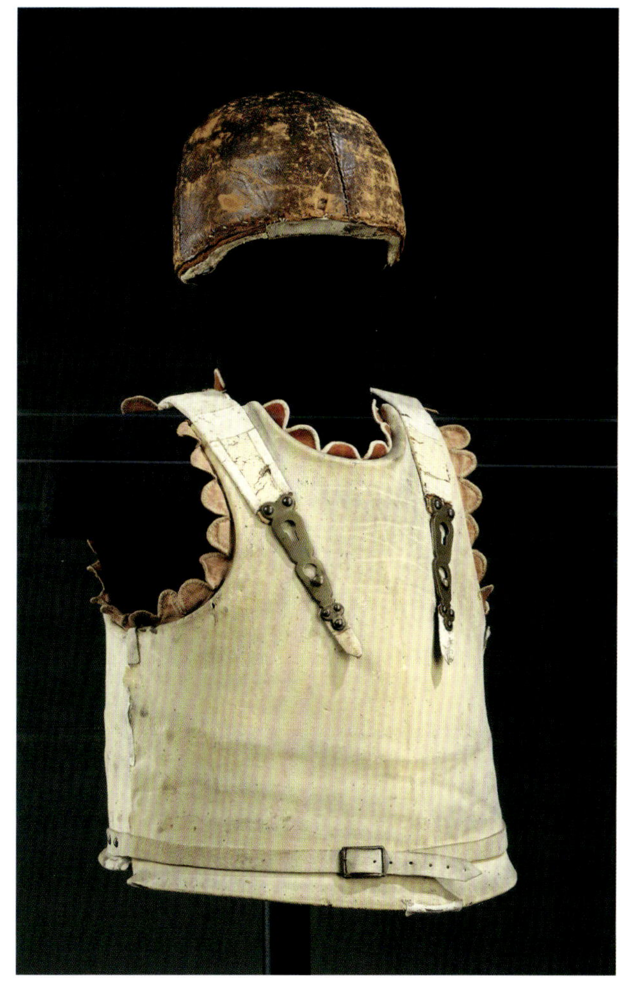

Der Kürass besteht aus einer Brust mit drei Bauchgeschüben, einem Rücken mit zwei Schulterbändern (sowie vermutlich ebenfalls drei Geschüben) und einer schweren Eisenkappe aus vernietetem Ringband um den Kopf und Kreuzband über dem Scheitel, mit Polsterung und braunem Lederüberzug. Dieser Kürass war ursprünglich geschwärzt und wurde von August dem Starken während seines Ungarnfeldzuges 1695/96 getragen. Als Nachfolger Jan III. Sobieskis und Sohn des Kurfürsten Johann Georg III. von Sachsen, zwei der Helden vom Entsatz Wiens im September 1683, wollte August der Starke diesen Kürass auch bei seiner Krönung zum König von Polen verwenden. Aus diesem Grund wurde das geschwärzte Eisen 1697 blank poliert. Bis 1702 war der Kürass Teil der Krönungsfigurine, die auf Befehl des Königs mit dem originalen Krönungsornat und Kopien der polnischen Krönungsinsignien in Dresden aufgestellt wurde. Im Zuge des Nordischen Krieges wurde der Kürass vor der Schlacht von Pinczow durch einen blanken Fußturnierharnisch ersetzt, wieder feldtauglich gemacht und geschwärzt, nach Kraków geliefert und erneut von August im Krieg getragen. Sein heutiges Aussehen mit einem Überzug aus ehemals weißem Leder und gebogten Vorstößen aus rotem Samt erhielt der Kürass erst 1734 nach dem Tod Augusts des Starken. Die schwere, mit Leder bezogene Eisenkappe wurde als Kopfschutz unter einem Filzhut getragen.

SCHUPPENPANZER

(VI.)

polnisch, Ende des 17./Anfang des 18. Jahrhunderts

Leder, Besatz von Stahlschuppen; alle Teile mit Goldtresse eingefasst, Beschläge vergoldet, Futter Leinen

Gesamtgewicht 16,37 kg

kam 1719 in die Türckische Cammer

Rüstkammer, SKD, Inv.-Nr. Y 0019.01–.12

HStAD, 10009, Nr. 246, Inventar der Türckischen Cammer von 1716, Fol. 152, Nr. 406 (Nachtrag)

Lit.: Reibisch 1826, Tab. 9, Fig. 28; Quandt 1834, S. 143; Ehrenthal 1899, S. 187, J 175

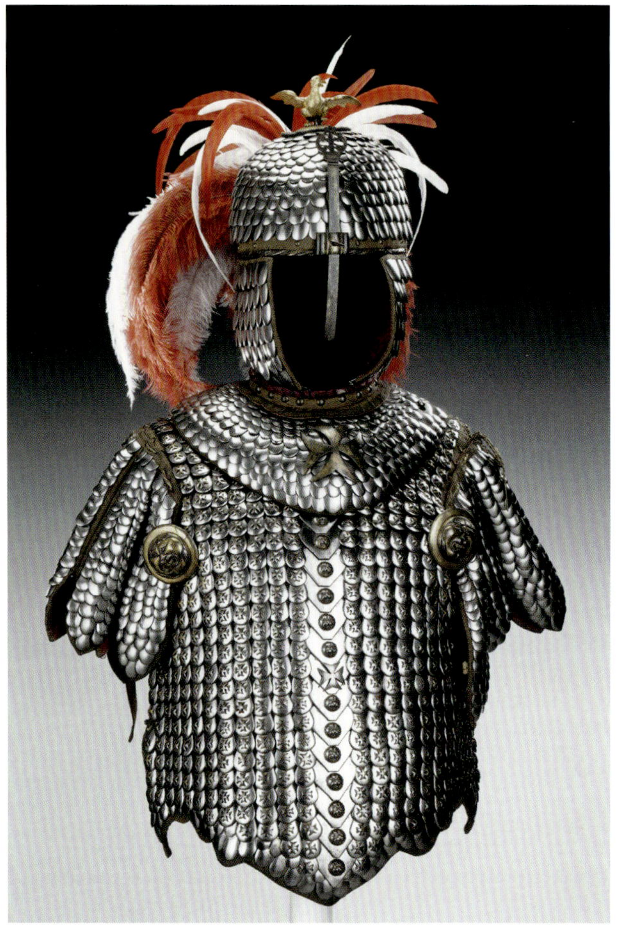

Der Panzer besteht aus einer offenen Sturmhaube mit Wangenklappen, Nackenschutz und Naseneisen, einer Brust, einem Rücken, einem zweiteiligen Kragen und zwei Achselstücken. Sämtliche Teile sind aus Leder geschnitten und mit überlappenden Reihen von insgesamt 2995 meist runden Stahlschuppen bedeckt. Die Schuppen der Brust sind fast alle mit kleinen, blanken Malteserkreuzen besetzt. Lediglich die mittlere Schuppenreihe besteht aus eckigen Platten, auf denen sich kleine Löwenköpfe und mittig ein größeres Malteserkreuz befinden. Die beiden Achselstücke bestehen aus mehreren schmalen Streifen. Daran befestigt sind zwei Schwebescheiben in Form von Löwenköpfen. Der zweiteilige Ringkragen trägt ein großes, vergoldetes Malteserkreuz in der Mitte. Die Sturmhaube ist ebenfalls vollständig mit Schuppen bedeckt. Ihre Glocke hat eine halbkugelige Form, an deren Unterkante Wangenklappen und Nackenschutz befestigt sind. Zum Schutz des Gesichts dient ein bewegliches Naseneisen. Auf dem Scheitel des Helms befindet sich die vergoldete Figur eines flügelspreizenden Adlers. Sämtliche Teile des Panzers sind mit Goldtresse eingefasst und mit rotem Leinen gefüttert.

Früher wurde dieses Stück dem polnischen König Jan III. Sobieski zugeschrieben. Im Inventar von 1716, in dem der Schuppenpanzer als Nachtrag erstmals zu finden ist, steht davon jedoch nichts. Erst 1783 wird Sobieski als Besitzer genannt, ohne dass es dafür aber irgendwelche Belege gibt. Überliefert ist lediglich, dass dieser Schuppenpanzer, der mit dem Sarmatismus des polnischen Adels in Verbindung steht, am 10. April oder am 23. Mai 1719 in die Türckische Cammer gegeben wurde. Weder eine schenkende Person noch ein näherer Umstand für diese Schenkung wurden dabei vermerkt.

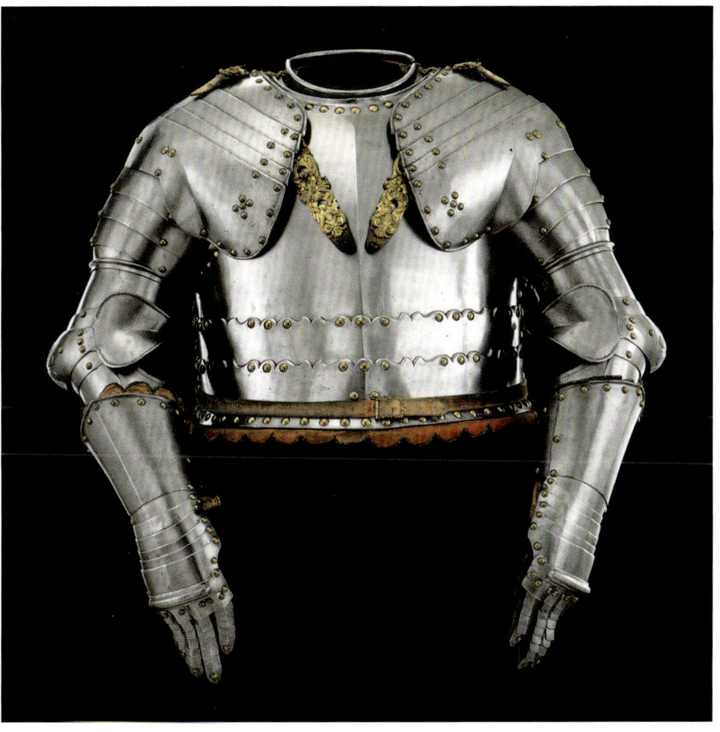

FUSSTURNIERHARNISCH

(VII.)

Kürass wohl Dresden, 1733; Arme und Handschuhe vor 1709

Eisen geschmiedet, getrieben und poliert; Nietköpfe und Schulterbandbeschläge Messing vergoldet; Vorstöße roter Samt; Futter Leder

Gewicht 19,57 kg

bei der Krönung am 17. Januar 1734 in Kraków erstmals getragen

Rüstkammer, SKD, Inv.-Nr. M 0139.01–.07

HStAD, 10009, Nr. 117, Inventar der Pallienkammer von 1720, Bl. 87, Nr. 90

Lit.: Ehrenthal 1899, S. 170, H 5

Der Harnisch besteht aus einem geschobenen Kragen, einer Brust mit zwei Bauchgeschüben, einem Rücken mit zwei Geschüben, seitlicher Verlängerung sowie ornamental besetzten Schulterbändern, einem Paar symmetrischer Schultern mit Vorder- und Hinterflügen, Armzeugen mit ganzen Muscheln und einem Paar Fingerhandschuhe mit langen Stulpen. Laut Inventar wurden Kragen, Brust und Rücken 1733 anlässlich der Krönung des Kurfürsten Friedrich August II. von Sachsen zum König von Polen neu gefertigt. Dies geschah wohl noch in Dresden vor seiner Abreise nach Polen, da Friedrich August erst wenige Tage vor der Krönung in Kraków eintraf. Nach der erfolgten Krönung am 17. Januar 1734 ließ König August III. von Polen den Harnisch zurück nach Dresden bringen. Armzeuge und Fingerhandschuhe wurden von einem bereits 1709 und 1719 gebrauchten Fußturnierharnisch genommen und dem Krönungskürass hinzugefügt.

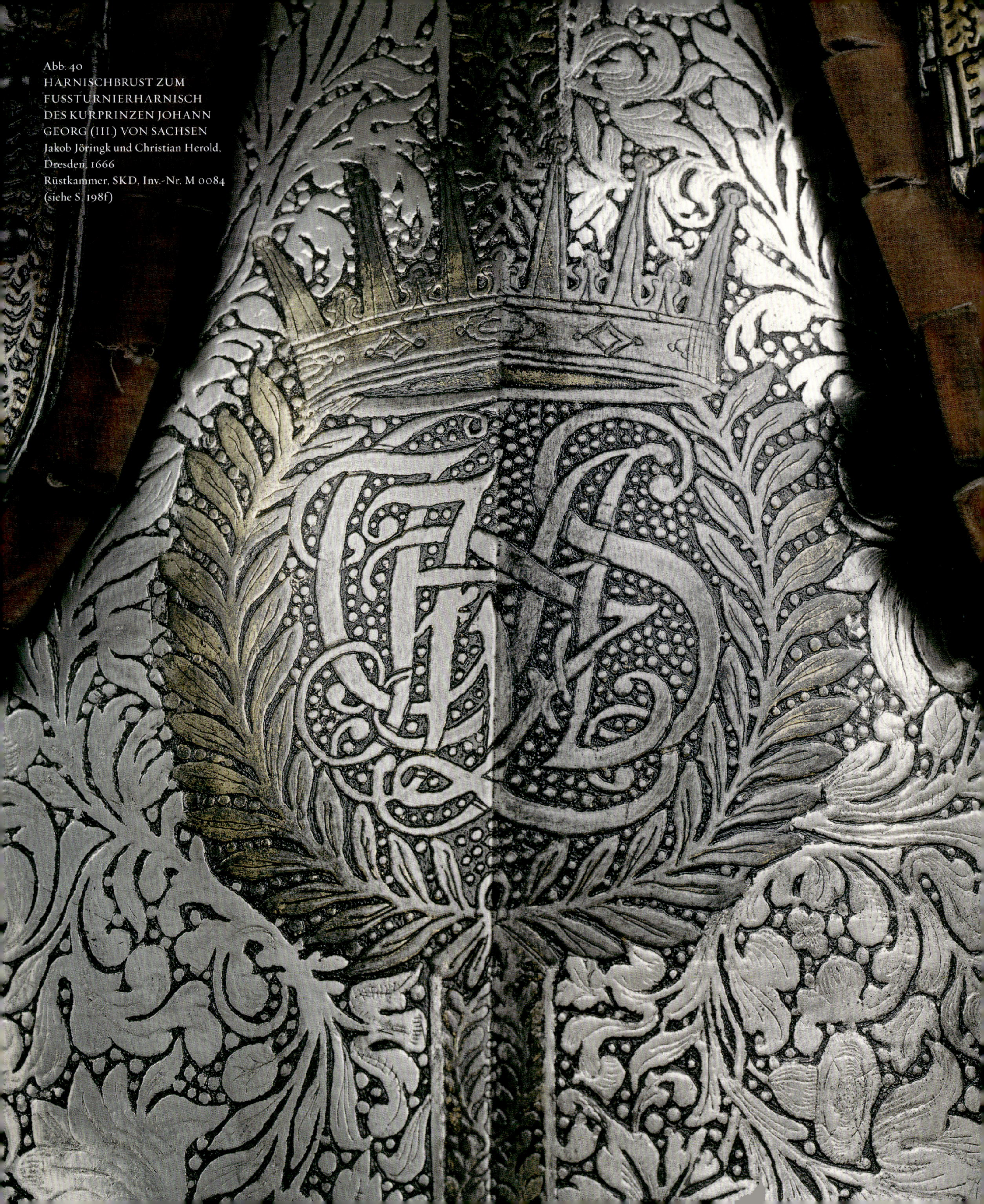

Abb. 40
HARNISCHBRUST ZUM FUSSTURNIERHARNISCH DES KURPRINZEN JOHANN GEORG (III.) VON SACHSEN
Jakob Jöringk und Christian Herold, Dresden, 1666
Rüstkammer, SKD, Inv.-Nr. M 0084
(siehe S. 198f)

Glossar

Begriffe innerhalb einer Erklärung, die an anderer Stelle selbst erläutert werden, sind kursiv hervorgehoben.
Die Worte „abschlächtig", „aufschlächtig" und „geschoben" erscheinen in zahlreichen Erläuterungstexten und werden daher zu Beginn des Glossars erläutert:

ABSCHLÄCHTIG
bezeichnet nach unten klappbare Teile eines Harnischs

AUFSCHLÄCHTIG
bezeichnet nach oben klappbare Teile eines Harnischs

GESCHOBEN
bezeichnet die durch Lederriemen oder schiebbare Niete erzeugte, bewegliche Verbindung sich überlappender Metallplatten eines Harnischs

ACHSEL
geschobene Form des Schulterschutzes ohne *Vorderflug*

ACHSELKRAGEN
Form des Harnischkragens, bei dem die *Geschübe* des Schulterschutzes mit dem Kragen fest verbunden sind

ANLEGERAND
starre Variante des *Rüsthakens*, bestehend aus einer meist gezackten, abstehenden Platte

ARMEINSATZ
beweglich mit der Harnischbrust verbundener Einsatz am Armausschnitt

ARMET
Visierhelm mit zweiteiligem, vorn durch Haken verschlossenem *Kinnreff* und häufig einer *Stielscheibe* im Nacken

ARMKACHEL – siehe Ellbogenkachel

ARMRÖHRE
Schutz des Ober- oder des Unterarms, entweder aus einer geschlossenen Röhre oder aus zwei Halbröhren mit Scharnieren und Hakenverschlüssen

ARMSCHIENE
äußerer Schutz des Unterarms

AUGENSCHIRM
in *Drehbolzen* beweglich oder fest mit der Helmglocke verbundener Schutzschirm oberhalb der Augen

BACKENSTÜCK
schmaler, meist mit Metallplatten besetzter und an den Helmseiten herabhängender Schutz des Kopfes

BART
Harnischteil zum Schutz von Hals und Kinn; mit Brust verschraubt oder angeschnallt

BAUCHREIFEN
schmale Metallstreifen, die unten an der Harnischbrust angenietet sind

BECKENHAUBE
leichter Helm ohne Gesichtsschutz, der den Kopf seitlich und hinten bis zum Hals bedeckt; häufig mit angehängtem Ringgeflecht oder Klappvisier

BEINSCHIENE
einteiliger Schutz des Schienbeins

BEINRÖHRE
zweiteiliger Schutz des Unterschenkels mit Scharnieren und Hakenverschlüssen

BEINTASCHE
kurzer, entweder einteiliger oder geschobener und an der Brust hängender Schutz für die Leistengegend

BIRNHELM
spanisch beeinflusster Helm mit hoher Glocke, schmaler Krempe und gekrümmter Scheitelspitze, oft mit geschobenen Backenstücken

BISCHOFSMANTEL
umhangförmiger Schutz für Schultern, Brust und Oberarme aus *Ringpanzer*

BRECHRAND
auf den Schultern befestigte, hochstehende Eisenbleche zur Abwehr gegnerischer Hiebe

BRECHSCHEIBE
kleiner, kegelstumpfförmiger Schutz der rechten Hand auf der Lanze

BRECHSCHILD
großer, halbkreisförmiger Schutz des rechten Arms auf der *Rennstange*

BRIGANTINE
Form des Körperschutzes aus zahlreichen kleinen Eisenplättchen unter einem Stoff- oder Lederüberzug, die sich aus dem *Plattenrock* entwickelte

BURGUNDERHELM
im Kragen umgehende Form des *Geschlossenen Helms*

CABASSET – siehe Birnhelm

DIECHLING
ein- oder mehrteilige Eisenplatte zum Schutz von Oberschenkel und Knie

DILGE – siehe Streiftartsche

DREHBOLZEN
verschraubte oder fest vernietete Stifte an den Seiten der Helmglocke, mit denen *Kinnreff*, aufschlächtiges *Visier* und *Stirnstulp* befestigt sind

DREIECKSCHILD
dreieckige Form des Schildes mit gerader Oberkante

DREIVIERTELHARNISCH
Harnisch ohne Unterbeinzeug

EBERZAHNHELM
antike Form des Helms, bei dem zahlreiche Eberzähne flächendeckend auf einer Lederhaube befestigt sind

EISENHUT
Infanteriehelm mit gerundeter Helmglocke und breiter Krempe

ELLBOGENKACHEL
meist aus mehreren Eisenplatten bestehender, oft geschobener Schutz des Ellenbogens

FALTENVISIER
Visier, das wie ein Blasebalg gefaltet ist und in seinen Vertiefungen zusätzliche Atemlöcher oder Sehschlitze besitzt

FAUSTSCHILD
kleiner, meist runder Schild für den Zweikampf

FEDERZAPFEN
senkrecht vernieteter Stift mit einer kleinen, durch Federn herausgedrückten Nase; dient der Befestigung von Harnischteilen

FLANKENBLECH
ein- oder zweiteiliges Element des Rossharnischs zum Schutz der Seiten des Pferdekörpers

FÜRBUG
Element des Rossharnischs zum Schutz der Pferdebrust

GANSBAUCHBRUST
spanisch beeinflusste Form der Harnischbrust mit einer über die Taille reichenden, verlängerten Spitze des Mittelgrates

GELIEGER
Element des Rossharnischs zum Schutz der Kruppe des Pferdes

GESÄSSREIFEN
schmale Metallstreifen, die unten an den Harnischrücken angenietet oder angehängt sind

GESCHLOSSENER HELM
Helm mit aufschlächtigem *Visier*; entweder im Kragen umgehend (*Burgunderhelm*) oder mit Halsgeschüben (*Mantelhelm*)

GESCHÜBE
schmale, überlappende, durch Lederriemen oder schiebbare Niete miteinander verbundene Eisenstreifen zum beweglichen Schutz von Hals, Armen, Beinen und Unterleib

GESTECH
mit stumpfen Lanzen ausgetragener Zweikampf auf freier Bahn, bei dem der Gegner vom Pferd gestoßen und die Lanze zerbrochen werden sollte

GITTERVISIER
durchbrochenes Visier mit senkrechten Stäben

GLOCKENPANZER
bronzezeitliche Form des Schutzes für den Oberkörper, aus mehreren Platten bestehend und unten glockenförmig erweitert

GROSSE BECKENHAUBE
Visierhelm mit spitzer, später rundlicher Helmglocke und Halsreifen

GÜRTELREIFEN
fest mit Brust oder Rücken an deren Unterkante vernietete, taillierte Platte, in deren Vertiefung der Bauchgurt sitzt

HALBHARNISCH
Harnisch ohne Beinzeug; wird gelegentlich auch für Harnische ohne Unterbeinzeug verwendet

HARNISCHKRAGEN
aus mehreren Teile bestehender, seitlich zu öffnender und meist geschobener Schutz des Halses

HELMZAGELSCHRAUBE
röhrenartige Verschraubung des *Stechhelms* mit dem Rücken

HELMZIER
den Wappenbildern des Trägers entsprechendes Erkennungszeichen auf Helmen

HENTZE
Handschuh mit geschlossener Fingerdecke

HINTERFLUG
hintere Schulterverlängerung zum Schutz der Achsel und des oberen Rückens

HOPLIT
schwere, in geschlossener Formation kämpfende Infanterie im archaischen und klassischen Griechenland

HUNDSGUGEL
Helm mit spitzem, aufschlächtigem *Visier* in der Form einer Hundeschnauze

KAMMHELM
Bezeichnung verschiedener Helmtypen der Antike, deren Gemeinsamkeiten in einer halbkugelförmigen Helmglocke und einem aufgesetzten, meist sehr dominanten Kamm unterschiedlicher Konstruktion bestehen

KANZ
ein- oder zweiteiliges, meist geschobenes Element des Rossharnischs zum Schutz des Pferdehalses

KARUSSELL
Bezeichnung einer höfischen Belustigung, bei der verschiedene Ritterspiele, wie *Ringrennen*, *Quintanrennen* und *Türkenkopfstechen*, zu einer Art „Rundkurs" zusammengefasst wurden

KASTENBRUST
frühe Form der Harnischbrust, die flach geformt ist und sich von der Brust aus allmählich vom Körper wegzieht, um sich dann abrupt zur Taille hin wieder zu verjüngen

KATAPHRAKT
schwer gepanzerter Reiter der Antike, dessen Pferd ebenfalls gepanzert war

KEGELROCK – siehe Tonnenrock

KINNREFF
Helmteil zum Schutz des Kinns und des Halses, entweder zweiteilig und vorn verschlossen (*Armet*) oder einteilig und aufschlächtig (*Geschlossener Helm*)

KLAPPENPANZER
antike Form des Körperschutzes, deren charakteristisches Merkmal die beiden großen, über die Schultern laufenden Klappen sind, die Brust und Rücken miteinander verbinden

KNIEBUCKEL/KNIEKACHEL
meist geschobener, mehrteiliger Schutz für das Knie

KNIESCHOSS
durchgängig geschobener, teils aus zwei oder drei Teilen zusammengesetzter Schutz für Oberschenkel und Knie, der direkt an die Brust gehängt wird

KORINTHISCHER HELM
antiker Helmtyp, stark der Schädelform angepasst und mit Wangen- und Nasenschirmen, die einen Großteil des Gesichts schützten

KOSTÜMHARNISCH
der zeitgleichen Mode folgender Prunkharnisch, beispielsweise gepufft und geschlitzt oder mit Maskenvisieren

KREBS
Harnischtyp, dessen Brust und Rücken durchgehend geschoben sind

KRÖNLEIN
Lanzeneisen mit drei oder vier kronenartigen, stumpfen Spitzen für das Stechen

KRUPPTEIL
oberer Teil des *Geliegers* beim Rossharnisch

KÜBELHELM
weiterentwickelte Form des *Topfhelms*, bis zu den Schultern verlängert und mit gewölbter Scheitelplatte

KUHMAUL
breite und flache Form des Harnischschuhs aus dem frühen 16. Jahrhundert

KÜRASSIER
Bezeichnung für einen Angehörigen der schweren Kavallerie

LAMELLENPANZER
Form des Körperschutzes aus zahlreichen miteinander verbundenen Metallplatten, die im Unterschied zum *Schuppenpanzer* nicht auf einer festen Unterlage befestigt sind

LANDSKNECHT
angeworbener, zu Fuß kämpfender Söldner

LOBSTER-TAILED ENGLISH POT
englische Form der *Sturmhaube* in der Art der *Zischägge* mit geschobenem Nackenschutz, *Wangenklappen* und einem mit dem Schirm verbundenen, aufschlächtigen *Gittervisier*

MAGENBLECH
unterer Teil der Harnischbrust

MAMELIER
meist rosettenförmige Scheibe mit Ring auf der Brust des *Plattenrocks*, mit deren Hilfe Waffenketten befestigt wurden

MANTELHELM
Form des *Geschlossenen Helms* mit *Kinnreff*, aufschlächtigem *Visier* und *Stirnstulp* sowie meist geschobenen Hals- und Nackenreifen

MORION
kugelförmiger Helmtyp mit hohem Kamm und breiter Krempe, die vorn und hinten in einer hochgezogenen Spitze ausläuft

MUSCHEL
seitliche Verlängerung der *Ellbogen-* und *Kniekachel* zum Schutz der Armbeuge und der Kniekehle

MUSKELPANZER
antike Form des Körperschutzes, bestehend aus Brust- und Rückenplatte mit plastisch geformten anatomischen Details des menschlichen Oberkörpers

NACKENBÜGEL
eiserner Bügel, der Helmkamm und Rücken miteinander verbindet; nur in Sachsen gebräuchlicher Schutz für das *Plankengestech*

NASALHELM
aus einem Stück getriebener, konischer Helm mit festem Naseneisen, auch „Normannenhelm" genannt

NASENEISEN
fest mit der Helmglocke verbundene, schmale Eisenplatte oder beweglich an der Helmglocke befestigter Eisenstab zum Schutz des Gesichts

NEUER WELSCHER STECHHELM
Helm für das *Plankengestech*, bestehend aus einer Helmglocke mit verlängertem Hinterkopf, *Stirnstulp* und einem in *Drehbolzen* gelagerten und mit der Brust verschraubten *Stechbart*

NORMANNENHELM – siehe Nasalhelm

OCHSENMAUL – siehe Kuhmaul

PALLIA
hölzerne Abtrennung der Turnierenden beim Pallienstechen (bzw. *Plankengestech* oder Welsches Gestech)

PALLIENSTECHEN – siehe Plankengestech

PAPPENHEIMER
Bezeichnung für die meist geschwärzten, schweren Dreiviertelharnische aus der Zeit des Dreißigjährigen Krieges, die nach der schweren Kavallerie von Gottfried Heinrich Graf zu Pappenheim (1594–1632) so benannt wurden

PAVESE
hölzerner, meist bemalter, rechteckiger Setzschild der Infanterie

PEKTORALE
einfacher Brustpanzer der Antike in Form von auf der Brust (teils auch auf dem Rücken) befestigter, unterschiedlich geformter Platten

PLANKENGESTECH
mit stumpfen Lanzen ausgetragener Zweikampf auf der durch eine Holzwand (*Pallia*) unterteilten Stechbahn, bei dem die Lanze am Harnisch des Gegners zerbrochen werden sollte

PLATTENROCK
Form des Körperschutzes aus mehreren Eisenplatten, die unter einem ledernen oder textilen Überzug den Oberkörper des Ritters schützten

PTERYGES
Beinlaschen antiker Klappenpanzer

QUINTANRENNEN
höfisches Ritterspiel, dessen Ziel darin bestand, mit Lanze, Degen oder Pistole eine teils drehbare Holzfigur zu treffen

RASTHAKEN
massiver, hinterer Bügel zum Halten der Lanze bei Stech- oder *Rennzeugen*

RENNEN
mit scharfen Lanzen ausgetragener Zweikampf auf freier Bahn, bei dem der Gegner vom Pferd gestoßen werden sollte

RENNHUT
schallerförmiger Helm mit Sehschlitz und Stirnschiftung für das *Rennen*

RENNSTANGE
armstarke Lanze mit scharfer Spitze für das *Rennen*

RENNTARTSCHE
an Brust und *Bart* verschraubter Schutz der linken Körperseite, meist aus lederbezogenem und bemaltem Holz

RENNZEUG
Harnisch zum *Rennen* ohne Arm- und Beinzeug

RIEFELHARNISCH
Harnisch, dessen Oberfläche vollständig (außer den *Beinröhren*) mit herausgetriebenen Falten verziert ist

RINGELSTECHEN – Siehe Ringrennen

RINGPANZER
Körperschutz aus kleinen verschweißten oder vernieteten Metallringen, von denen jeweils vier durch einen Ring geführt sind

RINGRENNEN
höfisches Ritterspiel, bei dem mit dünnen Lanzen nach erhöht aufgehängten Ringen gestochen wird

ROSSKOPF
Element des Rossharnischs zum Schutz des ganzen Pferdekopfes, bestehend aus Stirn- und Scheitelplatte sowie meist beweglichen Backenstücken

ROSSSTIRN
Element des Rossharnischs zum Schutz des vorderen Teils des Pferdekopfes, ohne Backenstücke

RÜSTHAKEN
an der Harnischbrust befestigte, starre oder klappbare Auflage der Lanze

SAVOYARDENHELM
Variante des *Mantelhelms* mit Augenschirm und aufschlächtigem *Visier* samt eingeschnittenen Augenlöchern und Mundschlitz, was auch zur Bezeichnung „Totenkopfhelm“ führte

SCHALLER
schalenförmiger Helm mit langem, teils geschobenem Nackenschirm und eingeschnittenem Sehschlitz oder aufschlächtigem *Visier*

SCHEITELFOLGE
mit Scharnieren an einer *Rossstirn* oder einem *Rosskopf* befestigte Platte zum Schutz des Pferdenackens

SCHIENENPANZER
römische Form des Körperschutzes, die durchschnittlich aus ca. 30 größeren, sich überlappenden Eisenspangen über den Schultern und um den Rumpf bestand

SCHIFTUNG
aufgeschnallte oder angeschraubte Verstärkungsplatte, wurde meist für den Turniergebrauch zum besseren Schutz diverser Harnischteile gefertigt

SCHILDBUCKEL
auf der Schildvorderseite befestigte, gewölbte Metallplatten zum Schutz der Hand

SCHNABELSCHUH
besonders in Verbindung mit den gotischen Harnischen des späten 15. Jahrhunderts beliebte, spitz zulaufende Form des Harnischschuhs

SCHNURRAND
Abschluss von Harnischplatten mit schräger Riefelung in der Art einer gedrehten Schnur

SCHOSS
lange, oft zweiteilige Form der geschobenen *Beintasche*, die den gesamten Oberschenkel bis knapp oberhalb des Knies schützt

SCHULTER
geschobene Form des Schulterschutzes mit *Vorder-* und *Hinterflug*

SCHULTERBAND
häufig mit Metallplatten besetzter, paarweise am Rücken vernieteter Riemen, der über die Schulter läuft und auf der Brust eingehakt oder verschnallt wird

SCHUPPENPANZER
Form des Körperschutzes aus zahlreichen kleinen Schuppen unterschiedlicher Materialien (vorzugsweise Metall, aber auch Knochen, Horn oder Leder), die überlappend auf einer textilen oder ledernen Unterlage befestigt sind

SCHWÄNZEL
trapezförmige, untere Verlängerung des Rückens bei Turnierharnischen

SCHWEBESCHEIBE
runde Eisenplatte zum Schutz der Achsel

SCHWEIFRÖHRE
röhrenförmige, oft in Drachen- oder Delphinköpfen auslaufende Abdeckung der Schweifrübe des Pferdes

SETZSCHILD – siehe Pavese

SPANGENHELM bzw. -HARNISCH
aus schmalen Eisenplatten bestehende Form des Helms bzw. des Körperschutzes

STAUCHE
oft fächerförmige Verlängerung des oberen Abschlusses des *Stecharms* zum Schutz des Ellenbogens

STECHARM
in einem Stück gefertigter linker Arm für das Stechen, der aus einer schaufelförmigen *Hentze*, Unterarmzeug und *Stauche* besteht

STECHHELM
schwerer, auf den Schultern ruhender sowie an Brust und Rücken verschraubter Helm für das Stechen

STECHSACK
dick gefütterter Sack, der vor der Pferdebrust hängt und auch die Beine des Reiters schützt

STEEL HAT
stählerner Helm in der Form eines Krempenhutes mit beweglichem *Naseneisen*

STIELSCHEIBE
an einer Achse befestigte Rundscheibe am Nacken des *Armets*

STIRNSTULP
mit Sehschlitzen ausgestattete obere Hälfte des zweiteiligen *Visiers* eines *Geschlossenen Helms*, auch zur Verstärkung der Helmglocke im Bereich der Stirn

STREIFBUCKEL
seitliche Ausbuchtung am *Fürbug* eines Rossharnischs, um die Bewegungsfreiheit des Pferdes im Bereich seines Schultergelenks zu gewährleisten

STREIFTARTSCHE
zum Schutz von Knie und Oberschenkel am Sattel hängende Eisenplatte beim *Rennen*

STURMHAUBE
offener Helm mit rundlicher Helmglocke, meist mit stark ausgebildetem Kamm, *Augenschirm* und beweglichen *Wangenklappen*; mit oder ohne *Visier* (geschlossene bzw. offene Sturmhaube)

TAPULBRUST
Form der Harnischbrust mit Mittelgrat und stark herausgetriebener, scharfer Spitze

TARTSCHE
Reiterschild unterschiedlicher Form, der an der linken Schulter festgebunden oder später auch verschraubt wurde

TONNENROCK
meist faltig gearbeiteter, rockförmiger Schutz beim Fußkampf

TOPFHELM
mittelalterlicher Helmtyp mit einer annähernd zylindrischen Form und einer geraden Scheitelplatte

TRABHARNISCH
leichter Reiterharnisch mit offener *Sturmhaube*, *Achselkragen*, Brust, Rücken, *Beintaschen* und langen Handschuhen, aber ohne *Rüsthaken*, Arm- und Beinzeug

TÜRKENKOPFSTECHEN
höfisches Ritterspiel, bei dem man mit Lanze, Degen oder Pistole gegen Mohren- oder Türkenköpfe aus Pappmaché antrat

UMGANG
unterer Teil des *Geliegers* beim Rossharnisch

UNGARISCHES VISIER
abschlächtiges *Visier* für eine *Sturmhaube*

VISIER
beweglicher, meist aufschlächtiger Teil des *Armets* oder des *Geschlossenen Helms* zum Schutz des Gesichts mit Sehschlitz und Atemlöchern, seitlich mittels *Drehbolzen* an der Helmglocke befestigt

VORDERFLUG
vordere Schulterverlängerung zum Schutz der Achsel und des oberen Rückens

WAFFENROCK
gefüttertes und gestepptes Wams zum Schutz des Oberkörpers

WANGENKLAPPE
beweglich mit der Helmglocke verbundene Platte zum Schutz der Wangen

WECHSELSTÜCK
Teil einer Harnischgarnitur, durch welches der Harnisch für eine spezifische Verwendung tauglich gemacht werden kann

WELSCHES GESTECH – siehe Plankenstechen

ZISCHÄGGE
orientalisch beeinflusster, offener, rundlicher Helm mit *Augenschirm*, *Wangenklappen*, langem Nackenschutz und beweglichem *Naseneisen*

ZÜGELBLECH
meist zweiteiliges Element des Rossharnischs zum Schutz der Zügel

Personenregister

Ausgewählte Literatur

Bäumel 2004
Jutta Bäumel, Rüstkammer. Führer durch die ständige Ausstellung im Semperbau, München/Berlin 2004

Beaufort-Spontin/Pfaffenbichler 2013
Christian Beaufort-Spontin und Matthias Pfaffenbichler, Meisterwerke der Hofjagd- und Rüstkammer, Kurzführer durch das Kunsthistorische Museum Wien, Band 3, Wien 2013

Blair 1958
Claude Blair, European Armour. Circa 1066 to circa 1700, London 1958

Boccia 1992
Lionello G. Boccia, Ancient Italian Pieces in the Kienbusch Collection, in: Studies in European Arms and Armour, Philadelphia 1992, S. 32–65

Boeheim 1891
Wendelin Boeheim, Augsburger Waffenschmiede, ihre Werke und ihre Beziehungen zum kaiserlichen und zu anderen Höfen, in: Jahrbuch der kunsthistorischen Sammlungen des Allerhöchsten Kaiserhauses in Wien, Band 12, Wien 1891, S. 165–227

Boeheim 1892
Wendelin Boeheim, Augsburger Waffenschmiede, ihre Werke und ihre Beziehungen zum kaiserlichen und zu anderen Höfen, in: Jahrbuch der kunsthistorischen Sammlungen des Allerhöchsten Kaiserhauses in Wien, Band 13, Wien 1892, S. 202–225

Boeheim 1893
Wendelin Boeheim, Augsburger Waffenschmiede, ihre Werke und ihre Beziehungen zum kaiserlichen und zu anderen Höfen. Nachträge, in: Jahrbuch der kunsthistorischen Sammlungen des Allerhöchsten Kaiserhauses in Wien, Band 14, Wien 1893, S. 329–345

Boeheim 1895
Wendelin Boeheim, Nürnberger Waffenschmiede und ihre Werke in den kaiserlichen und in anderen Sammlungen, in: Jahrbuch der kunsthistorischen Sammlungen des Allerhöchsten Kaiserhauses in Wien, Band 16, Wien 1895, S. 364–399

Bouet/Neveux 2018
Pierre Bouet und François Neveux, Der Teppich von Bayeux. Ein mittelalterliches Meisterwerk, Stuttgart 2018

Capwell 2007
Tobias Capwell, The Real Fighting Stuff. Arms and Armour at Glasgow Museums, Glasgow 2007

Capwell 2015
Tobias Capwell, Armour of the English Knight 1400–1450, London 2015

Capwell/Edge/Warren 2011
Tobias Capwell, David Edge und Jeremy Warren, Masterpieces of European Arms and Armour in the Wallace Collection, London 2011

Dresden 1990
Der silberne Boden. Kunst und Bergbau in Sachsen, Ausstellungskatalog, Stuttgart und Leipzig 1990

Dresden 1992
Dresdner Rüstkammer – Meisterwerke aus vier Jahrhunderten, Dresden / Leipzig 1992

Dresden 1995
Im Lichte des Halbmonds – Das Abendland und der türkische Orient, Ausstellungskatalog, Dresden 1995

Dresden 1997
Unter einer Krone: Kunst und Kultur der sächsisch-polnischen Union, Ausstellungskatalog, Dresden/Leipzig 1997

Dresden 2004
Glaube & Macht, 2. Sächsische Landesausstellung (Torgau, Schloss Hartenfels), Ausstellungskatalog, Harald Marx und Eckhard Kluth (Hrsg.), Dresden 2004

Dresden 2011
Erhalt uns Herr Pei Deinem Wort. Glaubensbekenntnisse auf kurfürstlichen Prunkwaffen und Kunstgegenständen der Reformationszeit, Ausstellungskatalog hrsg. von Dirk Syndram, Jutta Charlotte von Bloh und Christoph Münchow, Dresden 2011

Dresden 2012
Churfürstliche Guardie. Die sächsischen Kurfürsten und ihre Leibgarden im Zeitalter der Reformation, Ausstellungskatalog, Dresden 2012

Dresden o. J.
Führer durch das Königliche Historische Museum im Zwingergebäude zu Dresden, Dresden ohne Jahr (wohl 1873)

Eaves/Richardson 1987
Ian Eaves und Thom Richardson, The Warwick Shaffron, in: The Journal of Arms & Armour Society, Vol. XII, No. 4, September 1987, S. 217–222

Ehrenthal 1892
Max von Ehrenthal (Hrsg.), Beschreibung des Königlichen Historischen Museums und der Königlichen Gewehrgalerie zu Dresden. Auf Grund archivalischer Forschungen bearbeitet von Dr. jur. Albert Erbstein, 2. Auflage, Dresden 1892

Ehrenthal 1893
Max von Ehrenthal, Nachtrag zur Beschreibung des Königl. Historischen Museums zu Dresden, Dresden 1893

Ehrenthal 1899
Max von Ehrenthal, Führer durch das Königliche Historische Museum zu Dresden, 3. Auflage, Dresden 1899

Erbstein 1889
Albert Erbstein, Beschreibung des Königlichen Historischen Museums und der Königlichen Gewehrgalerie zu Dresden, 1. Auflage, Dresden 1889

Fliegel 1998
Stephen N. Fliegel, Arms and Armor. The Cleveland Museum of Art, Cleveland/New York 1998

Forrer o. J.
Robert Forrer, Die Waffensammlung des Herrn Stadtrath Rich. Zschille in Großenhain (Sachsen), 2 Bände, Berlin o.J.

Frenzel 1850
Friedrich August Frenzel, Der Führer durch das Historische Museum zu Dresden, Leipzig 1850

Gamber 1955a
Ortwin Gamber, Harnischstudien VI. Stilgeschichte des Plattenharnisches von 1440–1510, in: Jahrbuch der Kunsthistorischen Sammlungen in Wien, Band 51, Wien 1955, S. 31–102

Gamber 1955b
Ortwin Gamber, Die Harnischgarnitur, Livrustkammaren, Journal oft he Royal Armoury, Vol. VII, 3/4, S. 45–114

Garbsch 1978
Jochen Garbsch, Römische Paraderüstungen, München 1978

Godoy/Leydi 2003
José-A. Godoy und Silvio Leydi, Parures Triomphales. Le maniérisme dans l'art de l'armure italienne, Genève 2003

Großenhain 2006
Richard Zschille (1847–1903) – Aufstieg & Fall eines Kunstsammlers, Ausstellungskatalog, Großenhain 2006

Gurlitt 1889
Cornelius Gurlitt, Deutsche Turniere, Rüstungen und Plattner des XVI. Jahrhunderts, Dresden 1889

Haag 2013
Sabine Haag (Hrsg.), Ritter! Traum und Wirklichkeit, Ausstellungskatalog, Wien 2013

Haenel 1923
Erich Haenel, Kostbare Waffen aus der Dresdner Rüstkammer, Leipzig 1923

Hayward 1951
J. F. Hayward, European Armour, London 1951

Heres 1987
Gerald Heres, Zur Aufstellung der Dresdner Rüstkammer im 18. Jahrhundert, in: Jahrbuch der Staatlichen Kunstsammlungen Dresden, Band 16/1984, Dresden 1987, S. 71-73

Heres 1991
Gerald Heres, Dresdner Kunstsammlungen im 18. Jahrhundert, Leipzig 1991

Hiltl 1876
Georg Hiltl, Waffen-Sammlung Sr. Königlichen Hoheit des Prinzen Carl von Preussen. Mittelalterliche Abtheilung, Berlin 1876

Junkelmann 1996
Marcus Junkelmann, Reiter wie Statuen aus Erz, Mainz 1996

Karcheski 1995
Walter J. Karcheski, Arms and Armor in The Art Institute of Chicago, Boston/New York/Toronto/London 1995

Karcheski/Richardson 2000
Walter J. Karcheski und Thom Richardson, The Medieval Armour from Rhodes, Leeds/Worcester 2000

Krause 2015
Stefan Krause, Eine Arbeitsskizze zu einem Küriss für Kurfürst August von Sachsen (1526–1586), in: Waffen- und Kostümkunde. Zeitschrift für historische Waffen- und Kleidungsgeschichte, Heft 1/2015, S. 1–18

Krause 2016
Stefan Krause, Mode in Stahl. Der Kostümharnisch des Wilhelm von Rogendorf, Wien 2016

Krause 2017
Stefan Krause, Ein Riefelküriss für den jungen Kurfürsten August von Sachsen (1526–1586), in: Waffen- und Kostümkunde. Zeitschrift für historische Waffen- und Kleidungsgeschichte, Heft 1/2017, S. 1–29

Laking 1920
Guy Francis Laking, A record of European armour and arms through seven centuries, Vol. I–V, London 1920–1922

Landshut 1975
Stadtmuseum Landshut, Landshuter Plattnerkunst. Ein Überblick, Ausstellungskatalog, Landshut 1975

La Rocca 2017
Donald J. La Rocca, How to Read European Armor, New York/New Haven/London 2017

Lewerken 1989
Heinz-Werner Lewerken, Kombinationswaffen des 15.-19. Jahrhunderts, Berlin 1989

Lieber 1979
Elfriede Lieber, Verzeichnis der Inventare der Staatlichen Kunstsammlungen Dresden 1568-1945, Dresden 1979

Marx 2007/2008
Barbara Marx, Medici gifts to the court of Dresden, in: Studies in the decorative arts, Vol. XV, Nr. 1, 2007/2008, S. 46–82

Mielczarek 1993
Mariusz Mielczarek, Cataphracti and Clibanarii. Studies on the heavy armoured cavalry of the ancient world, Łódź 1993

Mittler/Werner 1988
Elmar Mittler und Wilfried Werner (Hrsg.), Codex Manesse, Ausstellungskatalog, Heidelberg 1988

Mörtzsch 1912/14
Otto Mörtzsch, Zwei Aufträge Kurfürst Augusts an die sächsischen Plattner Wolf Speyer und Wolf Pohle, in: Zeitschrift für Historische Waffenkunde, Sechster Band, Dresden 1912/14, S. 175f

Müller 2002
Heinrich Müller, Albrecht Dürer, Waffen und Rüstungen, Mainz 2002

Müller/Kunter 1971
Heinrich Müller und Fritz Kunter, Europäische Helme aus der Sammlung des Museums für Deutsche Geschichte, Berlin 1971

Müller/Wirtgen 1995
Heinrich Müller und Rolf Wirtgen (Hrsg.), Geharnischte Zeiten. 2000 Jahre Körperschutz des Soldaten vom antiken Muskelpanzer zur kugelsicheren Weste, Ausstellungskatalog, Koblenz 1995

Nagel 2015
Christine Nagel, Kriegsbedingte Auslagerungen des Grünen Gewölbes und des Historischen Museums, in: Kunst im Krieg 1939–1945, Dresdner Kunstblätter, Heft 3/2015, Dresden 2015, S. 18–29

New York 1998
Stuart W. Pyhrr und José-A. Godoy, Heroic armor of the Italian Renaissance: Filippo Negroli and his contemporaries, Ausstellungskatalog, New York 1998

Nickel 1974
Helmut Nickel, Ullstein Waffenbuch. Eine kulturhistorische Waffenkunde mit Markenverzeichnis, Berlin/Frankfurt/Wien 1974

Nickel 1992
Helmut Nickel, Parade Armor for Three Prince Electors of Saxony in the Kienbusch Collection, in: Studies in European Arms and Armour, Philadelphia 1992, S. 10–31

Paggiarino/Capwell 2008
Carlo Paggiarino und Tobias Capwell, The Wallace Collection: A Celebration of Arms and Armour at Hertford House, Mailand 2008

Paggiarino/Reiß/Schönauer 2017
Carlo Paggiarino, Ansgar Reiß und Tobias Schönauer, The Bavarian Army Museum: A Selection of Medieval, Renaissance and Baroque Arms and Armour, Mailand 2017

Paris 2011
Sous l'égide de Mars. Armures des Princes d'Europe, Ausstellungskatalog, Paris 2011

Pfaffenbichler 2017
Matthias Pfaffenbichler, Die deutsche Harnischgarnitur im 16. Jahrhundert, in: Stefan Krause und Matthias Pfaffenbichler (Hrsg.), Turnier. 1000 Jahre Ritterspiele, Wien 2017, S. 223–239

Plutarch 1979
Plutarch, Crassus, in: Große Griechen und Römer, Band 2, übertragen, eingeleitet und erläutert von Konrat Ziegler, München 1979

Pyhrr 1992
Stuart W. Pyhrr und Everett Fahy, A Renaissance Painted Shield Attributed to Girolamo da Treviso, in: Studies in European Arms and Armour, Philadelphia 1992, S. 96–151, Teil 1: Stuart W. Pyhrr, The Kienbusch Shield and Related Examples, S. 96–134 und S. 144–148

Pyhrr 2000
Stuart W. Pyhrr, European Helmets, 1450–1650: Treasures from the Reserve Collection, Ausstellungskatalog, New York 2000

Pyhrr/LaRocca/Breiding 2005
Stuart W. Pyhrr, Donald J. LaRocca und Dirk H. Breiding, The Armored Horse in Europe, 1480-1620, Ausstellungskatalog, New York/New Haven/London 2005

Quaas 1992
Gerhard Quaas (Hrsg.), Eisenkleider. Plattnerarbeiten aus drei Jahrhunderten aus der Sammlung des Deutschen Historischen Museums, Berlin 1992

Quaas 1997
Gerhard Quaas, Das Handwerk der Landsknechte. Waffen und Bewaffnung zwischen 1500 und 1600, Osnabrück 1997

Quandt 1834
J. G. Quandt, Andeutungen für Beschauer des historischen Museums, Dresden 1834

Rahnfeld o. J.
Friedrich August Rahnfeld, Notizen für den Beschauer des Kgl. historischen Museums im Zwingergebäude zu Dresden, ohne Jahr (wohl 1856)

Ramharter 2009
Johannes Ramharter, Der Waffenbesitz der Fürstbischöfe von Salzburg und sein Verbleib, in: Mitteilungen der Gesellschaft für Salzburger Landeskunde, 149. Vereinsjahr, Salzburg 2009, S. 297–372

Reibisch 1826
Friedrich M. Reibisch, Eine Auswahl merkwürdiger Gegenstände der Königlich Sächsischen Rüstkammer, Dresden 1826

Richardson 2015
Thom Richardson, Arms and Armour of the Elizabethan Court, Leeds 2015

Rohde 1931
Alfred Rohde, Der Hochmeister-Harnisch im Staatlichen Historischen Museum zu Dresden, in: Prussia, Zeitschrift für Heimatkunde und Heimatschutz, Bd. 29, Königsberg 1931, S. 279–282

Rüfenacht 2010
Andreas Rüfenacht, Zufluchtsorte verstoßener Kunst. Johann Gottlob von Quandts Einrichtung des Historischen Museums in Dresden 1832–1834, in: Jahrbuch der Staatlichen Kunstsammlungen Dresden, Berichte, Beiträge 2010, Band 36, S. 111–119

Scalini/Wackernagel/Eaves 1996
Mario Scalini, Rudolf H. Wackernagel und Ian Eaves, L'Armeria Trapp di Castel Coira. Die Churburger Rüstkammer. The Armoury of the Castle of Churburg, Udine 1996

Schnitzer/Hölscher 2000
Claudia Schnitzer und Petra Hölscher (Hrsg.), Eine gute Figur machen. Kostüm und Fest am Dresdner Hof, Ausstellungskatalog, Dresden 2000

Schöbel 1972
Johannes Schöbel, Helme und Schilde, Dresden 1972

Schöbel 1973
Johannes Schöbel, Prunkwaffen. Waffen und Rüstungen aus dem Historischen Museum Dresden, Leipzig 1973

Schönauer 2014
Tobias Schönauer, Plattenrock um 1350, in: Ludwig der Bayer. Wir sind Kaiser!, Ausstellungskatalog, Augsburg 2014, S. 115ff

Schuckelt 1991
Holger Schuckelt, Kurfürst Johann Georg III. von Sachsen (1647-1691). Zu seinem 300. Todestag am 12. September 1991, in: Dresdner Kunstblätter, Heft 5/1991, S. 130–139

Schuckelt 1992
Holger Schuckelt, Verlustanzeige (Mitteilungen), in: Dresdner Kunstblätter, Heft 5/92, Dresden 1992, S. 171

Schuckelt 1994/95
Holger Schuckelt, Gepanzerte Pferde. Ein Beitrag zur Geschichte des Roßharnischs mit einem Verzeichnis der Bestände der Dresdner Rüstkammer, in: Jahrbuch der Staatlichen Kunstsammlungen Dresden, Band 25, 1994/95, Dresden 1998, S. 7–30

Schuckelt 1996
Holger Schuckelt, Feldharnische des Hofplattners Christian Müller für den Kurfürsten Johann Georg II. von Sachsen, in: Dresdner Kunstblätter, 40. Jahrgang, Heft 5/1996, S. 156–158

Schuckelt 1998
Holger Schuckelt, Ein Harnisch des Kurfürsten Johann Georg I. von Sachsen, Kunstwerk des Monats in der Rüstkammer, in: Dresdner Kunstblätter, Heft 2/1998, S. 74–78

Schuckelt 2002
Holger Schuckelt, Der Augsburger Plattner Anton Peffenhauser, Kunstwerk des Monats in der Rüstkammer, in: Dresdner Kunstblätter, Heft 3/2002, S. 108–113

Schuckelt 2004
Holger Schuckelt, Ätzdekor auf Plattnerarbeiten des 16. Jahrhunderts, in: Dresdner Kunstblätter, Heft 5/2004, S. 327–333

Schuckelt 2006a
Holger Schuckelt, Waffen der Sammlung Zschille in der Rüstkammer Dresden, in: Richard Zschille - Aufstieg & Fall eines Kunstsammlers, Ausstellungskatalog, Großenhain 2006, S. 61–70

Schuckelt 2006b
Holger Schuckelt, Waffen als Geschenk des Großherzogs Francesco I. De' Medici aus dem Jahre 1587, in: Giambologna in Dresden – Die Geschenke der Medici, von Dirk Syndram, Moritz Woelk und Martina Minning (Hrsg.), Ausstellungskatalog, Dresden 2006, S. 95–102

Schuckelt 2010a
Holger Schuckelt, Die Türckische Cammer. Sammlung orientalischer Kunst in der kurfürstlich-sächsischen Rüstkammer Dresden, Ausstellungskatalog, Dresden 2010

Schuckelt 2010b
Holger Schuckelt, Türckische Cammer – Orientalische Pracht in der Rüstkammer Dresden, Meisterwerke, Berlin/München 2010

Schuckelt 2014
Holger Schuckelt, Geharnischte Brüder. Die Söhne Kurfürst Johann Georgs I. von Sachsen und das Turnierwesen des 17. Jahrhunderts in Dresden und Halle, in: Im Land der Palme. August von Sachsen (1614–1680) Erzbischof von Magdeburg und Fürst in Halle, Ausstellungskatalog, Halle 2014, S. 37–43

Schuckelt/Wilde 2014
Holger Schuckelt und Sabine Wilde, Triumph und Begehr. Prunkharnische des flämischen Goldschmieds Eliseus Libaerts im Dienste fürstlicher Selbstdarstellung, Schätze des Dresdner Residenzschlosses Band 1, Köln 2014

Schuckelt 2017
Holger Schuckelt, Harnischgarnituren von Anton Peffenhauser. Beispiel der konservativen Turnierpflege am kursächsischen Hof in Dresden, in: Stefan Krause und Matthias Pfaffenbichler (Hrsg.), Turnier. 1000 Jahre Ritterspiele, Wien 2017, S. 241–251

Terjanian 2011
Pierre Terjanian, Princely Armor in the Age of Dürer: A Renaissance Masterpiece in the Philadelphia Museum of Art, New Haven/London 2011

Terjanian 2014
Pierre Terjanian, Zwei Entwürfe zu Harnischen im Auftrag von Kurfürst Christian I. von Sachsen, in: Dresdner Kunstblätter, Heft 1/2014, Dresden 2014, S. 39–47

Theumert 1963
Joachim Theumert, Harnische, Dresden 1963

Thordeman 1939
Bengt Thordeman, Armour from the Battle of Wisby 1361, Band I, Text, Uppsala 1939

Thordeman 1940
Bengt Thordeman, Armour from the Battle of Wisby 1361, Band II, Harnische, Uppsala 1940

Torgau 2018
Torgau. Residenz der Renaissance und Reformation, Torgau 2018

Trapp 1929
Oswald Graf Trapp, Die Churburger Rüstkammer, Ausstellungskatalog, London 1929

Uhlemann 1932-1934
Heinz Uhlemann, Eine oberitalienische Rossstirn um 1500, in: Zeitschrift für historische Waffen- und Kostümkunde, 4. Band der neuen Folge, Berlin 1932-1934, S. 80-87

Wien 1976
Bruno Thomas und Ortwin Gamber, Katalog der Leibrüstkammer, I. Teil, Führer durch das Kunsthistorische Museum Nr. 13, Wien 1976

Wien 1977
Das Wiener Bürgerliche Zeughaus – Rüstungen und Waffen aus 5 Jahrhunderten, Wien 1977

Wien 1983
Die Türken vor Wien. Europa und die Entscheidung an der Donau 1683, Ausstellungskatalog, Wien 1983

Wien 1990
Ortwin Gamber, Christian Beaufort und Matthias Pfaffenbichler, Katalog der Leibrüstkammer, II. Teil, Führer durch das Kunsthistorische Museum Nr. 39, Wien 1990

Wien 2017
Stefan Krause und Matthias Pfaffenbichler (Hrsg.), Turnier. 1000 Jahre Ritterspiele, Wien 2017

Wozel 1979
Heidrun Wozel, Turniere. Exponate aus dem Historischen Museum zu Dresden, Berlin 1979

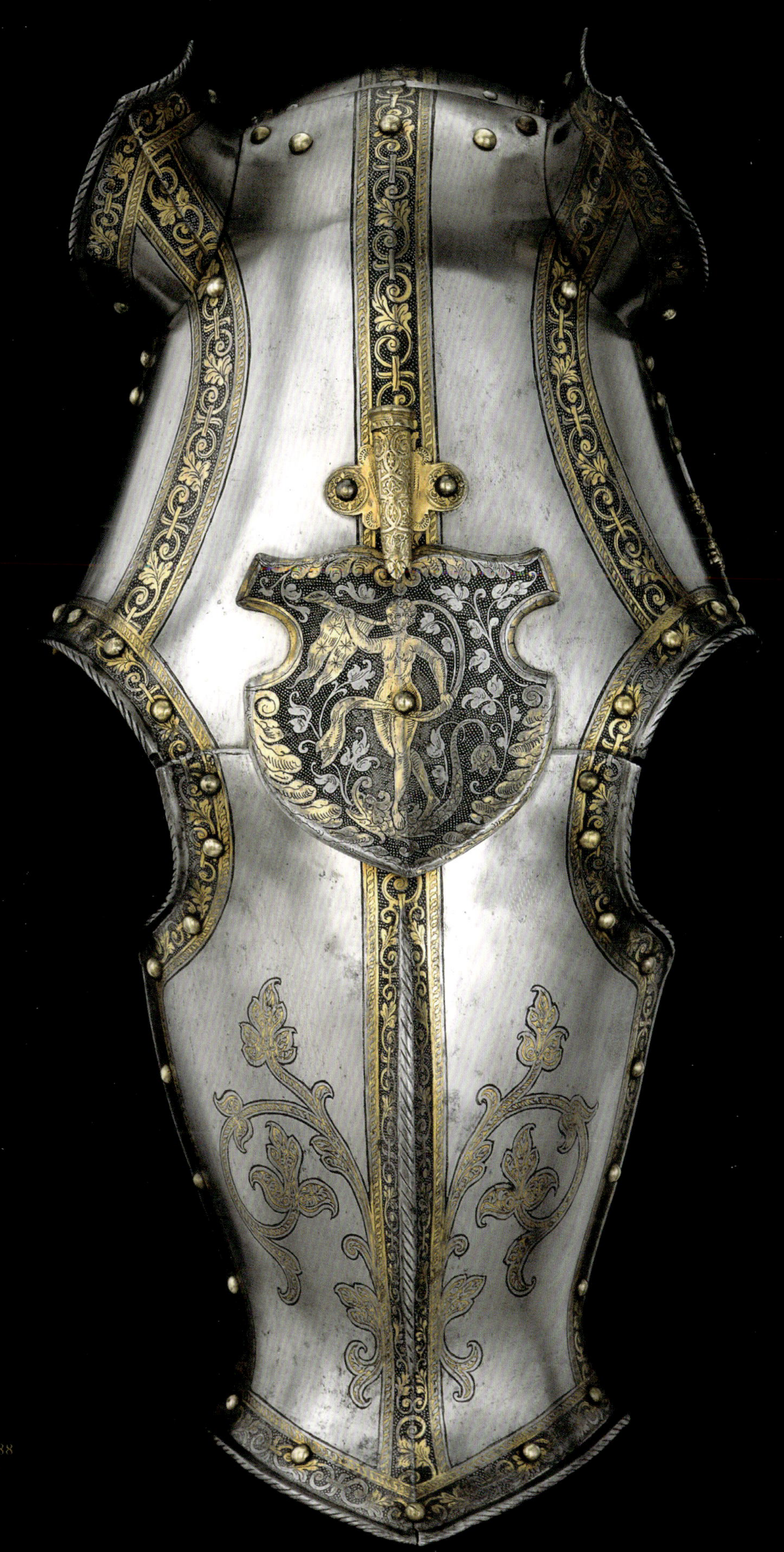

Abb. 41
ROSSSTIRN
Anton Peffenhauser, Augsburg, vor 1588
Rüstkammer, SKD, Inv.-Nr. M 0028
(siehe S. 154f)

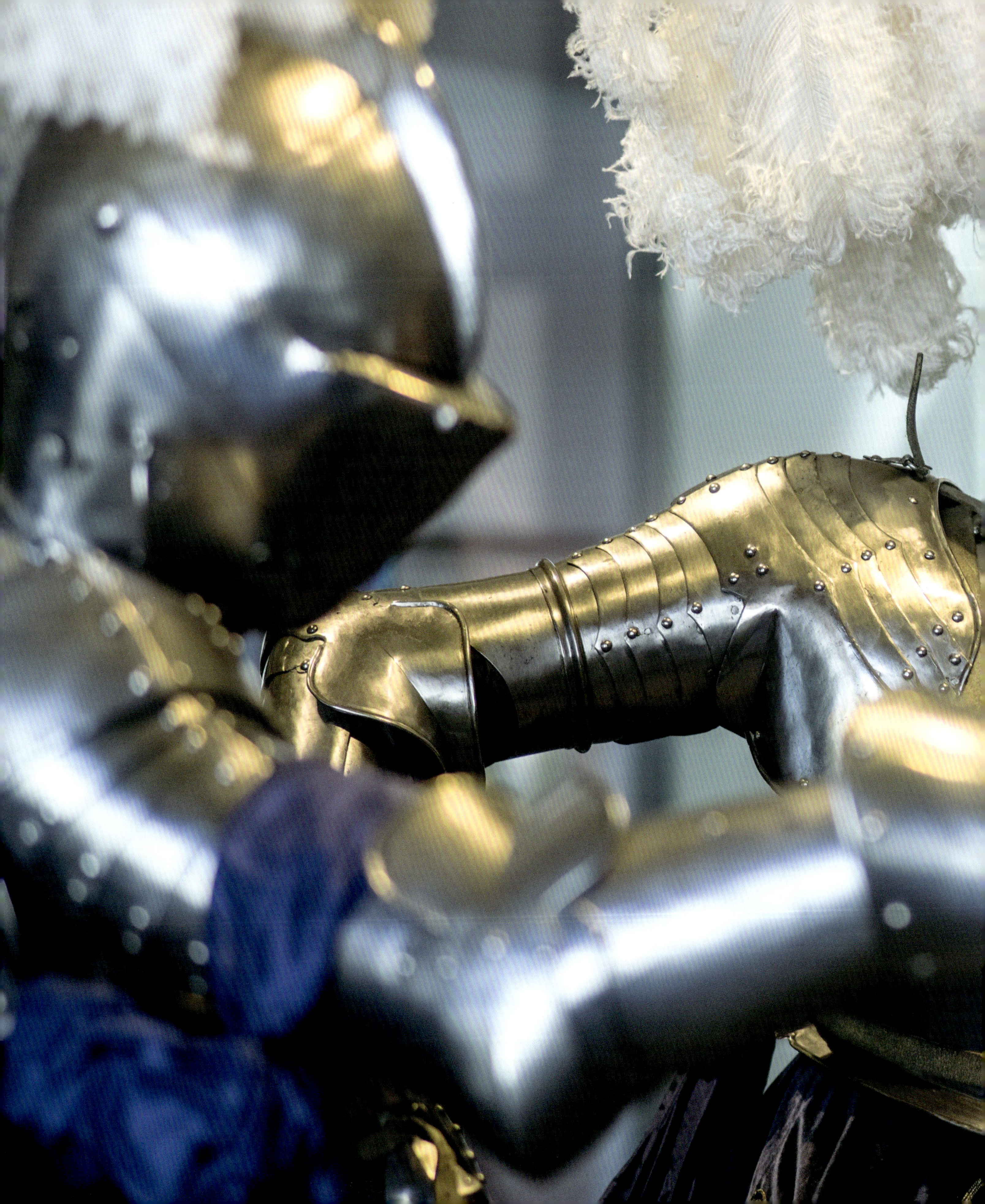

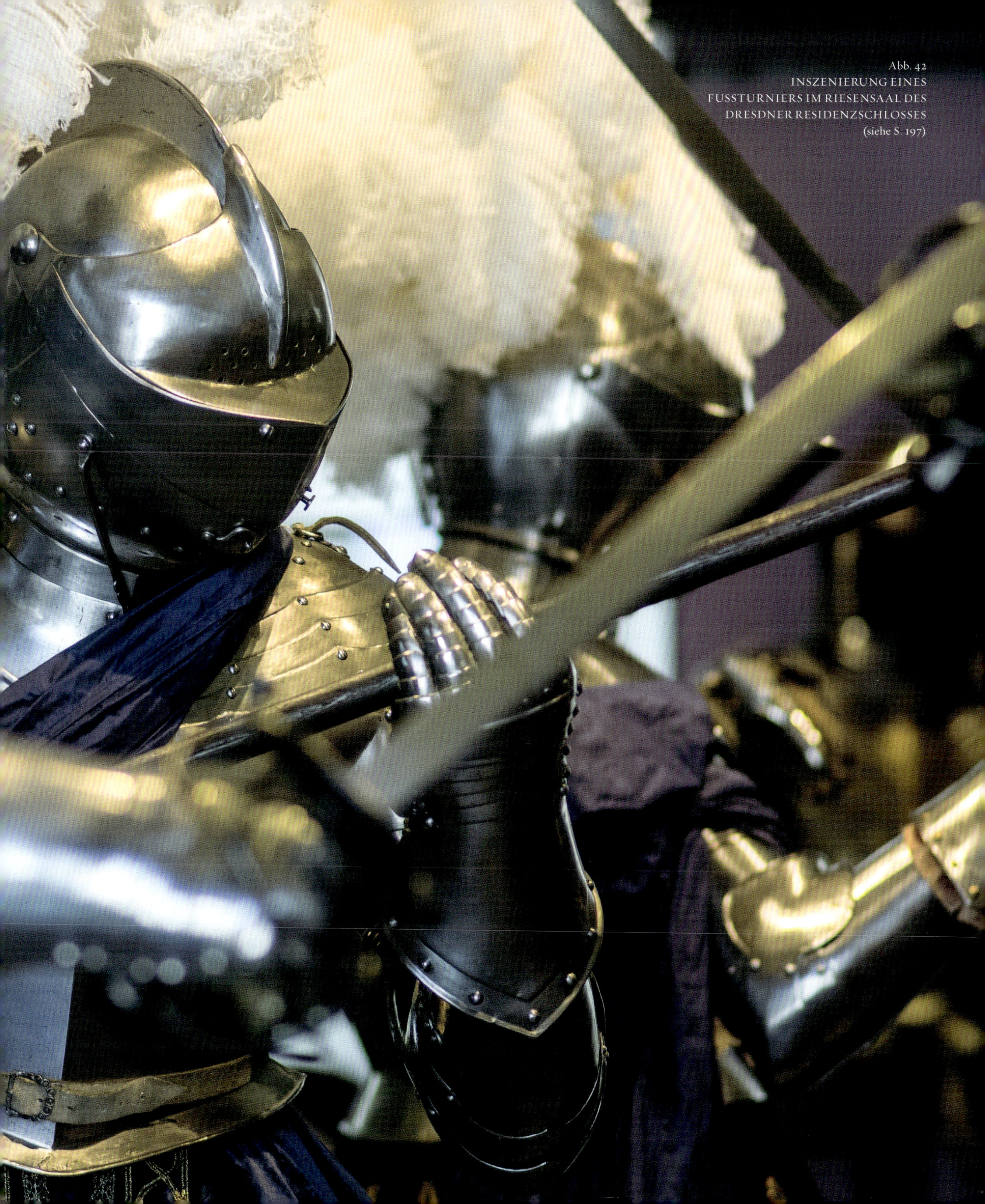

Abb. 42
INSZENIERUNG EINES FUSSTURNIERS IM RIESENSAAL DES DRESDNER RESIDENZSCHLOSSES
(siehe S. 197)

Impressum

HERAUSGEBER:
Staatliche Kunstsammlungen Dresden
Postfach 12 05 51
Telefon: 0351-4914 2000
besucherservice@skd.museum
https://www.skd.museum/

KONZEPTION, TEXT UND REDAKTION
Holger Schuckelt

LEKTORAT:
Joachim Geil, Christine Nagel, Geraldine L. Schuckelt

BILDREDAKTION:
Susanne Sonntag, Holger Schuckelt

GESTALTUNG:
Sabine Pflitsch & Andreas Tetzlaff (probsteibooks, Köln)

LITHOGRAFIE:
DZA Druckerei zu Altenburg

DRUCK:
Druckerei Kettler, Bönen

Printed in Germany

ISBN 978-3-96098-485-6

ERSCHIENEN IM
Verlag der Buchhandlung Walther König
Ehrenstr. 4, 50672 Köln

Bibliografische Information der Deutschen Nationalbibliothek
Die Deutsche Nationalbibliothek verzeichnet diese Publikation in der Deutschen Nationalbibliografie; detaillierte bibliografische Daten sind über http://dnb.d-nb.de abrufbar.

VERTRIEB:
Buchhandlung Walther König, Köln,
Ehrenstr. 4, 50672 Köln
Tel. +49 (0) 221 / 20 59 6-53
verlag@buchhandlung-walther-koenig.de

Staatliche
Kunstsammlungen
Dresden

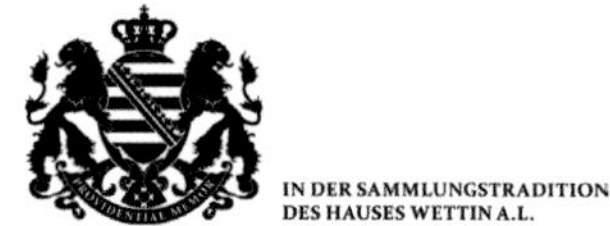

ABBILDUNGSNACHWEIS
BAMBERG: Museen der Stadt Bamberg, Historischer Verein Bamberg: Klaus Tenschert: Abb. 23; BERLIN: Deutsches Historisches Museum: Arne Psille: Abb. 29, 30, 32; DRESDEN: SLUB Dresden / Deutsche Fotothek: Abb. 10; SLUB Dresden / Deutsche Fotothek / Walter Möbius: Abb. 15; SLUB Dresden / Deutsche Fotothek / Richard Peter sen.: Abb. 17; KUPFERSTICH-KABINETT, SKD: Herbert Boswank: Abb. 11 ; RÜSTKAMMER, SKD: Archiv der Rüstkammer: Abb. 12; David Brandt: Abb. 1, 2, 20, S. 102/103, 197 rechts; Elke Estel / Hans-Peter Klut: Abb. 38, S. 73 rechts, 74, 78, 87, 93, 95, 97, 107, 108, 114, 115, 116, 117, 119, 120, 124, 128, 132 unten, 163, 192, 196, 199, 200, 201, 203, Tafel 1b; Carola Finkenwirth: S. 77, 181 unten; Fotoarchiv der Rüstkammer: Abb. 13, 14, 16, 18; Jürgen Karpinski: Umschlag vorne, Umschlag hinten, vordere und hintere äußere Umschlagklappen, Abb. 4, 8, 9, 19, 21, 35, 37, 39, 41, S. 75, 81, 82, 83, 84, 90, 91, 96, 105, 106, 112, 113, 118, 121, 123, 125, 126, 127, 132 oben, 133, 134, 135, 138, 140, 143, 145, 146, 147, 148, 149, 150, 151, 152, 153, 155, 157, 160, 161, 162, 166, 167, 168, 169, 171, 172, 173, 174, 175, 176, 177, 179, 180, 181 oben, 182, 185, 186, 187, 189, 194, 195, 198, 202, 205, Tafel 1c, 1e, 1g, 1h, 2b, 2c, 2e, 2f, 2g, 2h, 3d oben, 3e; Oliver Killig: Abb. 42, S. 164, 197 links; Hans-Peter Klut: Abb. 40, S. 92, 94, 130, 158, 159, 190, 204, Tafel 2a; Hans-Christian Krass: vordere innere Umschlagklappe unten, Abb. 5; Jürgen Lösel: Abb. 7, S. 88, 89, 129 oben, 131, 141, 184; Mitarbeiter RK: Abb. 33, S. 71, 72, 73 links, 98, 99, 129 unten, 156, Tafel 1a, 1d, 3a, 3b, 3c, 3d unten; Holger Schuckelt: S. 100; Dirk Weber: vordere innere Umschlagklappe oben und Mitte, hintere innere Umschlagklappe, Abb. 3, 6, 36, S. 2, 76, 79, 80, 85, 104, 109, 110, 111, 136/137, 139, 165, 193, Tafel 1f, 2d; Franz Zadniček: S. 191; SKULPTURENSAMMLUNG, SKD: Elke Estel / Hans-Peter Klut: Abb. 22; FREIBURG: Erzbischöfliches Ordinariat Freiburg i.Br., Bildarchiv: Wolfgang Deimling: Abb. 25; HILDESHEIM: Archivfoto Roemer- und Pelizaeus-Museum Hildesheim: Abb. 28; INGOLSTADT: Bayerisches Armeemuseum: Christian Stoye: Abb. 26; MAGDEBURG: Evangelische Domgemeinde Magdeburg: Dieck-Paproth: Abb. 24; Norbert Perner: Abb. 34; MEISSEN: Günter Donath: Abb. 31; MÜNCHEN: Bayerisches Nationalmuseum München: Bastian Krack: Abb. 27; TORGAU: Matthias Witthuhn: Grundrisse innere Umschlagklappen